Collection « **Affaires maritimes et Transports** »

Codirigée par les Pr Martin NDENDE et Isabelle BON-GARCIN

Le secteur des activités maritimes et des transports constitue non seulement un socle majeur de la vie économique (transport de passagers et de marchandises par terre, air, mer, pêches industrielles et artisanales, activités portuaires et aéroportuaires, exploitation des ressources pétrolières en mer, etc), mais encore le témoin privilégié des communications entre les peuples, et le baromètre des échanges commerciaux à la fois nationaux, internationaux et communautaires.
Il est parallèlement aussi, et à n'en point douter, un secteur de sinistralité sensible (accidents de la circulation, catastrophes maritimes, crashs aériens), ainsi que le cadre privilégié des activités de défense ou des politiques de sûreté à travers le monde (activités des flottes navales et aériennes, lutte contre la piraterie, le terrorisme, et les trafics illicites).
La collection envisagée se veut, de ce point de vue, à la fois :
- ***multidisciplinaire :*** publication de travaux en sciences juridiques, économiques, humaines et sociales autour des problématiques relatives aux domaines maritimes et des transports tous modes confondus (ce qui englobe donc les secteurs aériens, routiers, ferroviaires, fluviaux, maritimes et lacustres, et peut-être demain le secteur aérospatial) ;
- ***pragmatique :*** en faisant cohabiter, ou en créant des passerelles, entre les travaux purement académiques nécessaires aux milieux universitaires et scientifiques, avec des publications issues de milieux professionnels ou tenant compte des besoins des praticiens et des milieux économiques) ;
- ***et entièrement ouverte au monde*** : recherches en Langue française effectuées en France, en Europe, au Canada, en Afrique, dans l'ensemble des Pays en développement, et dans le reste du monde.

Déjà parus

Éric DIBAS-FRANCK, *Le droit maritime dans la zone CEMAC*, 2018.
Sous la direction d'Éric DIBAS-FRANCK, *Le code communautaire CEMAC de la marine marchande de 2012*, 2018.
Syrine ISMAILI, *Sécurité, sûreté maritime et facteur humain, Le cas de la Tunisie,* 2018.
Alvine Bélise HAPPI, *Les autoroutes de la mer, Aspects juridiques,* 2017.

Le Port de Djibouti

De l'insécurité maritime à la logique de marché

5-7, rue de l'École-Polytechnique ; 75005 Paris

http://www.editions-harmattan.fr/

ISBN : 978-2-336-45636-2
EAN : 9782336456362

Ali Miganeh Hadi

Le Port de Djibouti

De l'insécurité maritime à la logique de marché

Avant-propos de Martin Ndende
Préface de Patrick Chaumette

L'Harmattan

À mon père

Qui a toujours cru au travail bien fait comme gage de réussite
dans la vie et de l'instruction comme vecteur de progrès
tant sur le plan individuel que sur le plan social !

Qui m'a inculqué les valeurs de persévérance, de patience,
d'abnégation, de solidarité et de croyance en la dignité de l'autre !

SOMMAIRE

APZF	Autorité des ports et des zones franches
CNUCED	Conférence des Nations Unies sur le commerce et le développement
COMESA	Common Market for Eastern and Southern Africa (Marché commun pour l'Afrique de l'Est et l'Afrique Australe)
DCT	Doraleh container terminal (Terminal à conteneurs de Doraleh)
DPW	Dubaï Port World
BMOD	Bureau de la main-d'œuvre des dockers
EVP	Équivalent vingt pieds (unité de mesure des conteneurs - TEU en anglais)
FER	Fonds d'entretien routier
PAM	Programme alimentaire mondial
MET	Ministère de l'Équipement et des Transports
PAID	Port autonome international de Djibouti
SDTV	Société djiboutienne de gestion du terminal vraquier
SYDONIA	Système douanier automatisé (Système d'information des Douanes développé par la CNUCED)
AMISOM	African Mission in Somalia / Mission de l'Union Africaine en Somalie
BMI	Bureau maritime international
CTF	Combined Task Force
CSNU	Conseil de sécurité des Nations Unies
EPE	Équipes de protection embarquées
FFDJ	Force Française à Djibouti
GFT	Gouvernement fédéral de transition (de la Somalie)
IGAD	International Authority for development / Autorité internationale pour le développement
ISPS	Code international pour la sûreté des navires / Ship and Port Facility Security Code
PESD	Politique européenne de sécurité et de défense
SDN	Société Des Nations
SMP	Sociétés militaires privées
SOLAS	Safety of Life at Sea / Sauvegarde de la vie humaine en mer
UE	Union européenne
UA	Union africaine
PDSA	Port de Djibouti (Société Anonyme)
OMI	Organisation Maritime Internationale
ONU	Organisation des Nations Unies
FAO	Food and Agriculture Organization

EU NAVCO	Cellule de coopération entre les actions étatiques et les actions de l'Union européenne préalable à l'opération Atalanta
EUCAP Nestor	Opération de l'Union européenne, menée en parallèle d'Atalanta visant à offrir une assistance militaire et législative aux États africains touchés par la piraterie
GFT	Gouvernement Fédéral de Transition
IATA	Association Internationale de Transport Aérien
Atalanta	Opération de lutte contre la piraterie dans le Golfe d'Aden menée par l'Union européenne
BMP	Best Management Pratices
Convention ReCAAP	Regional Cooperation Agreement on Combating Piracy and Armed Robbery against ships in Asia
Convention Solas	Safety of Life At Sea
Convention SUA	Suppression of Unlawful Acts of violence against the safety of maritime navigation
Al Shabaab ou Shabab	Faction radicale des Tribunaux islamiques
Ocean Shield	Opération de lutte contre la piraterie dans le golfe d'Aden menée par l'OTAN
Task force 150	Opération menée par les États-Unis chargée de la lutte anti-terrorisme
Task force 151	Opération menée par les États-Unis chargée de la lutte contre la piraterie au large de la Somalie
ONUDC	Office des Nations Unies contre la Drogue et le Crime
OTAN	Organisation du Traité de l'Atlantique Nord
PAM	Programme Alimentaire Mondial
UNHCR	Haut-Commissariat des Nations Unies pour les Réfugiés
ONG	Organisation Non Gouvernementale

Avant-Propos

par
Martin NDENDE
Professeur des Universités - Faculté de Droit de Nantes, France
Directeur du Centre de Droit Maritime et Océanique, CDMO
Avocat-conseil et Expert Juridique auprès des Nations-Unies
E-mails : *martin.ndende@univ-nantes.fr / ndemar44@gmail.com*

La Collection « *Affaires maritimes et Transports* » que nous dirigeons aux Éditions L'Harmattan et qui confirme d'année en année sa notoriété dans son domaine scientifique se réjouit d'accueillir et de publier ici un passionnant ouvrage sur le Port de Djibouti.

Tiré de sa Thèse de Doctorat en Droit soutenue en 2018 à l'Université à Nantes, au sein de notre Centre de Droit Maritime et Océanique (le CDMO), l'ouvrage du Docteur Ali MIGANEH HADI constitue une intéressante exploration des questions juridiques et sécuritaires, voire géostratégiques, de l'exploitation d'un port maritime africain devenu extrêmement florissant, mais confronté à certaines fragilités régionales néanmoins gérées jusqu'ici avec efficacité et succès.

Comme chacun le sait, ce complexe portuaire très dynamique se situe, coincé dans une zone hautement stratégique, entre la sortie de la Mer rouge, au Détroit de Bab El Mandeb, et le Golfe d'Aden, et se trouve confronté entre d'une part la logique de marché et de compétitivité propre à tout organisme portuaire, et d'autre part, celle de renforcement permanente de la « sûreté », dans un environnement régional extrêmement instable et criminogène dans le domaine maritime.

Cette étude projette le lecteur dans un certain nombre de réalités fondamentales de la gouvernance portuaire et maritime, des réalités absolument riches d'enseignement aussi bien à Djibouti, dans la région du Golfe d'Aden et de la Corne de l'Afrique, que dans le reste du continent et même dans l'ensemble du monde en développement.

• Histoire d'une *success story* portuaire en Afrique alliant gouvernance nationale et synergies avec un État sans littoral

Ce qui interpelle et marque avant tout le lecteur, ou l'observateur, dans la trajectoire du Port de Djibouti, c'est la compétitivité et la réussite économiques de ce port construit à l'origine par la colonisation française entre 1897 et 1917 pour des raisons purement militaires, mais ensuite orienté progressivement pour servir comme une plate-forme de transit de trafics destinés vers l'Éthiopie. Avec la sécession puis l'indépendance de l'Érythrée en 1994, le port de Djibouti est en effet devenu aujourd'hui la principale porte d'entrée et de sortie de l'Éthiopie, un pays doté de plus de 100 millions d'habitants et connaissant l'une des expansions économiques les plus impressionnantes du continent.

L'ouvrage montre que grâce à une gouvernance ambitieuse et appropriée, ce port directement relié à l'Éthiopie par un chemin de fer performant et par une superbe autoroute de 220 km, fournit à ces deux pays et à l'Afrique de l'Est, une plate-forme logistique de classe mondiale pour le commerce maritime et le transit international. Le développement des activités et des infrastructures portuaires à un rythme accéléré depuis ces dernières décennies a, en effet, permis l'émergence de Djibouti comme hub portuaire de premier plan en Afrique de l'Est. L'ouvrage de M. Ali MIGANEH explique que ces résultats remarquables sont liés à la conjonction de deux facteurs favorables et concomitants : la situation géopolitique de la Corne de l'Afrique, découlant de la guerre Éthiopie-Érythrée (1998-2000), et la prise de contrôle, en 2000, du port par Dubaï Port World *(DPW)* à l'initiative de l'État djiboutien. C'est ainsi qu'un complexe portuaire digne de ce nom a été créé à Doraleh, à 12 km de la capitale, grâce à ce partenariat entre l'État et DPW pour répondre aux nombreux besoins en présence. L'inauguration de *« Doraleh Multipurpose Port, DMP »* en 2017 est venue renforcer davantage encore ce solide potentiel portuaire du pays, et constitue d'ailleurs également un très bel exemple d'aménagement du territoire et de connexion entre un port et son centre urbain voisin. Cette nouvelle infrastructure portuaire de 690 hectares équipée d'installations ultramodernes pouvant accueillir des navires de 100 000 tpl avec un tirant d'eau de plus de 15 m, est aujourd'hui en mesure de traiter, en trafic conteneurisé 220 000 TEU, et 8,2 millions de tonnes de marchandises non conteneurisées.

L'aboutissement de cet admirable projet a absolument ouvert de nouvelles perspectives au processus de développement de l'économie djiboutienne et au profit du désenclavement de l'Éthiopie. Il faut le souligner, Djibouti est très favorablement situé au centre des routes commerciales mondiales, reliant l'Asie, l'Afrique et l'Europe. Son port ultra moderne constitue une porte d'entrée vers l'une des régions à plus forte croissance du monde, avec 30 000 navires transitant par le port chaque année. Les produits venant d'Asie représentent 59% du total, 21% proviennent d'Europe, et 16% du continent africain. Ce petit État de 23 000 km^2, très faiblement doté de ressources naturelles (superficies arables limitées, faibles niveaux de pluviométrie et d'eau souterraine), peu agricole et sans industries notables, a ainsi su faire de l'industrie portuaire la voie de son salut économique et de sa prospérité. D'ailleurs, ce Pays rêve désormais de devenir *« le Singapour de l'Afrique de l'Est »*. C'est aussi dire combien, dans le domaine des stratégies nationales de l'économie bleue, le secteur portuaire pourrait s'avérer riche de promesses en Afrique et dans les Pays en développement en général, même pour ceux qui, comme Djibouti, n'auraient pas de ressources pétrolières ou minières.

À l'heure de la décarbonation des industries maritimes à travers le monde, cette stratégie payante mérite de retenir l'attention.

Dans tous les cas, il s'agit d'une belle illustration des extraordinaires succès susceptibles de découler des synergies constructives entre un État côtier et ses voisins, y compris ceux, comme l'Éthiopie, qui seraient dépourvus de littoral maritime. C'est assurément une belle leçon pour l'ensemble du continent africain qui compte le plus grand nombre d'États sans littoral au monde (16 au total, sur 34 !).

• Quelles solutions à l'équation de la gouvernance portuaire : privatisation, concession, ou autres partenariats ?

Sur le plan juridique, il faut dire que les réformes de la gouvernance portuaire choisies par l'État djiboutien ont également été fortement opportunes et profitables, et l'un des mérites du présent ouvrage est d'avoir su le démontrer de manière convaincante. L'auteur rappelle que c'est en l'an 2000, sous l'instigation des bailleurs de fonds qui recommandaient la « privatisation du port » et sa transformation en société anonyme, que le gouvernement djiboutien a conclu un contrat de gestion des activités portuaires avec *Dubaï Ports World* (DPW) pour une durée de 20 ans.

Ainsi, contrairement à ce que l'on aurait pu penser ici ou ailleurs dans le reste du continent, il ne pouvait être question de privatisation au sens de « vente au secteur privé » des organismes portuaires africains, mais simplement d'une « privatisation de la gestion portuaire » : c'est, en somme, en effet *« l'opération par laquelle le contrôle exercé, directement ou indirectement, par les pouvoirs publics sur une organisation de moyens humains, matériels et immatériels, vouée à l'exercice, à titre exclusif ou principal, d'une activité économique, est transféré au secteur privé »*.

C'est donc ainsi qu'en 2000 un « contrat de concession » sera signé, confiant à *Dubaï Ports World* la gestion directe d'un certain nombre de secteurs, d'abord les terminaux vraquier et à conteneurs (d'où la création de Doraleh container terminal DCT), puis l'ensemble des autres compartiments opérationnels de ce qui était le Port Autonome International de Djibouti (PAID). La stratégie du Gouvernement djiboutien, par le biais de l'Autorité Portuaire, consistait donc à concéder toutes les opérations qui sont liées à l'exploitation d'outillage portuaire. L'autorité publique conservait toutes les fonctions régaliennes, mais aussi la possession de la superstructure et de l'équipement, et concédait l'exploitation des installations portuaires à l'opérateur privé étranger, voire même la direction du management de l'établissement public PAID qui sera en effet, un moment, assurée par un Directeur Général désigné par l'opérateur international DPW. Cette fructueuse aventure s'arrêtera cependant en 2011, l'année où les autorités locales décideront finalement de se tourner vers des partenaires chinois (autour de la *China Merchand Holding* basée à Hong-Kong).

C'est ainsi que la gestion sous forme de concession laissera sa place à un nouveau partenariat (visiblement sous forme de PPP) signé par la nouvelle société Port de Djibouti SA (PDSA) avec ses nouveaux partenaires, en vue de la constitution et l'exploitation d'un véritable « complexe portuaire » formé de ports spécialisés (avec le terminal d'hydrocarbures *« Free Horizon »*), de ports multiservices et polyvalents (avec *« Doraleh Multipurpose Port, DMP »*), de ports secondaires (Ports de Tadjourah et de Goubet), de ports secs et des zones franches (notamment pour l'entreposage des marchandises hors taxes à destination du marché éthiopien), autant d'aménagements *« capables d'accueillir des activités d'import-export, de service et d'opérations logistiques dans une logique d'exploitation multimodale permettant d'attirer le marché régional et international »*.

Les développements de cette stratégie globale, très volontariste et visionnaire, et dans un environnement national et régional pourtant plutôt sceptique, donneront des résultats remarquables conduisant à une modernisation complète du secteur portuaire et positionnant le Port de Djibouti comme l'un des ports les plus modernes et compétitifs d'Afrique de l'Est, voire du continent. Telle fut donc la logique de marché et de la compétitivité réussie par ce port, grâce à une gouvernance visiblement appropriée, et pertinemment décrite dans cet ouvrage.

Mais comme le démontre le Dr. Ali MIGANEH, ce succès incontestable cache des fragilités et de sérieux défis sécuritaires régionaux à relever au quotidien et avec la plus grande vigilance.

• Le Port de Djibouti, un îlot de prospérité dans une région sous tensions et confrontée à la piraterie et à la criminalité maritimes

Le Port de Djibouti est et restera toujours fortement dépendant des aléas sécuritaires, politiques et géostratégiques de l'ensemble de la région. L'on se souvient comment, dans le passé, la fermeture du Canal de Suez (entre 1967 et 1975) avait porté un coup d'arrêt total à l'accroissement des activités portuaires, et comment sa réouverture en juin 1975 avait immédiatement revitalisé les activités de ce port. À une échelle plus réduite, le récent blocage (le 23 mars 2021) du même Canal pendant 6 jours par le porte-conteneurs géant *« Ever Given »* de la Compagnie Evergreen battant pavillon panaméen, entraînera également des conséquences non négligeables sur l'ensemble des services et opérations portuaires.

Les tensions politiques fréquentes et d'actualité dans la région constituent assurément une préoccupation de tous les instants, qu'il s'agisse de la Guerre au Yémen ou au Soudan, de l'instabilité de l'État en Somalie, ou encore de la crise du Tigré en Éthiopie. Mais depuis quelques décennies, ce sont surtout les actes terroristes, ainsi que la piraterie et la criminalité maritimes, qui constituent les préoccupations les plus vives des autorités portuaires et gouvernementales djiboutiennes. Ce fut déjà le cas du détournement du navire italien *« Achille Lauro »* par un commando palestinien en 1985 ; des attentats suicides contre le destroyer américain USS Cole dans la rade d'Aden au Yémen (octobre 2000) par des kamikazes d'Al-Qaida entraînés au Soudan ; ou contre le pétrolier français le *« Limburg »* (en octobre 2002) le long des côtes yéménites ; et le cas aujourd'hui des fréquentes attaques des navires occidentaux en Mer rouge par les rebelles Houthis qui contrôlent une bonne partie de la côte ouest du Yémen bordant justement ladite mer, et ce depuis la dernière résurgence du conflit israélo-palestinien. D'un autre côté, le Port se développe à proximité d'un État éclaté, la Somalie qui est devenue l'épicentre de la piraterie dans l'ensemble du Golfe d'Aden et de l'Océan indien. Ce phénomène global de la piraterie et de toutes les formes de criminalité maritime a atteint de telles proportions que l'Organisation Maritime Internationale (OMI) a favorisé l'adoption d'un Accord régional pour y remédier : le Code de conduite de Djibouti (29 janvier 2009) aujourd'hui complété et révisé par le Protocole de Djedda (du 12 janvier 2017).

L'ouvrage d'Ali MIGANEH explique très longuement et solidement comment tous ces défis régionaux impactent fortement sur la gouvernance du Port de Djibouti : la piraterie et le terrorisme maritimes sont devenus *« un facteur de renforcement de sa compétitivité dans la région »*, faisant de ce complexe portuaire *« le port le plus sûr et le plus sécurisé de la région »*, et la gestion portuaire devant alors désormais *« composer non plus seulement avec les lois du marché mais également avec les lois de police, notamment la sûreté et la sécurité des marchandises, des biens, des capitaux et des personnes »*. La lutte contre ces fléaux devient ainsi un déterminant essentiel de la rentabilité et de la compétitivité de ce précieux port à juste titre considéré comme *« l'or noir du Pays »* par les plus hautes autorités de l'État...

Tout lecteur sortira de cet ouvrage absolument enrichi par des éclairages très complets non seulement sur la gouvernance portuaire proprement dite à Djibouti, mais encore sur la lutte contre la piraterie et la criminalité maritimes dans le port et dans l'ensemble de la région, mais aussi très édifié sur toute la géopolitique et la géostratégie maritimes dans ladite région, autour de ce pays et de son port.

Notre collection *« Affaires Maritimes et Transports »* se félicite grandement de la publication de cet ouvrage extrêmement instructif en tous ces domaines...

Préface

Patrick CHAUMETTE
Professeur émérite
Ancien directeur du Centre de Droit Maritime et Océanique
http://www.cdmo.univ-nantes.fr
Institut Universitaire Mer et Littoral FR CNRS n°3473
Doyen honoraire
ERC 2013 Advanced Grant n° 340770 Human Sea- 7ème PCRD
http://www.humansea.univ-nantes.fr

Il est nécessaire d'envisager d'abord les difficultés d'accès aux sources documentaires, statistiques. Même pour un enseignant de l'université de Djibouti, comme Ali MIGANEH HADI, l'accès aux textes réglementaires et aux conventions de concession elles-mêmes est fort mal aisé[1]. Ces conditions de recherche difficiles ont été compensées partiellement par le soutien constant de l'Agence Universitaire de la Francophonie (AUF) qui a permis des séjours réguliers de recherche au Centre de Droit Maritime et Océanique de l'université de Nantes.

Djibouti, un carrefour

Djibouti est l'un des plus petits États africains, avec une superficie de 23 000 km². Djibouti est un État-port, en raison de sa position maritime stratégique à la jonction de la mer Rouge et du golfe d'Aden, reliés par le détroit de Bab-El-Mandeb. Situé dans la corne est de l'Afrique, Djibouti est entouré par la Somalie, l'Éthiopie et l'Érythrée. Ses secteurs agricoles et industriels sont restreints, faute de ressources naturelles.

Les côtes djiboutiennes furent fréquentées par les commerçants arabes, étant au carrefour de l'Afrique, du Proche-Orient et de l'Océan Indien. Djibouti fut un important comptoir d'échanges entre les Arabes et l'Afrique au cours

1. Cet ouvrage est issu d'une thèse de doctorat en droit, spécialité droit public – droit portuaire, « *Analyse de l'évolution portuaire : le cas du port de Djibouti : Croisement et articulations entre contexte de piraterie maritime, dynamique institutionnelle et logiques de marché* », soutenue à l'université de Nantes, le 28 septembre 2018, devant un jury présidé par Jean-Marie MIOSSEC, géographe, professeur émérite à l'université Paul Valéry de Montpellier, composé du professeur Laurent BORDEREAUX de l'université de La Rochelle, également rapporteur, de Me Robert RÉZENTHEL, docteur en droit et grand spécialiste du droit portuaire, de Mme Achaa ABDILAHI AHMED, maître de Conférences à l'université de Djibouti. Cette recherche interdisciplinaire a été conduite sous ma direction, après avoir débuté à l'université de Perpignan Via Domitia, sous la direction du professeur Alain DEGAGE ; elle a bénéficié du soutien financier de l'Agence Universitaire de la Francophonie (AUF).

du Moyen-Âge. Les trafics concernaient les épices, les animaux et les esclaves vers le Yémen et l'Arabie. L'empire britannique s'installe à Aden et la France à Djibouti, plus exactement à Obock, de l'autre côté du golfe de Tadjoura. Par le Traité du 11 mars 1862, signé à Paris par le ministre des Affaires Étrangères Thouvenel et le représentant des tribus Danakyl, le sultan de Raîeta Dini Ahmed Abou-Bekr donne en concession le territoire d'Obock à la France. En 1883, le gouvernement français nomme Léonce Lagarde commandant à Obock, qui estima que la rive d'Obock protégeait peu les navires et demanda en 1888 la construction d'un port à Djibouti, au débouché de la route suivie par les caravanes du Harar. L'expansion française en Cochinchine, ainsi qu'à Madagascar, nécessite une base marine à la sortie de la mer Rouge. Les travaux d'aménagement du port et du chemin de fer qui relie la ville de Djibouti à l'Éthiopie, s'achevèrent en 1917. Après la Seconde Guerre mondiale, le port a bénéficié de la construction de quais et de hangars, de l'électrification. La fermeture du canal de Suez en juin 1967 a réduit les activités portuaires. Sa réouverture en juin 1975 a revitalisé les activités, mais le manque d'investissements a empêché les escales des navires les plus grands. Djibouti est surtout le port de l'Éthiopie, lors de son accession à l'indépendance en 1977. La loi n° 148/AN/80 du 5 octobre 1980 crée le Port Autonome International de Djibouti (PAID), établissement public à caractère industriel et commercial, doté d'une personnalité morale et d'une autonomie financière. Comme toute institution publique, le PAID est placé sous la tutelle du président de la République de Djibouti. Un terminal à conteneurs a été mis en service en 1985. Les guerres civiles en Éthiopie, Érythrée et Somalie ont rénové le rôle géostratégique de Djibouti, concernant notamment le Programme Alimentaire Mondial (PAM) des Nations Unies. La naissance de l'Érythrée en 1994 priva l'Éthiopie d'accès à la mer. Afin de moderniser le port, Djibouti entra en 1998 dans une gestion privative avec *Dubaï Ports World* (DPW), avec une concession d'outillage portuaire pour 20 ans. Un terminal vraquier est créé, ainsi qu'un terminal à conteneurs à Doraleh. Djibouti devient un complexe portuaire. Le contrat de gestion de DP World fut rompu en 2011 et fut remplacé par *China Merchants Holding*, opérateur chinois, fer de lance du gouvernement dans le développement de la « route de la soie »[2].

Dans la Corne de l'Afrique, les actes de piraterie en haute mer et de violences dans la mer territoriale somalienne sont en croissance permanente depuis la fin des années 1990. En 2008, le nombre d'actes atteint un niveau

2. A. MIGANEH HADI & M. H. ADEN, « D'un comptoir français à un carrefour stratégique mondial », in P. CHAUMETTE (dir.), *Economic challenge and news maritime risks management: Whatbluegrowth? – Challenge économique et maîtrise des nouveaux risques maritimes : quelle croissance bleue*, Gomylex, Bilbao, 2017, pp. 57-79 – S. LE GOURIELLEC, *Djibouti : la diplomatie de géant d'un petit Etat*, coll. Espaces politiques, PU du Septentrion, 2020.

sans précédent. Les risques dans cette zone marine dépassent largement le détroit de Malacca et la mer de Chine méridionale[3]. Devant l'incapacité de la Somalie à répondre au problème de sécurité maritime, le Conseil de Sécurité des Nations Unies (CSNU) adopte une série de résolutions entre mai et décembre 2008 (les résolutions 1814, 1816, 1838, 1846 et 1851). Ces résolutions appellent les États qui sont capables d'engager des forces navales à protéger les navires du PAM et de la mission de l'Union africaine en Somalie (AMISOM), ainsi que tous les navires vulnérables. L'OTAN, l'Union Européenne et les forces navales de plusieurs États s'engagent alors dans la lutte directe contre la piraterie[4]. Djibouti accueille une grande partie de ces forces navales, également la Russie, comme la Chine, et est un centre d'appui logistique et d'échanges d'informations. Les entreprises de sécurité, employant des gardes armés à bord des navires, sont autorisées par Djibouti, qui accueille le Centre régional de Formation Maritime, partie de la coordination régionale, mise en œuvre dans le cadre du Code de conduite de Djibouti. Cette dimension navale de Djibouti soutient sa croissance économique : l'Éthiopie est aujourd'hui convoitée par les puissances émergentes, notamment la Chine, à la recherche des nouveaux marchés pour ses productions industrielles, mais elle recherche aussi une diversification de ses dessertes terrestres et maritimes[5].

Selon le rapport Global Economic Prospect de la Banque mondiale, Djibouti devait connaître en 2021 la plus forte croissance en Afrique avec un taux prévisionnel de 7,1 %. Compte tenu de sa position géostratégique, Djibouti a développé depuis 2013 une modernisation de sa législation comme de ses infrastructures portuaires. En février 2018, en mettant fin à la concession de DP World sur le port à conteneurs de Doraleh, le gouvernement a repris le contrôle de cette infrastructure essentielle, estimant restaurer sa souveraineté. En janvier 2021, Djibouti a consolidé son offre logistique avec la signature d'un accord tripartite entre les compagnies aériennes Air Djibouti et Ethiopian

3. C.H. NORCHI et G. PROUTIERE-MAULION (dir.), *Piracy in comparative Perspectives : Problems, Strategies, Law,* Paris/Londres, Pédone-Hart, août 2012 - Q. PRIGENT, *La piraterie somalienne : la comprendre et expliquer sa disparition,* Mémoire de géopolitique, université de Reims, Sciences de l'Homme et Société. 2015, (HAL-id dumas-01196076) - R. LE GOFF, *La protection des navires soumis au risque de piraterie,* Thèse Droit, université de Nantes, décembre 2016 - Fr. GUIZIOU, *Le monde somali : les apparences du chaos aux périphéries de la mondialisation,* Thèse de doctorat en Géographie, université de Nantes, mai 2018 - Fr. GUIZIOU et B. FRITSCH, « La piraterie maritime, quelques réflexions géographiques », *Annuaire de Droit Maritime et Océanique (ADMO),* université de Nantes, T. XXXVI, 2018, pp. 427-440 - V. BORÉ-EVENO, « Des gardes armés à bord des navires : enjeux et cadre juridique », *Annuaire de Droit Maritime et Océanique (ADMO),* université de Nantes, T. XXXVI, 2018, pp. 477-496.
4. FRUMENCE Pascal, *Le conflit somalien et les Nations Unies,* Thèse Droit, Université de Grenoble Alpes, 2018. (NNT : 2018GREAD006). (tel-02271532)
5. I. ABDILLAHI GUIRREH, *Développement et dépendance des systèmes portuaires d'un État fragile ancrés dans la mondialisation : l'exemple de Djibouti,* Thèse géographie, Université du Havre, décembre 2017, HAL Id: tel-03065829 https://tel.archives-ouvertes.fr/tel-03065829

Airlines et le port de Djibouti (DPFZA). Il s'agit de proposer un hub global de fret aéro-maritime depuis Djibouti, en acheminant par cargo aérien vers tout le continent africain les marchandises déchargées aux ports de Doraleh. À moyen terme, Djibouti prévoit un ambitieux et nouveau programme portuaire sur deux pôles : le projet Djibouti Damerjog Industrial Development (DDID), d'une part, et, d'autre part, le réaménagement du port historique – situé en plein centre-ville – en centre d'affaires international attractif, prolongement des infrastructures portuaires et zones franches sous le triptyque : Port, Park and City (PPC). Le projet DDID sera réalisé sur une durée de 15 ans pour un investissement total de 3,8 milliards de dollars. Il prévoit, dans sa première phase, la réalisation d'une raffinerie et d'une jetée pour un terminal pétrolier. Quant au « vieux port », le partenaire stratégique China Merchants Group a signé début 2021 un premier accord d'investissement de 350 millions de dollars, ouvrant ainsi la voie au démarrage de ce projet dans lequel il prévoit d'investir 3 milliards de dollars au total. Le réaménagement du Port historique prévoit aussi la mise en place d'un chantier de réparation navale en partenariat avec l'un des leaders mondiaux du secteur, le néerlandais Damen. Par le biais d'un « block flottant », la structure pourra accueillir les navires à très gros tonnage, évitant ainsi à de nombreux armateurs actifs dans l'océan Indien et en mer Rouge de coûteux frais éventuels de remorquage. Les énergies renouvelables sont en développement, parc éolien et ferme solaire. Le risque de surendettement demeure, mais en 2021, la croissance est restée à hauteur de 5 % dans un contexte mondial très délicat[6]. Singapour reste l'exemple à suivre, selon le gouvernement.

Le port et la gestion portuaire

Le port est originellement un lieu de passage, à l'instar des ports de montagne, c'est-à-dire des cols. Tel le port d'Envalira, porte de l'Andorre. Au départ, le port n'est qu'un lieu d'échouage des navires, puis des aménagements portuaires ont été développés. Le port est un havre, un refuge face à la tempête, dès lors que le navire franchit les digues, les brise-lames. Ce havre, *the harbour* ou *harbor*, est aménagé pour devenir le lieu d'embarquement, de débarquement à bord des marchandises et des passagers. Ainsi le port constitue une interface terre-mer. Selon les dictionnaires, jusqu'en 1930, le port est un enfoncement de la mer dans les terres. Ensuite s'est développé le mouillage en rade des navires, puis des ports off-shore. Les ports se sont physiquement transformés et

6. Jeune Afrique, « Djibouti maintient ses ambitions de croissance pour 2021 », février 2021, https://afriquemagazine.com/djibouti-maintient-ses-ambitions-de-croissance-pour-2021- « Djibouti : port, logistique et énergie, les recettes de la croissance », 3 novembre 2021, https://www.jeuneafrique.com/1230198/economie/djibouti-port-logistique-et-energie-les-recettes-de-la-croissance/

équipés. Les États côtiers s'efforcent de protéger leurs littoraux des risques naturels, mais aussi des agressions. Il convient donc de maîtriser juridiquement ces littoraux afin de les défendre, d'éviter la contrebande.

Pour le juriste, le port n'a pas de définition, la question première est celle de la domanialité publique ; le port a une circonscription. L'Édit de Moulins de février 1566, puis l'Ordonnance de la Marine de 1681 ont précisé et affirmé la substance du domaine public maritime. Il convient de contrôler et de surveiller les havres, rades et ports, d'assurer la sécurité de la navigation, de faciliter le commerce maritime, d'instituer des officiers d'amirauté, un statut des gens de mer. En France, il faut attendre la Révolution pour que les ports deviennent propriétés d'État : les lois des 27 juin et 7 juillet 1790 confient au corps législatif le soin de fixer annuellement les sommes nécessaires à l'entretien des ports ; le décret du 2 brumaire an IV place tous les ports sous l'autorité du ministère de la Marine, puis en prairial de l'an V du ministère de l'Intérieur. Le corps des Ponts et Chaussées se substitue aux Chambres de commerce, supprimées en 1791, et aux municipalités dans la gestion des ports. En 1839, les ports sont mis sous l'autorité du Ministère des Travaux publics. Dans le Code civil de 1804, les espaces portuaires sont classés dans le domaine public (art. 538 C. Civil, abrogé par l'Ordonnance n° 2006-460 du 21 avril 2006, art. 7-V). L'État doit créer les conditions favorables au commerce et au développement économique et seule son autorité peut assurer la coordination des réseaux de mobilité, permettant les échanges[7]. Toutes les parties du territoire doivent disposer des structures et de l'outillage nécessaire, à l'instar des écoles ou des services publics. Cependant les chambres de commerce, rétablies en 1802, vont conseiller et orienter l'État dans ses aménagements portuaires. En 1822, la chambre de commerce de Boulogne-sur-Mer acquiert des grues pour renforcer le commerce avec l'Angleterre. La chambre de commerce de Nantes finance des études concernant l'aménagement de l'estuaire de la Loire. La loi du 18 avril 1898 autorise les chambres de commerce à devenir concessionnaires de travaux publics et de services publics, notamment portuaires. La loi votée en 1912 ne sera pas appliquée, du fait de la Première Guerre mondiale. La loi italienne du 12 février 1913 crée à Gênes le *consorzio*, établissement public « autonome » dont l'administration et l'exploitation sont remises entre les mains d'un consortium comprenant des représentants locaux et des représentants de l'État ; l'État vérifie les comptes et décide des travaux les plus importants.

En Grande-Bretagne, le *Mersey Dock and Harbour Board* est créé en 1857, un trust port, puis celui de Londres, *Port of London Authority*, créé en 1908. Ces trusts ports, nés de la faillite de sociétés portuaires indépendantes, sont des

7. J. GUILLAUME, « L'État, entrepreneur portuaire », in E. FOULQUIER et C. LAMBERTS, *Gouverner les ports de commerce à l'heure libérale*, CNRS Éditions, Paris, 2014, pp. 17-35.

établissements publics à compétences spéciales, désignés habituellement par le terme « d'autorités portuaires ». En Espagne, à l'inverse, la loi de 1880 (*Ley de Puertos*) distingue les ports d'intérêt général et les ports d'intérêt local ; les premiers sont sous l'autorité des gouverneurs, avec des conseils aux pouvoirs fort limités, formés essentiellement de fonctionnaires de l'État. L'autonomie des ports en France commence avec la loi du 12 juin 1920. Les ports autonomes sont des établissements publics ; seuls les travaux majeurs nécessitent l'autorisation de l'administration des travaux publics. Cette déconcentration n'est pas une décentralisation. Le décret du 7 avril 1924 crée dans les ports non autonomes, des commissions consultatives, dont la moitié des membres relèvent des chambres de commerce et d'industrie. La loi du 19 juin 1965 renforce le rôle de l'État dans les ports autonomes ; les chambres de commerce et d'industrie remettent au port autonome les terrains et outillages des concessions dont elles étaient titulaires ; l'État y renforce ses investissements. L'Allemagne et la France alimentent fortement l'activité des ports belges et hollandais ; un décrochage intervient avec ce qui sera dénommé « détournements de trafic », qui ne seront jamais rattrapés. La question est très ancienne, ainsi que le constate Bernard Marnot pour le XIXe siècle déjà : « Le processus de modernisation des grands établissements nationaux a présenté des défaillances qui ont provoqué leur déclassement relatif dans la hiérarchie européenne. Elles se sont traduites par un sous-dimensionnement chronique des infrastructures et des lacunes croissantes en matière d'équipement, qui ont conduit à s'interroger sur le relatif échec de la politique portuaire entre 1815 et 1914 ». La révolution de la conteneurisation après la Seconde Guerre mondiale a conduit à la reproduction de ce déclassement des ports français[8]. Il n'est pas certain que la loi n° 2008-660 du 4 juillet 2008 portant réforme portuaire, qui supprime les « ports autonomes » et les remplace par les « Grands Ports Maritimes », conduise à une reconquête des trafics. Les Grands Ports Maritimes (GPM) cessent, sauf cas exceptionnels, de détenir ou d'exploiter des outillages de manutention et les transfèrent à ces opérateurs. Les contrats de travail des salariés affectés à ces activités sont également transférés aux opérateurs, selon des modalités garantissant les droits des salariés. Le but du détachement des quelque 2 000 grutiers et portiqueurs français était double : d'une part, soulager les établissements publics de la gestion du travail portuaire (et des crises sociales) en les transférant au privé et, d'autre part, de placer ces deux métiers portuaires sous un commandement

8. S. ABBES et J. GUILLAUME, « Ports de commerce et économie portuaire », in *Mare Economicum – Enjeux et avenir de la France maritime et littorale*, P GUILLOTREAU (dir.), PUR, Rennes, 2008, pp. 361-389 - J. GROSDIDIER DE MATONS, *Droit, économie et finances portuaires*, Presses de l'École Nationale des Ponts et Chaussées, 1999 - B. MARNOT, *Les grands ports maritimes de commerce français et la mondialisation du XIXe siècle*, coll. Histoire Maritime, PUPS, Sorbonne Université Presses, 1999 - J. GUILLAUME, « La politique portuaire européenne, entre ouverture au marché unique et développement durable », *Annales de Géographie*, 2011, n° 677, pp. 50-64.

unique pour une meilleure coordination, donc plus d'efficacité et une réduction des coûts[9].

Selon un rapport de la Conférence des Nations Unies pour le Commerce et le Développement (CNUCED) de 1995, trois générations de ports se sont succédé. La première est restée prédominante jusque dans les années cinquante. La fonction du port se limitait à fournir un front de mer pour le transbordement des marchandises, l'entreposage temporaire et la livraison des marchandises. Le rôle du port de deuxième génération s'est étendu aux activités industrielles et commerciales dans la zone portuaire et le port s'est transformé en centre de manutention et de services. La dimension tertiaire s'est encore accentuée avec les ports de troisième génération. Depuis le début des années 80, le port est devenu un centre de logistique et de distribution comprenant des systèmes intégrés de collecte et de traitement d'information destinés à faciliter l'échange de données informatisées entre les utilisateurs portuaires[10]. D'importants ports européens, tels Rotterdam et Anvers, se sont épanouis selon cette nouvelle formule. D'une génération à l'autre, la part des capitaux privés dans la construction de l'infrastructure et l'offre des services portuaires s'accroît. Dorénavant, et partout dans le monde, la gestion des ports peut relever d'une division administrative, d'un ministère, d'une administration municipale ou encore prendre la forme d'une organisation autonome dotée de son propre budget et de sa propre comptabilité. Dans plusieurs pays, les ports importants appartiennent à l'administration nationale, mais sont exploités comme des entreprises autonomes. Ces évolutions et interrogations se retrouvent dans tous les pays, notamment au Sénégal et au Maroc[11].

Depuis les années 1990, l'évolution portuaire est entrée dans une nouvelle phase, dans laquelle la coopération entre les ports a rapidement pris de l'importance. Les principaux moteurs en ont été l'apparition du transport maritime sur courte distance, l'augmentation de la taille et du volume des navires et, par voie de conséquence, la pression croissante exercée sur la capacité portuaire. Cette

9. J. DEBRIE, « L'évolution des ports français : quel avenir ? », *Les Cahiers français : documents d'actualité*, La Documentation Française, Paris, 2016, hal-01862042 - R. REZENTHEL, « La réforme portuaire a dix ans », *Droit Maritime Français* – DMF, 2018, n° 804, pp. 650-658, ainsi que « Le droit portuaire », Livre 6 in P. CHAUMETTE (dir.), *Droits Maritimes*, 4e éd. Dalloz Action, Paris, 2021, pp. 1301-1405.

10. CNUCED, *Comparative Analysis of Deregulation, Commercialisation and Privatisation of Ports*, Genève, 1995.

11. K.A. KANE, *Droit Portuaire en Afrique : Aspects juridiques de la gestion et de l'exploitation portuaires au Sénégal*, Éditions L'Harmattan, Paris, 2012 ; « L'évolution du statut portuaire sénégalais – Une nécessité pour le développement du Port Autonome de Dakar », *Annuaire de Droit Maritime et Océanique*, université de Nantes, t. XXXI, 2013, pp. 383-399 - F. ERRIZANI, *Les réformes portuaires marocaine et française : entre enjeu de bonne gouvernance et incitation au partenariat public-privé*, Thèse Droit, université de Nantes, 2018.

phase est appelée « régionalisation portuaire »[12]. Les activités portuaires sont de plus en plus axées sur les terminaux qui desservent l'arrière-pays. Le développement de cette phase tient à la fois au rôle joué par les investisseurs internationaux, à la croissance des volumes et aux problèmes de capacité de certains ports. Les ports ne sont plus considérés strictement comme des centres de transfert, mais ils deviennent à présent de vastes zones de passage intégrées dans des chaînes logistiques dont les fonctions sont liées aux développements de la distribution dans l'arrière-pays. Alors que les autorités portuaires concentraient leurs activités principalement sur l'administration, l'infrastructure et la capacité, elles se focalisent à présent davantage sur la connectivité entre la zone portuaire et l'arrière-pays, à travers divers types de transport intermodal. Leur rôle principal consiste à servir de facilitatrices à l'intérieur des chaînes logistiques. L'espace libre à l'intérieur des ports devient une denrée rare et les projets d'extension portuaire ne sont pas toujours réalisables.

La recherche doctorale d'Ali MIGANEH HADI s'inscrit dans cette évolution, historique, géographique, économique des diverses mondialisations[13], évidemment les plus récentes, du transport maritime de marchandises, des interfaces terre-mer. Djibouti s'est transformé au cours de ce nouveau siècle, avec l'appui des investisseurs étrangers[14]. La volonté de capter les flux entre l'Asie, l'Europe et l'Afrique, pour générer de la valeur ajoutée, souligne l'importance des phénomènes de circulation dans l'océan Indien, entre le système atlanto-méditerranéen et l'Asie-Pacifique. Mais pourrait-on dire : « n'est pas hub qui le veut ». Il ne faut pas confondre les éléments structurels d'un port voulant constituer un hub, et la réalisation de celui-ci, c'est-à-dire l'attraction de trafic, les flux. L'exemple algérien du port de DjenDjen le démontre, quand Tanger Med est une réussite. L'avenir n'est pas écrit d'avance.

---

12. Parlement européen, *L'évolution du rôle des ports maritimes de l'Union européenne dans la logistique maritime mondiale – Capacités, Enjeux et Stratégies*, Rapport, de la Direction Générale des politiques internes de l'Union, 2009, https://www.europarl.europa.eu/RegData/etudes/etudes/join/2009/419121/IPOL-TRAN_ET(2009)419121_FR.pdf - G. GUEGUEN-HALLOUET, « Libéralisation et nouvelle gouvernance : les défis des ports maritimes français, italiens et espagnols », in E. FOULQUIER et C. LAMBERTS, *Gouverner les ports de commerce à l'heure libérale*, CNRS Éditions, Paris, 2014, pp. 37-74.
13. J.M. SALLMANN, *Le grand désenclavement du monde 1200-1600*, Histoire, Payot, Paris, 2011.
14. J.S. MONGRENIER, « Djibouti, cité-État et bientôt « hub » du commerce maritime mondial », *Le Temps*, 22 août 2012, https://www.letemps.ch/opinions/djibouti-citeetat-bientot-hub-commerce-maritime-mondial

L'engagement de la Fondation Konrad Adenauer dans la Corne de l'Afrique et l'importance de la région dans la politique internationale

La région de l'Afrique de l'Est, et plus particulièrement la Corne de l'Afrique, a connu ces dernières années une "renaissance en matière de politique de sécurité". Dans le contexte de la concurrence internationale entre les systèmes, cette région revêt une grande importance géopolitique. En raison de leur situation côtière exposée, les pays de Djibouti et de Somalie en particulier jouent un rôle de plus en plus important. La côte somalienne n'est pas seulement la plus longue du continent africain, elle délimite également la région indopacifique (souvent appelée théâtre Indopacifique) à un endroit crucial. Une partie importante des côtes de la Somalie et de Djibouti se trouve face à la péninsule arabique, à l'entrée de l'arène de la politique de sécurité de la mer Rouge (*Red Sea Security Arena*), qui gagne fortement en importance. La protection de routes commerciales maritimes aussi importantes pour le commerce mondial n'est pas seulement dans l'intérêt de l'Allemagne et de l'Europe, mais aussi dans celui de la communauté internationale. L'objectif de la fondation est de participer au dialogue politique dans une région aussi exposée, de promouvoir le discours entre la politique et la société civile et aussi et surtout de renforcer les échanges régionaux et internationaux et d'établir de nouveaux réseaux et liens entre la région et l'Allemagne et l'Europe.

En promouvant cette publication, nous souhaitons contribuer à une meilleure compréhension des enjeux géopolitiques de la région et de leurs implications pour notre quotidien, et faire comprendre la pertinence de Djibouti et de la Corne de l'Afrique dans la politique internationale. Par sa situation unique, Djibouti est, avec son port, l'un des points centraux des comptes du continent, tant pour les exportations en provenance de l'Afrique de l'Est que pour les importations. Le présent ouvrage présente clairement le rôle spécifique de Djibouti et apporte une réelle valeur ajoutée à la compréhension des contextes politiques internationaux. C'est la raison pour laquelle le programme régional de dialogue sur la politique de sécurité de la Fondation Konrad Adenauer, basé à Kampala, en Ouganda, soutient ce projet volontiers et avec le plus grand plaisir.

Par notre coopération européenne et internationale, nous nous engageons en faveur de la liberté et de la dignité des individus. Nous contribuons, en nous appuyant sur des valeurs, à ce que l'Allemagne assume ses responsabilités croissantes dans le monde.

Nous voulons inciter les gens à participer à la construction de l'avenir dans cet esprit. Grâce à plus de 110 bureaux et projets dans le monde entier (dont plus de 20 en Afrique subsaharienne), nous apportons une contribution autonome à la promotion de la démocratie, de l'État de droit et de l'économie sociale de marché. Afin de garantir la paix et la liberté, nous soutenons le dialogue continu en matière de politique étrangère et de sécurité ainsi que les échanges entre les cultures et les religions.

L'être humain, avec sa dignité, ses droits et ses responsabilités, est au centre de nos préoccupations. Il constitue pour nous le point de départ de la justice sociale, de la démocratie libérale et de l'économie durable. En réunissant des personnes qui assument leur responsabilité sociale, nous développons des réseaux actifs dans la politique, l'économie et la société. Notre gestion des connaissances politiques améliore les opportunités de rendre la mondialisation socialement équitable, écologiquement durable et économiquement efficace.

Nous travaillons en partenariat avec des institutions publiques, des partis, des organisations de la société civile et des élites sélectionnés. Grâce à nos objectifs et à nos valeurs, nous souhaitons continuer à approfondir la coopération politique au niveau régional et mondial, en particulier dans le domaine de la politique de développement. En collaboration avec nos partenaires, nous contribuons à un ordre international qui permet à chaque pays de se développer dans la liberté et la responsabilité individuelle.

Les nombreux programmes nationaux avec lesquels la Fondation Konrad Adenauer est représentée dans le monde entier, y compris dans de nombreux pays d'Afrique subsaharienne, sont complétés par quelques programmes régionaux. Ces programmes complètent les activités nationales de la fondation et traitent de thèmes spécifiques dans une perspective régionale.

Le Programme Régional du Dialogue sur la Sécurité en Afrique de l'Est s'intéresse aux questions de politique de sécurité et aux relations internationales dans la région de l'Afrique de l'Est. Il se concentre sur la Corne de l'Afrique (Éthiopie, Somalie, Djibouti et Érythrée). En outre, le programme s'occupe également des conflits et des interventions internationales dans la région des Grands Lacs. Le domaine thématique de la politique de sécurité doit être compris au sens élargi. En plus des conflits armés, des guerres civiles et du terrorisme international, le Programme Régional du Dialogue sur la Sécurité en Afrique de l'Est traite également de questions liées à la fuite et à la migration ainsi qu'à l'impact du changement climatique sur la sécurité.

Depuis le siège du programme régional à Kampala, des projets sont gérés dans différents pays de la région. Les groupes cibles des actions au niveau régional et national sont notamment les dirigeants politiques et les acteurs de la société civile et du monde scientifique. L'objectif est de contribuer à une meilleure compréhension des dynamiques complexes en Afrique de l'Est et des récits, tant dans la région qu'en Europe. Cet objectif sera atteint principalement par le biais de conférences académiques, de différents formats de discussion, de projets de recherche, de programmes de visite au sein de la région, mais aussi bien sûr entre l'Europe, en particulier l'Allemagne, et l'Afrique de l'Est.

« La mer éveille le courage, elle invite l'homme à la conquête, au brigandage, mais aussi au gain et à l'acquisition. »
(Hegel 1979 : 228)

Introduction générale

Qui aurait pu imaginer voir un jour Djibouti se doter de ports modernes et compétitifs sur l'échiquier mondial ? Et comment ce petit État a-t-il réussi à se trouver au cœur des stratégies du commerce maritime international ? Cet îlot de tranquillité, dans une région agitée par les conflits, n'attirait l'attention d'aucun investisseur de par son climat aride et sa terre pauvre en richesses naturelles. La littérature abondante nous apprend que Djibouti présentait l'intérêt de disposer d'une base militaire pour son partenaire français, et non d'une vitrine commerciale.

Bien qu'étant l'un des plus petits États africains avec une superficie totale de 23 000 km^2, Djibouti occupe une position maritime stratégique à la jonction de la mer Rouge et du golfe d'Aden reliés par le détroit de Bab-el-Mandeb. Situé dans la Corne de l'Afrique, Djibouti est entouré par la Somalie, l'Éthiopie et l'Érythrée.

Pays faiblement doté en ressources naturelles (superficie arable limitée, faibles niveaux de pluviométrie et d'eau souterraine), ses secteurs agricoles et industriels sont très restreints. En conséquence, Djibouti a développé une économie de marché presque entièrement basée sur le commerce et les services connexes, tirant ainsi parti de sa position exceptionnelle sur les grandes routes maritimes entre l'Asie, l'Europe et la péninsule Arabique. Le contexte économique mondial a entraîné le pouvoir public à prendre part à cette croissance du marché. Ce mouvement a incité le gouvernement à introduire dans sa politique une nouvelle forme de gestion de ses entreprises publiques. La première à avoir fait l'objet d'une expérimentation est le Port Autonome International de Djibouti (PAID). Il s'agit d'une entité publique à caractère commercial et industriel soumise à la gestion étatique. Il a fallu introduire de nouvelles notions inspirées des entreprises privées telle que la culture du résultat, la performance et les aspects managériaux. L'inclusion de cette nouvelle gestion portuaire n'aurait pas été possible sans la volonté politique du gouvernement qui devait faciliter l'ouverture de la gestion aux opérateurs privés.

Cette position est renforcée par la nouvelle organisation des transports internationaux, qui, dans un contexte de concurrence exacerbée, recherche la massification des flux pour réaliser les économies d'échelle nécessaires à la réduction des coûts de transport. Au niveau régional, Djibouti est la voie principale d'accès vers l'Éthiopie, un pays de 100 millions d'habitants actuellement en pleine croissance économique à deux chiffres. Dans le cadre de cette étude, nous verrons comment la croissance économique de ce pays s'est développée autour de ses activités portuaires.

I. Situation économique actuelle

Durant les années 1990, l'économie djiboutienne a été secouée par de sévères chocs internes et externes dont une guerre civile au cours de laquelle la taille des forces armées fut quadruplée. En outre, les conflits régionaux chez les deux grands voisins de la République de Djibouti (la Somalie et l'Éthiopie) ont enclenché un afflux massif des réfugiés, représentant près de 20 % de la population djiboutienne de l'époque[15].

Cette instabilité sécuritaire provoqua une hausse du déficit public en raison de la démultiplication des dépenses et de la défaillance du secteur public économique. Le gouvernement s'est ainsi engagé, pour la première fois, dans un programme d'assainissement budgétaire avec l'accord Stand-by passé en avril 1996 avec le Fonds Monétaire International (FMI). Ce plan d'ajustement structurel s'est poursuivi avec la Facilité pour la réduction de la pauvreté et la croissance (FRPC) d'octobre 1999 à décembre 2002. L'autorité publique avait pour mission d'appliquer les injonctions budgétaires imposées par les bailleurs de fonds (FMI et Banque mondiale) afin de redresser les comptes publics et de renouer avec la croissance. C'est ainsi que le gouvernement a adopté un certain nombre de mesures telles que la réforme fiscale[16], la mise en place d'un plan de trésorerie[17], la réforme de la gestion budgétaire[18], la réorganisation du ministère de l'Économie et des finances[19] et le renforcement des missions de la Banque centrale[20]. La mise en œuvre de ces réformes s'est traduite par un relèvement du taux de croissance ; c'est pourquoi les autorités djiboutiennes ont estimé qu'il serait judicieux de poursuivre le partenariat avec le FMI dans le but de réaliser l'ensemble des réformes tout en tenant compte des nouvelles ressources extérieures additionnelles destinées à lutter contre la pauvreté.

Toutefois, comme de nombreux pays de la planète, Djibouti s'est vu obligé de faire face en 2008 à une nouvelle crise financière. La petite République ne dispose pas d'un budget lui permettant de faire face à cette récession de l'économie mondiale. L'ampleur de ces chocs économiques exogènes a exposé l'économie djiboutienne, alors en plein essor, à l'incertitude qui règne à l'échelle mondiale et à une baisse des investissements directs étrangers. La hausse continue

15. THIOLLET (H.-), « *La mobilité dans la Corne de l'Afrique : Entre urgence humanitaire et contrainte sécuritaire. Migrations Société* », CIEMI, 2009, 21 (121), pp.75-88.

16. Loi n°108/AN/00/4ème L portant réforme du code général des Impôts du 29 octobre 2000.

17. Décret n°2001-0096/PRE relatif au Plan de Trésorerie de l'État.

18. Loi n°107/AN/00/4ème L relative aux lois des Finances du 29 octobre 2000.

19. La loi N°15/AN/98/4ème L du 1er avril 1998 portant organisation du ministère de l'Économie, des Finances et de la Planification, chargé de la Privatisation : cette loi consacre le principe de l'ordonnateur délégué unique et réorganise le ministère de l'économie dans une logique de centralisation de la gestion et de la planification budgétaire.

20. Loi n° 91/AN/05/5ème L Relative aux Statuts de la Banque Centrale de Djibouti du 16 janvier 2005.

des cours mondiaux du pétrole, enclenchée dans le milieu de l'année 2004 et qui a atteint son pic en 2008, et la flambée du coût des produits alimentaires et des matériaux de construction provoqua une forte inflation dans le pays.

Si les crises pétrolière et alimentaire se sont éteintes par la suite, la crise financière mondiale ne restera pas sans effet sur l'économie djiboutienne dont la croissance est basée essentiellement sur les investissements directs étrangers, l'économie tertiaire et les flux de l'aide publique au développement[21].

Après cette période d'incertitude (2004-2008) faite de crises financières internationales, d'une sécheresse aiguë et d'une flambée du prix des matières premières, l'économie du pays a retrouvé une dynamique positive[22]. On a pu constater également que la croissance du PIB est tirée par le commerce, les investissements, la production et la vente de services, notamment dans les secteurs portuaire, aéroportuaire, bancaire et financier. Le secteur tertiaire représente près de 80 % du PIB, et dépend surtout de la viabilité des activités portuaires qui reposent pour l'essentiel sur les exportations éthiopiennes (80 % des exportations de ce pays passent par le port de Djibouti) et les importations. Selon les prévisions, les années à venir devraient soutenir une croissance au rythme de l'année précédente car elle bénéficiera d'une amélioration des exportations nettes qui atténuera l'impact du repli des investissements directs étrangers[23]. Elle sera également compensée par la reprise de la consommation privée et publique. La croissance a été portée par des projets d'ampleur pour le secteur public et les activités portuaires. En particulier, le projet de rénovation de la ligne ferroviaire vers l'Éthiopie (train électrique) et la construction de plusieurs nouveaux ports (cinq nouveaux dont trois sont opérationnels). En dépit de cette croissance, nous constatons que l'inflation ne cesse d'augmenter (elle se situe à 3 % en 2016) en entraînant la hausse des prix des produits alimentaires et des services. Malgré la croissance remarquable, la pauvreté et le chômage restent élevés et handicapent toute évolution socio-économique. Depuis 2000, les grands projets d'investissements ont eu un impact limité sur l'emploi dans la mesure où notre pays dispose de très peu de main-d'œuvre

---

21. Compte rendu de la participation du ministre de l'économie et des finances djiboutiennes aux assemblées annulées de la banque mondiale et du FMI à Washington, le 10 au 14 octobre 2008 : http://www.ministerefinances.dj/RAPPORT%20DE%20MISSION%20ASSEMBLEES%20ANNUELLES%20WASHINGTON%202008%20(2).pdf
22. En 2016, la croissance se chiffrait à 6.5% au taux équivalent enregistré en 2015.
23. Selon le FMI, l'accélération de la croissance prévue dans l'édition d'avril 2017 des Perspectives de l'économie mondiale (PEM) s'affermit. La prévision de croissance mondiale pour 2017 et 2018, 3,6 % et 3,7 % respectivement, est supérieure de 0,1 point pour les deux années aux prévisions d'avril et de juillet derniers. Une augmentation notable de l'investissement, du commerce et de la production industrielle, conjuguée à un regain de confiance des chefs d'entreprise et des consommateurs, contribue à la reprise. Comme les chiffres du premier semestre de 2017 ont été généralement meilleurs que prévu, les révisions à la hausse de la croissance concernent de nombreuses régions ou pays, y compris la zone euro, le Japon, la Chine, les pays émergents d'Europe et la Russie.
http://www.imf.org/fr/Publications/WEO/Issues/2017/09/19/world-economic-outlook-october-2017

hautement qualifiée. Les offres d'emploi visant une couche qualifiée profitent souvent aux étrangers.

Le Conseil d'administration du FMI, tenu le 22 février 2016, souligne que les grands projets d'infrastructures développés par Djibouti portaient généralement sur l'amélioration des moyens de transport et des services publics. Cette action affiche comme ambition de tirer parti de son emplacement stratégique de plaque tournante maritime et d'accueil de bases militaires[24].

La réalisation d'une telle initiative ne pouvait être possible que par le lancement d'un vaste programme d'investissements financés par l'emprunt extérieur. Cette décision des autorités a fait passer la dette extérieure publique de 50 à 85 % du PIB en deux ans. Pour l'essentiel, cette dette est composée d'emprunts contractés par des entreprises publiques et garantis par l'État. Cette démarche expose notamment le pays à un risque élevé de surendettement dans la mesure où les indicateurs de viabilité de la dette dépasseraient leurs seuils sur une période prolongée[25].

II. Contexte de la gestion portuaire djiboutienne

Le gouvernement djiboutien mise sur son secteur portuaire afin d'assurer le développement du commerce et de l'économie[26]. Le chef de l'État a très bien souligné l'importance stratégique des ports pour le développement de la jeune république lors de la cérémonie inaugurale du *Doraleh Multipurpose Port* en mai 2017 : « *Ce nouveau port va accroître significativement nos capacités d'accueil mais aussi de traitement des différents types de bateaux et de marchandises [et constituer] un pas de plus vers l'élargissement et la diversification de l'offre portuaire et de la plate-forme logistique de Djibouti*[27] ».

24. Communiqué de presse n°17/22, Le conseil d'administration du FMI achève la consultation de 2016 au titre de l'article IV avec Djibouti, publié le 6 avril 2017 : Il considère que Djibouti développe ses infrastructures de transports et de services publics pour tirer parti de son emplacement stratégique de plaque-tournante maritime et d'accueil de bases militaires. Petit État situé dans la corne aride de l'Afrique, voisin de l'Éthiopie enclavée, Djibouti dépend essentiellement de son port en eaux profondes. La stratégie de développement des autorités, intitulée *Vision Djibouti 2035*, a pour but de transformer Djibouti en un pays à revenu intermédiaire et en un pôle logistique et commercial pour l'ensemble de l'Afrique de l'Est.
https://www.imf.org/fr/News/Articles/2017/04/06/pr17122-djibouti-imf-executive-board-concludes-2016-article-iv-consultation
25. https://www.imf.org/fr/News/Articles/2017/04/06/pr17122-djibouti-imf-executive-board-concludes-2016-article-iv-consultation
26. Groupe de la Banque Africaine de développement Djibouti : document de stratégie-pays (2011-2015), août 2011.
https://www.afdb.org/fileadmin/uploads/afdb/Documents/Project-and-Operations/Djibouti%20-%20DSP%202011-15.pdf
27. http://www.jeuneafrique.com/441982/economie/nouveau-port-polyvalent-de-doraleh-djibouti-veut-devenir-shenzen-de-lafrique-de-lest/

Pour illustrer au mieux l'évolution des ports de Djibouti, il serait important d'apporter un détail historique à son évolution depuis sa construction jusqu'à nos jours.

Pour le gouvernement djiboutien, les ports représentent un atout majeur et composent les maillons essentiels de la chaîne logistique[28]. Le complexe portuaire djiboutien est censé assurer la liaison entre la voie maritime (transport de marchandises en grandes quantités sur des longues distances) et la voie terrestre.

Cette affirmation du président de la République trouve son explication dans la politique de gestion qui a été mise au point depuis quelques années. La construction du port de Djibouti est étroitement liée à l'évolution historique de la ville portuaire. Certains auteurs qualifient même ce territoire de « Cité-État portuaire ». Ce phénomène d'extension du domaine portuaire a connu plusieurs phases d'évolution qui ont marqué le paysage portuaire. Ainsi, le contexte historique du port de Djibouti peut être appréhendé sur deux grandes périodes : l'installation de l'empire français sur la côte de la mer Rouge et la nouvelle configuration de ce port après l'indépendance.

A. Le rôle du port de Djibouti avant l'Indépendance

Les côtes djiboutiennes furent depuis des millénaires fréquentées par les commerçants arabes qui avaient un intérêt prononcé pour ce territoire, et ce pour son emplacement géographique. Ce petit territoire se trouvait au carrefour de l'Afrique, du Proche-Orient et de l'océan Indien, ce qui a permis à Djibouti de devenir un important comptoir d'échanges entre les Arabes et l'Afrique au cours du Moyen-Âge. L'échange était principalement axé sur le trafic d'esclaves ou le commerce d'aromates en provenance du Proche-Orient.

Les Britanniques furent les premiers Européens à avoir réalisé une politique expansionniste dans la région de la mer Rouge. Cet empire s'installe à Aden (dans le sud du Yémen). La France jeta son dévolu à son tour sur la situation géographique de Djibouti, qui suscitait l'intérêt pour les explorateurs français dans le but de concurrencer les Anglais.

C'est par le traité du 11 mars 1862[29], signé à Paris par le ministre des Affaires étrangères Thouvenel et le représentant des tribus Danakyl intéressées, que le sultan de Raïeta Dini Ahmed Abou-Bekr donne en concession le ter-

28. BARKADLEH (H.G.-), « *Contribution du maillon portuaire à la performance de la chaîne logistique globale : Cas du port de Djibouti* », Thèse de Science de Gestion, soutenue le 17 novembre 2014, sous la direction du Professeur Christian CADIOU, Université de Brest, p. 40.

29. Journal Officiel du 25 décembre 1880, réponse rédigée par le ministère de la Marine sur la question relative à la concession d'Obock.

ritoire d'Obock à la France[30]. C'est 20 ans après, en 1883[31], que le gouvernement français nomma Léonce Lagarde commandant à Obock. Ce dernier estima que la rive d'Obock n'apportait guère d'avantage pour les navires. Il demanda en 1888 à l'autorité publique de concentrer tous les efforts sur Djibouti, en construisant un port de plus grand avenir. Il s'agit déjà de la route suivie par les caravanes du Harar. Son idée de délocaliser à Djibouti le siège de l'administration coloniale a été ratifiée. L'intérêt témoigné par des Français pour les côtes de l'Abyssinie et de la mer Rouge remonte au règne de Louis-Philippe, et les initiatives partent de l'île Bourbon. Il nous serait impossible de retracer cette histoire en détail, nous pouvons indiquer seulement qu'elle avait un aspect politique et un aspect économique. Pour comprendre l'enjeu que présente le port d'Obock, il paraissait dans le journal officiel, le 24 juin 1884, un projet de loi commençant par ces termes :

> *« Le territoire d'Obock, situé dans le golfe d'Aden, sur la côte orientale d'Afrique, a été acquis, en 1862, dans le but d'assurer à nos navires un point de relâche sûr, mais il est resté, jusqu'à ces derniers temps, à peu près abandonné.*
> *Aujourd'hui, par suite de l'extension de notre empire colonial dans l'Indochine, et des opérations militaires à Madagascar, notre marine a besoin d'avoir, au sortir de la mer Rouge, un centre de ravitaillement, où elle puisse faire du charbon et des vivres en toute sécurité… ».*

Cet extrait démontre que le port naturel d'Obock est excellent pour les opérations maritimes. Il a été estimé que peu de travaux le rendraient opérationnel et que ce lieu dispose de l'eau douce. Du point de vue économique, Obock se présentait à cette époque comme le débouché des riches provinces du Choah qui cherchaient à envoyer leurs produits à la côte. Ce texte laisse entendre que l'installation de la France sur ce territoire présentait plus d'avantages maritimes et commerciaux à l'avenir.

Les travaux d'aménagement du port de Djibouti et du chemin de fer, qui relie la ville de Djibouti à l'Éthiopie, commencés en 1897, s'achevèrent 20 ans plus tard, soit en 1917. Ainsi, le premier port de Djibouti constituait pour les navires de guerre français un point de ravitaillement et d'escale très important. Ce petit coin était défini comme étant une base stratégique pour la flotte et un point d'appui de premier ordre dans l'optique d'entreprendre des travaux de défense. D'autre part, cette région possède en abondance de l'eau saine et agréable ; il est ainsi possible d'approvisionner facilement les navires. La

30. BRUNSCHWIG (H.-), « Une colonie inutile : Obock (1862-1888) », In : *Cahiers d'études africaines*, vol. 8, n°29, 1968. pp. 32- 47.
http://www.persee.fr/doc/cea_0008-0055_1968_num_8_29_3123#cea_0008-0055_1968_num_8_29_T1_0034_0000)

31. DUBOIS (C.-), *« Djibouti 1888-1967, héritage ou frustration ? »*, Paris, Harmattan, 1997.
https://www.rechercheisidore.fr/search/resource/?uri=10670/1.wbc7s8

construction du port devait permettre aux puissances coloniales d'accéder au marché éthiopien en développant parallèlement le chemin de fer. À l'époque, la marchandise principale acheminée vers ce pays était des armes et en contrepartie les commerçants français importaient des matières premières à destination de la métropole.

Le 12 juillet 1926, un paquebot français, *Le Fontainebleau*, qui assurait le transport du coton, a pris feu au sein du port. Cette situation a démontré la défaillance de la structure par manque de moyens d'extinction. Cette région connaît certains mois le *khamsin* (un vent chaud, brûlant avec beaucoup de poussière, connu dans la zone de l'Afrique de l'Est pendant l'été) qui a poussé les autorités à inonder les cales. Le jour suivant, le paquebot s'est échoué en plein milieu de la rade.

Après la Seconde Guerre mondiale, le port connaît une nouvelle organisation par la construction des quais et des hangars. Il a fallu également établir l'eau et l'électricité en moins d'une décennie. Cet aménagement a permis à l'autorité publique d'afficher une triple vocation à savoir vocations de transit, de transbordement et de service de soute. Cette gestion portuaire plaçait le port de Djibouti parmi les principaux ports mondiaux jusqu'aux années soixante. La fermeture du canal de Suez a porté un coup d'arrêt total à l'accroissement des activités portuaires. La réouverture du canal en 1975 a revitalisé les activités du port mais le manque d'investissements dans les infrastructures a déclassé le port comme point d'escale pour les gros navires. Ces navires autonomes auront moins besoin d'effectuer d'escales pour les opérations de soutée. Le port de Djibouti servira durant plusieurs années comme une plate-forme de transit de trafics destinés vers l'Éthiopie. Cependant, le fonctionnement du port connaîtra un changement dans son intégralité dans la mesure où Djibouti accède à la souveraineté de son territoire. L'accession à l'indépendance traduira en juin 1977[32] le transfert des compétences des instances étatiques, d'où la nécessité de reconfigurer l'organisation et le fonctionnement du port de Djibouti. Ce revirement historique devait s'accomplir avec la mise en place de cadres juridiques par la voie législative.

B. La reconfiguration du paysage portuaire djiboutien après l'Indépendance

Le 26 juin 1977, fut déclarée l'Indépendance de Djibouti qui se situe sur la corne d'Afrique. Il s'agit de la dernière colonie française qui accéda à l'indépendance. On peut souligner que le port de Djibouti fut directement dirigé

32. GASCON (A.-), « *Djibouti : Singapour sur mer Rouge, un confetti d'Empire, futur dragon africain* », éditions Outre Terre, Cairn Info 2005/2 (n° 11). https://www.cairn.info/article.php?ID_ARTICLE=OUTE_011_0451

par l'autorité publique française même après l'Indépendance. Il a fallu attendre trois ans pour que le pouvoir public consolide un cadre institutionnel régissant l'organisation et le fonctionnement de son entité portuaire. Le port de commerce de Djibouti va se substituer en Port Autonome International de Djibouti (PAID), créé par la loi n° 148/AN/80 du 5 octobre 1980, qui est un établissement public à caractère industriel et commercial, doté d'une personnalité morale et d'une autonomie financière. Comme toute institution publique, le PAID est placé sous la tutelle du président de la République. Les dispositions de cette loi soulignent que le port a pour missions d'assurer la gestion, l'exploitation et le développement du port de Djibouti. Il est noté également qu'il a la charge d'assurer les prérogatives de police du port, particulièrement en matière de sécurité de la circulation maritime et de sécurité des installations portuaires. De ce fait, un décret a défini les domaines publics maritime et terrestre dont jouit le port, tout en fixant les limites de la circonscription portuaire. Il dispose des mêmes droits et obligations que l'État qui lui a remis à disposition gratuitement l'administration et l'exploitation du domaine public portuaire. Dans la philosophie de la loi de 1980, il a été prévu que le maintien de la sécurité et de l'ordre public dans la circonscription portuaire soit assuré par la Prévôté maritime qui était sous la responsabilité du directeur du port. Depuis son adoption, cette loi a fait l'objet d'une seule modification en 1993, par la loi n° 30/ AN/93/3e L, modifiant l'article 19 relatif aux conditions de contrôle de l'État sur la gestion financière du PAID.

Le PAID s'est doté d'équipements lourds (portiques de quai) et un terminal à conteneurs a été créé et mis en service en 1985. Dans les années quatre-vingts, la multiplication des catastrophes naturelles a démontré le potentiel existant du port de Djibouti dans le cadre des opérations humanitaires et autres. Des entrepôts ont été conçus pour recevoir les vivres fraîches et congelées, destinées au commerce local, à l'avitaillement des navires ou encore à la redistribution vers les pays de la région. Pour faire face à cette offre, s'est imposée la nécessité de moderniser le fonctionnement du port ; pour ce faire, un poste RO/RO qui permet des opérations de manutention horizontale a été installé pour optimiser le déchargement de cargos.

Étant donné qu'une gestion étatique a duré depuis l'Indépendance, le port de Djibouti a souffert du manque d'investissements pour concurrencer les ports régionaux. Face à cette situation, les pouvoirs publics réagissent en décrétant une réforme de la législation portuaire. Ils franchissent cette phase dans le but d'attirer les investisseurs privés étrangers. Cette prise de position s'est actée par là même par une libéralisation du secteur portuaire.

Dans les années 1990, la région a connu une série de conflits et de crises économiques. Il y a eu, en premier, l'éclatement des conflits éthiopio- érythréens[33], puis l'instabilité politique de la Somalie, et enfin des crises économiques et sociales. La somme de ces crises a entraîné également Djibouti dans une phase de conflit entre l'armée nationale et la rébellion entre 1991 et 1993. Ce conflit fragilisa l'économie du pays au point d'être placé sous la tutelle du FMI avec un plan d'ajustement structurel[34]. Le gouvernement s'est vu infliger des contraintes budgétaires pour réaliser des réformes économiques et institutionnelles. Les activités portuaires traversaient une période difficile car le gouvernement ne disposait pas des moyens financiers suffisants pour investir dans la modernisation des infrastructures. Il a fallu attendre le conflit qui divisa l'Éthiopie pour donner naissance en 1994 à un territoire indépendant sous le nom d'Érythrée qui priva ce grand pays de sa façade maritime[35]. L'Éthiopie se tourna donc vers Djibouti pour assurer l'acheminement de ses marchandises. Djibouti venait à peine de sortir d'une crise socio-économique qui l'empêchait de répondre aux besoins d'un pays de plus de 100 millions d'habitants. Suite à ce conflit, la donne géopolitique s'est redessinée au profit de l'économie djiboutienne pour se trouver une place sur le marché du commerce maritime. Il est également important de souligner que l'acquisition du marché éthiopien est convoitée par toutes les puissances commerciales qui y montrent un intérêt particulier.

En 1998, l'autorité djiboutienne a reçu une série de suggestions soutenues par les bailleurs de fonds, lui recommandant de privatiser le port. Suite à cette suggestion, par le biais de sa relation bilatérale avec les Émirats, l'autorité publique s'approcha du *Dubaï Ports World* (DPW). C'est en 2000 que le gouvernement djiboutien a conclu un contrat de gestion des activités portuaires avec *Dubaï Ports World* (DPW) pour une durée de 20 ans. La stratégie du gouvernement de Djibouti, par le biais de l'Autorité Portuaire, a été de concéder toutes les opérations qui sont liées à l'exploitation d'outillage portuaire. L'autorité publique garde la possession de la superstructure et de l'équipement et elle concède l'exploitation des installations portuaires à l'opérateur privé, qui exprima son intérêt pour le port de Djibouti. Ensuite, le gouvernement djiboutien a exprimé sa volonté de réaliser des projets de développement portuaire en partenariat avec

33. Djibouti a été confronté à des problèmes internes avec l'éclatement d'un conflit dans le nord du pays. Et l'État djiboutien a été amené à faire des dépenses de guerre pour faire face à ces rebellions internes, ce qui a eu une incidence économique dans le budget et dans les finances publiques. L'autre problème externe a coïncidé avec la réduction de l'aide publique au développement durant cette période, avec l'afflux de réfugiés de Somalie et d'Éthiopie et avec une concurrence régionale accrue du port d'Assab. Il faut ajouter à cela l'éclatement de la guerre éthiopio-érythréenne en 1998, qui entraîne la fermeture définitive du port d'Assab en Érythrée, ce qui engendre le transfert intégral des importations et des exportations éthiopiennes vers le PAID.

34. FOCH (A.-), « *Djibouti, une nouvelle porte de l'Afrique ? L'essor du secteur portuaire djiboutien* », Afrique contemporaine 2010/2 (n° 234), p. 234. DOI 10.3917/afco.234.0073

35. NOUR AYEH (M.-), « La ville de Djibouti entre intégration aux enjeux mondiaux et fragmentation urbaine », *Territoire en mouvement*, Revue de géographie et aménagement [En ligne], 27-28 | 2015, mis en ligne le 10 décembre 2015, p.27, consulté le 17 mars 2016. http://journals.openedition.org/tem/3183

DPW : « *d'où l'idée d'affranchir le port de la ville par la création d'un complexe portuaire à Doraleh (à 12 km de Djibouti). C'est ce complexe qui a absorbé l'essentiel des investissements consentis par Dubaï. La dialectique liant dans le même destin les deux entités (la ville et son port) n'est pourtant pas effacée ; le port de Doraleh est en passe de structurer un nouveau pôle urbain complémentaire de l'ancienne ville, bien à l'ouest de l'agglomération.* »[36]

Ce projet d'envergure économique avait pour objectif d'assainir la gestion, et d'améliorer la prestation des services offerts afin de répondre aux attentes et aux besoins des clients éthiopiens, et ainsi de développer une zone franche.

Quant aux infrastructures portuaires, la stratégie de développement mise en œuvre par les nouveaux gestionnaires privés (DPW) du PAID, vise, entre autres, les éléments suivants :

a) « *améliorer et accroître l'efficacité et la compétitivité du port et de ses infrastructures ;*
b) *doter le port d'une part, des infrastructures et des moyens matériels et humains nécessaires au traitement rapide des navires porte-conteneurs, et d'autre part, d'une capacité de stockage important ;*
c) *réviser l'organisation du port et améliorer dans tous les services la capacité de communication et la maîtrise des langues du commerce international ;*
d) *replacer substantiellement et solidement le corridor djiboutien sur les trafics de transit de l'Éthiopie et du nord de la Somalie ;*
e) *consolider et améliorer la position du port sur le marché de transbordement de desserte régionale ;*
f) *mettre en place une logistique performante et compétitive de transports terminaux de conteneurs, impliquant le rail, la route et un port sec ;*
g) *programmer et créer une zone commerciale et portuaire sur le site de Doraleh*[37]. »

Et cela a accéléré le processus de privatisation de la gestion du port[38], qui

36. NOUR AYEH (M.-), *op. cit.*, *Territoire en mouvement*, Revue de géographie et aménagement [En ligne], 27-28 | 2015, mis en ligne le 10 décembre 2015, consulté le 17 mars 2016.
37. ABDILLAHI AHMED (A.-), « *Conteneurisation, stratégies des acteurs et développement portuaire : le cas de Djibouti* », Thèse de doctorat science de gestion soutenue en 2012, Université de Perpignan, p. 321.
38. Les déterminants de l'essor du port de Djibouti résultent alors pour beaucoup de l'initiative du FMI (Fonds Monétaire International) qui incitait entre autres à opérer la privatisation du PAID. Et cette privatisation a été à la fois le fruit d'une volonté politique nationale et les effets de l'influence des bailleurs de fonds. En effet, la privatisation visait à réduire le coût budgétaire de ces entreprises et à améliorer leur efficacité opérationnelle et financière (FMI, 1996).

avant était particulièrement marquée par l'interventionnisme étatique[39]. Le président de la République de Djibouti, Ismaïl Omar Guelleh, dans l'ouvrage *Une histoire de Djibouti,* considère que *« le port, c'est notre or noir*[40] *»*. Ainsi, l'accession en 1999 d'Ismaïl Omar Guelleh à la destinée du pays permet la prise de conscience que l'unique port de la ville de Djibouti ne pourra pas faire face à la nouvelle configuration. L'ancien port n'est plus en mesure de répondre à l'augmentation de la demande éthiopienne de transport en raison de carences de gestion et d'infrastructures et d'interventions répétées de l'État[41].

La stabilité politique et le climat très favorable aux affaires qui règne à Djibouti depuis des décennies, ont également joué un rôle important. Ainsi *« les bailleurs internationaux et bilatéraux ont engagé des moyens financiers et techniques pour accompagner et superviser la privatisation du port*[42]*. Ainsi, à l'appui déjà fourni par la Banque mondiale et le FMI, s'ajoute en 1999 une subvention d'assistance technique octroyée par l'AFD (Agence Française de Développement). Ces bailleurs s'accordent sur le fait que le statut d'établissement public du PAID*[43] *doit être modifié en société anonyme afin de permettre l'ouverture de son capital au privé et de rapprocher sa gestion de celle d'une entreprise privée*[44]*. »*

39. - Les principaux objectifs du programme de privatisation à Djibouti sont de : (1) Promouvoir la croissance de l'économie, en restaurant ou en améliorant la compétitivité des services publics d'infrastructure et en ramenant les coûts de transaction à des niveaux comparables à ceux des concurrents de la sous-région ; (2) éliminer ou réduire significativement les charges, effectives ou potentielles, sur le budget de l'État résultant du déficit des entreprises publiques (la croissance et la modernisation des services d'infrastructure porteurs permettraient notamment de faciliter par un effet multiplicateur important l'émergence d'industries locales de biens et de services) ; (3) créer un marché dynamique plus large et constituer une masse critique importante, avec une demande suffisamment stable pour réduire les fluctuations dues aux aléas d'un marché actuel restreint et pouvoir étaler ainsi les frais fixes propres aux secteurs d'infrastructures ; (4) assurer une diversification des sources d'approvisionnement.
- Les objectifs spécifiques de la privatisation sont les suivants : (5) accroître l'accès de la population djiboutienne à des services de base de qualité et à des prix abordables, (6) améliorer le rapport qualité-prix des services offerts, notamment en ramenant le coût des services à des niveaux comparables à ceux de la sous-région.

40. OUAZANI (Chérif), *Ismaïl Omar Guelleh, Une histoire de Djibouti,* Jaguar édition-conseil, mars 2016, p.216.

41. De nombreux navires sont continuellement en attente de déchargement dans les terminaux vraquiers et à conteneurs. De plus, les aires de stockage sont dépassées et la gestion des stocks fait défaut.

42. La privatisation consiste en la participation du secteur privé dans la gestion, le financement et la propriété d'une entreprise publique (OCDE, 2004). Cette définition englobe la vente de tout ou partie du capital de l'État dans les entreprises publiques au secteur privé ainsi que la mise sous gestion privée de ces entreprises par des contrats de gestion, d'affermage, ou de concession (Nellis, 2005). À l'instar de Estache (2007), le concept d'infrastructures fait ici référence à toute installation utilisée pour fournir de l'électricité, de l'eau et de l'assainissement, des télécommunications et des services de transports.

43. Le PAID est depuis la loi du 5 novembre 1980 un établissement public à caractère industriel et commercial (EPCIC), doté d'une personnalité morale et d'une autonomie financière de l'État.

44. FOCH (A.-), *op.cit.*, Afrique contemporaine 2010/2 (n° 234), p. 73-92. DOI 10.3917/afco.234.0073, p. 232.

Compte tenu du flou qui règne concernant les types de privatisation, il faut d'abord définir clairement les termes : le concept de privatisation[45], à travers la littérature juridique, économique, sociale et médiatique, a reçu les acceptions les plus diverses[46]. La notion de privatisation d'entreprises publiques[47] peut donc désormais être assez aisément circonscrite : c'est l'opération par laquelle le contrôle exercé, directement ou indirectement, par les pouvoirs publics sur une organisation de moyens humains, matériels et immatériels, vouée à l'exercice, à titre exclusif ou principal, d'une activité économique, est transféré au secteur privé.

La privatisation se présente sous deux aspects : dans un premier temps l'État peut céder totalement l'actif d'une entreprise publique à un particulier. Cette forme de privatisation est rare et ne se fait pas de façon aussi abrupte. Ou bien elle peut prendre la forme d'un désengagement progressif de l'État qui cède les actions de l'entreprise publique à des agents du privé graduellement pour qu'ils en prennent le contrôle. Ce transfert de la propriété au secteur privé est motivé pour les investisseurs privés par des raisons de rentabilité et, pour le gouvernement djiboutien, par la possibilité d'une autre source de croissance et un réel besoin d'infrastructure. La privatisation[48] est en effet une conséquence directe de la mondialisation[49] qui s'est accélérée depuis les années 90 jusqu'à provoquer un chamboulement de la structure de l'économie mondiale qui touche en particulier le port de Djibouti. Néanmoins, le port joue un rôle fon-

45. Voir IOSSA (E.), MARTIMORT (D.), POUYET (J.), « Partenariats public-privé : Quelques réflexions », *Revue économique*, Vol. 59, 2008/3, pp. 437-449, p. 440, voir également BURGER (P.), TYSON (J.), KARPOWICZ (I.), DELGADO COELHO (M.), *« The effects of financial crisis on public-private partnership »*, International Monetary Fund, IMF working paper, WP/09/144, juillet 2009, p. 3.

46. *In* THIRION (N.-), « Privatisations d'entreprises publiques, économie de marché et transformation des systèmes juridiques étatiques : un processus inéluctable ? », *Pyramides*, Revue du centre d'Études et de Recherches en Administration publique. Fait-on passer les travailleurs de l'entreprise publique d'un régime de statut à un régime contractuel ? On parlera de « privatisation ». Soumet-on l'entreprise publique, jusqu'alors bénéficiaire d'un monopole, à la concurrence d'autres opérateurs, privés ceux-là ? « Privatisation », arguera-t-on. Se contente-t-on d'ouvrir une fraction minoritaire du capital social de l'entreprise à des partenaires privés ? On n'en agite pas moins le spectre de la « privatisation ». Ainsi donc, le même terme tient souvent lieu, dans le langage courant, de pavillon de complaisance, derrière lequel s'abritent des réalités très différentes et, partant, irréductibles les unes aux autres. Il importe donc de bien déterminer, chaque fois qu'on utilise le terme, à quelle institution on entend l'appliquer. D'où la nécessité, pour notre propos, de limiter le processus étudié dans son application aux entreprises publiques proprement dites. https://pyramides.revues.org/560#ftn18

47. SEDJARI (A.-), *Partenariat public privé et gouvernance future*, éditions L'Harmattan-GRET, 2005, pp.17-24.

48. La mise en œuvre de la politique de privatisation à Djibouti est confiée d'abord à une unité dite de suivi du programme des réformes des entreprises publiques mise en place par décret n°050 de 1996. Cette unité sera mise sous l'encadrement d'un Comité national de privatisation crée par la loi n°130 du 13-avril-1997 et dont l'organisation est précisée par décret n°0129 de 1997. Les experts du Fonds monétaire international et de la banque mondiale, ainsi que ceux des autres partenaires siègent directement dans ces instances qui dessinent et suivent la privatisation du secteur public économique..

49. BETHENOD (J.-), *Le droit portuaire, instrument de régulation de la compétitivité et de la protection de l'ordre public*, Thèse de doctorat en droit soutenue le 2 décembre 2005 à l'université de Nice-Sophia Antipolis, sous la direction du Professeur Alain PIQUEMAL, p.23.

damental dans le développement économique des États (en l'occurrence pour Djibouti l'épine dorsale de son économie), et ce rôle s'est accru au cours des dernières décennies avec le développement du commerce mondial[50]. Le port, qui reçoit un trafic important, développe parallèlement les infrastructures et les superstructures, il bénéficie de la crédibilité commerciale nécessaire pour acquérir des moyens supplémentaires, ces moyens eux-mêmes lui permettent de poursuivre son développement et d'attirer de nouveaux clients[51]. Par ailleurs, les ports doivent répondre à des impératifs d'accroissement de taille des navires qui l'utilisent, de sorte que le renouvellement des flottes dans le monde implique également le renouvellement des ports[52]. Une question nous semble par ailleurs essentielle, à savoir : quelles sont les stratégies actuelles des grands ports maritimes face aux impératifs du gigantisme des navires et des opérateurs de terminaux[53] pour rester compétitifs[54] ? Cela suppose de savoir comment tout port, pour rester compétitif sur un marché global, doit développer dans les différents métiers un service de grande qualité et finalement, s'adapter pour espérer attirer un important trafic[55]. Ainsi, nous pouvons mettre l'accent sur l'idée que l'industrie portuaire s'est vue placée au centre des défis posés par ce phénomène de récession économique internationale. Les pays possédant des ports se sont vus imposer le défi de créer des centres de transport intégré et

50. KAMEL (H.-), *Les investissements maritime et portuaire en Algérie : la consécration du régime de la concession*, éditions Neptunus, e.revue Centre de Droit Maritime et Océanique Université de Nantes, vol. 20, 2014 /1, p.6.

51. LACOSTE (R.-) et TERRASSIER (N.-), « *La manutention portuaire de conteneurs en France : Vers la consolidation ?* » Isemar, n°23, oct. 2000, www.Isemar.asso-fr, p.4, cité par Edward TIERNY, « *Le port maritime : Lieu d'un pari libéral pour un enjeu régalien* », thèse de Doctorat, Université de Nantes, 2003, p. 21.

52. BAUCHET (P.-), « *Le transport international dans l'économie mondiale* », p.185.

53. Les premiers opérateurs portuaires privés sont *Hutchison International Port Ltd.* (Hong-Kong), *Stevedoring Services of America* (États-Unis), *European Combined Terminals* (Pays-bas), *Modern Terminals Ltd.* (Hong-Kong), *Felixstowe* (Royaume Uni), *Patrick* (Australie), *Eurokai* (Allemagne), *Gulftainer* (E.A.U).

54. GOSS (R.O.-), « *Strategies for Port Authorities* », *op.cit.* ; ég. IRCHA (M.C.-), « *The Transportation Group* », Université du Nouveau-Brunswick, extrait d'un article publié, dans la gestion de la politique maritime, Canadian Ports Magazine, pp.21-25.

55. La notion de compétitivité peut être envisagée à deux niveaux : au niveau de l'entreprise et au niveau de l'économie dans son ensemble. Au niveau de l'entreprise portuaire, la compétitivité est la capacité de produire des services de la qualité voulue, à un prix correct et au bon moment ; cela signifie répondre aux besoins des clients plus efficacement que d'autres ports. Dans une économie internationale libéralisée et mondialisée, la compétitivité des industries portuaires passe par l'innovation et la flexibilité nécessaires pour s'adapter à l'évolution constante des conditions du marché. L'amélioration continue des produits, des procédés, des technologies et de l'organisation est ainsi devenue la clef du maintien de la compétitivité dans une économie mondialisée. Compétitif est l'adjectif qui vient de l'anglais *compétitive* : qui est susceptible, grâce à ses qualités, à ses caractéristiques, de supporter la concurrence ; qui offre ses services à un prix tel qu'il puisse faire concurrence aux autres similaires sur le marché. C'est un terme ayant plutôt une acception économique. Plusieurs autres termes reliés à ce concept : efficience, efficacité. Cf. Conseil du commerce et du développement, Commission du commerce des biens et services, et de produits de base, Réunion d'experts sur “intérêts des consommateurs, la compétitivité, la concurrence et le développement”, Genève, 17-19 octobre 2001, C.N.U.C.E.D., TD/B/COM.1/EM.17/3, 20 août 2001, p.5, point 9.

d'introduire dans leur système portuaire certains équipements industriels et technologiques. Face à cette évolution, les pays africains ont dû initier des réformes stratégiques pour s'adapter à ce nouvel environnement de plus en plus contraignant et concurrentiel[56].

En ce qui nous concerne, afin de présenter cette évolution, nous serons amenés à étudier de manière chronologique la gestion du port de Djibouti en trois temps.

1re étape : La mise en concession du port de Djibouti.

Dans la première décennie du troisième millénaire, des réformes au niveau de la gestion portuaire impliquant une participation du privé ont été adoptées partout dans le monde sous diverses formes comme le transfert de gestion, la concession[57] et la privatisation totale ou partielle[58]. La République de Djibouti a décidé, dès l'année 2000, d'entamer un processus de privatisation de certaines parties du port par un contrat de concession signé avec la Société djiboutienne de gestion du terminal vraquier, abrégé pour la construction d'un terminal vraquier que cette société aurait la charge d'exploiter. Toujours en l'an 2000, la République de Djibouti décide de privatiser la gestion du Port Autonome de Djibouti en confiant cette dernière à une société étrangère, la société *DP World*, qui est le troisième opérateur portuaire mondial, très actif dans les ports asiatiques. Cet opérateur propose la modernisation de la gestion portuaire par un large éventail de services. En effet, un contrat de gestion a été signé avec cette société qui s'est vue déléguer, en vertu du contrat, la direction du management

56. TOURRET (P.-), et VALERO (C.-), Le développement de la conteneurisation, symbole de la mondialisation des ports africains, *Revue Secteur Privé & Développement*, 22 mai 2017. https://blog.secteur-prive-developpement.fr/2017/05/22/le-developpement-de-la-conteneurisation-symbole-de-la-modernisation-des-ports-africains/

57. Il n'existe pas de définition de la concession en droit djiboutien, cependant, la concession est définie généralement comme un contrat administratif qui met en présence deux parties : l'administration qui est l'autorité concédante et un cocontractant, personne publique ou privée dite concessionnaire, qui sera chargée d'assurer le fonctionnement d'un « service public ». Elle constitue « *L'acte par lequel la puissance publique, dite autorité concédante, confie, sous la forme d'un contrat, à une personne physique ou morale, dite concessionnaire le droit de financer, de construire et d'exploiter un ouvrage public dans un but de service public, à ses risques, pendant une période déterminée, à l'issue de laquelle le concessionnaire, pour recouvrir ses coûts d'investissement et de fonctionnement, et pour se rémunérer, percevra des redevances sur les usagers de l'ouvrage et du service* » ; (Voir De Matons (J.G.-), « *Les concessions portuaires aspects juridiques* », Washington D.C., mai 2000, p1.) Dans un autre ordre d'idée, elle est également définie comme « *un mode de gestion du service consistant en ce qu'une collectivité publique (le concédant), charge un particulier, individu ou plus souvent société (le concessionnaire), par une convention conclue avec celui-ci, du soin de faire fonctionner le service public à ses frais et risques et en se rémunérant au moyen de redevances perçues sur les usagers* » (Voir ég. De LAUBADERE (A.-), VENEZIA (J-C.-), GAUDEMET (Y.-), *Traité de droit administratif*, tome XV° édition LGDJ Paris 1999, p. 883). Pour sa part le Professeur MAHIOU définit : « *la concession est une convention par laquelle l'administration charge une personne physique ou morale d'assurer le fonctionnement d'un service public. Bien que ce soit un acte contractuel, l'étude de la concession se rattache aussi à la théorie générale du service public, car son but est la gestion d'un service public. Son étude relève aussi bien de celle des contrats que celle des services publics* ».

58. NICINSKI (S.), *Droit public des affaires*, éditions Lextenso LGDJ, 2016, p.315.

de l'établissement public PAID qui sera assurée par Directeur Général désigné par l'opérateur international DPW.

C'est dans ce type de contrat que les investisseurs privés se voient confier l'accomplissement des missions relevant du service public en gérant une entreprise publique. Il est à noter que l'exemple de réussite du modèle de privatisation du secteur portuaire de Djibouti illustre bien un tel type de contrat. Si aujourd'hui le secteur portuaire djiboutien se positionne comme l'un des ports les plus modernes d'Afrique de l'Est, c'est en partie grâce à la politique locale du gouvernement djiboutien qui a accepté, malgré le scepticisme du début, la mise en gestion privée du PAID confiée à *Dubaï Port World* [59].

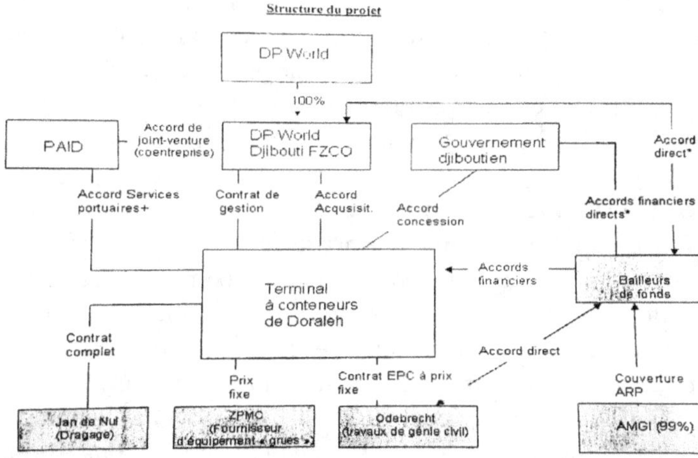

Figure 1 : La répartition de la structure du projet de construction DCT (PAID/DPW) [60]

Les ambitions du gouvernement dans le développement du secteur portuaire ne se limitent pas à la mise en du (vieux) port. Elles consistent également en la création d'un terminal à conteneurs capable d'absorber la croissance du flux du transit éthiopien. Cependant, l'État djiboutien ne dispose pas de moyens financiers à hauteur de ses ambitions. Son partenaire, concessionnaire du PAID, est disposé à supporter le coût financier de la réalisation du projet (construction de nouveaux terminaux pétroliers et à conteneurs à 12 kilomètres de l'ancien port) à condition de transférer l'ancien terminal à conteneurs sur le nouveau site du projet et de se voir octroyer une exclusivité d'exploitation. Et ceci en dépit de la surcharge financière pour les armateurs (*MAERSK* et *Massida Ethiopia Shipping* etc.) consécutive au transfert du terminal. Ce montage permit au DCT de voir le jour.

59. Schéma : répartition du projet PAID/DPW, construction du terminal du port de Doraleh.
60. Source confidentielle de la direction juridique du port de Djibouti.

La société promotrice du projet (Terminal du port de Doraleh) est constituée de deux actionnaires : le PAID comme actionnaire majoritaire (67 %) et *Dubaï Ports World Djibouti*, filiale appartenant à 100 % de DPW, comme actionnaire minoritaire (33 %).

La gestion du DCT est organisée comme suit : DPWD est chargée de la gestion, de l'exploitation et de l'entretien du DCT. Le gouvernement avait envisagé de réduire au strict minimum sa participation dans la gestion du DCT. C'est dans ce cadre qu'il a été décidé de déléguer à DPW le pouvoir de nomination et de direction administrative et financière malgré son statut d'actionnaire minoritaire. Il en résulte qu'aussi longtemps que DPWD et le gouvernement de Djibouti seront les seuls actionnaires, le Conseil d'administration sera composé de trois administrateurs, dont deux représentent DPW et un représente le PAID. Le gouvernement cède ainsi deux sièges du Conseil d'administration à son partenaire privé, en conformité avec la délégation de gestion qui lie les parties (DPWD et DCT) pour toute la durée de la concession[61].

2e étape : De la concession du port
à la constitution d'un complexe portuaire.

Le gestionnaire du port de Djibouti tient à maximiser la rentabilité de ses investissements, et voit en Djibouti une vitrine pour son développement à l'international et dans la région, l'idée étant de faire des deux Ports (PAID et DCT) un centre régional et international d'affaires interconnecté via des ports secs et des zones franches, soutenu par une plate-forme logistique moderne. Ainsi, la gestion sous forme de concession s'est muée vers la constitution et l'exploitation d'un complexe portuaire formé de ports, de ports secs et de zones franches pour accueillir des activités d'import-export, de services et d'opérations logistiques dans une logique d'exploitation multimodale pour attirer le marché régional et international. La privatisation de la gestion portuaire fut un succès dans la mesure où le gouvernement s'est doté du complexe portuaire le plus moderne d'Afrique de l'Est. Toutefois, il mériterait d'être souligné que la construction de ce complexe portuaire a connu une évolution contrastée.

En effet, et en dépit du redressement financier et compétitif du PAID, le contrat de gestion entre le gouvernement et le *DP World* a été rompu en 2011. Il a fallu, dès lors, trouver un autre partenaire privé pour combler le besoin

61. Le contrat de gestion comprend l'exercice des missions suivant : le recrutement, la supervision et la formation d'équipe de gestion au niveau central. Dans le cadre de ses responsabilités opérationnelles, elle assure les opérations de transbordement du bord à terre, la planification des navires et des chantiers (y compris l'arrimage des navires), l'installation et l'exploitation, au sein du terminal, des systèmes de communication, de comptabilité, d'information et d'exploitation appropriés ainsi que l'élaboration des procédures d'exploitation et de gestion financière. La DPWD est chargée de la gestion des dépenses d'équipement et d'élaboration d'un plan d'activité détaillé qui englobera les objectifs de productivité, le plan organisationnel et le plan de commercialisation.

en investissements pour l'acquisition et le développement des infrastructures portuaires et des zones franches. Le gouvernement s'est alors rapproché du *China Merchants Holding*[62] (opérateur privé chinois). Ce dernier accepta la proposition du gouvernement djiboutien de prendre part au financement et ce pour deux motifs : d'une part, l'exploitation des ports se montre très rentable en raison de la haute qualité des infrastructures interconnectées et de la bonne santé financière de l'établissement gestionnaire ; d'autre part, la *China Merchants Holding* constitue le fer de lance financier du gouvernement chinois dans la reconquête de la « route de la soie ».

Le complexe portuaire[63], à la gestion duquel l'opérateur chinois prend part, est composé des éléments suivants :

A. Port de Djibouti, SA : qui est la maison mère de l'ensemble des entités portuaires. Se trouvent dans cette enceinte l'ancien terminal à conteneurs, le port à vraquier et le centre administratif des autorités portuaires.

B. Terminal à conteneurs de Doraleh (TCD) : TC Doraleh est le fruit d'un partenariat avec DPW et est doté d'infrastructures modernes avec une technologie de pointe.

C. Free zone : entreposage des marchandises hors taxes à destination du marché éthiopien.

D. Port Horizon : est un terminal d'hydrocarbures dédié au stockage, à l'avitaillement, au transbordement et à l'exportation de produits raffinés.

E. Doraleh Multipurpose Port (DMP) : un port géant de Djibouti. Le port polyvalent de Doraleh constitue une nouvelle passerelle entre l'Asie et l'Afrique de l'Est pour les échanges de marchandises et de matières premières. Ce port traitera le vrac (blé, engrais), les containers ou encore des véhicules grâce à son outillage dernier cri.

F. Port de Tadjourah : ce premier port commercial construit dans le nord du pays a été inauguré en juin 2017. Il dispose de 30 ha de terre-pleins et de 435 m de quais.

---

62. Les investissements de Dubaï ont attiré d'autres investisseurs, soudain conscient de l'importance que prenait Djibouti-ville. Ainsi, le 29 décembre 2012, *China Merchants Holding*, un conglomérat basé à Hong-Kong, a paraphé un accord pour prendre 23,5 % de participations au capital de la nouvelle société Port de Djibouti SA (PDSA) pour 185 millions de $. Faisant de cette holding un autre partenaire stratégique qui n'a pas tardé à se montrer actif dans les nouveaux projets en cours, dans le but de mieux asseoir sa présence récente. À terme, tout le golfe de Tadjourah du nord au sud sera parsemé d'installations portuaires. Le coût total de ces grands travaux avoisinent les 5,8 milliards de $ (soit 5 fois le PIB pays en 2014 du pays).

63. BÉCET (J.M-) et RÉZENTHEL (R.-), *« Dictionnaire juridique des ports maritimes et de l'environnement littoral »*, Presses Universitaires de Rennes, 2004. p.367. Nous pouvons prendre une définition simple du Larousse : *« on entend par "complexe portuaire" un ensemble d'espaces où s'opèrent des activités à caractère industrialo-commercial dans un périmètre portuaire. »* Ainsi les ports comportent des zones dédiées à une activité bien définie par un régime juridique.

G. Port de Goubet : se situe dans le golfe de Tadjourah. Ce port est financé et construit par les Chinois. Il doit exporter vers leur pays le sel du Lac Assal. Le complexe se compose d'un centre de raffinage, relié à la côte par une bande transporteuse de plusieurs centaines de mètres de longueur.

3e étape : Émergence du risque de piraterie. À ce changement de partenaire financier s'ajoute un changement de contexte local et régional qui va affecter la situation portuaire. En effet, les ports de Djibouti se transforment tout au long des années par le biais de la résurgence du risque de la piraterie maritime, à cause la faillite de l'État de la Somalie, qui sévit au large du golfe d'Aden (du golfe de Bab-el-Mandeb à l'océan Indien). Ce qui a permis à plusieurs États de s'installer dans le pays à travers des bases militaires dont l'objectif premier est la sécurisation de la route maritime critique (contre la piraterie et le terrorisme), avec comme point d'appui le port de Djibouti.

La résurgence de la piraterie somalienne dans cette zone stratégique pour le commerce maritime va mettre à jour les lacunes et la vétusté des textes relatifs au droit de la mer et à la lutte contre la piraterie. L'aspect sécuritaire va gagner en priorité au même titre que les questions de rentabilité du commerce maritime.

III. Cadre conceptuel et méthodologique

A. Approche conceptuelle des notions clés

1. La notion de *port*

En droit, la notion de port[64] peut être appréhendée soit dans une approche organique, s'agissant de l'autorité qui gère des activités sur le domaine public portuaire[65] ; soit dans une approche matérielle, comme activité de nature économique ou commerciale[66].

---

64. GUEGUEN-HALLOUET (G.-), Le règlement européen du 15 février 2017 sur les services portuaires et la transparence financière des ports : pragmatisme et petits pas, *DMF* 2017 n°796, p.917; ég. LOMBARD (F.-), Les garanties d'usage dans les ports de plaisance, *DMF* 2017 n°797, p1036 ; ég. RÉZENTHEL (R.-), La tarification des prestations portuaires : une liberté surveillée, *DMF* 2018 n°798, p.55; ég. RÉZENTHEL (R.-), L'aménagement et la gestion des ports au regard de l'intérêt général, *DMF* 2018 n°800, p252 ; ég. RÉZENTHEL (R.-) et VAN CAUWENBERGHE (P.-), Le transport maritime et les activités portuaires dans le contexte du droit simple, *DMF* 2017 n°791, p.450.

65. RÉZENTHEL (R.-), *Gestion domaniale des ports maritimes*, éditions Dalloz, 3e éd., 2015/2016, *Droits Maritimes*, BEURIER J.P. (dir.), p.1260.

66. RÉZENTHEL (R.-), *op.cit.*, édition Dalloz 2015/2016, *Droits Maritimes*, p.1264.

Toutefois, plusieurs approches ont été avancées pour cerner cette notion pluridisciplinaire de port maritime[67]. Selon Madame Gueguen-Hallouet, cette notion est caractérisée par une imprécision doctrinale qui résulte de « *l'opinion répandue selon laquelle le port résisterait à toute tentative de définition juridique [qui] provient de l'incapacité de la doctrine à s'extraire de... différentes définitions du port* [68] ». La difficulté principale que les auteurs ont rencontrée réside dans la diversité des normes juridiques auxquelles se rattache cette notion de port. Il s'agit d'une notion juridique dont l'appréhension mobilise le droit interne mais surtout le droit international.

Dans les textes de droit international, nous pouvons relever que les définitions restent imprécises et n'englobent pas toutes les spécificités. La plus importante de ces conventions étant actuellement celle de Montego Bay du 10 décembre 1982 ; cette dernière se limite à considérer le port comme « *un emplacement muni de diverses installations, terminaux et équipements pour le chargement et le déchargement de marchandises ou l'embarquement et le débarquement de passagers*[69] ».

Cette convention, en plus d'être l'une des rares à proposer une définition de la notion de port, complète largement la délimitation des espaces maritimes, tout en instaurant par la même occasion un Tribunal International de la Mer susceptible de connaître des conflits inter-étatiques. Avant la Convention de Montego Bay, celle de Genève du 9 décembre 1923, portant statut du régime international des ports maritimes, avait tenté d'apporter une définition mais qui est restée, somme toute, imprécise. Dans son article 1er, la convention énonce simplement que « *sont considérés comme ports maritimes, les ports fréquentés par les navires de mer et servant au commerce extérieur* [70] ».

Par ailleurs, certains juristes se réfèrent souvent à la définition proposée par des géographes ou des économistes, comme étant un lieu aménagé le long d'un rivage ou d'un estuaire, spécialement désigné par l'autorité publique compétente, pour servir les besoins du commerce maritime, marchandises qui sont chargées, déchargées, stockées, transformées ou redistribuées[71].

---

67. SANTERRE (S.), *Le port maritime face à l'environnement*, Mémoire de Master 2 de Droit Maritime et Océanique, Nantes, 2006, p. 3.
68. GUEGUEN-HALLOUET (G.), *L'application du droit communautaire aux ports maritimes*, Thèse de Droit, Brest, 1999, p. 12.
69. Article 10 de la Convention de Montego Bay du 10 décembre 1982 sur le droit de la mer. Cette convention a été publiée par le décret n° 96-774 du 20 août 1996, portant publication de la Convention des Nations Unies sur le droit de la mer (ensemble neuf annexes), signé à Montego Bay le 10 décembre 1982 et de l'accord relatif à l'application à la Partie XI de la Convention des Nations Unies sur le droit de la mer du 10 décembre 1982 fait à New York le 28 juillet 1994. J. O. du 7 septembre 1996, p. 13307.
70. GROSDIDIER DE MATONS (J.), *Droit, économie et finances portuaires*, Presses Ponts et Chaussées, 2000, p. 5.
71. BORDEREAUX (L.-), *Le service public portuaire français*, 8/11/2004, sur : http://www.estudiovillano.com/archivos-estudio-villano-abogados/estudio-villano-le-service-public.pdf

En droit interne, la première loi portant création et statut du port autonome de Djibouti date de 1980 et confère à cet établissement la personnalité morale et l'autonomie financière. Cette loi définit les missions du port et apporte des définitions à quelques notions. Le port autonome de Djibouti est un établissement public de l'État. Cependant, cette loi n'apporte guère de définition juridique du port. On ne trouve pas non plus de définition dans le Code des Affaires maritimes adopté par l'Assemblée nationale de Djibouti le 18 janvier 1982 [72].

Toutefois, la doctrine résume la définition du port en fonction de l'activité et des types de bateaux accueillis. On peut distinguer, cependant, les ports selon leur finalité, ils peuvent avoir pour fonction le commerce, la pêche, la plaisance. Il n'est pas exclu qu'un même port ait plusieurs activités pouvant être séparées par un zonage.

Ces différentes tentatives pour cerner la notion de port maritime dans une définition juridique précise ont été menées par des auteurs et praticiens du droit maritime. Ces tentatives sont restées sans succès sur le plan conceptuel.

2. Les rôles de l'Autorité Portuaire

« *La libéralisation de l'économie dans la plupart des États de la planète a conditionné la gestion portuaire. Le partenariat entre le secteur public et le secteur privé s'est développé en particulier pour l'aménagement et l'exploitation de terminaux [...] Afin de résister, voire de dominer la concurrence, les autorités portuaires ont été conduites à libéraliser leur gestion*[73] ».

Ainsi, l'Autorité Portuaire djiboutienne se concentre dans l'exercice des fonctions régaliennes[74], les fonctions industrielles et commerciales étant confiées à des partenaires privés ou publics qui ont le savoir-faire et les capitaux nécessaires pour la construction et l'exploitation d'infrastructures de pointe tels les terminaux portuaires. En même temps, la qualité « d'autorité », définie comme l'habilitation à édicter des actes contraignants se concilie mal

72. https://www.ilo.org/dyn/natlex/docs/ELECTRONIC/74699/120016/F1914693890/DJI-74699.pdf
73. RÉZENTHEL (R.-), *Ibid.*, éditions Dalloz 2015/2016, *Droits Maritimes*, p.1230.
74. Le Conseil Constitutionnel dans sa décision du 26 juin 2003 a d'ailleurs rappelé qu'il ne saurait être permis *« de déléguer à une personne privée l'exercice d'une mission de souveraineté »* (voir décision n°2003-473 DC, loi habilitant le gouvernement à simplifier le droit : JO 3 juillet 2003, p.11205, AJDA 1986 p.575 note RIVERO. V. aussi, TC, 11 juillet 1933 dame Mélinette ; Rec. 1237 : le juge distingue les fonctions entrant ou non *« dans les attributions exclusives de la puissance publiques ») et d'externaliser »* (Le terme « externaliser » ou « outsourcing » est désormais courant dans le langage juridique, sans correspondre à une notion bien définie). La doctrine estime qu'il est un outil de gestion qui permet à une organisation de déléguer certaines fonctions non stratégiques, précédemment exercées directement par elle, à des prestataires de services extérieurs. Ainsi dans un contexte budgétaire restreint, l'externalisation permet à l'administration de se concentrer sur son cœur de métier, ses fonctions essentielles (*core functions*) et de déléguer les fonctions non essentielles mais indispensables à son activité principale. Parmi une documentation abondante, on citera : DREYFUS (J-D) : *Externalisation et liberté d'organisation du service*, AJDA, 2009, p.1529 et s.

avec des activités d'exploitation et de gestion de nature commerciale.

Après plusieurs décennies, l'État avait des difficultés pour assurer la gestion des activités portuaires qui nécessitaient un savoir-faire et des moyens financiers à la hauteur des défis. Plusieurs événements ont occasionné la remise en question de la gestion portuaire qui traversait une crise endémique durant l'année 1990. Le pays s'est endetté au point d'être placé sous ajustement structurel par les bailleurs de fonds : la Banque mondiale et le Fonds monétaire international. C'est dans ce contexte qu'il a été envisagé d'élaborer un plan de privatisation des entreprises qui comprenait à la fois la cession directe et la prise de participation privée dans le capital des entreprises publiques ; lesquelles sont désormais considérées comme relevant du droit commun des sociétés à quelques exceptions près.

S'agissant de l'entreprise publique dénommée Port de Djibouti, celle-ci fera l'objet d'une mise en concession. Un décret de 2002[75] modifié un an après[76], va instituer une Autorité de Zone Franche de Djibouti chargée d'établir la réglementation relative à l'exploitation de la zone franche ; la gestion en tant que telle étant confiée par le même décret à un opérateur privé, *Djebel Ali Free Zone Authority*. Cependant, ce décret institue une autorité de zone franche et non une autorité portuaire ; la réglementation relative à l'exploitation du port relève toujours de la capitainerie du port de Djibouti. Un décret en date de 2014[77] va transférer ce pouvoir de réglementation de la capitainerie du port à l'Autorité des zones franches qui deviendrait par la même occasion, et pour cette raison, l'Autorité des Ports. Dès lors, on peut définir l'autorité portuaire comme l'instance habilitée à édicter des actes réglementaires[78] applicables dans le domaine public portuaire. À cela s'ajoute la question de la sécurisation des infrastructures, qui ressort également de la fonction régalienne (État). Nous pouvons ainsi rappeler les attentats qui ont causé des dommages importants ainsi que les précédents actes de terrorisme mettant en cause des navires généralement pris pour cibles. L'abordage du navire *Achille Lauro*[79], les attentats suicides non

75. Décret n°0098 du 02-juin-2002 : « il est institué une entité ayant la personnalité morale et l'autonomie financière dénommée "Autorité de la Zone franche de Djibouti". Elle est chargée de l'administration du régime des Zones Franches et de l'application de la législation et réglementation applicable à la Zone Franche en République de Djibouti. Article 2 : Autorité de Tutelle : Djebel Ali Free Zone Authority assurera la gestion », Journal officiel de la République du 15 juin 2001. www.presidence.dj/PresidenceOld

76. Décret 2003-201/PRE du 08 octobre 2003.

77. Décret N° 2014-106/PR portant transfert des activités de capitainerie au profit de l'Autorité des Ports et des Zones Franches.

78. L'article 1 du décret N° 2014-106/PR prévoit que la fonction de réglementations portuaires est révolue à l'autorité portuaire comme l'instance habilitée à édicter des actes réglementaires : (1)- Le Règlement Général des Ports ; (2)- Le Règlement d'Exploitation des Ports ; (3)- Le Bureau de la Main-d'œuvre Dockers ; (4)- Le Règlement des activités des auxiliaires de transport ; (5)- La tarification des prestations portuaires ; (6)- Le Règlement des matières dangereuses en transit dans le port.

79. PANCRACIO (J-P.-), « *L'affaire de l'Achille Lauro et le droit international* », A.F.D.I., pp.221-236.

loin du port de Djibouti contre le *USS Cole*[80] et le pétrolier *Limbourg*[81], et la découverte d'un complot fomenté par un réseau terroriste qui visait à attaquer des navires traversant le golfe d'Aden mettent en lumière les risques d'attentat auxquels sont confrontés les navires quand ils réduisent leur vitesse ou s'immobilisent, notamment dans les ports. À cet égard, nous pensons qu'il est d'autant plus important dans cette thèse de droit portuaire d'analyser le contexte d'instabilité maritime causé par la piraterie et le terrorisme persistant au large de la Corne de l'Afrique.

3. Le contexte de la piraterie maritime au large de la Corne d'Afrique

Depuis que l'homme sillonne les océans pour transporter des marchandises ou des personnes, pour pêcher ou en vue d'explorer de nouveaux horizons, la piraterie est apparue. La piraterie est souvent définie comme une forme de banditisme qui consistait dans le pillage des navires en mer. La piraterie est un « *acte de pirate* », ce qui se rapporte comme la simple « activité d'un pirate ». Le dictionnaire juridique[82] définit le piratage comme un « *acte de violence réalisé en haute mer dans le but de piller des navires* ». Cette définition ancienne mériterait bien d'être remise en question par les circonstances réelles actuelles. On garde assez souvent de cette pratique des récits antiques (notamment *L'Illiade* et *L'Odyssée* d'Homère, écrits approximativement 800 ans avant notre ère), mentionnant des actes de piraterie dont l'image la plus commune serait celle du marin avec une jambe de bois et un perroquet. Cette image nous renvoie tout naturellement aux œuvres romanesques traitant de la piraterie dans les Caraïbes entre le XVIe et le XVIIIe siècle[83].

Ainsi, depuis le début du XXe siècle, la piraterie semblait avoir disparu et les marins ne craignaient plus cette menace. Le progrès technologique avait concouru à la sécurisation des océans en favorisant la militarisation. On pouvait difficilement soutenir l'idée que la piraterie maritime avait complètement disparu, car elle était résiduelle dans certaines contrées, dont le détroit de Malacca notamment.

80. L'attentat de l'*USS Cole* est le premier acte de terrorisme maritime. Il illustre l'évolution de la nature et l'objectif même du terrorisme international. Il n'y a pas de revendication clairement exprimée. Le but comme lors de l'attentat du 11 septembre qui a touché l'économie américaine et par la même atteint le système économique mondial. Le 12 octobre 2000, le destroyer américain *Cole* a été victime d'un attentat terroriste alors qu'il faisait escale à Aden au Yémen. Un zodiac bourré d'explosifs a été lancé contre le navire *USS Cole* provoque la mort de 17 marins et faisant 38 blessés.

81. Attaque du pétrolier *Limbourg* le 6 octobre 2002 le long des côtes yéménites. Ainsi cette affaire montre encore une fois qu'un navire est une cible idéale tout autant qu'une arme.

82. PUIGELIER (C.-), *Dictionnaire juridique*, 2e édition Bruylant, janvier 2017, p.777.

83. Les plus connues étant le roman *L'Île au trésor* de Robert Louis Stevenson, publié en 1881, et la trilogie des films *Pirates des Caraïbes* de Gore Verbinski, sortis respectivement en 2003, 2006 et 2007.

Or, il est clair que la piraterie maritime au large de la Corne de l'Afrique constitue réellement une atteinte au principe cardinal de la liberté de la navigation et menace l'intégrité du commerce international.

S'agissant de la doctrine classique, cette dernière donne une définition assez large de la piraterie maritime qui est :

> « *Le fait de courir les mers sans commission d'aucun État en commettant à des fins privées des actes de violence contre les personnes et les biens, mettant en danger la sécurité générale, considéré, en conséquence, comme un crime de droit des gens dont la répression appartient à tout État, quel que soit le pavillon arboré par le pirate.* [84] »

La définition que le droit international conventionnel donne à la piraterie est, quant à elle, beaucoup plus restrictive. La Convention des Nations Unies pour le droit de la mer (CNUDM, ou Convention de Montego Bay - CMB[85]) de 1982 définit dans son article 101 la piraterie maritime dans ses aspects juridiques :

> « *On entend par piraterie l'un quelconque des actes suivants,*
> *a) tout acte illicite de violence ou de détention ou toute déprédation commis par l'équipage ou des passagers d'un navire ou d'un aéronef privé, agissant à des fins privées, et dirigé :*
> *i) contre un autre navire ou aéronef, ou contre des personnes ou des biens à leur bord, en haute mer,*
> *ii) contre un navire ou aéronef, des personnes ou des biens, dans un lieu ne relevant de la juridiction d'aucun État,*
> *b) tout acte de participation volontaire à l'utilisation d'un navire ou d'un aéronef, lorsque son auteur a connaissance de faits dont il découle que ce navire ou aéronef est un navire ou aéronef pirate,*
> *c) tout acte ayant pour but d'inciter à commettre les actes définis aux lettres a) ou b), ou commis dans l'intention de les faciliter* [86] ».

Par ailleurs, la piraterie maritime est « *tout fait illicite de violence ou toute déprédation commis par l'équipage ou des passagers d'un navire ou d'un aéronef privé, agissant à des fins privées, contre un navire ou un aéronef, des personnes ou des biens, en haute mer dans un lieu ne relevant de la juridiction d'aucun État* [87] ».

---

84. BASDEVANT (J.), « Dictionnaire », p. 452, in SALMON (J.), « *Dictionnaire de droit international public* », Bruylant/AUF, Bruxelles, 2001, p. 832.
85. Appelée aussi Convention de Montego Bay (CMB), du nom de cette ville située au nord de la Jamaïque où s'est tenue la Conférence diplomatique ayant donné à la signature du texte.
86. Nations Unies, 1994, pp. 42-43.
87. Article 101 de la Convention des Nations Unies sur le droit de la mer du 10 décembre 1982. www.untreaty.un.org

S'agissant de la définition du droit de la mer dans le dictionnaire *Le Droit international public*, Jean Salmon le considère comme étant « *l'ensemble des règles de droit international relatives à la détermination et au statut des espaces maritimes et au régime des activités ayant pour cadre le milieu marin* [88] ».

En fait, l'expression désigne traditionnellement une branche du droit international public et est considérée comme équivalente du droit international de la mer ou du droit international public de la mer. Cette dernière expression est définie dans le dictionnaire du professeur Basdevant comme recouvrant « *l'ensemble des règles de droit qui déterminent les compétences respectives des États dans le milieu marin et les obligations s'imposant aux États dans l'exercice de ces compétences*[89] ».

Ce texte nous montre en quoi la piraterie est un acte éminemment criminel et sa définition constitue un volet non négligeable du droit international de la haute mer, un lieu ne relevant de la juridiction d'aucun État. La CNUDM souligne que la tentative et la participation sont aussi considérées comme de la piraterie à part entière, ce qui témoigne de l'intransigeance de la communauté internationale pour incriminer cette pratique.

Toutefois, il est important de mentionner que le droit international ne définit la piraterie qu'en haute mer et tout acte survenant dans les eaux sous souveraineté nationale relève exclusivement de la définition accordée par le droit national de l'acte de violence en question. Ainsi, certains États peuvent décider de qualifier l'acte de violence, tel que défini par la Convention des Nations Unies sur le droit de la mer, comme un acte de piraterie tout comme certains choisissent de le qualifier en un simple acte de brigandage. L'acte de piraterie étant souvent composé de différents actes criminels comme le vol, le viol, la destruction de matériel, l'enlèvement, le meurtre, l'appareil judiciaire de l'État, selon sa tradition juridique (*Common Law* ou civil), peut choisir les chefs d'accusation appropriés.

À cet effet, l'Organisation Maritime Internationale (OMI) propose une définition des actes de violences survenant dans les eaux sous souveraineté d'un État pour combler les lacunes éventuelles laissées par l'absence de criminalisation dans les juridictions nationales :

« *(a) Tout acte illicite de violence ou de détention ou tout acte de déprédation, ou menace, autre qu'un acte de piraterie, commis à des fins privées et directement contre un navire ou contre des personnes ou des biens à bord dudit navire, à l'intérieur des eaux intérieures, des eaux archipélagiques et de la mer territoriale.* [90] »

88. SALMON (J.-), « *Dictionnaire de droit international public* », Bruylant /AUF, Bruxelles, 2001, p. 375.

89. BASDEVANT (J.-), « Dictionnaire », p. 236-237 in SALMON (J.), « *Dictionnaire de droit international public* », Bruylant/AUF, Bruxelles, 2001, p. 375.

90. Organisation Maritime Internationale, *Recueil de règles pratiques pour la conduite des enquêtes sur les délits de piraterie et de vols à main armée à l'encontre des navires*, Résolution A.1025 (26), 18 janvier 2010. Cette définition de l'Organisation maritime internationale a été reprise par l'accord de coopération régionale en Asie du Sud-Est ReCAAP.

Ainsi, nous pouvons constater que la définition offerte par l'Organisation Maritime Internationale propose de qualifier les actes, autre que des actes de piraterie, survenant dans les eaux sous souveraineté des États.

Partant de ce fait, la piraterie moderne (cas de la Somalie) ne se limite plus à piller les marchandises et les effets personnels contenus sur les navires[91]. Elle cherche souvent à prendre le contrôle du navire pour ainsi réclamer des rançons pour son relâchement. Certains pirates vont même jusqu'à tuer tout l'équipage[92] pour revendre la marchandise et se servir du navire détourné.

Il est important de réfléchir à l'intérêt et aux enjeux sur lesquels repose notre travail. Au-delà des problèmes pour le commerce maritime international, la piraterie maritime pose d'insurmontables interrogations juridiques pour l'ordre économique international. Le conseil de sécurité s'est évertué à trouver des ébauches de solutions à certains aspects juridiques des problèmes posés par la piraterie maritime somalienne[93] à travers des résolutions[94] pour débloquer certaines impasses liées notamment à la souveraineté des États côtiers qui sont parfois démunis face à ce fléau. Le cas de l'État somalien inexistant depuis une vingtaine d'années a montré les limites des dispositions juridiques relatives à la piraterie *« l'originalité de la piraterie somalienne issue d'un pays sans État éclaté [...] tient en la multiplication des attaques armées au large, jusqu'à 2 000 km des littoraux*[95] ».

Par ailleurs, il serait judicieux d'entreprendre une démarche explicative afin de comprendre les raisons de la résurgence de la piraterie au large de la Corne

---

91. *« Une rançon de 1,2 million de dollars (750 000 euros) a été versée aux pirates somaliens qui ont libéré samedi l'équipage du bateau espagnol pris en otage il y a une semaine au large des côtes somaliennes, a indiqué dimanche une organisation d'assistance aux marins basée au Kenya. »* http://www.20minutes.fr/monde/227841-20080426-rancon-12-million-dollars-liberer-equipage-navire-espagnol-pris-otage-large-somalie
92. *« Le 11 avril 2009, Florent Lemaçon, le Français propriétaire du voilier Tanit, arraisonné il y a une semaine dans le golfe d'Aden par des pirates somaliens, a été tué vendredi dans un échange de tirs lors d'une opération menée par l'armée française. Les quatre autres otages - dont le fils de Florent Lemaçon âgé de 3 ans - ont été libérés sains et saufs. »* http://www.liberation.fr/planete/2009/04/11/piraterie-un-otage-francais-tue-pendant-l-intervention-de-l-armee_552100
93. MONTAS (A.-), *« Droit pénal de la sûreté maritime »*, col. Dalloz-Action in *Droits Maritimes* 2015/2016, p.855.
94. Résolutions du Conseil de sécurité des Nations unies. Agissant en vertu du chapitre VII de la charte des Nations unies, les résolutions du Conseil de sécurité se focalisent essentiellement sur la piraterie maritime dans le golfe d'Aden, tout particulièrement au large des côtes somaliennes : (1) - La résolution n°1814 du 15 mai 2008 invite les États à s'entraider pour protéger les navires du programme alimentaire mondial, opération d'escorte à laquelle elle donne ainsi un fondement juridique. (2) – La résolution n° 1816 du 2 juin 2008, régulièrement renouvelée, autorise pour six mois les États membres à poursuivre les navires pirates jusque dans les eaux territoriales somaliennes et à prendre toutes mesures nécessaires et appropriées en Somalie aux fins de réprimer la piraterie. (3) – La résolution n°1846 du 2 décembre 2008, demande aux États de définir en droit interne les infractions constitutives de piraterie et d'établir leur compétence en matière d'enquête, de poursuite et de répression des actes de piraterie.
95. MIOSSEC (J.M.-), *Le conteneur et la nouvelle géographie des océans et des rivages de la mer*, éditions L'Harmattan, décembre 2016, p. 134.

de l'Afrique. Il s'agit en effet d'une piraterie maritime contemporaine qui s'est adaptée à la modernisation des moyens de transport maritime. Toutefois, il nous faudra revenir sur la genèse de la piraterie tout en retraçant ses évolutions afin de bien comprendre ses aspects pluridisciplinaires. Cela nous conduit notamment à analyser les enjeux qui découlent de cette pratique illicite à la fois sur le plan international[96], régional[97] et national[98] pour les pays affectés. Pour développer cette approche, il serait nécessairement judicieux d'analyser ces événements, attribués en général aux actes de pirates, sur un temps limité[99], qui révèlent des problèmes liés à l'histoire, à la science politique et au droit international. L'approche interdisciplinaire nous permettrait, d'une part, de faire un rapprochement entre ces différentes disciplines, et d'autre part, de traiter toutes les thématiques liées à la problématique posée. Le principe qui nous animait en adoptant cette approche interdisciplinaire était de nous démarquer de la littérature existante sur le sujet, et d'approfondir l'analyse afin d'apporter tous les éléments de réponse posés par ce sujet.

La piraterie contemporaine nous a démontré en quoi cette pratique peut affecter le commerce maritime international. Les personnels des navires de commerce ne sont pas armés d'où l'intérêt de leur garantir une sécurité et une sûreté sur la voie navigable et dans les ports. En cas de violence en mer, les États riverains sont les premiers touchés par ces actes de banditisme. Dans le cas de la piraterie somalienne, il s'agit de la défaillance étatique, d'où la nécessité de l'intervention de la communauté internationale. Cette complexité de l'application du droit international a suscité une réflexion juste et rapide dans le but d'estomper cette pratique illicite. Le secteur portuaire de Djibouti est le premier concerné par cette question de la piraterie maritime. En 2008, les activités portuaires de Djibouti venaient à peine d'enregistrer des résultats positifs car le port était sous la gestion du *DP World*. Pourtant nous pouvons souligner

96. CHAUMETTE (P.-), *« Le Parlement européen défend ses attributions au sein de la PESC à propos des accords de transferts en matière de lutte contre la piraterie »*. Cour de Justice de l'Union Européenne (grande chambre) 14 juin 2016, aff. C-263/14, Commission c/ Conseil, soutenue par Tchéquie, Suède et Royaume-Uni. Par exemple, l'opération EUNAVFOR Atalante (www.eunavfor.eu), EUCAP Nestor (mission civile de renforcement des capacités maritimes et judiciaires des États de la Corne de l'Afrique) par Council décision 2013/660/CFSP du 15 novembre 2013.
Publié : https://humansea.hypotheses.org/728
97. Des accords régionaux de coopération ont été mis en place sous l'égide de l'Organisation Maritime International (OMI), le code de conduite de Djibouti, déterminant pour la répression des actes de piraterie et des vols à main armée à l'encontre des navires dans l'océan Indien occidental et le golfe d'Aden, a été considérablement élargi (Amendement de Djedda 2017 du code de conduite de Djibouti) afin de couvrir d'autres activités maritimes illicites comme la traite des personnes ou la pêche illicite, non déclarée et non réglementée (INDNR).
98. Djibouti a mis en place l'appui et l'assistance à la communauté internationale (accueil de navires de surveillance maritime, un centre de formation maritime régionale, etc.) afin de mieux lutter contre les pirateries somaliennes et les actes de malveillance dans la Corne d'Afrique.
99. CARON (J.C.-), « Mauvais genre ? Réflexion sur l'interdisciplinarité ou point de vue d'un historien », in *La Fabrique interdisciplinaire. Histoire et science politique*, Presses Universitaires de Rennes, 2008, p. 243.

que l'apparition de ce phénomène a eu un impact direct sur les activités portuaires et connexes.

B. Approche méthodologique dans un concept multidimensionnel

Le thème de notre thèse s'articule autour du concept du port appréhendé dans un contexte multidimensionnel qui traverse une mutation constante.

D'une part, la gestion de l'activité portuaire, comme toute autre activité économique, est soumise aux lois du marché, notamment la rentabilité et la compétitivité. D'autre part, la situation régionale dans laquelle se développent les activités portuaires est marquée par une instabilité chronique caractérisée par un État voisin défaillant (Somalie), terreau fertile au développement du terrorisme et de la piraterie maritime. La gestion portuaire doit désormais composer non plus seulement avec les lois du marché mais également avec les lois de police, notamment la sûreté et la sécurité des marchandises, des biens, des capitaux et des personnes.

Ainsi, l'analyse d'une gestion portuaire tiraillée par des concepts contradictoires, sécurité contre rentabilité, sûreté contre compétitivité, permettra d'étudier comment le droit concilie ces exigences contradictoires. Le complexe portuaire, moderne et compétitif né au large des côtes djiboutiennes se prête bien à ce cadre d'analyse, puisque la gestion de ce complexe se doit de composer avec la résurgence de la piraterie maritime : aucun échange économique (rencontre de l'offre et de la demande) ne se développe dans un contexte non sécurisé. La rentabilité et la compétitivité de la gestion portuaire dépendent en large partie du niveau de sécurisation des transactions et du transport maritime bien que les actes de piraterie se déploient en haute mer. La sécurité et la lutte contre la piraterie deviennent ainsi des déterminants essentiels de la rentabilité et de la compétitivité du port. La piraterie a ainsi érigé le port en une base arrière logistique pour le déploiement des forces militaires et sécuritaires mandatées par la communauté internationale pour la lutte contre la piraterie. De menace, la piraterie est devenue un facteur de renforcement de sa compétitivité dans la région, faisant du complexe portuaire de Djibouti le port le plus sûr et le plus sécurisé de la région. La sécurité est devenue, dès lors, un avantage du port dans la concurrence portuaire de la sous-région. Sécurité et rentabilité se rejoignent ainsi tout comme la haute technologie d'un complexe portuaire interconnecté et la haute sécurité[100], nouveaux composants de la compétitivité

100. NGO MBOGBA-MIKANO (P.-), *Le droit international de la sûreté maritime de 2002 en Afrique subsaharienne*, éditions L'Harmattan 2015, p.182 : *« Le Port Autonome International de Djibouti (PAID) a édité en date du 8 novembre 2008 de nouvelles procédures qui fondent la base légale du Système de Management de la Sûreté (SMS), dont le but est de « développer un environnement et un lieu de travail sécurisé et ce, en vue d'assurer un bon déroulement des activités du port et de garantir sa croissance future »*, p.136.

de la gestion portuaire. Illustration que « *[l'] économique est fortement marqué par l'ordre public, à travers la figure bien connue de l'ordre public économique* [101] ».

Il a fallu cependant que le gouvernement djiboutien se dote d'un arsenal juridique efficace et moderne élaboré en partenariat avec la communauté et les partenaires internationaux : le contexte (lutte contre la piraterie) a enclenché la production d'un droit adapté. Ainsi, « *il ne s'agit (plus) de dire au droit ce qu'est le contexte dans le domaine particulier dans lequel évolue un droit particulier ou encore, de mieux comprendre le statut du droit dans la société en référence à un contexte historique particulier*[102] ».

Ainsi, seule une analyse juridique contextualisée permet de comprendre la nécessité pour les pouvoirs publics d'adapter l'encadrement juridique de la gestion portuaire à la logique de marché : le port reste un bien public mais entièrement géré comme une activité économique de droit commun. Il s'agit là d'une mutation conceptuelle de la gestion des biens publics. Désormais et tant que la nécessité économique le justifie, un bien public (le port dans notre étude des cas) peut être géré comme un bien ou une entreprise privée. C'est la « *surdétermination économique du droit* [103] » qui préside à l'ordonnancement juridique de la gestion des biens publics ; la gestion portuaire en est une illustration. La gestion même de l'aspect sécuritaire, consécutive à la résurgence de la piraterie, est traitée en termes économiques.

Ainsi, la gestion portuaire, confrontée à la conciliation des exigences contradictoires, ne peut être pleinement étudiée dans une approche normative formelle et juridico-juridique. Serait tout aussi insuffisante une lecture économique du droit de la gestion portuaire, sans une nécessaire contextualisation. En effet, il existe des déterminants politiques qui influencent le choix du mode opératoire de partenariat. Ainsi, textes et contexte constituent le foyer de production du droit de la gestion portuaire. La lecture du droit de la gestion portuaire que l'on adoptera sera celui d'un « *droit en contexte [qui] centre son propos sur ces interactions, en privilégiant en principe une perspective dynamique* [104] ».

Les autorités habilitées à créer du droit concilient entre un héritage juridique (droit des services publics à la française dans la gestion portuaire des premières heures de l'indépendance), un libéralisme économique qui prédomine dans le monde des affaires, un ordre public de sécurité et de sûreté pour l'exploitation sereine des ports, une volonté politique animée par une soif d'acquisition d'infrastructures, condition *sine qua non* d'un développement économique.

---

101. RACINE (J.B.-), « Droit économique et lois de police », *Revue international de droit économique* 2010/1 (t. XXIV, 1), p. 61-79. DOI 10.3917/ride.241.0061.

102. COMMAILLE (J.-), « Les nouveaux enjeux épistémologiques de la mise en contexte du droit », *Revue interdisciplinaire d'études juridiques* 2013/1 (Volume 70), p. 62-69. DOI 10.3917/riej.070.0062

103. L'expression est de CAILLOSSE (J.-), *in, L'état du droit administratif*, Paris, PUF, p.182.

104. CORTEN (O.-), « Le "droit en contexte" est-il incompatible avec le formalisme juridique ? », *Revue interdisciplinaire d'études juridiques* 2013/1 (Volume 70), p. 70-76. DOI 10.3917/riej.070.0070

IV. Problématique et annonce du plan

Plusieurs facteurs géostratégiques imposent au port de Djibouti une mutation de son statut juridique pour atteindre un bon seuil en termes de rentabilité. L'absence d'un port constituant pour Djibouti un concurrent sérieux, la rupture de la relation diplomatique entre l'Érythrée et l'Éthiopie (marché de 80 millions d'habitants sans accès à la mer) et la proximité avec la Somalie (État épicentre de la piraterie) sont autant d'éléments géostratégiques imposant à la République de Djibouti le devoir de faire évoluer le statut du port. Par ailleurs, depuis le 11 septembre 2001, la République de Djibouti est devenue un lieu d'attraction pour les militaires de nombreuses puissances. C'est la raison qui nous amène à étudier comment le droit portuaire a pu prendre une autre tournure sous l'influence de la donne géostratégique ?

L'apparition de la piraterie sur les côtes somaliennes précipite Djibouti au cœur de la lutte contre la piraterie maritime en raison de sa position géostratégique (Partie 1).

Ce climat sécuritaire est engendré par l'inflation des actes de piraterie, elle-même intervenue dans un contexte de lutte contre le terrorisme islamiste, lequel a fait du port de Djibouti un haut lieu de croisement pour les navires militaires. Par ailleurs, s'ajoute à cela le fait que Djibouti détient un quasi-monopole pour l'approvisionnement du grand marché éthiopien. Ce contexte géostratégique favorable pousse les autorités djiboutiennes à rentabiliser le plus possible leurs activités portuaires. L'impératif de rentabilité fait du port le laboratoire d'un nouveau modèle de gouvernance de service public comme le partenariat avec le secteur privé.

Il en résulte que les autorités djiboutiennes ne pourront faire l'économie de réformes de la gouvernance portuaire pour consolider leurs avantages comparatifs, à savoir un port sûr et à la pointe de la technologie portuaire pour un horizon de pôle régional et international de transport maritime hautement sécurisé[105] (Partie 2).

---

105. NGO MBOGBA-MIKANO (P.-), *op.cit.*, p.137.

PARTIE I : LE PORT DE DJIBOUTI AU CŒUR DE LA LUTTE CONTRE LA PIRATERIE MARITIME

Le contexte sécuritaire maritime[106] mondial connaît de profonds changements de par la forte intensification des flux maritimes, l'interconnexion croissante des régions, la diffusion de la puissance maritime de pays émergents et l'apparition d'un certain nombre d'acteurs maritimes non étatiques aux pratiques souvent violentes. Cependant, la montée des infractions commises en milieu maritime, y compris la piraterie maritime et les vols à main armée, au large de la Corne de l'Afrique et dans le golfe d'Aden, sont à l'évidence une menace pour les économies des pays riverains, qui dépendent des activités portuaires pour leurs exportations ou leurs approvisionnements extérieurs. C'est aussi un problème pour toute l'industrie maritime qui enregistre des pertes importantes.

C'est dans cette perspective que la République de Djibouti est plus ou moins directement impactée par ces questions de sécurité maritime. Le port de Djibouti est un enjeu économique majeur pour l'État, et donc un point de vulnérabilité potentiel. Les autorités djiboutiennes font de la protection des installations portuaires la priorité des missions des forces de sécurité. La piraterie, qui ne concerne pas directement la République de Djibouti, mais touche aux mêmes considérations d'intérêt économique, fait peser une menace constante sur le commerce mondial dont profite le port de Djibouti et fait mécaniquement augmenter les primes réclamées par les assureurs maritimes aux opérateurs. C'est ainsi que la République de Djibouti cherche donc à lutter activement contre la piraterie. Au-delà de ce phénomène, les autres formes de trafics illicites ou infractions diverses, notamment l'immigration irrégulière vers les pays du golfe arabique, fragilisent la position djiboutienne.

D'une superficie de 23 200 km², Djibouti partage ses frontières avec l'Érythrée, l'Éthiopie et la Somalie. Sa situation stratégique dans la Corne de l'Afrique, au point de rencontre de la mer Rouge et du golfe d'Aden, constitue un point de passage obligé entre la mer Méditerranée et l'océan Indien. Le détroit de Bab-el-Mandeb, qui sépare la côte yéménite de la côte djiboutienne, fait moins de 30 km (18 milles marins) à son point le plus étroit[107]. Le pays dispose

106. La sécurité maritime (sécurité des personnes et prévention de la pollution) comporte plusieurs aspects indissociables : la sécurité des navires (comprenant les navires, leur équipage et le cas échéant leurs passagers), la sécurité de la navigation et la facilitation du trafic maritime. La sûreté maritime désigne la prévention et la lutte contre tous actes illicites (terrorisme, malveillance) à l'encontre du navire, de son équipage et de ses passagers ou à l'encontre des installations portuaires.

107. Site web de la US Energy Information Administration (EIA), World Oil Transit Chokepoints, mis à jour le 22 août 2012, http://www.eia.gov/countries/regions-topics.cfm?fips=WOTC.

d'une côte de 314 km, avec un plateau continental d'environ 2 500 km² dans lequel se concentre la grande majorité des ressources halieutiques. Djibouti revendique, en outre, une Zone Économique Exclusive (ZEE) de 200 milles marins, qui s'étend sur près de 7 000 km².

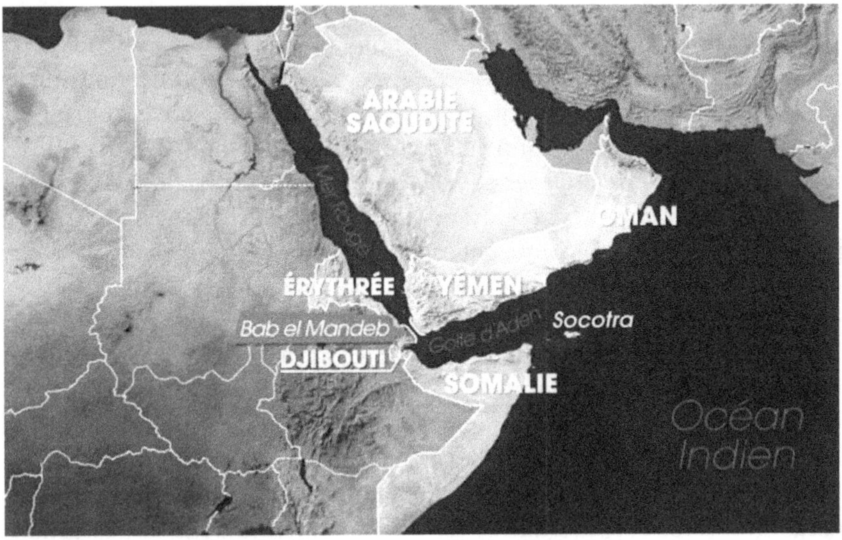

Figure 2 : Carte de la Corne d'Afrique[108]

Ainsi, tout au long de cette première partie, nous tenterons de répondre aux questions suivantes :

Quels sont les facteurs à l'origine de la montée en puissance des actes de la piraterie en Somalie ? Quelles sont les motivations intrinsèques à ces activités de pirates ? Quels sont le coût et les pertes, pour la communauté internationale, occasionnés par cette piraterie somalienne ? En quoi le port de Djibouti est-il amené à jouer un rôle de premier plan dans la lutte contre cette piraterie somalienne ?

108. Source : Arte, Le dessous des cartes : http://ddc.arte.tv/nos-cartes/yemen-la-porte-des-larmes

Titre 1 : La piraterie somalienne : résurgence d'un phénomène multiforme dans le golfe d'Aden et l'océan Indien

« Actuellement il n'y a pas d'État de droit en Somalie. Depuis 1991, le pays est livré aux seigneurs de guerre, les clans sont désormais équipés de lance-roquettes anti-chars, ce qui n'était pas le cas des pirates qui sévissaient auparavant dans le détroit de Malacca ou dans les autres zones. Ils sont rompus au métier des armes et avec leur arsenal de guerre, ils seraient aujourd'hui en mesure de s'attaquer à un pétrolier transportant 2 millions de barils et d'en prendre le contrôle. De nos jours, les pirates ne se contentent plus d'aborder un navire pour piller le trésor du capitaine et ça, c'est une évolution récente »[109]. Les pirates somaliens ont, pour l'année 2009, perpétré plus de 250 actes de piraterie et de vols à main armée, détourné une centaine de navires, pris en otage 867 marins et engrangé plus de 200 millions d'euros de rançons (*figure 3* : voir carte UNOSAT Global Report on Maritime Piracy).

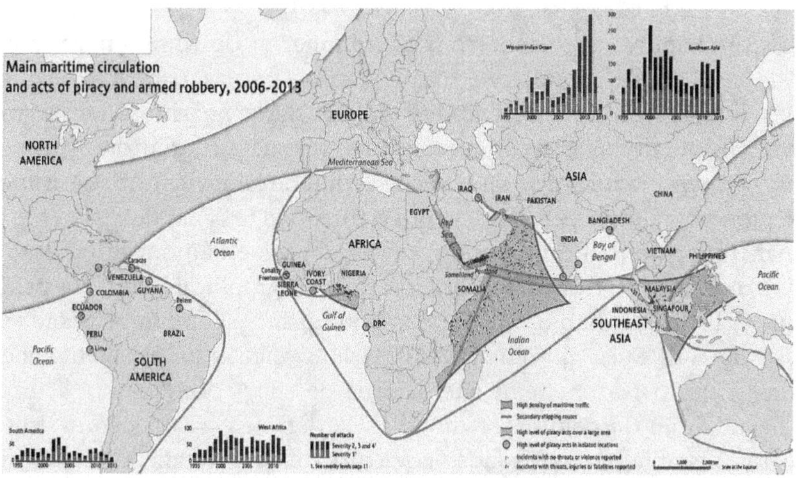

Figure 3 : UNOSAT Global Report on Maritime Piracy[110]

Ce contexte d'anarchie totale de l'État de Somalie est tout à fait propice au développement de la piraterie maritime, mais aussi à tout autre phénomène criminel nécessitant l'existence d'une structure étatique. Si la question de la situation en Somalie avait quitté l'agenda des grands dirigeants de ce monde, elle revient avec une force sans précédent.

Et à l'instar des autres pays, la République de Djibouti, de par sa proximité avec la Somalie, de par l'importance de son port (un des poumons vitaux de son économie), va être fortement concernée par cette piraterie somalienne. Donc,

109. Propos de RODER (H.-), historien allemand de la Marine dans un documentaire sur la piraterie somalienne *« Pirates : les nouveaux brigands des mers »* diffusé sur Arte le vendredi 9 juillet 2010.
110. Source : UNOSAT Global Report on Maritime Piracy : https://www.unitar.org/unosat/piracy

si Djibouti compte énormément sur son port, et que ce dernier voit apparaître depuis quelques années des actes de piraterie se déroulant au large des côtes somaliennes (comme présenté dans la carte ci-dessus qui décrit les actes de la piraterie à main armée), il sera urgent et crucial pour la République de Djibouti de mieux se préparer pour apporter des réponses pour contrer les impacts de cette piraterie. Afin de mieux illustrer cette résurgence multidimensionnelle de cette activité de piraterie, nous analyserons, dans un premier temps, la nature de cette apparition d'une piraterie somalienne à proximité du port de Djibouti et, dans un second temps, nous verrons quels sont les enjeux de l'évolution juridique de la piraterie contemporaine.

Chapitre I :
Apparition d'une piraterie somalienne à proximité du port de Djibouti

Dans ce chapitre, nous tenterons d'expliquer et de comprendre le phénomène de la piraterie somalienne, qui constitue une menace non négligeable pour les activités du port de Djibouti du fait de la proximité de la Somalie. L'analyse du phénomène de la piraterie survenant au large des côtes somaliennes[111] soulève la question de la sécurisation de la navigation maritime dans cette région névralgique, de par son ouverture vers le canal de Suez et le transport maritime essentiel qu'il permet pour les pays en amont et en aval. Et ce d'autant plus qu'elle trouve son articulation géographique entre la péninsule arabique et l'Afrique, Bab-el-Mandeb, qui doit principalement son poids stratégique au canal de Suez qui relie la mer Méditerranée et la mer Rouge, permettant ainsi l'approvisionnement énergétique des pays occidentaux[112]. En effet, point névralgique du commerce mondial, le détroit est cependant situé dans une région instable où les risques de perturbations du trafic naval sont élevés en raison de la piraterie, du terrorisme ou encore du conflit au Yémen. Une des difficultés réside dans la détermination de la période de l'apparition de la piraterie au large des côtes somaliennes, bien que certains actes de piraterie aient eu lieu dès le début des années 2000. La communauté internationale a véritablement pris conscience du phénomène avec les attaques répétées des navires du Programme alimentaire mondial des Nations Unies en 2005[113]. La zone maritime où surviennent les actes de piraterie s'étend à l'ouest des eaux yémé-

111. Le nom du détroit – Bab-el-Mandeb signifie en arabe « la porte des lamentations » – s'expliquerait par les dangers que les puissants courants font courir aux marins.

112. Bab-el-Mandeb est divisé en deux axes de passage par l'île volcanique de Périm contrôlée par le Yémen : l'un, situé entre la côte yéménite et l'île, n'est large que de 3 kilomètres, alors que l'autre s'étend sur 26 kilomètres jusqu'à Djibouti.

113. Conseil de Sécurité des Nations Unies, *Lettre datée du 8 juin 2000, adressée au Secrétaire général par le Secrétaire général de l'Organisation maritime internationale*, A/55/211, New York, Nations Unies, 2000.

nite, au nord dans les eaux d'Oman à la frontière avec les Émirats Arabes Unis et jusqu'aux eaux iraniennes[114], à l'est jusqu'à la zone économique exclusive de l'Inde et au sud près des eaux sous juridiction malgache et mozambicaine.

Les pirates somaliens s'aventurent dans une zone éloignée de plus de 1 300 milles (2 407 kilomètres) des côtes somaliennes. Cependant, il s'agira de passer en revue le contexte historique, politique, social et économique dans lequel ce phénomène s'est développé.

Section 1 :
La montée en puissance du phénomène de la piraterie maritime

La piraterie est une espèce de banditisme pratiquée dans les espaces maritimes par des marins appelés pirates. Le mot « pirate » vient du latin *pirata* (« celui qui tente la fortune, qui est entreprenant »). La définition de cette activité criminelle, aussi ancienne que le monde, en dit long sur les motivations cupides des pirates. L'époque moderne a connu des épisodes fastes comme la période des flibustiers vers 1650 à 1680, caractérisée par les marins anglais et français, basés en Jamaïque et sur l'île de la Tortue, attaquant les colonies et navires espagnols dans les Caraïbes et l'ouest de l'océan Atlantique. Dix ans après, s'est déroulée la période dite des « rondes des pirates » des années 1690, associée aux voyages longue distance en provenance des Bermudes et des Amériques pour voler des cibles arabes et la Compagnie anglaise des Indes orientales dans l'océan Indien et la mer Rouge.

La première décennie du troisième millénaire correspond à un pic des attaques de pirates spécialement dans le golfe d'Aden. Un aperçu historique de la piraterie (§1) montre combien la piraterie moderne est singulière par ses modes opératoires (§2).

Paragraphe 1 : Aperçu historique de la piraterie somalienne

L'essor de cette piraterie somalienne ne pouvait être passé sous silence, compte tenu de son impact sur la sécurité de la circulation maritime et de l'activité du commerce mondial. Le demi-siècle écoulé a effectivement été témoin de la croissance sans précédent du commerce mondial par la mer [115] : actuellement, environ 95 % des échanges internationaux et intercontinentaux de marchandises se font par voie maritime. Un tiers des mouvements de navires a pour

114. BBC News, *Crew of Chinese cargo ship hijacked off Iran 'rescued'* [En ligne] http://www.bbc.com/news/world-middle-east-17636649/ (Page consulté le 12 septembre 2012).

115. BEURIER (J.P.-), « Le transport maritime, le droit et le désordre économique international » in *La mer et son droit*, Mélanges offerts à Laurent Lucchini et Jean-Pierre Quéneudec, Paris, Pedone, 2003, p.87. De même sens, voir CARREAU D., « Droit de la mer et droit international du commerce » in *La mer et son droit*, *Ibid.*, p.119.

destination ou pour point de départ un port de l'Union européenne[116]. S'agissant plus particulièrement du golfe d'Aden, près de 20 000 navires le traversent chaque année et un tiers des approvisionnements européens en pétrole transite par le détroit de Bab-el-Mandeb[117]. L'importance du transit des marchandises dans cette autoroute maritime du commerce mondial révèle que la voie entre l'océan Indien et la mer Rouge est stratégique et est devenue une cible des attaques pour les pirates somaliens. Dans cette section, nous étudierons le phénomène qui a permis la montée en puissance de la piraterie et, dans un second temps, nous serons amenés à analyser quelques dates ou faits marquants de la piraterie contemporaine dans cette région du monde.

A. Les caractéristiques du phénomène de la piraterie maritime

La dernière décennie a vu se développer des actes de violence en mer que la communauté internationale croyait révolue, particulièrement dans la Corne de l'Afrique. C'est au travers de cette résurgence que la communauté internationale doit faire face à ce phénomène que l'on croyait disparu depuis longtemps : la piraterie maritime, qui surgit au large des côtes d'un État en guerre civile depuis une trentaine d'années, la Somalie. Ce pays, en grande partie semi-désertique, borde un golfe et un détroit traversés par une route maritime très fréquentée. Le trafic du détroit de Bab-el-Mandeb est essentiellement un trafic de transit (entre l'Asie et l'Europe) qui représente chaque jour en moyenne 45 navires (dont 27 navires français – gérés et/ou armés par une société française) et 3,5 millions de barils de pétrole. La Somalie est un des pays les plus pauvres du monde, avec un revenu annuel par tête de 226 dollars[118]. Elle connaît une unité linguistique et religieuse remarquable, mais se caractérise, sur le plan politique, par une division extrême de sa population entre une multitude de clans et sous-clans (Auzon, 2014). Selon François Guiziou dans une approche géopolitique, la piraterie est née d'une rébellion Majeerteen qui combattait le pouvoir de Siyaad Barre, entre 1991 et 1999. La recherche de financement du SSDF (Somali Salvation Democratic Front) et les rapports tendus entre les factions rivales du colonel Yuusuf et du général Abshir conduisent à la mise en place d'un système de licences de pêche rémunérateur et pourvoyeur de devises étrangères, naguère géré d'assez loin par le pouvoir de Mogadiscio. Ce système

116. Capitaine de Corvette LICHE, « *La piraterie-grande criminalité en mer* », p.1, disponible en ligne à l'adresse suivante : (http://www.college.interarmees.defense.gouv.fr/IMG/pdf/LICHE_CC_A6_article_Tribune_v4-2.pdf).

117. LEYMARIE (P.), « Flottes occidentales contre pirates somaliens », *Le Monde diplomatique*, novembre 2008, pp.24-25. Voir également MILLER (J.W.-), « Piraterie. L'Afrique coût cher aux compagnies maritime », 19 novembre 2008 et disponible en ligne : (http://www.courrierinternational.com/article.asp?obj_id=91836). Ég. SINHAROY (S.), « Les chiens de guerre s'attaquent aux pirates », *Courrier international* n°952, du 5 au 11 février 2009, p.34. BARNAVI (E.), « Vivre avec les pirates », *Marianne*, 25 avril au 1er mai 2009, p.33. MATHEY (J.-M.), *Loc, cit.*, p.27.

118. D'AUZON (O.), *op.cit.*, Lavauzelle, mai 2014, p.39.

va rapidement dériver vers une captation des flux commerciaux littoraux, depuis les navires pratiquant la pêche illégale jusqu'aux boutres emmenant des réfugiés somaliens vers la péninsule arabique, pour devenir une véritable piraterie. Ce phénomène a toujours constitué un fléau endémique qui paralyse la liberté de circulation des activités maritimes. L'augmentation des attaques, et son indiscutable résurgence médiatique en 2008, a entraîné l'accélération du rythme d'incidences et de captures[119] dans cette région éloignée du monde qu'est la Somalie. Un rapide examen des statistiques illustre cette augmentation du phénomène de la piraterie : les pirates somaliens ont arraisonné plus de 130 navires dans la région, soit une augmentation de 200 % par rapport à 2007, selon le Bureau Maritime International (BMI)[120]. Cette augmentation est néanmoins expliquée par trois facteurs qui ont rendu possible le développement de la piraterie selon Olivier d'Auzon :

> « - *de vastes espaces maritimes composés de zones refuges facilement accessibles,*
> - *des réseaux criminels influents,*
> - *l'absence de force de police à terre, et un faible contrôle étatique en mer* »[121].

Il est bien évident que l'éclatement de la Somalie favorise une forme de piraterie localisée usant de moyens rudimentaires. On est passé, en l'espace de quelques années, à une véritable industrie impliquant plusieurs centaines de personnes et des moyens financiers considérables. Le plus souvent, les auteurs spécialisés sur la question décrivent la piraterie comme un « *business comme un autre, plutôt plus rentable. Elle offre un emploi et une rémunération à des gens qui n'ont rien et n'espèrent plus rien*[122] ». En effet, dans les années 1990, les pirates somaliens ne pratiquaient que de la contrebande, s'attaquaient principalement à des bateaux de tourisme et utilisaient de petites embarcations de pêche en bois tout en réclamant des rançons dérisoires, notamment des montres et l'argent trouvé sur les bateaux.

La tendance a considérablement évolué. Désormais, ils manifestent des ambitions de plus en plus grandes, ciblent des bateaux commerciaux et des navires de croisière et réclament des rançons de plus en plus importantes. Or, ces derniers, qui transitent par la région, naviguent à vitesse réduite (8-15 nœuds), à cause de la surcharge de cette autoroute maritime, alors que les bateaux des pirates atteignent facilement les 40 nœuds. Selon Caroline Bugnon, « *L'archétype*

---

119. Avant mai 2008, il était recensé 2,8 attaques par mois. Après mai 2008, la moyenne atteignait 17,1. Voir l'étude publiée le 1er octobre 2012, « *The Welfare Cost of Lawlessness : Evidence from Somali Piracy* », p.30. https://www.dartmouth.edu/~neudc2012/docs/paper_121.pdf,

120. Bureau Maritime International, *Piraterie et vols à main armée contre des navires*, publication annuelle, 1er janvier-31 décembre 2007.

121. D'AUZON (O.-), *op.cit.*, Lavauzelle, mai 2014, pp.37-38.

122. PROUTIÈRE-MAULION (G.), « Mondialisation, développement durable et droits de l'homme : l'exemple de la piraterie maritime », *Neptunus*, e-revue, vol. 19, 2013 /3, p.3.

du pirate moderne est tout autre : ayant choisi d'abandonner la pêche pour s'adonner à des activités plus lucratives, les pirates somaliens se sont organisés en groupes armés sur de petites mais puissantes embarcations, pour accoster par surprise les bâtiments, dérober des sommes d'argent ou des biens personnels appartenant aux membres de l'équipage, voler les bateaux afin de les revendre, saisir les armes se trouvant à bord ou détenir des otages tout en promettant leur libération en échange de rançons »[123]. Afin de pouvoir comprendre, il faudrait dresser les différents profils des pirates qui sévissent dans le monde, en particulier en Afrique, pour expliquer cette recrudescence des actes de piraterie dans les régions de la Corne de l'Afrique. À travers les zones choisies dans le monde, il est possible de distinguer trois types différents de piraterie, même si les frontières entre eux se révèlent parfois poreuses.

1. Un phénomène protéiforme

*« - **Piraterie organisée mais artisanale :** partie d'une piraterie de circonstance, les « brigands » somaliens se sont peu à peu organisés. Ces pirates sont d'abord des pêcheurs ruinés par la guerre et par le pillage de leurs ressources. Cependant, les 1500 Somaliens considérés comme des pirates semblent organisés en deux groupes principaux, l'un au Puntland (Baargal et Eyl étant leurs bases), l'autre à Harardere au nord de Mogadiscio. Mais avec une augmentation des attaques de 200 % en un an en 2007-2008, et à travers des attaques de plus en plus « musclées » (prise du pétrolier Sirius Star à 800 km au Sud-Est de Mombasa), il est fort probable que la piraterie somalienne glisse vers une organisation mafieuse.*

*- **Piraterie mafieuse** : Premier signe d'un glissement vers une organisation mafieuse, les « artisans-pirates » somaliens sont pris en main par des commanditaires liés au clan Majeerteen, proche du pouvoir au Puntland. Chacun reçoit alors 5 000 à 10 000 dollars pour chacune des expéditions et perçoit ensuite 30 % des gains. Il existe par ailleurs la piraterie du Nigeria, qui quant à elle, se divise en deux clans, la première a des fins essentiellement pécuniaires. Par les dysfonctionnements structurels, le pouvoir laisse passer le pétrole raffiné de contrebande qui constitue près de 70 % des produits alimentant le nord du Cameroun. Les réseaux mafieux qui maîtrisent ce trafic parviennent à s'approprier des cargaisons entières, avec l'aide des fonctionnaires contrôlant les ports, en particulier les militaires chargés de la sécurité.*

*- **Piraterie politique** : Le troisième type de piraterie dans le golfe de Guinée obéit à des fins politiques, même si certains pirates s'appropriant des visées politiques parviennent à s'enrichir. Le MEND (Mouvement pour l'Émancipation du Delta du Niger) exhorte au vandalisme, par la détérioration de l'outil de production et de distribution des compagnies pétrolières, afin de faire pression politiquement sur ces sociétés, et dans le même temps sur le gouvernement. Par ce moyen, ce mouvement exige une meilleure répartition des revenus. Les velléités de ce groupe l'ont amené à exiger un contrôle total de la richesse*

123. BUGNON (C.), « L'action contre les actes de piraterie maritime. À propos de l'affaire du voilier PONANT », *Annuaire de Droit Maritime Océanique*, Tome 2010, p.134.

pétrolière du delta du Niger »[124]. La piraterie se professionnalise et mobilise toute une chaîne industrielle et une hiérarchie opérationnelle : commanditaires, financiers, vaisseaux-mères et vedettes furtives, équipages sentinelles, équipages de prise. La plupart des opérations sont pilotées à partir d'un QG à terre[125]. Une des critiques que l'on pourrait formuler est que cette définition présente une vue d'ensemble des profils de pirates dans le monde, mais n'intègre pas la dimension culturelle. En effet, la population somalienne, en raison de son histoire et de sa culture, n'est pas considérée comme un peuple de pêcheurs, mais plutôt un peuple de nomades pratiquant l'élevage pastoral ; la recherche de pâturages et le déplacement des animaux fondent la mobilité des hommes sur terre et loin de la mer. *« Ils n'ont par ailleurs connu qu'une filière de pêche très faible incarnée uniquement par la vente de licences de pêche, quelques "joint-ventures" douteuses, le soutien de la communauté internationale à de petites pêcheries locales artisanales et la subsistance de petits groupes littéraux. Ces derniers, le plus souvent non somalis, subsistent par une pêche littorale archaïque et ne s'exerçant pas au-delà du récif frangeant. Rien qui ne fait en définitive des Somaliens, issus d'une culture somalie qui vit le dos tourné à la mer, de potentiels pirates »*[126]. Dans un second temps, la forme de piraterie politique, évoquée par Auzon, correspond davantage à un État souverain, mais impuissant face à la corruption, ce qui crée une inégalité sociale importante. Elle ne prend pas en compte les États qui ne disposent pas d'une souveraineté étatique, telle que la Somalie qui est en guerre depuis plus de trente ans. Par ailleurs, il semble paradoxal que, du jour au lendemain, une population aussi détachée de sa côte, en proie à une guerre clanique, se retrouve surmédiatisée par ce phénomène de la piraterie. Quelles sont les raisons d'un tel engouement pour cette partie du monde ? Une des premières raisons est la place de l'océan Indien dans l'économie mondiale.

2. Un phénomène amplifié par l'importance de l'océan Indien pour le commerce

En effet l'océan Indien et le golfe d'Aden deviennent prépondérants avec l'essor du sud de l'Asie et de l'Inde. Leur importance stratégique apparaît chaque jour davantage au travers de l'importance du trafic maritime : par exemple, à lui seul le golfe d'Aden représente plus de 33 000 mouvements de navires annuels. Bordée par la principale réserve mondiale d'hydrocarbures, la zone sud de l'océan Indien sert de vecteur au transport maritime pétrolier. En 2011, 17 millions de barils transitaient quotidiennement par le détroit d'Or-

124. D'AUZON (O.), *ibid.*, p.39.

125. À titre d'illustration, voir BRICET DES VALLONS (G.-H.), « Néocorsaires contre néopirates : privatiser la sécurité maritime dans le golfe d'Aden ? », revue *Sécurité globale*, printemps 2009, p.79.

126. GUIZIOU (F.), *« La piraterie somalienne : innovation, masque du désordre et mondialisation »*, Actes du colloque *« Au fil de l'histoire : un défi pour l'État »*, université de la Rochelle et la Corderie royale, Rochefort, éditions PUPS 2014, p.130.

muz, 3,4 par celui de Bab-el-Mandeb et 15,2 par celui de Malacca[127]. 50 % de ce transport transitent chaque année du golfe Persique vers le Cap par le canal du Mozambique[128]. Elle est également traversée par les routes des porte-conteneurs vers l'Asie que sont Malacca – Suez et Malacca – Le Cap, vitales pour les échanges mondiaux. Cette zone constitue un « *incontournable pivot du commerce maritime mondial* » et le « *carrefour commercial le plus important au monde* [129] ». Outre le trafic maritime, la pêche constitue aussi une activité majeure[130]. Les volumes de prises sont passés de 861 000 tonnes en 1950 à 10,2 millions en 2006[131]. Une deuxième raison s'ajoute à cela : cette zone constitue un « *haut niveau de conflictualité*[132] ». Dans un numéro de la revue *Hérodote* paru en 2012, consacré à « la géopolitique de l'océan Indien », Isabelle Saint-Mézard rappelait que « *l'océan Indien concentre des États fragiles, voire défaillants, dont l'instabilité intérieure se répercute souvent sur le voisinage, avec des effets néfastes* »[133]. La liste des États riverains mérite d'être énumérée : Afrique du Sud, Arabie Saoudite, Bahreïn, Bangladesh, Comores, Djibouti, Émirats Arabes Unis, Égypte, Érythrée, Inde, Indonésie, Iran, Irak, Israël, Jordanie, Kenya, Koweït, Madagascar, Malaisie, Maldives, Maurice, Mozambique, Myanmar, Oman, Pakistan, Qatar, Seychelles, Singapour, Somalie, Sri Lanka, Soudan, Tanzanie, Timor oriental, Thaïlande, Yémen, auxquels on peut ajouter la France et la Grande-Bretagne, qui possèdent des îles dans cet océan[134]. Une troisième raison est la question du « *terrorisme*[135] » car le tiers des États littoraux sont, effectivement, confrontés à la menace terroriste. Et enfin, une quatrième raison qui prend sa source dans l'instabilité régionale : l'éclatement de la Somalie depuis 1991, la guerre entre l'Éthiopie et l'Érythrée, les conflits entre les deux Soudan et le Yémen qui sombre à son tour dans le chaos. Tous ces éléments associés aggravent l'instabilité de l'océan Indien et favorisent la prolifération du phénomène de piraterie. Ces raisons favorisent l'évolution des actes de piraterie qui ne cessent donc de croître au large des côtes du golfe d'Aden dont les actes commis sont essentiellement situés, non pas dans les zones côtières, mais principalement en haute mer. Ceci conduit à

127. CHAPLEAU (P.-) et PANCRACIO (J-P.-), *La piraterie maritime droit, pratique et enjeux*, éd. Vuibert, janvier 2014, p.59.
128. http://www.dm.sud-ocean-indien.developpement-durable.gouv.fr/diagnostics-et-enjeux-maritimes-dans-l-ocean-a15.html
129. PANDYA (A.-), HERBERT-BURNS (R.-) et KOBAYASHI (J.-), *Maritime Commerce and security: The indian Ocean*, The Henry L. Stimson Center, février 2011, p.18.
130. LAIPSON (E.-) et PANDYA (A.-), *The indian Ocean: Resource and governance challenges*, The Henry L.Stimson Center, 2009, p.129.
131. CHAPLEAU (P.-) et PANCRACIO (J-P.-), *ibid*, p.59.
132. SAINT-MÉZARD (I.-), « *Quelles architectures de sécurité pour l'océan Indien* », Hérodote, n°145, second semestre 2012, p.129.
133. *Ibid.*, p.133.
134. CHAPLEAU (P.-) et PANCRACIO (J-P.-), *Ibid.*, p 59.
135. Définition du dictionnaire Larousse : ensemble d'actes de violence (attentats, prises d'otages, etc.) commis par une organisation pour créer un climat d'insécurité, pour exercer un chantage sur un gouvernement, pour satisfaire une haine à l'égard d'une communauté, d'un pays, d'un système.

une perturbation du commerce maritime international. Pour les années 2001 à 2011, l'OMI dresse un bilan mitigé des actes de piraterie et attaques à main armée : on observe un niveau de violence croissant, et la capture d'un nombre élevé de navires conduisant à un nombre très important d'otages. C'est ainsi que la Corne de l'Afrique est devenue une zone maritime à haut risque classée dans la catégorie « *risques de guerre*[136] » par les armateurs[137].

Année	2001	2002	2003	2004	2005	2006	2007	2008	2009	2010	2011
Actes de piraterie	370	383	452	330	266	241	282	306	406	489	544
Afrique de l'Est	22	24	22	13	49	31	60	134	222	172	223
Océan Indien	86	66	96	41	51	53	40	26	27	77	63
Golfe d'Aden	n.d	n.d	n.d	n.d	n.d	n.d	7	1	2	16	28
Otages	n.d	n.d	n.d	140	652	180	194	774	746	1027	569
Navires Capturés	16	12	11	9	16	10	16	51	56	57	50

Tableau 1 : Actes de pirateries et attaques armées[138]

L'année 2010 a été une année particulièrement dense en matière d'actes de piraterie et de paiements de rançon comme l'atteste le Tableau 1. Une fois de plus, la tendance s'est confirmée selon laquelle la part des attaques des pirates somaliens devient prépondérante : sur 521 incidents signalés en 2010 dans le monde, 268 sont l'œuvre des pirates somaliens (soit la moitié de la piraterie dans le monde). Le fait nouveau est que pour la première fois, l'OMI enregistre une certaine stabilisation des attaques des pirates somaliens avec une baisse de 4 % (268 actes de piraterie et de vols à main armée en 2010) par rapport à l'année 2009, avec 280 incidents recensés. Ce résultat a été conforté par le Bureau Maritime International publié conjointement avec la Chambre de Commerce International, paru le 16 janvier 2014 dans le journal *Les Échos*.

---

136. Définition du site internet de la Fédération Française des Sociétés d'Assurances : les risques de guerre et événements assimilés sont des risques directement liés à la survenance d'un conflit armé, civil ou étranger, insurrection, émeutes, mouvements populaires... http://www.ffsa.fr/sites/jcms/fn_50102/fr/assurance-maritime-des-corps-de-navires-les-risques-de-guerre-et-risques-assimiles-tous-corps?cc=fn_11251

137. Les primes d'assurance par un navire d'une valeur de 100 millions de dollars croisant dans le golfe d'Aden sont passées de 500 dollars en 2007 à 20000 dollars en 2008 et 150000 dollars en 2010. Cf. Roger MIDDLETON, *Piracy in Somalia: Threatening global trade, feeding local wars*, Briefingg Paper AFP BP 08-02, Chatham Housse, London, octobre 2008 ; W. R. KENDALL, L. K. KENDALL, « The consequences to shipping of a resurgence of violence at sea: Piracy, terrorism, war or self defence? », *European Journal of Economics, Finance and Administrative Sciences*, vol.24, 2010, p.138-146.

138. Source : Organisation maritime internationale, *Annual reports on acts of piracy and armed robbery against ships*, London, « htpp://www.imo.org ».

Tableau 2 :
La piraterie maritime dans le monde est en baisse[139]

L'évolution des attaques, quant à elle, reste peu significative si l'on se réfère aux rapports annuels du BMI/CCI. Les pirates ont été moins actifs sur les mers du monde en 2013 avec une baisse record de 264 incidents de piraterie recensés, confirmant ainsi le mouvement de repli observé depuis quelques années *(Tableau 2)*, avec 297 faits observés en 2012 (-11 %) et 445 en 2011 (-41 %). Par ailleurs, en 2013, le Bureau maritime n'a attribué « que » 15 incidents aux pirates somaliens. *« La principale raison de la baisse de la piraterie dans le monde est la diminution de la piraterie somalienne au large de l'Afrique de l'Est »*[140].

B. Quelques dates ou faits marquants de la piraterie contemporaine

Cette piraterie est un phénomène qui ne touche pas que le commerce maritime mondial, mais en premier lieu la Somalie dans son programme alimentaire. Il se trouve, par ailleurs, que l'acheminement de l'aide humanitaire est sérieusement compromis par cet essor. Jean-Maurice Ripert, représentant permanent de la France auprès des Nations Unies, le rappelait le 16 décembre 2008 dans un discours consacré à la situation de la Somalie : *« Les derniers rapports dont nous disposons, ceux des Nations Unies comme ceux de l'Organisation Maritime Internationale, confirment que les attaques de pirates [...] représentent aujourd'hui un danger majeur, pour la population somalienne d'abord, pour les quelque 3,5 millions de personnes déplacées et en particulier pour toutes celles et ceux qui dépendent de l'aide alimentaire et humanitaire internationale »*[141]. Il apparaît notamment qu'au cours des mois pendant lesquels *« le Programme alimentaire mondial n'a plus bénéficié d'une protection de ses navires pour la Somalie, il a dû diminuer de 50 % ses livraisons, au détriment immédiat des populations »*[142]. En 2005, un navire affrété par le Programme d'Aide Alimentaire des Nations Unies (PAM) qui venait de décharger ses 850 tonnes de riz pour les victimes somaliennes du *tsunami* a été détourné par un groupe de pirates. Deux autres navires du PAM ont été arraisonnés la même année et les cargaisons détournées. Cela obligea les convois humanitaires à passer par la route avec toutes les complications que cela peut comporter. C'est ainsi que le

139. http://www.lesechos.fr/16/01/2014/LesEchos/21606-085-ECH_la-piraterie-a-recule-sur-les-mers-en-2013.htm
140. D'AUZON (O.-), *Ibid*, p. 56.
141. BUGNON (C.-), *op.cit.*, In *Discours de Ripert (J.-M.)*, disponible sur le site : (http://www.france onu.org/spip.php?article3179).
142. *Ibid.*

PAM, victime de plusieurs attaques[143], a bénéficié d'un dispositif de « *sécurité et d'encadrement d'États*[144] » qui s'est mis en place pour assurer le bon acheminement des convois alimentaires vers la Somalie en vue de leur distribution[145]. Elle a été conduite par l'opération EU NAVFOR[146], pour une durée initiale de 12 mois renouvelée. Cette opération européenne permet d'assurer la protection des navires du Programme Alimentaire Mondiale (PAM) qui acheminent l'aide alimentaire aux populations déplacées de la Somalie, mais aussi celle des navires vulnérables naviguant au large des côtes de la Somalie[147].

Le 4 avril 2008, le paquebot français *Le Ponant* est abordé par des pirates somaliens et son équipage est pris en otage. Il s'agit d'un paquebot à voiles, trois-mâts de croisière, et à moteurs, de 88 mètres de long, de la Compagnie du Ponant, filiale de la CMA-CGM ralliant les Seychelles à Malte, sans passagers et pouvait paraître une cible de choix pour des pirates[148]. Le commandant du *Ponant,* Patrick Marchesseau, évoque les premiers moments de la prise d'otages des pirates somaliens. Il explique que, lors de l'abordage, il avait opté pour l'usage de lances à incendie en vue de repousser l'assaut. Peine perdue, il a eu juste le temps de diffuser un message d'alerte de sûreté avant que le navire ne soit maîtrisé par les pirates. Angélique Négroni, journaliste au *Figaro*, décrit le moment fatal de l'action des pirates : « *Ils sont arrivés très rapidement le long du bord. Les assaillants avaient des kalachnikovs et ils ont commencé à tirer. On a pris une décision de repli. L'équipage était en danger et on n'a pas voulu prendre de risques. On n'avait pas le choix* [149] ». En effet une des raisons qui facilite ce genre d'assaut par les pirates est la faible hauteur des « œuvres mortes » (la partie émergée de la coque du navire) et la faible vitesse, ce qui rend l'attaque plus facile pour des

143. Le PAM a essuyé plusieurs attaques de ses convois : le *MV Semlow* est détourné en juin 2005 et n'a été libéré que suite au paiement d'une rançon. Le *MV Rozen* est attaqué le 27 février 2007 et le *Morjan* en octobre 2007.

144. Les mesures de protection des navires du PAM sont également reconduites jusqu'en 2014. Actuellement, neuf pays apportent leur contribution opérationnelle à ce dispositif de protection : les Pays-Bas, l'Espagne, l'Allemagne, la Grèce, l'Italie, la Suède, la Belgique, le Luxembourg et la France. Paris fait naviguer en permanence une frégate sur une zone couvrant le sud de la mer Rouge, le golfe d'Aden et une partie de l'océan Indien, soit une zone équivalant à cinq fois la superficie de la France. Des navires américains, japonais ou chinois qui croisent dans la zone effectuent aussi régulièrement des contrôles en mer. V. LEBŒUF C., *Piracy in comparative perspectives : Problems, Strategies, Law*, coord. G. Proutière-Maulion et C. Norchi, Paris, Pédone 2012.

145. Pour ce faire, les marines française, danoise et maintenant néerlandaise se sont relayées pour l'acheminement de six convois de trente mille tonnes de denrées alimentaires de novembre à février 2007-2008.

146. EU NAFOR Somalie-Opération Atalanta, a été lancé à l'appui des résolutions 1814, 1816, 1838, et 1846 des Nations Unies adoptées en 2008 par le Conseil de sécurité des Nations Unies. www.eunavfor.eu

147. Voir site de l'Union européenne : www.europa.eu

148. Les pirates arrêtés qualifieront d' "eldorado" leur prise lors de leur audition de garde à vue. Source AFP, « *En garde à vue, les pirates du Ponant racontent leur fortune de mer* » [archive], 17 avril 2008.

149. Rédaction de presse *Le Figaro*, par la journaliste Angélique Négroni, le 14 avril 2008, http://www.lefigaro.fr/international/2008/04/14/01003-20080414ARTFIG00252-l-equipage-a-tente-de-repousser-les-pirates.php

pirates à bord de petites embarcations rapides. Il est à noter qu'à cet égard, la taille d'un navire n'est pas un handicap. Comme le fait remarquer un rapport de l'Assemblée nationale française[150], plus un bâtiment est grand, plus il est difficile à surveiller pour l'équipage. Les porte-conteneurs, les thoniers et les pétroliers constituent ainsi des proies faciles et des cibles privilégiées pour les pirates modernes[151].

La réaction des autorités de l'État français ne tarda pas et fut rapidement mis en place le plan « Pirate-mer » qui consista en la mobilisation de tous les navires présents dans cette région du monde, parmi lesquels on compte notamment le *Commandant Bouan*, premier bâtiment de guerre dans le sillage du *Ponant*, mais également deux bâtiments de la Marine nationale prêts à intervenir : la frégate *Jean Bart* et le porte-hélicoptères *Jeanne d'Arc*[152]. Le message est reçu par le *Var*, navire de la marine française qui patrouille dans la zone avec à bord 30 membres d'équipage. Le *Ponant* est immobilisé le 7 avril 2008, à 850 kilomètres au sud de l'endroit où il a été détourné, le long des côtes du Puntland, une région somalienne *de facto* indépendante, à un mille marin du village côtier de Garaad. Le Puntland est une région du nord-est de la Somalie, particulièrement instable, et dont les chefs se sont déclarés indépendants en 1998. Une présentation cartographique de la zone d'intervention des forces françaises permet de mieux comprendre la difficulté de la libération des otages.

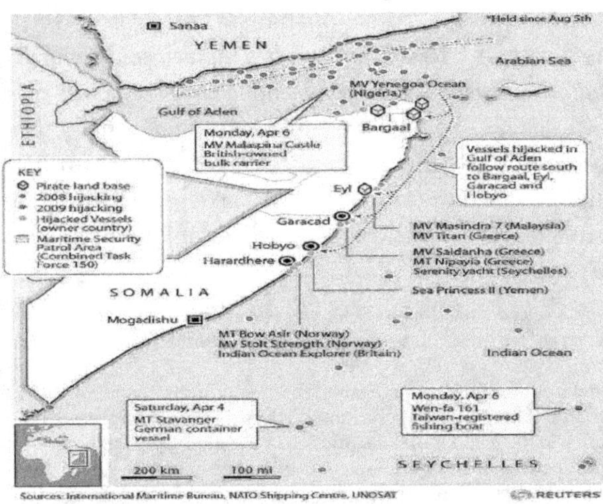

Figure 4 : Cartographie de la zone d'intervention de la force française[153]

---

150. MÉNARD (Ch.-), *Rapport d'information sur la piraterie*, déposé auprès de l'Assemblée Nationale, n°1670, mai 2009, p. 18.

151. Malgré cette préférence, les bateaux de plaisance intéressent également les pirates. L'attaque du *Ponant* en 2008 en est un excellent exemple. Le 4 avril 2008, le voilier de croisière *le Ponant* battant pavillon français et croisant dans le golfe d'Aden est pris d'assaut par des pirates somaliens. L'équipage est alors pris en otage. Il sera libéré le 11 avril après le versement d'une rançon. Une partie des pirates sera par la suite appréhendée lors d'une opération héliportée montée par la France qui a aussi permis de récupérer une partie de la rançon.

152. Exposé des faits disponibles sur le site : (www.netmarine.net/forces/operatio/ponantsomalie/index.htm).

153. CARNIMEO (N.-) et GUGLIELMO (M.), *« Qui sont les pirates somaliens ? »*, Outre-Terre 2010/2 (n°25-26), p. 413-425. DOI 10.3917/oute.025.0413 https://www.cairn.info/revue-outre-terre1-2010-2-page-413.htm *In* carte source : International Maritime Bureau.

Cette attaque du *Ponant (figure 4)* est née d'une prise de conscience internationale à l'égard d'un phénomène que l'opinion publique croyait à tort relégué définitivement à un sombre passé[154]. Le 11 avril 2008 a lieu la libération des otages du *Ponant*. L'armateur a accepté le versement d'une rançon de l'ordre de 2 millions de dollars US. Deux gendarmes du Groupement d'Intervention de la Gendarmerie Nationale (GIGN) et un membre des forces spéciales navales, venus de Djibouti, procèdent à la remise de l'argent aux pirates. La transaction s'effectue en pleine mer entre ces trois militaires et trois des pirates. Une fois que l'argent de la rançon a été recompté, les pirates quittent les bateaux et enfin Patrick Marchesseau, le capitaine du *Ponant*, est libéré et saute en mer, où il est récupéré par les forces françaises. Les pirates ont profité de ce répit pour rejoindre la côte somalienne et se sont divisés en plusieurs groupes. Toutefois, un avion militaire français, équipé de moyens de reconnaissance sophistiqués envoyé sur zone, a suivi les pirates et identifie l'un de leurs véhicules en fuite à environ dix kilomètres au nord de Garaad. Après la libération des otages, une équipe du Raid intercepte les pirates. Quatre hélicoptères se lancent à la poursuite du véhicule, qui est arrêté en premier, puis les six autres hommes à bord et récupèrent une partie de la rançon. Dans cette intervention, un seul des pirates a été blessé par un éclat du moteur. Par ailleurs cette opération s'est déroulée avec l'accord du gouvernement somalien. Les pirates sont capturés et déférés par un navire militaire français pour être jugés des faits qui leur sont reprochés[155]. Selon Patrick Marchesseau, les pirates ayant attaqué le *Ponant* font partie des *Costy Guards* de Somalie qui ont été créés en 1992, comprenant un effectif estimé à 300 ou 400 personnes. Ils sont équipés d'une centaine d'embarcations à coque rigide, et sillonnent la mer Rouge et l'océan Indien[156].

Le 2 septembre 2008, à bord du *Carré d'As*, un voilier de seize mètres, un couple de retraités français, Jean-Yves et Bernadette Delanne, qui effectuait une croisière a été pris en otage, pendant deux semaines par six pirates. Une rançon de deux millions de dollars avait été réclamée par les groupes des pirates, mais n'a jamais été versée. Après deux semaines, l'aventure des pirates s'est achevée dans la nuit du 15 au 16 septembre 2008 par un assaut des forces spéciales françaises, à savoir la Marine Nationale Française et le Groupement d'Intervention de la Gendarmerie Nationale (GIGN)[157]. Les époux Delanne ont été libérés sains et saufs, un pirate tué et six capturés puis amenés en France.

Le *Sirius Star*, pétrolier saoudien, long de 332 mètres pour une largeur de 58 mètres, fut détourné le 15 novembre 2008 au sud-est de Mombasa au large des

154. *Ibidem*, p. 132.
155. http://www.lemonde.fr/societe/article/2012/06/15/proces-du-ponant-deux-acquittements-quatre-peines-de-prison_ 1718951_3224.html#oE6S4uiG0S9f8zoQ.99
156. MARCHESSEAU (P.-), « *Prise d'otages sur le Ponant* », Michel Lafon, 2008, p. 162-163.
157. HOPQUIN (B.-), « L'immense solitude de l'acquitté du "Carré d'As" », *Neptunus*, E-revue, Vol. 18, 2012/1, http://www.cdmo.univ-nantes.fr

côtes kenyanes. Il constitue la plus grosse prise jamais réalisée par des pirates jusqu'ici ; par ailleurs, cette attaque démontre la capacité des pirates à intervenir très loin de leurs bases. Dans le cas du *Sirius Star*, les pirates ont exigé la somme de 25 millions de dollars pour libérer les 25 otages. « *Image étonnante et très rare de ce conteneur parachuté le 9 janvier 2009 sur le pétrolier Sirius Star [...] largué par un petit avion sur le supertanker mouillé devant Harardere, à 300 km au nord de Mogadiscio, la valise renfermait la rançon nécessaire à la libération du navire et son équipage*[158] ». Dans cette prise d'otage, les pirates n'ont reçu que 3 millions de dollars, somme que la compagnie considérait comme suffisante. Dans cette affaire, la libération des équipages à bord du *Sirius Star* a été précédée d'un drame humain au cours duquel cinq des pirates se sont noyés en récupérant une partie du butin et en voulant quitter au plus vite le bateau, pour ne pas être interceptés par les navires militaires qui se trouvaient dans le secteur : « *Triste dénouement* ».

Le 8 avril 2009 a lieu le détournement du navire le *Maersk Alabama,* un porte-conteneurs américain, à 500 kilomètres des côtes somaliennes. Il a été libéré lors d'une opération de sauvetage lancée par les forces spéciales américaines. Par la suite, l'équipe du *Maersk Alabama* a repris le contrôle de son bateau. Seul le capitaine Richard Philips restait aux mains de pirates somaliens, qui le retenaient sur une embarcation de sauvetage du porte-conteneurs, pistée par l'US Navy. La prise d'otage du Capitaine Richard Philips se termine par l'intervention des forces spéciales américaines qui vont finalement libérer l'officier mais au cours de l'assaut, trois des pirates ont perdu la vie et le quatrième a été fait prisonnier.

Cette tragédie a fait l'objet d'un film hollywoodien, sorti le 20 novembre 2013 à Paris, « *Captain Philips* » dans lequel le commandant du porte-conteneurs est campé par le comédien Tom Hanks tandis que Barkhad Abdi, acteur américain d'origine somalienne, joue Abdukhadire Muse, le chef des pirates somaliens[159].

Le 25 septembre 2009, ce fut le cas du *MV Faina*[160], qui transportait une cargaison controversée de 33 chars d'assaut, d'armes diverses et d'au moins 14000 munitions ; la libération des otages a été faite, selon le chef des pirates, après 134 jours de captivité[161] et le versement d'une rançon de 3,2 millions de dollars.

Comme nous le montre la carte de la *figure 5,* trois ports de la côte de l'océan Indien (Eyl, Hobyo et Harardhere), éloignés de 1300 km de la base de Djibouti, hébergent les pirates et les marins otages (130 à Eyl en 2008). Cette étude,

158. D'AUZON (O.), *Ibid,* Lavauzelle (2014), p.42.

159. D'AUZON (O.), *Ibidem,* p. 44.

160. Voir : Les actes de piraterie au large de la Somalie devenue incontrôlables, *Agence France-Presse,* 19 novembre 2008.

161. ttp://www.lexpress.fr/actualite/monde/afrique/le-mv-faina-libere-par-les-piratessomaliens_739180.html#MpSIlvFJ3QhjeDPv.99

établie par le Congrès Américain (Congressional Research Service le 21 avril 2009), nous informe par ailleurs que l'ONU a identifié deux groupes principaux, l'un basé à Eyl (dans la région du Puntland), et l'autre à Mudug, une région du district de Harardera (Xarardheere). Le même rapport nous informe également que d'autres groupes de pirates, de taille moindre, opèrent des ports de Bosaso, Qandala, Caluula, Bargaal, Hobyo, Mogadishu et Garad[162].

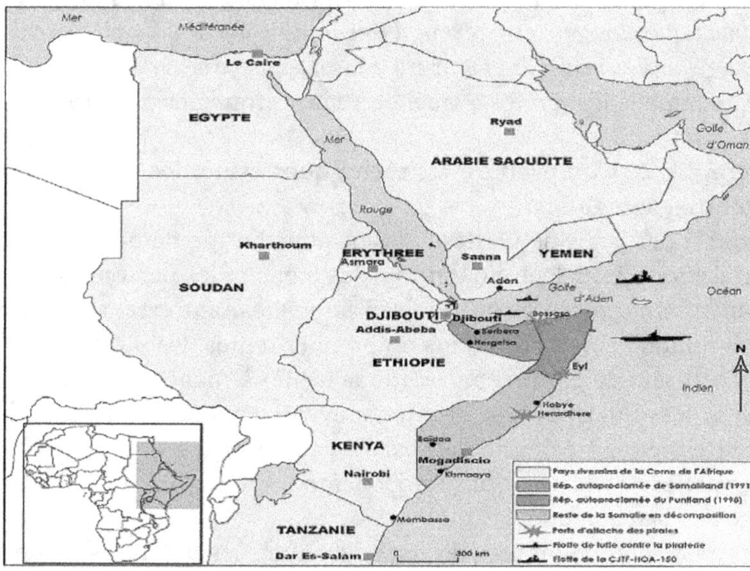

Figure 5 : Carte de la Somalie avec les différents ports concernés par la piraterie[163]

Ces détournements de navires, de voiliers, montrent que les pirates n'hésitent pas à cibler tous types de bateaux. Ceux-ci font preuve, dans la mise en œuvre de leurs attaques, d'une forte capacité d'adaptation et d'une grande imagination. L'essentiel est de capturer des otages qui serviront de monnaie d'échange (avec le versement d'une éventuelle rançon), et de s'approprier un butin assez juteux. Grâce aux profits engrangés par leurs rapines et les rançons extorquées, les pirates somaliens disposent désormais d'équipements plus sophistiqués (notamment en matière de télécommunications) et d'un arsenal militaire conséquent[164]. Si nous observons les périodes durant lesquelles les actes de piraterie ont eu lieu, suivis de la capture du navire, nous consta-

162. Report of the Secretary-General pursuant to Security Council Resolution 1846 (2008), S/2009/146, March 16, 2009; and, International Expert Group on Piracy off the Somali Coast, Final Report: Workshop commissioned by the Special Representative of the Secretary General of the UN to Somalia Ambassador Ahmedou Ould Abdallah, November 10-12, 2008, Nairobi, Kenya repris dans Piracy Off the Horn of Africa, Congressional Research Service, 21 April 2009 p.5-6.

163. Djibril Diop, 2009.

164. HUBERT (M.), « *La piraterie maritime dans le golfe d'Aden* », Note d'Analyse du 20 septembre 2010, p.5.

tons une fréquence très élevée et rapprochée avec des périodes de plus en plus courtes (16 septembre 2008, 16 novembre 2008 par exemple). Cette analyse nous montre le degré de détermination de ces pirates : chaque détournement de navire ne fait que renforcer la tentation de récidiver dans un court laps de temps. C'est comme s'il s'agissait d'agir vite, avant que l'écho du précédent détournement ne prenne plus d'ampleur à l'échelle mondiale. Cependant, comme le souligne Romain Lalanne, avec le temps, *« l'impossibilité de s'éloigner à plus de 50 milles nautiques des côtes avec ce type d'embarcation a posé un problème certain à la mise en place d'une économie de la piraterie pouvant s'appuyer sur des prises plus importantes »*[165], et amené les pirates à améliorer leurs stratégies d'approche.

Paragraphe 2 : Comprendre les techniques et modes opératoires des pirates somaliens

Se livrer à des actes de piraterie, ayant pour but de détourner les bateaux de leur trajectoire initiale et de capturer les biens et les personnes à bord, demande un minimum d'organisation, de stratégies, autrement dit de respect d'un certain mode opératoire. Dans un premier temps, les pirates partaient de la côte en utilisant de petites embarcations faciles à manœuvrer pour attaquer les bateaux les plus proches, le plus souvent dans les ports ou au mouillage[166]. Cette thèse a été développée par François Ménard, qui considère que les pirates somaliens établissent des camps temporaires à proximité des zones de mouillage des bateaux piratés[167].

Dans ce paragraphe, nous tenterons d'analyser les différents modes opératoires utilisés par les pirates pour aborder et capturer les bateaux ou navires.

Nous pouvons catégoriser les modes opératoires comme suit :

- attaques à quai ou au mouillage et vol des effets personnels de l'équipage,
- attaques en mer dans un but de détournement du navire dans l'objectif d'en faire un « bateau fantôme » ou dans l'objectif d'obtenir une rançon.

A. Attaques au port ou au mouillage

Il s'agit d'actes touchant des navires à quai ou ancrés dans les eaux portuaires et nationales. Dans ces cas de figure, le navire est attaqué soit au port, soit au mouillage. Les pirates préfèrent procéder à l'attaque du navire en pleine nuit, l'obscurité étant un paramètre essentiel (camouflage plus facile, peu de chances d'être repérés). Ils utilisent un petit bateau qui s'approche du navire-cible et, avant de procéder à l'abordage du navire, ils prennent la précau-

165. LALANNE (R.-), In HUBERT (M.), *Ibidem*, « Piraterie maritime en Somalie : Modes opératoires des pirates », *Guerrilasblog*, 22 décembre 2008. http://www.guerillasblog.com/2008/12/piraterie-maritime-en-somalie-3modes.html
166. HUBERT (M.), *op. cit.*, p.5.
167. MÉNARD (Ch.), *Ibidem*, p.20.

tion d'éteindre les feux de leur bateau. Une fois arrivés près du navire-cible, les pirates surgissent d'un coup, montent dans le navire et somment le personnel de se rendre, tout en exigeant de se voir indiquer l'emplacement du coffre-fort, des provisions du navire et des effets personnels des membres de l'équipage[168]. Il est à noter que ce type d'attaques ne rentre pas dans la définition d'acte de piraterie, dans le cadre des dispositions de la convention des Nations Unies sur le droit de la mer (UNCLOS : United Nations Convention on the Law of the Sea) ; cette dernière stipule qu'un acte de violence est qualifié d'acte de piraterie si cet acte survient en haute mer, c'est-à-dire en dehors de la juridiction d'un État. Toutefois, les actes survenant dans les zones sous juridiction d'un État tombent sous la définition de vols à main armée proposée par l'Organisation Maritime Internationale (OMI). En effet, l'OMI, dans un effort de cohérence et dans un souci de réprimer les actes de violence en mer, a développé une définition du vol à main armée que l'on retrouve aussi bien dans le ReCAAP et que dans le Code de Conduite de Djibouti.

« *On entend par vol à main armée contre les navires l'un quelconque des actes suivants :*
(a) tout acte illicite de violence ou de détention ou de déprédation, ou menace de déprédation, autre qu'un acte de piraterie, commis à des fins privées et dirigé contre un navire ou contre des personnes ou des biens à leur bord, à l'intérieur des eaux intérieures d'un État, des eaux archipélagiques, ou de la mer territoriale.
(b) tout acte ayant pour but d'inciter à commettre de tels actes ou commis dans l'intention de les faciliter. »

Il s'agit d'actes de piraterie sur des bateaux se déplaçant en mer. Les régions les plus touchées en 2008 par des attaques réussies de navires en mer sont les suivantes[169] :

- La Somalie et le golfe d'Aden : 44
- L'Indonésie : 11
- Le Nigeria : 8
- La Tanzanie : 7

La Somalie et le golfe d'Aden viennent en tête de liste en 2008, avec 50 % de ces attaques réussies.

168. SALIM CHEBLI (A.-), « *Analyse des Menaces Criminelles Contemporaines* », Mémoire pour le diplôme d'Université de 3e cycle, juin 2009, p 30. Voir mémoire sur le site internet : http://www.drmcc.org/IMG/pdf/La_piraterie_maritime_au_d-but_du_XXIeme_siecle_v8.pdf

169. Données compilées du ICC International Maritime Bureau (2009), Piracy and Armed Robbery Against Ships, Annual Report, 1st January – 31 December 2008.

B. Attaques de navires en mer

1. Sélection de la cible

Dans le cas du golfe d'Aden et dans l'océan Indien, la sélection de la cible par les pirates est aujourd'hui relativement bien connue, même si ceux-ci font preuve d'une forte capacité d'adaptation voire d'une grande imagination pour dissimuler la réalité de leur activité (comme par exemple en utilisant un bateau d'immigrants clandestins pour partir à l'assaut de leur proie). Les techniques et les équipements évoluent également très vite, grâce notamment à l'argent des rançons qui permet d'acquérir des armes et du matériel de télécommunication plus sophistiqué selon le rapport de Christian Ménard[170].

Dans son ouvrage, *Pavillon Noir sur l'Asie du sud-est*, Éric Frécon confirme que les pirates disposent au préalable des informations permettant de faciliter l'attaque : « *Au début des années 1990, on rapportait que dans les ports de Santos et de Rio de Janeiro au Brésil, les bandits montaient à bord des navires munis de la liste complète des marchandises embarquées. En Asie de l'Est, les gangs disposent de données informatiques fournies par des dockers et des agents dûment rétribués. Souvent, la cargaison serait même déjà vendue avant que le bateau ne quitte le port.* »[171]

Plusieurs rumeurs ont laissé entendre que les pirates somaliens disposaient d'un système électronique capable d'identifier les navires en pleine mer. Cependant, rien ne nous permet de confirmer ce fait même si les attaques parfois rapides des pirates dans l'océan Indien et dans le golfe d'Aden pouvaient laisser supposer qu'ils disposaient d'un tel mécanisme. L'identification des cibles constitue un élément important dans le mode opératoire des pirates qui tendent de plus en plus à s'aventurer à plusieurs milliers de milles nautiques des eaux somaliennes. Dans ces conditions, il apparaît primordial pour les pirates de pouvoir naviguer de nombreux jours en mer afin de rencontrer un navire susceptible de servir de cible.

Au début des actes de piraterie au large de la Somalie, les pirates attaquaient les navires dans et aux abords des eaux territoriales somaliennes, tout navire passant par cette zone pouvant être attaqué. Désormais, les bateaux évitent de passer le long des côtes de la Somalie après que des attaques ont été identifiées dans la zone. Par la suite, les pirates utilisent des bateaux-mères, pour pouvoir se rapprocher des navires éloignés des côtes somaliennes. La première étape de cette attaque des navires en mer consistait en l'identification d'une cible. Une fois la cible identifiée, celle qui est attaquée semble être celle qui passe à côté de bateaux-mères, sans avoir été nécessairement repérée à l'avance par des

170. MÉNARD (Ch.), *Ibidem*, p.18.
171. FRÉCON (E.-), *Pavillon noir sur l'Asie du Sud-Est*, Paris, L'Harmattan, 2003, pp 54-55.

informateurs. Ce mode opératoire a bien été utilisé pour l'attaque de la frégate française *Nivôse* par des pirates somaliens qui la prirent pour un cargo[172].

Comme le rapporte un article du *Nouvel Observateur*, l'identification des bateaux cibles se fait grâce aux diasporas somaliennes qui se trouvent dans les régions voisines. En effet, il existe une connexion entre les diasporas somaliennes pour réaliser des attaques à mains armées en mer. Ces diasporas sont par exemple des dockers et des négociants, qui informent leurs contacts en Somalie des départs des bateaux de la région, à savoir Djibouti, le Yémen, ou les Émirats Arabes Unis[173]. Cette thèse est également privilégiée par la radio espagnole *Cadena Ser*, qui indique que les pirates somaliens sont informés sur leurs cibles grâce à des informateurs de la diaspora somalienne basée à Londres, qui leur indiquent les navires à attaquer et leur fournissent des informations sur leurs marchandises et sur leur route[174]. Les pirates peuvent, par ailleurs, avoir recours à des informateurs parmi les matelots du navire, ou bien faire recruter un des leurs sur le navire. Ce dernier informe alors ses comparses par téléphone portable de la nature de la marchandise, de la route suivie et des mesures anti-piraterie mises en place, et l'heure approximative d'entrée dans les eaux internationales. Par ailleurs, il existe de « faux matelots » ayant acheté des documents d'identification ; à cet effet, l'OMI a rapporté l'existence de plus de 12 500 cas de documentation frauduleuse entre 1997 et 2002[175]. La sélection de la cible ne se fait pas au hasard, mais ce sont des actes prémédités par des hommes qui font cela d'abord pour de l'argent.

2. Les techniques d'approche des navires pirates

Après avoir identifié le navire-cible ou le bateau-cible qui sera attaqué en haute mer, les pirates mettent en place une stratégie d'approche du navire.

La plupart du temps, cette approche se fait par l'arrière durant la nuit, et les pirates décident d'attaquer le navire par l'angle mort du radar[176]. Les pirates montent à bord des bateaux ou des petites vedettes et en s'approchant des navires-cibles, ils éteignent les feux de leurs embarcations pour agir dans la discrétion. Une fois arrivés au niveau du navire, ils se positionnent à ses côtés et tentent, par le biais d'une échelle, d'accéder au bateau et de prendre les commandes du navire. Le navire est désormais immobilisé et l'assaut peut être donné par les pirates.

D'autres approches, d'autres méthodes, voire stratégies peuvent être également utilisées par les pirates pour atteindre leur objectif, comme par exemple

172. SALIM CHEBLI (A.-), *op. cit.*, p. 36.
173. Somalie : la loi des pirates, dans *Nouvel Obs* (23/10/2008).
174. Les pirates somaliens renseignés depuis Londres sur leurs cibles, AFP, 11 mai 2009.
175. BURNETT (J.S.-), *Dangerous Waters, Modern Piracy and Terror on the High Seas*, Plume (Penguin Books 2003), p.302.
176. BURNETT (J.S.-), (2003), *op.cit.*, p. 77 et 227.

l'utilisation d'un faux appel de détresse : un bateau pirate lance un appel de détresse afin d'attirer sa proie. Une fois que cette dernière arrive pour porter secours, les pirates procèdent à l'abordage. Les pirates peuvent également utiliser une variante, avec un bateau en détresse, en connivence avec les pirates et en attente d'être secouru. Dès lors qu'un navire tiers remarque le bateau en détresse et se dirige vers lui, un bateau pirate surgit à l'arrière et procède à l'abordage[177]. Pour illustrer une technique d'attaque des pirates somaliens dans le golfe d'Aden, il faut remonter au 18 septembre 2008, où un vraquier battant pavillon hong-kongais, le *MV Great Creation*, est attaqué et détourné par des pirates armés pendant qu'il était en route sur la position suivante : latitude 14:13.00 nord, et longitude 49:59.00 est, dans le golfe d'Aden, vers 6h18 UTC. Environ huit pirates armés de fusils ont abordé le navire qui dérivait en raison de problèmes de moteur. Ils ont pris les 25 membres d'équipage en otage, puis ont appareillé, une fois les moteurs en état de marche, vers la côte et demandé une rançon pour la libération du navire et de son équipage[178]. Toutes ces stratégies d'attaques et d'approches peaufinées par les pirates montrent le degré de préméditation et d'organisation dans leurs activités de piraterie.

3. Utilisation de bateaux-mères et organisation logistique qui en découle

La tactique ou technique dite *utilisation des bateaux-mères* consiste à utiliser un navire, de type chalutier, transportant des vedettes rapides et leurs pirates sur la zone d'attaque. Ce navire ou *bateau-mère* sert de base logistique à l'attaque. Il va transporter généralement une ou deux vedettes rapides, un armement lourd, ainsi que 15 à 20 pirates lourdement armés. Ce navire ou bateau-mère croise dans les voies maritimes internationales dans l'attente d'une cible à attaquer. Une fois que la cible a été choisie, les vedettes embarquées quittent le bateau-mère à toute vitesse et approchent le navire-cible de tous côtés notamment en tirant sur le navire, ou à proximité, afin d'inciter les navires à couper le moteur.

Ce mode opératoire fut utilisé contre *Le Ponant*. En effet, deux skiffs se lancèrent d'un palangrier immobile en plein milieu de l'océan, à l'assaut du voilier français. Cela a également été le cas du *Sirius Star*, le supertanker saoudien, qui a été abordé en haute mer, à 450 milles nautiques au large du Kenya et de la Tanzanie.

Des attaques organisées, comme celle-ci, supposent une organisation qui dépasse le cadre d'un simple pêcheur. L'élaboration et la mise en place de ce type d'attaques nécessitent une organisation minutieuse, ainsi qu'un apport

177. MARCHESSEAU (P.-), *Prise d'otages sur le Ponant*, éditions Michel Lafon, 2008, p. 21.

178. ICC International Maritime Bureau (2009), *Piracy and Armed Robbery Against Ships*, Annual Report, 1st January - 31 December 2008, p.31.

financier important, qui ne peuvent être fournis que par un réseau criminel bien organisé ; autrement dit nous avons affaire à un réseau bien implanté (informateurs, transporteurs, et assaillants-pirates) et bien décidé à recourir à la violence pour atteindre ses buts. Pour démontrer un exemple de mode d'opération de l'utilisation de bateaux-mères, il faut remonter au 5 septembre 2008, à 5h10 UTC, dans le golfe d'Aden, où le cargo *Jin Yuan Men*, battant pavillon de Saint-Vincent et Grenadines, remarque un remorqueur bleu, qu'il suspecte d'être un bateau pirate, remorquant un petit bateau. Soudainement, le petit bateau se lance à toute vitesse et s'approche du cargo. L'officier de pont déclencha l'alarme et l'équipage se rassembla. Quatre pirates, armés de RPG et d'armes automatiques, ont alors tiré sur le cargo en essayant de monter à bord. Le capitaine augmenta la vitesse et prit des manœuvres évasives. L'équipage activa les lances à incendie et lança des objets durs en essayant de toucher les pirates. Ces derniers continuèrent à tirer. Vers 6h00 UTC, ils interrompirent leur tentative et s'enfuirent[179]. Cette attaque a été avortée grâce au courage du capitaine et de son équipage qui ont pris des risques considérables pour faire échouer la manœuvre des pirates somaliens.

Édouard Pflimlin, dans son livre « *Piraterie maritime au large de l'Afrique, évolutions et nouvelles tendances* », précise que : « *L'évolution du mode opératoire des pirates, la zone à risque n'a cessé de s'étendre, jusqu'au large de l'Inde, des Maldives et des Seychelles. Des bateaux-mères, souvent d'anciens boutres de pêche détournés, servent de plates-formes de projection aux speed-boats. Ces groupes dérivent sur les mers en attendant leur cible. Une fois localisée, et si les conditions météorologiques le permettent, les speed boats prennent le relais à une vitesse de 25 nœuds. Ils embarquent chacun quatre à six pirates armés de RPG et d'AK 47, pour prendre d'assaut le navire par ses flancs arrière. Leur objectif est de le détourner et de prendre l'équipage en otage. De telles opérations sont rendues possibles par le soutien à terre d'un réseau de bases logistiques, pour la plupart localisées au Puntland et au Galmuddug, au nord de Mogadiscio, où des groupes mafieux prennent le relais pour les négociations et le blanchiment d'argent.* » [180]

Ce qui est à noter, c'est la violence intrinsèque de ces attaques de navires par les pirates somaliens. En effet, ces derniers n'hésitent pas à faire usage des armes lourdes type AK 47, RPG. Cela dénote leur degré de détermination et leur envie de réussir coûte que coûte cette capture de navires, gage d'éventuelles rançons à récupérer et promesse d'enrichissement.

La réalisation de l'opération prend entre un quart d'heure et vingt minutes, entre le départ des vedettes du « bateau-mère » et l'irruption sur le pont du cargo. En effet, la prolifération des actes de piraterie en Somalie suppose un degré de planification et d'organisation avancé. Les pirates travaillent en bande

---

179. Reports on acts of piracy and armed robbery against ships, acts reported during September 2008, International Maritime Organization (IMO), 27 october 2008, Annex 2 p.1

180. Source : http://www.edouardpflimlin.com/edouard_pflimlin/2014/03/1147/

et opèrent selon un *modus vivendi* classique. Il y a ceux qui mènent l'attaque, ceux qui surveillent le bateau et les otages et ceux qui négocient la rançon. Nous voyons donc ici la division des tâches à l'œuvre pour la piraterie au large des côtes somaliennes. L'accroissement du nombre d'attaques renforce l'expérience des pirates qui ne cessent d'optimiser leurs activités. Les journalistes de l'agence *Reuters*, qui ont fait des reportages en 2009, ont décrit des commanditaires, au volant de 4x4 « flambant neufs », qui investissent chacun de 5 000 à 10 000 dollars dans les expéditions. Ils reçoivent 30 % des gains alors que les pirates en conservent 50 %, 5 % reviennent aux familles et 20 % aux acteurs secondaires. Ils emploient des comptables et des interprètes afin de communiquer avec les détenus et les payeurs des rançons.

Section 2 : Les facteurs et les conséquences économiques de la piraterie somalienne sur l'activité du transport maritime

La piraterie contemporaine s'explique par des éléments intrinsèquement liés aux contextes. La localisation géographique de l'infraction nous permet de l'étudier à l'aune des particularités des zones à risque recensées par *Le Monde*. La piraterie sur le golfe d'Aden s'explique largement par les contextes somaliens qui recèlent les facteurs facilitant l'émergence de la piraterie (§1) Ces facteurs produisent des conséquentes multiformes (§2).

Paragraphe 1 : La compréhension des facteurs favorisant l'émergence de la piraterie

Le foisonnement des activités de piraterie au large des côtes somaliennes a suscité de nombreuses interrogations, au premier rang desquelles on trouve les motivations (A), et, dans un second temps, ces motivations sont confortées par un contexte particulier qui favorise l'expansion de la piraterie (B).

A. Les facteurs intrinsèques de la piraterie somalienne

Traditionnellement, les motivations de la piraterie sont toujours considérées comme étant essentiellement financières. Toutefois, dans le contexte somalien, certains prétextes, comme la justice sociale et la volonté de répliquer au pillage de ressources, sont mis en avant par les pirates eux-mêmes.

1. L'appât du gain

La première motivation, qui est d'ailleurs la plus avancée par les pirates eux-mêmes ou par les analystes, est l'appât du gain. À titre d'exemple, pour l'année 2008, les captures auraient rapporté 30 millions de dollars au Puntland, soit deux fois le budget de l'État autonome du Puntland à la pointe de la Corne de l'Afrique. Les rançons se comptent en millions de dollars (20 millions pour la cargaison de chars de l'ukrainien *Faina* mouillé à Hobyo) et la revente des bateaux rapporte 150000 dollars. Les rançons sont transportées par canots rapides au Kenya et virées par fax sous le contrôle des « *hawilad* ». Que signifie cette expression ? « *C'est une organisation originale qui avec le temps s'est érigée en intermédiaire obligé pour les Somaliens. Un système traditionnel entièrement basé sur la confiance, qui évite de passer par un réseau bancaire classique, sans traçabilité, qui est fort utile pour ces transactions. Chacun sait que les hawilad ont su se moderniser grâce à des réseaux efficaces de téléphonie mobile et d'internet, pour donner naissance à de grandes structures d'entreprises commerciales, des exemples de réussite à l'image de Dahabshill ou Amal (sociétés de transferts d'argent), dont la base se trouve à Dubaï. La diaspora leur apporterait des fonds, de l'équipement et des informations, en échange du butin des rançons* ». Dans le même ordre d'idée, une étude a été établie dans ce sens par la Banque mondiale (2013)[181]. Ainsi, une seconde définition est donnée par François Guiziou dans son article *« La piraterie somalienne : innovation, marque du désordre et mondialisation »*, le système de *Hawilad*, dans une dimension beaucoup plus élargie, est vu comme la base de l'économie somalienne. C'est un mécanisme de transfert d'argent sur parole, le rôle de la nombreuse diaspora – arabophone et anglophone – somalie (Afrique de l'Est, Dubaï, Djeddah, États-Unis, Canada, Royaume-Uni, Europe du Nord), ou l'emploi des nouvelles technologies de l'information et de la communication (NTIC) avec une facilité qui en déconcerte plus d'un. Ainsi, *« tout ce qui caractérise les bases d'une économie somalienne en restructuration, basée sur ses fondamentaux économiques que sont le commerce de bétail, le commerce et quelques maigres cultures, ses trafics illicites – qat, charbon de bois, armes et hommes – et dorénavant quatre des cinq T de l'économie des diasporas : transports, télécommunications, commerce (trade) et transferts d'argent*[182] ». En ce sens, l'économie somalienne et donc la piraterie sont issues de l'aptitude particulière des Somaliens à s'accommoder à la mondialisation et à en tirer profit[183]. Dans un même registre, l'auteur Anna Lindley, dans *The early morning phone call: Somali refugees' remittances*, ouvrage du champ d'études du développement, explique très justement que cet état de dispersion combiné aux avances technologiques, contribue à l'échelle mondiale, à faire de ces transferts un mode de captation de devises à la manière des investissements directs à l'étranger (IDE) et de l'aide au développement dans une proportion d'environ un tiers en 2008[184]. Toutefois, on ne pourra pas ignorer l'importance de ses réseaux financiers, dits *hawilad*, considéré comme étant le nerf de la guerre : *« Les transferts financiers de la diaspora somalienne sont significatifs de l'étroitesse des liens entretenus avec la Corne de l'Afrique.*

181. Étude de la Banque mondiale, *« Pirate Trails. Tracking the illicit Financial Flows from Pirate Activities off the Horn of Africa »*, p.51.

182. GUIZIOU (F.), *op.cit.*, p.203.

183. *Ibid.*

184. LINDLEY (A.-), *« The early morning phone call: Somali refugees' remittances »*, Berghahn Books 2010, New York, p.4-5.

Ces envois ont pris tant d'ampleur qu'ils ont fini par structurer le développement du pays d'origine des migrants. En effet, le pillage et la destruction des infrastructures locales ont démultiplié leur importance jusqu'à en faire le véritable pivot d'une économie de guerre.[185] »

C'est dans une telle perspective en mouvement que les pirates deviennent des héros, en gagnant à chaque prise plusieurs milliers de dollars. Les jeunes pirates sont perçus, par une partie de la population, comme des exemples de « réussite sociale » et des partis convoités qui construisent de grandes maisons pour leurs familles. Ainsi, certains pays proches de la Somalie voient affluer une partie des masses de dollars, fruit du trafic lucratif des pirates qui cherchent à investir dans le développement immobilier, notent Jean Guisnel et Viviane Malher.[186]

En effet, cette piraterie ne touche pas les porte-conteneurs, seules les économies fortement dépendantes de l'industrie de pêche ou touristique, comme le cas pour les Seychelles où elle représente 24 % du PIB, payent chèrement la piraterie. Elle coûterait 4 % du PIB seychellois par an (ce PIB est composé à 46 % d'activités de tourisme et à 24 % des pêches)[187]. Lié à la fragilité économique et géographique d'une économie insulaire totalement dépendante de l'océan (transport, emplois, pêche, etc.), le cas seychellois est peut-être le seul réellement préoccupant[188].

Selon les données des rapports financiers de l'ONUDC (Office des Nations Unies contre la Drogue et le Crime) intitulés *Pirate Trails*[189], les montants des rançons payées et collectées par les pirates somaliens, entre 2010 et 2011, s'élevaient entre 151.1 millions de dollars et 155.7 millions de dollars. Cette manne considérable est donc pour ces jeunes pirates le gage d'une vie meilleure. Et cela est confirmé par l'interview réalisée par l'agence Reuters en 2009 auprès d'un pirate somalien : « *Moi, Yassim, ancien pêcheur somalien, pirate fortuné* », GAROWE, Somalie, 19 janvier 2009 (*Reuters*).

Yassim Dheere, 39 ans, a débuté dans la piraterie il y a cinq ans, et il a vite fait fortune. Vêtu d'une djellaba traditionnelle, il raconte son histoire tout en mâchant des feuilles de khat et en caressant sa kalachnikov. *« Je suis né à Eyl, où je pratiquais la pêche. C'est après l'effondrement du pouvoir central que j'ai été contraint de détourner des navires étrangers. Personne ne surveillait les mers. On ne pouvait pas pêcher dans de bonnes conditions, parce que les navires qui pêchaient illégalement le long des côtes*

---

185. PÉROUSE DE MONTCLOS (M-A.-), *« Diaspora et terrorisme »*, éditions Presses de Sciences Po, janvier 2003, p.168. https://www.cairn.info/diaspora-et-terrorisme--9782724608976.htm

186. GUISNEL (J.-) et MALHER (V.-), *Pirates de Somalie*, Grasset, 2012.

187. BRIGAUD (A-M.-), « Interview de son Excellence Claude Morel, ambassadeur de la République des Seychelles à Paris, pour l'association IHEDN région Paris Île-de-France », Institut des hautes études de défense nationale, 21 juin 2012, www.ihedn-arparisidf.org/interviewAmbSeychelle.pdf, consulté le 17 juin 2014.

188. *Ibidem.*

189. YIKONA (S.-), *Pirate Trails: Tracking the Illicit Financial Flows from Pirate Activities off the Horn of Africa*, novembre 2013. Voir site internet : http://dx.doi.org/10.1596/978-0-8213-9963-7

somaliennes détruisaient nos petites embarcations et notre matériel. C'est ça qui nous a forcés à devenir pirate. [...] La première fois que j'ai été impliqué dans un acte de piratage, c'était en 2003. Le bateau devait venir d'Arabie, l'équipage était composé de 18 Yéménites. C'était un gros bateau de pêche, qui avait détruit, à plusieurs reprises, nos navires. On l'a cerné de nuit avec nos bateaux et on a pris le contrôle en pointant nos armes sur lui. À cette époque, on ignorait tout des méthodes modernes, des échelles, des harpons, tout ça. Alors on s'est approchés le plus possible et on a grimpé à bord. [...] On l'avait depuis deux semaines, quand des médiateurs somaliens et arabes nous ont approchés pour négocier. Ils nous ont convaincus d'accepter 50 000 $. Bon Dieu ! C'était une somme colossale pour nous ! Ça nous a donné des idées et ça nous a ouvert l'appétit. Deux de mes amis ont eu peur des conséquences et ont renoncé. Nous, on ne se rendait pas trop compte de ce qu'on faisait, on était seulement un peu inquiets de la suite des événements. [...] Finalement, ma vie a totalement changé. J'ai amassé plus d'argent que je n'aurais jamais imaginé. Sur un coup, j'ai eu 250 000 $. C'est fou l'argent que je me suis fait, je ne vous dirai pas combien. Avec ça, je me paie des voitures, des armes et des bateaux. J'en profite aussi pour prendre du bon temps. Ce nouveau travail m'a causé aussi des problèmes. Ma vie est en danger, certains de mes collègues sont morts, quelquefois lors de chavirages. [...] La pire expérience que j'ai vécue, c'est quand un navire de la marine américaine nous a attaqués alors que nous chassions un bateau. Il nous a tirés dessus et a capturé certains d'entre nous. Mes collègues et moi, grâce à nos hors-bords, on a pu s'échapper alors que les balles sifflaient tout autour. J'ai été emprisonné une fois à Garoowe. Des membres de ma famille ont pris d'assaut la prison, ont tué deux gardiens et dans l'échange de coups de feu, j'ai pu prendre la fuite avec d'autres détenus. [...] Aujourd'hui, je reste à Eyl. J'ai des hommes qui font le boulot pour moi. Je suis un financier, je récupère l'argent. Je n'ai pas été en mer pour un piratage depuis des mois. Mon groupe prend la mer et moi je gère les finances. Je fournis les gars en hors-bords, en armes, tout ce dont ils ont besoin. Quand on prend la mer, on sait qu'on peut gagner ou perdre. Et on se méfie terriblement des navires de guerre. On a changé de stratégie maintenant, on modifie notre manière d'attaquer dans l'océan Indien en utilisant du matériel moderne, comme le GPS pour détecter les navires de guerre. [...] Aujourd'hui, une nouvelle génération de jeunes pirates, très actifs, émerge, tous attirés par l'appât du gain. Si les Nations Unies donnent leur feu vert à un droit de suite à terre en Somalie, cela ne fera que provoquer la mort de nombreux Somaliens innocents. Ils ne peuvent pas nous différencier des Somaliens ordinaires, on s'habille pareil. La piraterie, elle n'arrêtera pas tant qu'on n'aura pas un vrai gouvernement en Somalie. » (Propos recueillis par Abdikani Hassan, version française de Pascal Liétout, *Reuters*, 19 janvier 2009.)

Cette interview souligne que devenir pirate dans un pays pauvre comme la Somalie, c'est donc « *la perspective d'un revenu assuré* ». Une personne engagée dans une opération de piraterie peut, selon la valeur de la capture, gagner jusqu'à plusieurs milliers de dollars. Une somme importante quand on sait que le revenu ne dépasse pas un dollar par jour. Au Puntland, la région autonome de Somalie la plus associée à la piraterie, ces opérations sont considérées comme d'importantes sources de revenus qui procurent des emplois dont bénéficient des centaines de personnes. Les rançons versées par les armateurs pour la libération d'un bateau oscillent entre 1,5 et 3 millions d'euros[190] avec un risque très faible, l'impunité étant l'issue la plus fréquente. L'apparition des actes de piraterie et les bouleversements économiques que génèrent les fonds importants issus des rançons ont une conséquence directe sur la vie des communautés locales, à l'instar du port d'Eyl où sont ancrés la plupart des navires détournés. En effet, plusieurs activités commerciales se sont développées autour des activités de piraterie telles que des restaurants, des zones de prostitution, ainsi que des agences auxiliaires tels les négociateurs, les avocats et les comptables. Les retombées économiques sur les communautés locales sont loin d'être spécifiques à la Somalie puisque l'on observe des faits similaires en Malaisie et en Indonésie.

Les motivations financières sont au centre des préoccupations des activités de piraterie. Les rançons versées représentent des opportunités d'enrichissement non négligeables en dépit de leur caractère illégal. Les retombées économiques importantes, et la possibilité de disposer de sommes considérables, ont permis aux pirates de bénéficier d'une certaine notoriété parmi les populations locales.

2. Volonté de justice sociale ?

Les pirates somaliens souhaitent justifier toutes ces attaques par une volonté de se faire justice vis-à-vis des organisations internationales qui ont longtemps observé cette crise somalienne. L'article « *Mondialisation, développement durable et droit de l'homme : l'exemple de la piraterie maritime* » de Gwenaële Proutière-Maulion montre que « *les pirates et les marines sont les victimes trop souvent oubliées de la mondialisation de l'économie et de la globalisation des transports maritimes. La lutte contre ce phénomène appelle donc à recentrer le débat autour du respect des droits fondamentaux de l'être humain, qu'il s'agisse d'accès à la justice ou de conditions de travail décentes, dans une perspective de justice sociale et de développement durable*[191] ». La mondialisation et la globalisation des échanges sont un gain pour l'économie mondiale, et ce n'est pas un facteur de prospérité et de justice sociale universelle mais, bien au contraire, cela crée un mécanisme de redistribution inégalitaire des richesses, accentuant la polarisation du monde entre pays pauvres et pays riches[192]. Avec un revenu par tête de 226 dollars, la Somalie est aussi un des pays les plus pauvres du monde. Pour ses 8 millions d'habitants, à 70 % analphabètes, l'espérance de vie ne dépasse pas 46 ans et un enfant sur cinq

190. Données du rapport de l'agence onusienne UNOCD.
191. PROUTIÈRE-MAULION (G.-), *op.cit.*, *Neptunus*, e-revue, vol. 19, 2013 /3, p 1.
192. PROUTIÈRE-MAULION (G.-), *Ibid.*, p 2.

meurt avant cinq ans[193]. Dans ce contexte, la deuxième motivation avancée par les pirates eux-mêmes est de participer à une meilleure justice sociale : prendre aux riches pour redistribuer aux pauvres.

En effet, cette manne issue des rançons provient pour la plupart des pays riches (Occident, Arabie Saoudite). Aux yeux des pirates, cette rançon est d'une certaine façon, un moyen de profiter de la richesse de certains navires transitant au large de leurs eaux. C'est également un moyen d'injecter des flux d'argent dans le tissu socio-économique local. La réticence, parfois affichée par certains aînés à l'encontre de la pratique de la piraterie, est nuancée par le profond sentiment d'injustice parmi la population qui estime être abandonnée par la communauté internationale depuis plusieurs décennies.

3. Logique de revanche face au pillage des ressources ?

La troisième motivation avancée par les pirates pour justifier leurs actions est justement ce sentiment de revanche vis-à-vis de la communauté internationale, et ce, pour deux raisons majeures.

D'une part, les pirates affirment que leurs actions sont motivées par le sentiment de protéger les eaux somaliennes de l'incursion négative des navires étrangers accusés de piller les ressources halieutiques du pays[194].

Et d'autre part, les rejets des produits toxiques sont un facteur explicatif de l'émergence de cette piraterie. En effet, certains groupes de pirates n'hésitent pas à s'appeler garde-côtes[195] et, à ce titre, s'offensent lorsqu'ils sont qualifiés de pirates ce qui, à leurs yeux, ne reflète nullement le travail qu'ils accomplissent. En effet, bon nombre d'experts estiment que les zones de pêche de la Somalie, qui étaient auparavant l'une des principales sources des revenus de la population locale, ont, du fait de l'anarchie qui règne en Somalie depuis 1991, attiré progressivement de nombreux bateaux de pêche européens et asiatiques qui ont surexploité les stocks de poissons. Après l'effondrement de l'État somalien en 1991, les eaux de ce pays privé de marine et de garde-côtes ont été l'objet de pêche illégale par des chalutiers (notamment italiens, grecs, espagnols et japonais) intéressés par des eaux riches en thons et crustacés. Les pêcheurs somaliens ont vu leurs eaux pillées par des bateaux yéménites, puis asiatiques, sans que personne ne s'y oppose. Ils ont été privés de leurs ressources, soit une pêche illégale estimée à 25 % du total des prises. Certaines rumeurs disent que la colère des pêcheurs somaliens les a contraints à devenir des pirates. D'ailleurs localement, les pirates bénéficient d'une bonne répu-

---

193. D'AUZON (O.-), *Ibidem*, p 39.

194. L'envoyé spécial pour la Somalie a dénoncé la pêche illégale et le déversement de déchets industriels et nucléaires en Somalie, AFP, *UN envoy decries illegal fishing, waste dumping off Somalia*, 25 July 2005.

195. The National Volunteer Coast Guard, The Marka group, The Puntland Group, The Somali Marines. Geopolicy (Mai 2011). *« The Economics of Piracy, Pirates Ransoms & livelihoods off the coeat of Somalia »* p.8.

tation. Leur image est plus celle de « redresseurs de torts » ; ensuite, l'appât du gain a fait le reste. Le site de presse indépendant somalien *WardheerNews* a conduit une étude sur un échantillon de la population somalienne (donc plus qualitative que quantitative) sur ce qu'elle pense des actes qualifiés de piraterie commis par leurs concitoyens. Il en résulte que 70 % des personnes interrogées *« soutiennent fermement le piratage en tant que forme de défense nationale des eaux territoriales du pays.*[196] *»*

Dans le même esprit, les pirates mettent en exergue les conséquences que les déchets toxiques déversés par les navires étrangers auraient causées à la population. En effet, longtemps rumeurs, la communauté internationale a commencé à s'intéresser aux allégations de plus en plus persistantes du déversement de déchets toxiques qui auraient été déposés sur les plages de Somalie à cause des vagues du tsunami de 2004. Pour confirmer cet état de fait, des entreprises ont déversé dans ces eaux, et aussi sur les terres, des déchets toxiques, dénoncées en sourdine par le PNUE en 1992, ces faits ont été avérés par un rapport du PNUE de 2005. Ces allégations ont été notamment soulevées par un reportage d'une équipe française qui a filmé des enfants atteints de malformation physique sur les plages contenant des barils de déchets toxiques[197]. Selon les données des Nations Unies reprises par l'organisation Greenpeace[198], les revenus perdus chaque année par la Somalie au profit de cette pêche illégale seraient de l'ordre de 300 millions de dollars. Et selon l'analyse de ces experts, c'est cette situation qui a probablement inspiré aux Somaliens *« le sentiment qu'ils avaient des bonnes raisons de s'en prendre aux navires étrangers »*.

« Depuis vingt ans, en dépit des conventions internationales, la côte somalienne est devenue une poubelle pour nombre d'entreprises ou de pays peu scrupuleux qui trouvent avantage à y stocker leurs rebuts. »[199]

B. Les facteurs extrinsèques de la piraterie somalienne

La piraterie maritime en Somalie fait intervenir une pluralité de facteurs explicatifs reposant chacun sur un modèle d'interprétation théorique.

1. Déliquescence de l'État ?

Une première lecture politique avance la thèse que la piraterie somalienne s'appuie sur l'absence d'État, celui-ci ne pouvant lutter contre la criminalité s'exerçant sur son territoire. C'est donc cet effritement de l'appareil d'État, cette déliquescence de l'institution étatique et de ses pouvoirs de contrôle, qui

---

196. Voir *Piracy in Somalia: An act of terrorism or a territorial defense mechanism?*, 7 décembre 2008, http://www.wardheernews.com

197. *Toxic Somalia*, 24 mai 2011, enregistrement vidéo, Premières Lignes Télévision, Arte France, 2010 - 52 min - 599 Mo - Couleur - Stéréo - 16/9 - Tout public.

198. *After the tsunami : rapid environment assessment*, PNUE, 2005, pages 126 à 137.

199. MÉRER (L.), *Moi, Osmane, pirate somalien*, Ed. Koutoubia, 2009, p. 84.

sont un des facteurs permettant de comprendre l'émergence et le foisonnement de ces activités de piraterie aux larges des côtes somaliennes. *« La Somalie n'en finit pas de sombrer dans la déliquescence et figure toujours aux premières places du* Failed States Index *du Fund for Peace qui dresse annuellement la liste des pays qui ne parviennent plus à assurer leurs missions essentielles, en particulier le respect de l'État de droit*[200] ». Cette instabilité politique est donc la source importante de cette piraterie. Si la Somalie et ses larges côtes se caractérisent comme étant l'endroit le plus infesté de pirates à l'heure actuelle, c'est précisément parce que l'État lui-même se voit désarmé face à cela. Une deuxième idée avancée par Stefan Ecklöf Amirell explique que l'émergence du phénomène est plus à mettre en relation avec l'existence d'opportunités, d'inégalités, de corruption, et la présence d'une route commerciale ou de pêche internationale qui permettent l'établissement *« d'un ordre social et politique fondé sur une économie de pillage »* influencé par l'impact de la mondialisation[201]. La piraterie serait donc le produit d'un ordre social particulier et moralement contestable plus que le produit d'un effondrement. Il est vrai que la Somalie n'a connu aucune stabilité politique, économique, et sociale, depuis la chute du régime de Siad Barré en 1990. En effet, aucun gouvernement n'a été capable de faire régner la paix ni de faire respecter la loi et l'ordre depuis le début de la guerre civile. Par ailleurs, le gouvernement actuel d'Hassan Sheikh Mohamoud ne fait pas exception, bien qu'il ait affirmé, dès son arrivée au pouvoir, sa volonté de restaurer la sécurité à l'intérieur du pays et de lutter contre la piraterie.

La déliquescence de l'État somalien freine incontestablement l'action internationale en matière de lutte anti-piraterie. Pour preuve, si la piraterie est aujourd'hui éradiquée dans le détroit de Malacca, qui était considéré il y a encore 10 ans comme l'endroit le plus infesté de pirates dans le monde, c'est notamment grâce à l'action conjointe des pays riverains qui ont établi une coopération régionale pluridimensionnelle, basée à la fois sur l'action militaire mais également sur la mise en place de mesures préventives.

L'une des raisons principales de l'expansion de la piraterie est incontestablement la décomposition de l'État somalien, avec une large portion du territoire qui lui échappe totalement. En effet, la guerre civile a créé de multiples territoires contrôlés par différents groupes et s'articulant essentiellement autour de l'appartenance tribale des individus. Les différents gouvernements transitoires, soutenus par la communauté internationale, ont été incapables de redresser la situation sécuritaire du pays menant par le fait les négociations de paix vers une impasse.

---

200. CHAPLEAU (P.) et PANCRACIO (J-P.), *Ibidem.*, p 61.

201. ECKLÖF AMIRELL (Stefan), *« La piraterie maritime en Afrique contemporaine : ressorts locaux et nationaux des activités de piraterie au Nigéria et en Somalie »*, Politique africaine, n°116, 2009, p.112-118.

Depuis la fin du régime de Siad Barré en 1991, il y a un morcellement de la Somalie en trois entités : la Somalie avec pour capitale Mogadiscio, le Somaliland du nord-ouest qui s'autoproclama indépendant en 1991, mais n'a toujours pas été officiellement reconnu sur la scène internationale, et le Puntland, situé au nord à l'extrémité de la Corne de l'Afrique, actuellement royaume des pirates.

Cet effritement de l'ancien État somalien, accompagné de l'absence d'institutions étatiques capables de contrôler son espace maritime, facilite la propagation et le foisonnement de ces activités de piraterie. En effet, quand une force militaire navale solide, un corps de garde-côtes vous font défaut, alors vous êtes vulnérables face à la prolifération d'activités de piraterie. Conscients qu'il n'y a pas de structure militaire capable de contrôler l'espace maritime local, conscients qu'ils peuvent agir en toute impunité, ces pirates se voient détenir une capacité d'action sans risque. Donc l'absence d'État, ainsi que de forces locales répressives, capables de juguler ce phénomène de piraterie, a été l'un des facteurs décisifs qui ont facilité cette émergence et cette recrudescence des activités de piraterie en Somalie.

2. La pauvreté locale ?

Une deuxième lecture place la pauvreté comme l'un des facteurs explicatifs de l'émergence de cette piraterie somalienne. En effet, la piraterie est souvent vue comme un moyen de sortir de la pauvreté et de s'enrichir dans les pays qui subissent des chocs socio-économiques (comme l'Indonésie au début des années 2000) ou des crises économiques entraînant une forte inflation, une hausse du chômage et de la pauvreté pouvant également devenir facilement des facteurs incitatifs à la piraterie. D'ailleurs, le Représentant Spécial en Somalie du Secrétaire Général de l'ONU, l'ambassadeur Ahmedou Ould Abdallah, affirme, dans son rapport au Secrétaire Général de l'ONU, que « *la pauvreté, le manque d'emploi, l'environnement difficile, le niveau pitoyablement bas des revenus, la réduction des ressources maritimes en raison de la sécheresse et de la pêche illégale et l'instabilité de la situation politique de sécurité contribuent tous à la hausse et la poursuite de la piraterie en Somalie* ».

Il y a ici le facteur de « pauvreté » qui est donc non négligeable dans la compréhension de l'apparition de cette piraterie. Selon Christian Ménard : *« la misère pousse les plus démunis à tenter d'attaquer la caravane qui croise à quelques milles de leurs côtes »*[202]. Pour lui, l'infortune est à l'origine de tous ces actes en Somalie, au Nigeria ou encore dans les archipels indonésiens. La plupart de ces hommes s'adonnant à cette pratique sur les côtes somaliennes sont d'anciens pêcheurs, selon la rumeur. La pauvreté comme fondement de la piraterie est affirmée par

202. MÉNARD (C), Rapport d'information sur la piraterie maritime, Assemblée nationale, 2009.

François Guiziou qui, par ailleurs, conteste que *« considérer que la piraterie est le produit de la misère et du désordre est une négation profonde de la capacité des populations qui l'exercent à innover, s'adapter et contribuer à leur manière à la mondialisation, aussi surprenante leur approche soit-elle. Le dogme qui veut que la mondialisation soit un phénomène uniformisant et contrôlé par les réseaux dominants est une dangereuse hérésie que la piraterie somalienne, mais pas uniquement elle, met en défaut. Par ce processus, la mondialisation différencie et crée des formes spatiales et économiques multiples au contact des rugosités de l'espace et des cultures*[203] ». De son côté, Patrick Forestier, journaliste de *Paris Match* et auteur d'un livre sur la piraterie publié en 2010, rapporte : *« Sans la pauvreté, ce phénomène n'existerait pas »*. De son côté, le ministre de la Pêche et du Transport maritime de Puntland[204] affirme : *« Que la piraterie résulte de la pauvreté est trop simpliste à mon avis car le problème de la Somalie est plus profond »*.

Il est essentiel de prendre en considération que les conflits claniques qui conduisent à l'éclatement de Somalie, entraînent une famine qui est d'abord rurale et terrestre plutôt que maritime. La population somalienne est contrainte à un exode vers les régions côtières ; certaines rumeurs disent que les pêcheurs ont trouvé un moyen de survie (*« une rançon rapporte davantage qu'une campagne de pêche*[205] ») dans les attaques des navires et créé un sentiment de désordre au trafic maritime mondial. C'est ce qu'expliquait à IRIN[206] dans une interview, en 2006, un pêcheur somalien du nom de Jeylani Shaykh Abdi : *« Ils ne nous volent pas simplement notre poisson ; ils essaient aussi de nous empêcher d'aller pêcher. On les voit tous les jours à quelques milles de nos côtes. Ils détruisent nos filets et prennent notre poisson. Si rien n'est fait, il n'y aura bientôt plus de poissons dans nos eaux côtières »*. John Vidal, journaliste au *Guardian*, rapporte que le président Farole du Puntland assurait en 2001 que c'était bien *« la violation des eaux somaliennes par les chalutiers étrangers (qui) a enclenché une réaction de résistance armée des pêcheurs du pays sur les armateurs étrangers et encouragé l'escalade des attaques de pirates* [207] ». À mon sens, la légitimation des actes de la piraterie en Somalie jusqu'au plus haut sommet de l'appareil de l'État montre le paradoxe que joue l'État somalien face aux institutions internationales qui lutte contre la piraterie.

La littérature contemporaine, ainsi que les récents actes de piraterie, décrit le pirate contemporain comme étant jeune, pauvre, issu d'un milieu défavorisé, souvent pêcheur (ou ancien pêcheur), ou marin, milicien armé, garde-côtes etc.

---

203. GUIZIOU (F.), *Ibid*, pp 200-201.

204. FORESTIER (P.), « *Pirates et commandos. Les secrets des opérations spéciales* », Le Rocher, 2010, p. 173.

205. Propos recueilli par FORESTIER (P.), « explication donnée par le ministre des Ports, de la Pêche et du Transport maritime du Puntland ».

206. IRIN est l'agence de presse de l'ONU.

207. Voir In, CHAPLEAU (P.) et PANCRACIO (J-P.), *Ibidem*, « *Will overfishing by foreigners drive Senegalese fisherman to piracy?* », sur le site du Guardian: http://www.guardian.co.uk/global-development/poverty-matters/2012/apr/03/overfishing-foreigners-senegal-fisherman-piracy

En Somalie, les pirates sont également issus de milieux pauvres et défavorisés, ils sont généralement jeunes et inexpérimentés. Ils peuvent également être d'anciens pêcheurs ou d'anciens garde-côtes. Ils sont principalement originaires de la région semi-autonome du Puntland et viennent traditionnellement de Harardhere (Xarardhere) et Hobyo, du centre de la Somalie[208] comme illustre cette carte *(figure 6)*.

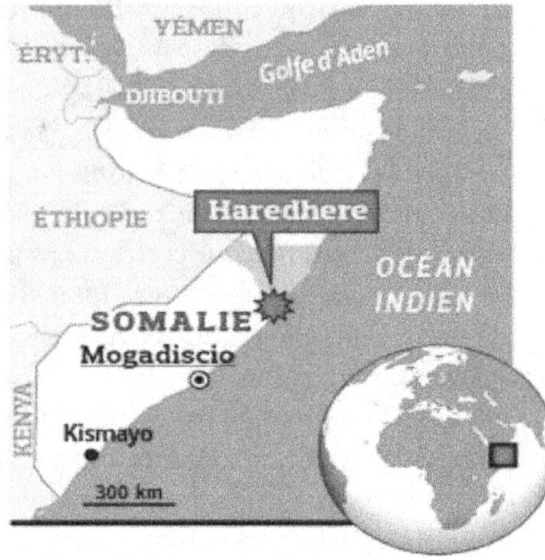

Figure 6 : Les origines des pirates somaliens (Harardhere et Hobyo)[209]

Les pirates ayant attaqué le *Ponant* par exemple, font partie des *Costy Guards.* Ces derniers, créés en 1992, comprennent un effectif estimé de 300 à 400 personnes. Ils sont équipés d'une centaine d'embarcations à coque rigide, et sillonnent la mer Rouge et l'océan Indien.[210] Ils bénéficient d'un appui terrestre, de chefs et de chauffeurs qui les récupèrent, ainsi que le butin, à chaque escale.[211] Les membres sont formés pendant environ six mois, et gagnent « du galon » au fur et à mesure des actes de piraterie réussis auxquels ils participent.[212] Il n'est pas exclu que ces pirates soient, en pratique, des émanations des milices locales, et que les rançons récoltées servent *in fine* à financer leurs activités militaires. Il est supposé que les milices *Al Shabab,* opérant en Somalie, obtiennent 50 % de la rançon touchée par les pirates qui opèrent dans les zones tombant sous leur contrôle.[213] Il n'est pas également exclu que de hauts dignitaires somalis profitent de ces prises.[214] Une étude pour le Congrès américain établie par le Congressional Research Service le 21 avril 2009 nous informe que l'ONU a identifié deux groupes principaux, l'un basé à Eyl (dans la région du Puntland), et l'autre à Mudug, une région du district de Harardera (Xarardheere). Le même rapport nous informe également que d'autres groupes de pirates, de

208. MIDDLETON (Roger), *Piracy in Somalia, Threatening gobal trade, feeding local wars Briefing Page,* Chatham House, octobre 2008, p.4.

209. *Le Figaro.* http://www.lefigaro.fr/international/2012/05/16/01003-20120516ARTFIG00387-les-pirates-somaliens-frappes-a-terre.php

210. MARCHESSEAU (P.-), *Prise d'otage sur le Ponant,* Michel Lafon, 2008, pp 162-163.

211. MARCHESSEAU (P.-), *op.cit.*

212. *Ibid.*

213. *Ibidem.*

214. MIDDLETON (R.-), *op. cit.*

taille moindre, opèrent des ports de Bosaso, Qandala, Caluula, Bargaal, Hobyo, Mogadiscio et Garad.[215]

Paragraphe 2 : Les coûts économiques de la piraterie somalienne

De nos jours, la piraterie a également des conséquences importantes sur le coût des assurances maritimes, les assureurs se trouvant confrontés à ce risque présent dans toutes les mers du monde. La piraterie est une notion qui a évolué dans le marché de l'assurance maritime traditionnellement dominé par le marché de Londres. Bien que ce phénomène ait toujours existé, et qu'il ait fait auparavant l'objet de prises en charge par les assureurs, il est devenu une véritable menace dans les stratégies statistiques des assureurs. En effet, les compagnies d'assurances sont des entreprises qui souhaitent réaliser des bénéfices et ne pas perdre d'argent pour ne pas être en liquidation judiciaire ou en faillite. Mais néanmoins, la piraterie constituait également une opportunité importante pour les compagnies d'assurances qui avaient imposé des surprimes significatives aux compagnies maritimes qui opéraient dans cette zone[216]. Une étude de la Banque mondiale affirmait ainsi que le surcoût de la piraterie avait atteint près de 18 milliards de dollars entre 2008 et 2012[217].

Ainsi, un risque sera évalué en fonction de nombreuses statistiques autour du coût éventuel de la survenance d'un tel risque, de sa probabilité de survenance, en fonction de nombreux critères comme les caractéristiques du navire, les moyens de défense et de protection mis en œuvre par l'armateur mais aussi en fonction des zones et routes maritimes empruntées par le navire. Ceci s'explique par la divergence des modes d'attaques des pirates qui existent dans les mers du monde, la piraterie d'une région à une autre ne présentant pas les mêmes particularités[218].

A. Impact en termes de coûts d'assurances

Le risque de piraterie maritime a été difficilement assurable du fait de l'absence de couverture spécifique par rapport à la particularité résidant dans l'irrégularité des attaques de pirates. *« En effet, à une certaine époque, et notamment au*

215. Report of the Secretary-General pursuant to Security Council Resolution 1846(2008), S/2009/146, March 16, 2009 ; and International Expert Group on Piracy off the Somali Coast, Final Report: Workshop Commissioned by the special Representative of secretary General of the UN to Somalia Ambassador Ahmed-Oul-Abdallah, Novembre 10-12, 2008, Nairobi, Kenya reprise dans Piracy Off the Horn Africa, Congressional Research Service, 21 April 2009 p. 5-6.

216. MARCHAL (R.-), *« Mutations géopolitiques et rivalités d'États : la Corne de l'Afrique prise dans la crise du Golfe »*, édition Observatoire d'Afrique de l'Est : enjeux politiques et sécuritaires (mars 2018), Note analyse 4, p.10.

217. DO (Quy-Toan), *The Pirates of Somalia: Ending the Threat, Rebuilding a Nation,* Washington DC, World Bank. January 2013, http://documents.worldbank.org/curated/en/182671468307148284/The-pirates-of-Somalia-ending-the-threat-rebuilding-a-nation

218. MORERA-DUTREY (M.-), « *L'assurance maritime et la piraterie* », Mémoire master droit et sécurité des activités maritimes et océaniques, juillet 2012, p.6.

début du XXe siècle, personne n'aurait pu envisager une telle réapparition des attaques de pirates dans le monde. Les assureurs ont alors dû prendre en charge des coûts de plus en plus élevés alors que les polices contractées n'étaient pas adaptées à un tel risque [219] ». Dans cette perceptive d'évolution du nouveau risque de « *la piraterie* » pour les armateurs ou affréteurs, les assureurs ont su adapter les couvertures traditionnelles. Il est à présent important de savoir que l'ensemble des produits d'assurances a été adapté à la réapparition de ce phénomène.

Jean de Lavergnolle dans son article « *L'assurance de la piraterie et son coût* » publié dans les Actes du colloque « *La piraterie au fil de l'histoire* », explique que les différents produits d'assurances sont adéquats à la question de la piraterie. En effet, la piraterie est un péril dénommé, couvert par un certain nombre de produits dont les deux principaux sont l'assurance « corps de navire[220] », qui s'articule en deux volets : le plus général, « les risques ordinaires » ; le plus spécifique, les « risques de guerre et assimilés[221] ». Traditionnellement, la piraterie, considérée comme « fortune de mer », est couverte au titre des « risques ordinaires ». Il existe également l'assurance *Protection and Indemnity Clubs (P&I Clubs)*, qui garantit en responsabilité civile les armateurs subissant les recours pour un préjudice, des pertes et des dommages causés par des tiers ou par l'équipage aux navires. Mais cette garantie est accordée à la discrétion des administrateurs des Clubs, la piraterie étant en pratique exclue des couvertures. Selon les professionnels du secteur, ils estiment que le surcoût engendré s'élevait à 120 millions de dollars par an. Cet effet de surcoût a été évoqué lors de la réunion qui s'est tenue à Londres, « *les principaux organismes d'assurances, et notamment les réassureurs, qui garantissent les P&I, en première ligne, notamment pour le paiement des rançons, ont fait le point sur ce qui devient une charge financière importante pour les compagnies* [222] ». L'apparition du produit d'assurance « *Kidnaps and Ransom (K&R)* » résulte de la réalité de la piraterie. Les assureurs proposent désormais dans leurs polices des mesures préventives, offrent une assistance et prennent en compte la couverture de la rançon et des frais collatéraux. Enfin, il existe une assurance des pertes de revenus dite « *Loss of Hire cover* », qui permet de couvrir les revenus que les affréteurs doivent verser à l'armateur en cas de dom-

---

219. MORERA-DUTREY (M.-), *op. cit.*, juillet 2012, p.9.

220. La fonction essentielle de l'assurance corps est d'indemniser l'assuré des pertes et dommages matériels subis par les navires, mais elle garantit également la responsabilité civile et contractuelle des propriétaires de navires et des transporteurs maritimes et fluviaux. Voir site internet de la Fédération Française des Sociétés d'Assurances :
http://www.ffsa.fr/sites/jcms/fn_50090/fr/l-assurance-corps-de-navires?cc=fn_11251

221. Les risques de guerre et événements assimilés sont des risques directement liés à la survenance d'un conflit armé, civil ou étranger, insurrection, émeutes, mouvements populaires, Voir Site de la Fédération Française des Sociétés d'Assurance.
http://www.ffsa.fr/sites/jcms/fn_50102/fr/assurance-maritime-des-corps-de-navires-les-risques-de-guerre-et-risques-assimiles-tous-corps?cc=fn_11251

222. D'AUZON (O.-), (2014), *Ibidem*, 95.

mages et pertes matériels, « à l'exclusion du cas de perte totale qui reste non couvert »[223]. À la suite des attaques à répétition dans le golfe d'Aden et l'océan Indien contre des superpétroliers, la *Lloyd's of London*, premier marché mondial de l'assurance-réassurance, a évoqué ouvertement la possibilité d'une « taxe à la piraterie[224] ».

À cet effet, l'assurance d'un navire, appelée « coque-cargaison » dans le jargon, ne couvre pas les cas de piraterie. Cependant les armateurs voulant se protéger doivent acheter une assurance de guerre pouvant aller jusqu'à 0,2 % de la valeur du navire, excluant la cargaison assurée par l'affréteur[225]. *« Le coût du maintien de la liberté de navigation sur les voies commerciales mondiales est transféré aux armateurs et affréteurs, et au bout du compte aux consommateurs »*, souligne la *Lloyd's*. Pour l'affréteur, supporter seul le coût de l'immobilisation prolongée d'un gros tanker comme *Maran Centaurus*[226] est catastrophique, souligne Roger Middleton, expert de la piraterie maritime au centre d'études stratégiques londonien *Chatham House*. Par ailleurs, cette augmentation des coûts de l'assurance est bien visible dans la région du golfe d'Aden et a été mentionnée dans le rapport mensuel de novembre 2008 du *Business Monitor International*, le montant des primes d'assurance pour les navires transitant par le golfe d'Aden a été multiplié par dix et la zone est désormais classée en zone de guerre[227]. Il est cependant difficile de disposer d'une évaluation générale de la hausse du coût des assurances pour le transit par le golfe d'Aden car il existe plusieurs marchés d'assurances avec leur propre appréciation du risque. En outre, les éventuelles surprimes applicables ne font pas l'objet de publication officielle pour des raisons de concurrence, les taux des surprimes étant fonction, outre l'appréciation du risque proprement dite, de la situation particulière de chaque armateur. On peut cependant relever, pour les assurances « Corps[228] », des surprimes dites « risque de guerre » pour la zone du golfe d'Aden d'une valeur située entre 0,020 % et 0,075 % de la valeur du navire[229]. Cette augmentation est l'effet une anticipation d'une contribution au paiement des rançons demandées par les pirates pour libérer les navires et les hommes à bord. Les compagnies d'assurances ont augmenté par conséquent le prix de leurs polices. Par ailleurs,

223. DE LAVERGNOLLE (J.-). « *L'assurance de la piraterie et son coût* », édit. PUF, 17 novembre 2014, p.245.
224. D'AUZON (O.-), (2014), *Ibidem*, 93.
225. *Ibidem*, 93.
226. Le *Maran Centaurus* est un superpétrolier grec et a été capturé par des pirates somaliens à l'est des Seychelles, une zone où six attaques similaires ont été recensées. Il est la plus grosse prise depuis celle du superpétrolier saoudien *Sirius Star* en novembre 2008, libéré trois mois plus tard contre une rançon estimée à 8 millions de dollars (5,3 millions d'euros).
227. MÉNARD (Ch.-), *Ibidem*, p 25. (http://www.assemblee-nationale.fr/13/rap-info/i1670.asp)
228. Un bâtiment est couvert par deux assurances : une police traditionnelle pour le corps du bateau (coque) et la cargaison et un contrat de responsabilité civile pour l'équipage et les autres types de risques (pollutions par exemple). Cette seconde assurance est prise en charge par une mutuelle des armateurs dite P&I (protecting et indemnity club).
229. MÉNARD (Ch.-), *Ibidem*.

l'immobilisation des navires est un coût supplémentaire pour l'armateur qui est pris en compte dans les surprimes d'assurance. Elle a été ainsi évaluée annuellement à environ 460 millions de dollars, selon les estimations d'*Oceans beyond piracy*, une fondation privée américaine. Enfin, nous pouvons observer que le ralentissement du commerce mondial ajoute à la recrudescence des pirates somaliens ; les sociétés de transport maritime devant faire face à une hausse très significative des coûts d'assurance. Selon le *Times* de Londres, les primes de risque seraient passées de 900 dollars, il y a un an, à 9 000 dollars pour les navires traversant le golfe d'Aden au plus haut de la période de l'activité des pirates somaliens[230].

B. Impact sur les activités commerciales et la circulation maritime

Pour mieux saisir l'impact que la piraterie somalienne peut avoir sur les activités économiques et commerciales à une échelle micro-économique, nous pouvons nous intéresser au cas d'Orthongel qui regroupe les principaux armateurs thoniers français, soit une flottille de 22 senneurs (bateaux de pêche au thon), dont 17 dans l'océan Indien, au large des côtes de Somalie et cinq dans le golfe de Guinée. Ils emploient 400 marins français et 800 marins africains, embauchés en application des accords de pêche. Durant les dix dernières années, la zone d'activité des thoniers s'est déplacée sous la pression des attaques de pirates. Jusqu'en 2000, les armateurs thoniers disposaient d'autorisations de pêche dans la ZEE somalienne, accordées par une « autorité somalienne » difficile à identifier. Dans un premier temps, nous analyserons l'impact sur les activités commerciales et, dans un second temps, l'impact sur la circulation maritime.

1. Impact sur les activités commerciales

Depuis 2006, le gouvernement français a interdit la pêche à moins de 200 milles des côtes somaliennes, et le commandement des forces navales françaises dans l'océan Indien la déconseille à moins de 300 milles. Mais, en septembre 2008, deux tentatives d'attaque, dont une sur le *Drennec* qui battait pavillon français, ont eu lieu bien au-delà de la ZEE somalienne, entre 420 et 450 milles des côtes. Désormais, les thoniers français s'interdisent de pénétrer dans la zone des 500 milles nautiques des côtes somaliennes, ce qui constitue, par navire, une diminution de 500 à 700 tonnes des prises annuelles, soit plus d'un tiers des captures réalisées durant la saison de pêche dans la zone au large de la ZEE somalienne. Cette restriction de la zone de pêche est d'autant plus pénalisante que les eaux somaliennes sont particulièrement riches,

---

230. D'AUZON (O.-), 2014, *Ibidem*, 97.

ce qui explique que l'ouest de l'océan Indien représente les trois quarts de la pêche thonière française. Outre les Français, ce sont essentiellement des navires espagnols, thaïlandais et japonais qui pêchent dans la zone. Face à ces risques accrus, les assureurs n'ont pas tardé à réagir par rapport au désordre créé par la piraterie somalienne. *« La couverture de ces risques représente 10 % de nos assurances pour notre flotte thonière, soit environ 75 000 euros pour notre flotte de trois thoniers »* explique Yannick Lauri[231]. Seuls des navires asiatiques, de type palangrier, s'aventurent encore aujourd'hui dans la ZEE somalienne. Les armateurs français commencent à s'interroger sur l'intérêt de maintenir des navires dans la région, et un premier mouvement de repli sur la zone atlantique a pu être observé chez les Espagnols. Or, il faut absolument préserver un équilibre entre les deux zones de pêche thonière existantes car, sinon, l'*overfishing* risque d'appauvrir durablement la ressource. Pour les armateurs thoniers, il est donc urgent de pouvoir retourner travailler dans la zone située entre 200 et 500 milles.

De son côté, le Kenya, voisin de la Somalie, craint pour sa sécurité. L'afflux d'argent sale provenant des rançons provoque une forte inflation dans l'immobilier de ce pays, et les attaques sur son sol contre les étrangers font craindre une chute du tourisme. Cela entraîne une intervention kenyane en Somalie en octobre 2011 dans le cadre de l'AMISOM[232] (mission de l'Union africaine en Somalie). Les attaques en mer ont un impact direct sur l'économie des Seychelles et ont entraîné une réduction de 30 % dans les activités portuaires. Le gouvernement de cet archipel considère que le pillage constitue une menace directe pour son bien-être et la souveraineté étatique. Le Yémen déclare pour l'année 2010 une perte de 150 millions de dollars, plusieurs centaines de ses pêcheurs se sont fait attaquer et une quinzaine d'entre eux ont été tués. En 2010, 57 navires ont été capturés dans les eaux territoriales du Yémen tandis qu'il y a eu 225 attaques avortées. C'est dans ce contexte que la piraterie maritime représente un impact négatif sur le commerce maritime international. Une étude réalisée par un groupe d'experts pilotés par l'ONG One Earth Future, a cherché à chiffrer l'impact économique global de ce phénomène. En prenant en compte l'ensemble des postes de charge de compagnies maritimes affectés (rançons, assurances, re-routing, sécurité et force navales déployées...) et les coûts supportés par les États, l'étude réalisée fin 2010 estime le coût global de la piraterie entre 7 et 12 milliards de dollars par an[233].

---

231. Yannick LAURI est président, deuxième armateur de pêche français. Il doit désormais faire face aux attaques directes contre les bateaux, menées au large des côtes somaliennes, kenyanes et tanzaniennes.

232. La mission de l'Union africaine en Somalie, généralement appelée AMISOM (acronyme de l'anglais *African Union Mission in Somalia*), est une mission régionale de maintien de la paix en Somalie menée par l'Union africaine avec l'aval des Nations Unies à la suite de la guerre civile somalienne.

233. D'AUZON (O.-), 2014, *Ibidem*, 104.

La liste ci-dessous résume les résultats des analyses pour les deux scénarios (haut et bas) élaborés par le groupe d'experts.

Coût global de la piraterie en 2010 (facteur de coût Valeur basse $/ Valeur haute $)

	Valeur basse $	Valeur haute $
Rançons	176 millions	176 millions
Assurances	420 millions	3.2 milliards
Re-routing	2,4 milliards	3 milliards
Équipements de sécurité	362 millions	2,5 milliards
Forces navales	2 milliards	2 milliards
Poursuites	31 millions	31 millions
Organisations	24,5 millions	24,5 millions
Pertes pour les États	1,25 milliard	1,25 milliard
Coût total estimé	7 milliards	12 milliards

Tableau 3 : Le chiffre de l'impact économique global de ce phénomène de la piraterie (2010).

D'après Ron Widdows, président du World Shipping Council, on peut estimer entre deux et trois milliards $ par an le surcoût des soutés (carburant) produit par la piraterie. En outre, il faut aussi considérer que ces coûts tendent à croître dans le temps, avec l'élargissement des zones concernées par la piraterie. Cela signifie que la partie de trajet concernée par une augmentation des coûts de carburant, d'assurance et de sécurité augmente au fil du temps[234].

Ces éléments d'analyse nous permettent d'avoir un aperçu des déstabilisations que cette piraterie somalienne peut amener déjà à l'échelle de certains pays et de certaines entreprises.

2. Impact sur la circulation maritime

Pour certains analystes économistes, la piraterie somalienne, à l'instar des autres, est une menace pouvant peser sur la mondialisation, pouvant impacter de manière sérieuse le commerce maritime mondial. Il est à noter que ce couloir maritime (le golfe d'Aden), sujet aux activités de piraterie somalienne, est un des couloirs importants empruntés par les navires marchands du monde entier.

Les échanges commerciaux suivent certaines grandes voies commerciales est-ouest : la route des Indes par le canal de Suez, la route du cap Horn à l'extrême sud de l'archipel chilien et la Terre de Feu, la route du canal de Panama…

234. D'AUZON (O.-), *Ibidem*, 97.

Dans un monde où les échanges sont fluides, les problèmes de sûreté et la concentration des richesses ont sacralisé le commerce. Mais la maritimisation de l'économie mondiale et la densification d'échanges ont multiplié les tentations, permettant l'émergence de nouvelles zones endémiques de la piraterie.

Une grande partie des zones à risque est riveraine de la route maritime mondiale est-ouest. Ces espaces, océan Indien, Asie du Sud-Est, mer de Chine... sont directement liés au transport maritime d'envergure mondiale et à ses acteurs. En particulier, la Corne de l'Afrique, cette péninsule de l'Afrique de l'Est qui s'étend depuis la côte sud de la mer Rouge jusqu'à la côte ouest de la mer d'Arabie, en passant par le golfe d'Aden, est de longue date au cœur d'enjeux géopolitiques... Cette zone voit passer un trafic maritime important, puisque l'essentiel du trafic entre l'Extrême-Orient et l'Europe s'écoule entre la Corne de l'Afrique et la péninsule arabique dans le golfe d'Aden afin de rejoindre le canal de Suez, pour remonter ensuite la Méditerranée et parvenir dans le nord de l'Europe, au Havre, où les navires sont traités par une entreprise telle que celle de Georges Vatinel, organisateur de transport international et commissionnaire en douane. Environ 7,5 % du commerce mondial transite par le canal de Suez.

C'est dans cette zone de la Corne de l'Afrique que se trouve à peu près la moitié des zones de piraterie : *« Il y a eu l'an passé 460 actes de piraterie dans la région »*, indique Dominique Le Tainturier. *« S'il y avait un problème majeur dans la région, les conséquences seraient importantes pour nous autres, acheteurs et approvisionneurs. Désireuses d'être accompagnées et protégées, les compagnies maritimes doivent ralentir leur flux de façon à s'intégrer dans des escortes pour traverser le canal de Suez. Les navires doivent attendre la possibilité d'un regroupement pour former une escorte, ce qui engendre évidemment une perte de temps »*. Certaines compagnies maritimes entrevoient la possibilité de changer d'itinéraire, de contourner le cap de Bonne Espérance, ou encore, comme la terre est ronde, de se diriger d'ouest vers l'est et de traverser le canal de Panama. *« Ce choix n'est pas forcément durable et viable, notamment en raison du prix des carburants et de l'allongement des trajets qui se traduit par une perte commerciale. Les chiffres donnés par Mark Browning, le patron de l'association britannique du shipping, sont explicites : pour un gros porte-conteneurs, un re-routage par Le Cap coûte entre 185 000 et 300 000 dollars. Les coûts additionnels d'assurance pour le transit sont compris entre 30 000 et 60 000 dollars. Les assureurs ont payé jusqu'à environ 1 200 rançons sur trois ans en 2009 et 2011. Malgré ces multiplications de surcoûts, le passage du golfe d'Aden demeure plus rentable que la longue route qui contourne l'Afrique par le cap de Bonne Espérance, pour les navires les moins vulnérables. Cet itinéraire bis ajoute cinq à huit jours de mer au voyage en provenance de l'Asie vers l'Europe. Au total, il peut engendrer jusqu'à 300 000 dollars de surcoût. Le plus gros d'entre eux en volume transporté, le danois Maersk, a ainsi tenté l'expérience, avant de l'abandonner. »*[235]

---

235. *Ibidem*, 97.

Un deuxième exemple s'agissant dans le cas de re-routage, un navire allant de San Francisco à New York par ce canal parcourt 9 500 km, moins de la moitié des 22 500 km du voyage par le cap Horn ! Chaque année, il est emprunté par plus de 14 000 navires transportant plus de 203 millions de tonnes de cargaison. Les navires ayant la plus grande taille admissible dans le canal sont désignés sous l'appellation Panamax. « *Toutefois,* note Dominique Le Tainturier, *un nombre croissant de navires dépasse cette taille : ce sont les Post-Panamax. Les navires de plus gros tonnage ne peuvent pas passer par Panama* ». Le canal doit donc faire face à la concurrence d'autres routes pour accueillir des navires de 250 000 tonnes, alors que les navires autorisés à traverser le canal ont un port en lourd de 65 000 tonnes environ, ceux dont la longueur hors-tout ne dépasse pas 965 pieds (294,1 m). La construction d'un canal au Mexique ou en Colombie capable d'accueillir des navires Post-Panamax a été envisagée.

La piraterie maritime dans le golfe d'Aden affecte également le passage par le canal de Suez. En effet, en raison des actes de piraterie au large de la Somalie et dans le golfe d'Aden, certains navires optent pour le contournement de l'Afrique par le cap de Bonne Espérance, malgré les coûts supplémentaires qu'aura à supporter l'armateur dans ce cadre. Pour mémoire, ce canal assure des rentrées en devises à l'Égypte. Ce détroit est le deuxième détroit le plus fréquenté au monde, avec 18 200 navires par an, loin derrière le détroit de Malacca avec 65 000 navires par an, mais devançant le détroit de Panama par lequel circulent annuellement 12 600 navires. La piraterie est une des raisons qui expliquent la chute de la fréquentation dans le canal de Suez de 25 % entre février 2008 et février 2009.

Les armateurs, assureurs et toutes les parties impliquées dans la chaîne du commerce maritime subissent les méfaits de ce désastre. Les déficits et charges additionnelles sont d'ordre divers et peuvent aller jusqu'à des pertes humaines au sein des équipages avec son corollaire de négociations et de paiement de rançons, de livraison tardive ou de perte de marchandises, de frais d'acquisition de systèmes de protection ainsi que d'augmentation des primes d'assurance.

La lutte contre la piraterie est inextricablement liée au degré de préparation des structures judiciaires et en général du droit national et international en la matière. La piraterie est l'un des plus anciens crimes internationaux et communément accepté comme le fondateur du principe de juridiction universelle, aujourd'hui pierre angulaire de la lutte contre toutes formes de crimes transfrontaliers. Paradoxalement, c'est ce crime qui semble poser des défis au droit international de par le contexte particulier dans lequel il s'inscrit. L'objet de ce chapitre est d'identifier la complexité de la piraterie actuelle et les difficultés du droit international à appréhender ce crime moderne dont la résurgence et la répression mettent à jour les limites et les lacunes du droit international en la matière.

Chapitre 2. Les enjeux et les évolutions juridiques de la piraterie maritime contemporaine

Depuis la fin des années 80, on assiste à une résurgence et à un accroissement des risques liés à la piraterie maritime ; ce phénomène a atteint son point d'orgue en 2008 avec les attaques répétées au large des côtes somaliennes. D'une centaine d'actes, ou tentatives d'actes de piraterie, recensés annuellement dans le monde par le Bureau maritime international (BMI) entre 1990 et 1995, la moyenne est proche aujourd'hui de 210[236]. À cela s'ajoute un nombre démesuré d'actes touchant directement les équipages, on peut ainsi estimer pour l'année 2016 que plus de 4 500 marins ont été affectés par un acte, ou une tentative, de piraterie ou de vol à main armée en mer[237]. Ainsi lors des attaques qui ont eu lieu entre janvier 2012 et décembre 2016 toutes régions confondues, douze membres d'équipages ont été tués et plus de quatre-vingts ont été blessés[238]. Toutefois, le type de violence le plus répandu est la prise en otage. Les pirates ont en effet rapidement compris qu'au-delà du vol du navire et de ses marchandises, la prise en otage contre demande de rançon pouvait s'avérer très rentable. Les kidnappings contre rançon ont connu une nette hausse en 2016 avec soixante-deux incidents enregistrés, contre dix-neuf en 2015[239]. Si la durée de détention est extrêmement variable, il s'agit de souligner qu'elle peut être très longue, comme le montre l'exemple des membres d'équipage du *Naham 3* libérés en octobre 2016 après près de cinq ans de captivité en Somalie[240].

Cependant, nous pouvons considérer, parmi l'une des causes de la piraterie dans le golfe d'Aden, l'inexistence de l'État somalien (*« failed states*[241] *et failed économies*[242] *»*). Il est important de noter que l'ensemble des documents étudiés, s'agissant des travaux de Stig Jarle Hanssen[243], F.C. Onuha et G.E. Ezirim[244],

236. Rapport de statistique édite par *Océans Beyond Piracy* en 2017. http://oceansbeyondpiracy.org/reports/sop/east-africa

237. Oceans Beyond Piracy, *The State of Maritime Piracy 2016, Assessing the economic and human cost*, mai 2017, consultable sur <oceansbeyondpiracy.org>

238. ICC International Maritime Bureau, *Piracy and Armed Robbery against Ships*, 2016 Annual Report, Londres, ICC International Maritime Bureau, 2017, p. 9.

239. *Ibid.*

240. « Vingt-six otages libérés par des pirates somaliens après cinq ans de captivité », *Le Monde*, 22 octobre 2016.

241. Le *failed state* somalien n'étant pas en mesure d'assurer une quelconque sécurité tant en mer qu'à terre, la piraterie et le crime jouiraient donc d'une impunité totale.

242. À ces économies défaillantes, est le plus souvent associée l'existence d'une économie informelle puissante et interlope : sont associés trafics de marchandises, d'armes, de drogue, d'êtres humaines, pêches illégales et enfin transport et déversements sauvages de matières toxiques.

243. HANSEN (S.J.-), *Piracy in the Greater Gulf of Aden, Myths, Misconception and Remedies*, NIBR Report. 29. Oslo: Institute for Urban and Regional Research. (2009). pp.29-51.

244. ONUHA (F.C.-) et EZIRIM (G.E.-), « Sea Piracy and Maritime Security: the Problem of Foreign Naval Intervention in the Suppression of Piracy Off the Horn of Africa ». *Journal of Maritime Research*. 7 (3). 2010. pp. 52-55.

Gwénaële Proutière-Maulion[245], ou encore les rapports de Jack Lang[246], du sénateur américain Kirk[247], de John Alexander[248] et de la Chambre des lords[249], estime que l'absence d'État somalien avait pour conséquence une situation qui a provoqué d'une part, un état de non-droit, et d'autre part un chaos généralisé. Dans un autre ordre d'idée historique, ils appuient l'argument du rapport entre zone de non-droit à terre et en mer, par l'exemple des flibustes et pirateries contemporaines de la colonisation des Caraïbes et de l'Amérique entre le XVIe et le XVIIIe siècle ou encore le cas des pirates barbaresques[250]. Par ailleurs, dans une approche du « *failed state* » analysé dans sa thèse, François Guiziou considère que comme *« outils politiques et stratégiques agités par les grandes puissances de leur temps, les pirates agissent aux marges du contrôle politique et territorial des États, souvent là où l'enjeu est la colonisation et les pirates agissent comme acteurs politiques indirects devenant parfois des États à part entière. L'aboutissement de la conquête et l'intégration forte de ces espaces aux empires coloniaux ont d'ailleurs généralement mis fin aux exactions des pirates[251] »*. La piraterie est, pour la majorité des acteurs, à la fois une composante et une conséquence de désordres marginaux et de conflits locaux qui permettent un environnement confortable à une criminalité organisée, symptôme de la faiblesse des États. Il est maintenant clair que la piraterie est un phénomène extrêmement difficile à combattre, notamment à cause de l'étendue géographique dans laquelle elle survient. Les foyers de piraterie sont disséminés un peu partout dans le monde et pour chacun de ces foyers la piraterie se présente sous des visages nombreux, un degré de violence, une organisation des groupes de pirates et un mode opératoire différents. Les médias non plus n'ont pas une vision correcte du phénomène, car l'intensité de la menace varie considérablement en fonction de la situation et des enjeux locaux. Le renouveau de la piraterie maritime, l'une des plus anciennes menaces pesant sur

245. PROUTIÈRE-MAULION (G.-) et CHARLE (H. N-), *Piracy in comparative persepective: problems, strategies, law*, édition Paris A.Pédone. 21 (2012), pp.428-430.
246. LANG (J.-), Report of the Special Adviser to the Secretary-General on Legal Issues Related to Piracy off the Coast of Somalia, January 19, 2011, (15), pp.28-31. http://www.bruxelles2.eu/2011/01/27/limpunite-des-pirates-et-le-risque-de-destabilisation-selon-jack-lang/piratmaritjacklangraponu110126/
247. KIRK (M.-), Kirk Report: *Ending Somalia Piracy against American and Allied Shipping*, (2011), https://www.foreign.senate.gov/imo/media/doc/100813_Transcript_Security%20and%20Governance%20in%20Somalia%20Consolidating%20Gains%20Confronting%20Challenges%20and%20Charting%20the%20Path%20Forward.pdf
248. ALEXANDER (J.B.-), *Piracy: The Best Business Model Available*, The JSOU Press MacDill Air Force Base, Florida 2013, pp.5-61. http://www.johnbalexander.com/yahoo_site_admin/assets/docs/Piracy_Alexander_FINAL.324145200.pdf
249. HOUSE OF LORDS, *Combating Somali Piracy: the EU's Naval Operation Atalanta, report with evidences*. London: Authority of the House of Lords. (2010). 5, 18-22.
250. MESNARD (P.-), « Charles-Quint et les Barbaresques », *Bulletin Hispanique* (1959). 61, p. 215-235.
251. GUIZIOU (F.-), *« Le monde somali : les apparences du chaos aux périphéries de la mondialisation »*, Thèse soutenue le 17 mai 2018 à l'université de Nantes sous la direction du Professeur émérite de l'université de Nantes Jacques Guillaume, p. 241.

la sécurité maritime, est lié à la convergence de plusieurs facteurs :

- la réduction des capacités de contrôle des espaces maritimes par les grandes puissances navales après la fin de la Guerre froide ;
- l'augmentation du trafic maritime et des échanges internationaux ;
- l'affaiblissement des États ou l'instabilité politique accrue autour de voies maritimes vitales telles que le détroit de Malacca ou la Corne de l'Afrique, le plus souvent dans les eaux territoriales des États riverains où ont été commises près de 80 % des attaques comptabilisées entre 2000 et 2006.

La lutte contre la piraterie représente un enjeu de taille pour les grandes puissances car plus de 90 % des approvisionnements énergétiques en hydrocarbures de l'Union européenne (UE) sont ainsi assurés par voies maritimes. Le premier instrument de lutte contre la piraterie est avant tout juridique et les États du monde semblent avoir pris la mesure de l'ampleur de la gravité du phénomène. Pour donner une assise juridique efficace, l'approche se veut avant tout internationale et coopérative. La piraterie figure parmi les crimes reconnus par la coutume internationale. Sa répression sur le plan juridico-judiciaire pose de nombreuses difficultés. Ainsi, l'étude de l'assise juridique actuelle encadrant la lutte contre la piraterie (section 1) montre combien cette dernière est mise à rude épreuve par la tournure actuelle prise par le crime de la piraterie. Les lacunes du système juridique relatif à la piraterie apparaissent au grand jour (section 2).

Section 1 : Le fondement juridique de la piraterie somalienne

La situation particulière de la Somalie qui fait de cet État, un « *failed state* » (non-État), a mis en exergue l'inadaptation des textes internationaux face à la piraterie somalienne. En effet, les pirates somaliens commettaient leurs forfaits dans les eaux intérieures et se trouvaient protégés par le sacro-saint principe de souveraineté internationale. La Convention de Montego Bay (CMB) ayant consacré la souveraineté de chaque État sur ses eaux intérieures et sa Zone Économique Exclusive (ZEE) pour les activités de police en mer, il était donc de la responsabilité de la Somalie de prendre les mesures qui s'avèrent nécessaires. Cependant, cette entité étatique n'étant aujourd'hui dans les faits qu'un simple gouvernement fédéral de transition (GFT) qui ne contrôle que quelques quartiers de la capitale Mogadiscio, il était donc impensable de s'en remettre aux autorités somaliennes qui ont beaucoup plus à faire face aux *shababs*.

Face à cette situation somalienne particulière et à l'urgence de la question[252], le Conseil de sécurité a adopté dans un premier temps la résolution

252. En effet, la Corne de l'Afrique et le golfe d'Aden ont supplanté le détroit de Malacca en termes de zones dangereuses. De plus, les bateaux chargés d'aide humanitaire à destination des Somaliens étaient régulièrement attaqués par ces pirates.

n°1814 du 15 mai 2008, demandant aux États et aux organisations régionales de prendre des mesures destinées à la protection des navires humanitaires et des activités autorisées par l'ONU. Ce texte n'étant pas contraignant, le Conseil de sécurité des Nations Unies (CSNU) ira plus loin quelque temps plus tard avec les résolutions n°1816 du 2 juin 2008 et n°1838 du 7 octobre 2008, au point de faire vaciller les règles internationales en vigueur en matière de lutte contre la piraterie.

Dans quelles mesures les résolutions du CSNU concernant « les actes de piraterie et les vols à main armée » commis au large des côtes somaliennes mettent-elles « en péril » l'équilibre du droit de la mer en vigueur auparavant ?

Notre travail de prime abord s'intéressera à l'étude de la qualification relative à la piraterie dans les principales conventions internationales, puis nous allons examiner les questions liées à la piraterie dans les textes internationaux subsidiaires.

Paragraphe 1. La qualification relative à la piraterie dans les principales conventions internationales

La piraterie est une forme de banditisme qui a lieu en haute mer, elle a pour motivation principale l'opportunisme. Ce crime géographiquement localisé n'est pas l'apanage d'un seul État, il interpelle les États du monde entier. Il s'agit d'un méfait remontant aussi loin que les débuts de la navigation, il y a de cela plusieurs milliers d'années. Avant 1958, la répression de la piraterie trouvait sa source principalement dans la coutume internationale, les législations nationales et dans des traités entre États. Ce n'est qu'à partir de 1958 qu'on assiste à la gestation d'un traité incluant une réglementation du droit de la mer prenant en compte la lutte contre la piraterie. Il convient de montrer que, malgré le caractère ancien de la piraterie, il subsiste encore des questionnements quant à son encadrement juridique (A) ; un encadrement juridique qui se doit de distinguer les actes de piraterie des autres crimes similaires (B)

A. Les tentatives de la recherche d'une qualification juridique

Si le droit est l'art de catégoriser des situations qui sont ensuite coulées dans le marbre de la règle de droit, la qualification de la piraterie est rendue problématique par le fait qu'il s'agit d'un crime localisé uniquement en haute mer. La difficile détermination d'un critère pour qualifier la piraterie (1) est restée toujours d'actualité. De la Convention de Genève de 1958 (2) à celle de Montego Bey (3), la recherche des critères pour qualifier la piraterie demeure.

1. La difficile détermination d'un critère de la piraterie

La détermination d'un critère de qualification du crime de la piraterie n'a pas été une chose aisée. Et pour cause, l'assemblée générale de la Société des

Nations (SDN) a écarté le sujet en 1927 malgré les travaux doctrinaux conséquents qui avaient eu lieu un an auparavant. En effet, malgré sa mise à l'écart au niveau de la SDN, le sujet n'en conservait pas moins un intérêt, puisque l'université de Harvard, en 1932, présentait des travaux et un projet de codification, également sur la piraterie. Ces travaux ont particulièrement inspiré la Commission du droit international en la matière qui a repris l'essentiel des travaux lors de la rédaction du projet de Convention de 1958, et notamment les articles concernant la piraterie : « *In its work on the articles concerning piracy, the Commission was greatly assisted by the research carried out at Harvard Law School, which culminated in a draft convention of nineteen articles with commentary, prepared in 1932, under the direction of Professor Joseph Bingham. In general, the Commission was able to endorse the findings of that research* »[253]. Notons par ailleurs que ces travaux, même s'ils n'ont pas trouvé directement un relais dans les codifications, influenceront énormément les Conventions postérieures relatives à la haute mer incluant ceux concernant la piraterie.

Les discussions entourant le projet de convention, et notamment la répression de la piraterie, restaient un sujet suscitant relativement peu d'intérêt de la part de la communauté internationale qui percevait ce crime comme anachronique. Toutefois, les discussions se sont principalement orientées vers la nécessité de limiter les actes de piraterie à la haute mer.

La deuxième interrogation concerne la distinction entre la piraterie et les autres crimes similaires. Pour certains États, cette définition étendue de la piraterie pouvait servir de moyen artificiel de répression contre des crimes politiques qui ne relevait pas de la piraterie *stricto sensu*. Les États refusent en général de se lier par ce genre de détournement de la qualification du crime de piraterie[254]. La Société des Nations à son époque se refusait à toute tentative de définition de ce crime, justement pour éviter que la définition embrasse des infractions proches de la piraterie. Ce risque d'insécurité juridique justifiait donc cette réticence ou du moins cette prudence affichée. Cette incertitude est le piège dans lequel est tombé un groupe d'experts chargé par la Société des Nations de codifier le droit international. Dans le texte proposé, la piraterie maritime était définie comme suit : « *Acte consistant à commettre pour son propre compte des actes de déprédation contre des biens ou des violences contre des personnes* »[255].

Cette définition est lapidaire sur une question aussi délicate et vague. Même si elle reprend l'attention crapuleuse de perpétrer l'acte en excluant toutes formes d'actes commis pour le compte d'un État (course), elle n'apporte pas

253. GIRERD (P.-), « De l'utilité du concept de piraterie », *Annuaire de droit maritime et océanique*, 2004, p.79.
254. LAUTERPACHT (H.-), « Insurrection et piraterie ». *Revue Générale de Droit International Public*, 1939, p.514.
255. ROSSINYOL (G.-), *La piraterie maritime*, thèse de doctorat en droit public, sous la direction d'Alain Fenet, université de Nantes, 1996, p.52.

plus de réponses pour en faire la différence avec d'autres actes, comme les vols à main armée ou le crime organisé. L'autre faille de cette définition est qu'elle manque de précision sur des éléments décisifs comme le lieu de commission de l'infraction. Cela étant, malgré ses zones d'ombre, elle a fait naître une certaine prise de conscience de la difficulté de cet exercice de définition. Elle a ainsi servi de base aux conventions internationales ultérieures et permis de dessiner les contours de l'infraction de piraterie.

2. Les apports de la Convention de Genève de 1958

Une commission nommée « commission de droit international » a été mise en place sur proposition de l'ONU le 21 novembre 1947. Il avait été demandé à cette commission de rédiger un texte pouvant servir de base à un accord international sur le chapitre du droit de la mer. Le texte final définit la piraterie comme « *un acte de violence illégal, contre des biens ou des personnes, d'un navire ou aéronef privé contre un autre navire ou aéronef privé, en haute mer ou tout lieu ne relevant de la juridiction d'aucun État* ». Le texte montre très bien que les auteurs ont très bien saisi les caractères éminemment fluctuants de l'infraction de piraterie. Ainsi conformément à ce texte, on a pu considérer comme un acte de piraterie, l'attaque d'un cargo norvégien en novembre 1977, alors que le navire n'était qu'à quelques milles de Tama au Ghana[256].

Cette convention marquée par le souci du réalisme a apporté un élément nouveau dans le régime de la piraterie maritime, puisqu'elle établit un nouveau principe qui est celui de la coopération internationale.

À l'instar du début de la codification du droit international, la commission de droit international s'est penchée sur la question de la codification du droit international de la mer dès la fin de la Deuxième Guerre mondiale. Elle a défini la piraterie comme suit :

« *Un acte de violence illégal, contre des biens ou des personnes, d'un navire ou aéronef privé contre un autre navire ou aéronef privé, en haute mer ou tout lieu ne relevant de la juridiction d'aucun État* ».

Cette définition de la piraterie inclut pour la première fois des éléments géographiques et des critères déterminants pour la qualification des actes de piraterie. De plus, elle apporte un certain nombre de nouvelles obligations telles que l'obligation de coopération internationale pour réprimer la piraterie maritime. En revenant à la définition de la piraterie maritime de la convention de 1958 sur la haute mer, nous constatons une similitude frappante avec les conclusions du groupe de travail de Harvard, notamment sur la portée géographique qui limite les actes de piraterie à la haute mer, mais également ajoute un

256. RGDIP, Chronique des faits internationaux, 1978, p.876, *In*, FLAGEL (A.A.-), *Le renouveau de la piraterie internationale*, Thèse soutenue le 28 février 2013 à l'Université de la Nouvelle-Calédonie sous la direction du Pr Guy AGNIEL, p. 118.

critère de motivation dans un but privé aux actes de piraterie. En effet, l'article 14 est libellé comme suit :

« Tout acte illégal de violence, de détention, tout acte de déprédation contre des personnes ou des biens et commis dans un but purement privé par l'équipage ou les passagers d'un navire privé ou d'un aéronef privé ;

- *Contre un navire en haute mer autre que le navire premièrement cité ;*
- *Contre des navires, des personnes ou des biens sur un territoire hors de la juridiction d'un État ;*
- *Tout acte de complicité ;*
- *Tout acte d'incitation qui faciliterait la commission d'un acte tel que décrit plus haut. »*

Il est nécessaire ici d'effectuer une analyse plus précise des éléments constitutifs de l'acte de piraterie selon la convention. Nous débuterons notre analyse par le critère de l'illégalité de l'acte. La convention précise que l'acte se doit d'être illégal, ce passage fait clairement référence à l'utilisation par les États de la course qui était considérée comme légale par certains États. Toutefois, depuis l'abolition de la course par le Traité de Paris en 1856, cette pratique est devenue de moins en moins utilisée. Toutefois la commission du droit international a jugé bon de l'inclure, étant donné que certains États majeurs tels que les États-Unis ne sont pas signataires du Traité de Paris.

Le deuxième critère concerne les motivations des auteurs. L'article 14 de la convention précise qu'elles doivent être de nature privée. Nous pouvons mentionner ici l'exemple du professeur Matsuda devant la Société des Nations, qui distinguait l'acte privé par opposition aux actes commis dans un objectif politique, et il prenait pour exemple les groupes révolutionnaires qui utilisaient la violence en mer dans un objectif politique. La motivation privée se distingue des actes politiques mais l'esprit de lucre ou l'*animus furandi* ne peut suffire à lui seul à justifier la motivation des actes de piraterie.

Le troisième critère est le critère géographique et le fait que les actes de piraterie ne peuvent survenir uniquement en haute mer ou en dehors des zones sous souveraineté d'un État. Ce point soulève plusieurs interrogations notamment pour la lutte contre la piraterie moderne, toutefois le point est que les actes de piraterie ne peuvent être qualifiés comme tels dans les eaux sous souveraineté d'un État.

Ensuite cette Convention de Genève pose le principe d'une coopération internationale. En effet, dans l'article 13 de la convention, il est stipulé que « *tous les États doivent coopérer du mieux qu'ils peuvent pour la répression de la piraterie en haute mer* ». Cet article soulève la problématique de l'obligation « *de coopérer dans la répression de la piraterie* ». L'utilisation du terme « doivent » apporte une obligation de coopération. Plusieurs questions demeurent, notamment sur la portée de cette obligation de coopération, la nature de celle-ci et les responsabilités des États dans le cas d'une faillite de conformité avec cette disposition.

L'article 18 de la convention précise les possibilités offertes aux États quant à la répression des actes de piraterie :

« *En haute mer ou sur tout autre territoire soumis à aucune juridiction, tout État a le devoir de capturer un navire pirate ou un aéronef ou un navire capturé pour l'usage de pirates. Les juridictions de cet État décident des peines à appliquer et déterminent les actions à engager au regard des biens sur lesquels les tierces personnes de bonne foi ont des droits* ».

Cet article offre la possibilité à certains États de disposer des navires de pirates arrêtés en haute mer. Nous allons ici analyser le texte en détail. Le texte insiste sur le « devoir » des États dont nous pouvons décemment supposer qu'il s'agit d'une obligation imposée aux États. Toutefois, la phrase suivante précise que les États décident des peines à appliquer, ce qui laisse entrouverte la possibilité de ne pas décider des peines mais plutôt de transférer les personnes arrêtées vers une autre juridiction. Nous verrons cette disposition lorsque nous verrons les dispositions de la Convention de Montego Bay.

Les auteurs ont également posé la question de l'illégalité de la piraterie. Est-ce sous-entendre qu'il pouvait y avoir une piraterie « légale » ? On peut à bon droit s'intéresser à l'emploi de ce terme, car la piraterie « légale », n'est-ce pas historiquement la course ? Or si la guerre de course existe, elle est régie par ses propres fondements juridiques, elle n'a donc pas à être qualifiée de piraterie légale. Il ne s'agirait donc pas de la guerre de course. On peut même se demander pourquoi le texte de la convention ferait référence à une pratique de guerre archaïque. À quoi donc fait allusion ce terme ? Les auteurs soulignent, à juste titre, que cette précision ne faisait pas partie du texte fourni par la Commission de Droit international de 1955 et que certaines délégations, comme la délégation grecque, avaient proposé l'éviction de ce terme et avaient été déboutées sans réelle justification.

Par ailleurs, il ne faut pas négliger les apports de l'article 15 de la convention ainsi libellée :

« *Tout acte illégitime de violence, de détention ou toute déprédation commis pour des buts personnels par l'équipage ou les passagers d'un navire privé ou aéronef privé, et dirigé :*

* *En haute mer, contre un autre navire ou un aéronef, ou contre des personnes, ou des biens à leur bord ;*
* *Contre un autre navire ou aéronef, des personnes ou des biens dans un lieu ne relevant de la juridiction d'aucun État ;*

- Tout acte de participation volontaire à l'utilisation d'un navire ou d'un aéronef, lorsque celui qui les commet a connaissance des faits conférant à ce navire ou à cet aéronef le caractère d'un navire ou d'un aéronef pirate ;

- Toute action ayant pour le but d'inciter à commettre des actes définis plus haut, ou entreprise avec l'intention de les faciliter ».

Cet article met en lumière les points essentiels de la piraterie à savoir les éléments constitutifs de l'infraction et ses mobiles.

En ce qui concerne les éléments constitutifs : pour que l'acte soit considéré comme de la piraterie, il doit y avoir une violence physique ou morale. Ainsi, la simple menace ou l'intimidation peuvent être qualifiées de piraterie. La violence commise lors de l'acte permet de faire la différence entre l'acte de piraterie et le vol. Cette violence doit être ensuite illégitime, par conséquent un acte de légitime défense n'est pas une piraterie.

Pour la Convention de Genève, le lieu de la commission de l'acte doit être un endroit ne se trouvant pas sous la juridiction d'un État : la haute mer ou tout lieu ne relevant de la juridiction d'aucun État.

Pour ce qui est du mobile, les auteurs ont mis en évidence le fait que la fin de l'acte de piraterie doit être purement privée. La finalité privée de l'acte permet d'éviter que des infractions comme les prises de navires pour des raisons politiques soient considérées comme un acte de piraterie. Des États de l'est de l'Europe avaient cependant proposé d'inclure la motivation politique dans les mobiles de la piraterie. La proposition témoignait des hésitations déjà existantes quant aux motivations complexes de la piraterie, tout comme elle témoignait de l'attrait que la qualification de piraterie pouvait avoir. Mettre l'accent sur la finalité de l'acte était capital pour les États de l'Ouest qui ne voulaient pas que la qualification de piraterie soit instrumentalisée pour réprimer des infractions politiques.

On comprend que ce manque de clarté sur le mobile de l'acte soit le meilleur moyen pour séparer la piraterie des infractions proches.

La définition retenue par la Convention de Genève étend la qualification de piraterie à tous les actes de participation volontaire et consciente d'un navire ou d'un aéronef, ou de la connaissance de leur utilisation à des fins de piraterie. Elle prévoit aussi une extension temporelle de la définition[257]. S'il est légitime de regretter le manque de rigueur de cette définition, elle a des avantages qui lui ont permis de perdurer dans le temps.

Premièrement, elle est le fruit d'une certaine prudence des États qui voulaient éviter que ce crime grave ne se confonde, de par ses mobiles ou ses éléments constitutifs, avec d'autres infractions notamment politiques. Le risque de confusion n'a pas été hypothétique, puisque dans l'affaire du *Santa Maria*, en 1961, des passagers ont pris le contrôle du navire, dans le but de bénéficier de publicité et d'un moyen de pression pour appuyer leur cause politique. L'État d'origine du navire (Portugal) soutenait la thèse selon laquelle il s'agissait d'un acte de piraterie. Pour les autres États, le caractère politique évident de l'acte faisait de lui un simple acte de rébellion.

257. FLAGEL (A.A.-), *op.cit.*, p. 119.

3. L'apport de la Convention de Montego Bay à la qualification de la piraterie

La Convention de Montego Bay, signée en 1982 par plus de 160 États, est un *corpus* législatif de 320 articles complétés par d'innombrables annexes. Cette convention, malgré son ampleur et la forte participation des États à sa négociation, n'entrera en vigueur qu'en 1994, soit douze ans après sa signature. Cette convention a introduit de nouveaux statuts juridiques concernant les zones maritimes, elle a aussi cristallisé certaines règles coutumières. Cependant, en matière de piraterie l'apport est très faible, la convention s'est contentée de reprendre avec plus ou moins de précisions les critères dégagés par la Convention de Genève. Ainsi pour ce qui est du lieu de commission de l'acte de piraterie, elle continue conformément à la Convention de Genève de le situer en haute mer. Malgré un changement de style dans la rédaction, la notion de piraterie est ainsi définie par l'article 101 de cette convention :

« *On entend par piraterie l'un quelconque des actes suivants :*

(a) Tout acte illicite de violence ou de détention ou toute déprédation commis par l'équipage ou des passagers d'un navire ou d'un aéronef privé, agissant à des fins privées, et dirigé :

i. Contre un autre navire ou aéronef, ou contre des personnes ou des biens à leur bord, en haute mer ;

ii. Contre un navire ou un aéronef, des personnes ou des biens, dans un lieu ne relevant de la juridiction d'aucun État ;

(b) Tout acte de participation volontaire à l'utilisation d'un navire ou aéronef, lorsque son auteur a connaissance de faits dont il découle que ce navire ou aéronef est un navire ou un aéronef pirate ;

(c) Tout acte ayant pour objet d'inciter à commettre les actes définis aux lettres (a) ou (b) ou commis dans l'intention de les faciliter. »

La première remarque, à la lecture de cet article, est la similitude forte avec l'article 15 de la Convention de Genève. La reprise des éléments comme l'illicéité de l'acte et sa violence est apparente. La Convention de Montego Bay a également précisé le motif de la piraterie, en insérant dans sa définition l'expression « fins privées ». La consécration de l'*animus furandi* est un net progrès par rapport à la convention de 1958. La notion de fins privées, comme analysée dans le titre précédent, et ses modalités restent les mêmes.

La nouveauté dans la Convention de 1982, c'est aussi la reconnaissance d'un droit de poursuite d'un navire, depuis les eaux territoriales jusqu'en haute mer. À l'inverse, il a été considéré qu'un État peut autoriser la poursuite dans ses eaux territoriales d'un navire coupable d'un délit en eaux internationales. Concrètement, cela permettait à une marine étrangère de poursuivre sur les eaux territoriales de l'État concerné un navire pirate. Cette disposition apparaît à première vue comme très utile pour la lutte contre la piraterie, nous allons pourtant faire remarquer son intérêt faible en raison de ses limites intrinsèques et surtout en raison des nouveaux visages de la piraterie. En définitive, on comprend que les ajouts de la convention de 1982 sont peu significatifs.

B. La particularité de la qualification de la piraterie par rapport aux infractions proches

La piraterie maritime, telle que définie par la Convention de Montego Bay, est un acte illicite entravant le principe de la liberté de naviguer en mer ; ce faisant il s'agit d'un acte défiant le droit international. Nous avons précédemment mis en relief le risque de confusion avec d'autres infractions qui partagent avec la piraterie des points communs. Nous prendrons le vol à main armée (1) et le terrorisme maritime (2).

1. Le vol à main armée

Il est tentant d'assimiler facilement le vol à main armée à la piraterie maritime en raison de la similitude des actes de violence. L'Organisation Maritime Internationale tente d'apporter une définition du vol à main armée comme le vol commis dans les ports, à proximité des côtes ou contre des navires en transit (en mer territoriale, venant de la haute mer vers la côte ou s'éloignant de la côte vers la haute mer). Cette définition a été consacrée par l'accord entérinant la création du ReCAAP puis par le Code de conduite signé en 2009 à Djibouti sous l'égide de l'Organisation Maritime Internationale ; le vol à main armée est défini comme l'un des actes suivants :

« - *acte illicite de violence ou de détention ou toute déprédation, ou menace de déprédation, autre qu'un acte de piraterie, commis à des fins privées contre un navire, ou contre des personnes ou des biens à son bord, dans les eaux intérieures, les eaux archipélagiques ou la mer territoriale d'un État ;*

- toute action visant à inciter ou à faciliter intentionnellement un des actes décrits ci-dessus. »

La particularité du vol à main armée est qu'il survient dans les eaux sous souveraineté d'un État à l'opposé de la piraterie qui ne peut avoir lieu qu'en dehors des zones contrôlées par une nation. L'Organisation Maritime Internationale a voulu, à travers cette définition, distinguer les actes de piraterie des vols à main armée de manière à établir un cadre juridique de coopération approprié pour les États de la région mais également se conformer aux dispositions du droit international, en particulier celles de la Convention de Montego Bay.

Les vols à main armée sont très fréquents en Asie du Sud-Est. Un auteur définit le vol à main armée de la façon suivante : « *La "petite piraterie" regroupe les attaques que l'on peut qualifier de piraterie occasionnelle. Les auteurs sont des habitants des côtes, pauvres et seulement munis d'armes légères, qui s'attaquent à des caboteurs, des voiliers, des yachts et des bateaux de pêche. Ils se hissent à bord des bateaux, menacent et repartent avec tout ce qu'ils peuvent emporter. L'objectif principal est de voler les effets personnels de l'équipage ou le coffre à bord*[258] ».

Ce qui rapproche la piraterie et le vol à main armée, c'est justement le but poursuivi par les auteurs. En effet, dans le vol à main armée et la piraterie, le mobile des auteurs est l'enrichissement par le moyen de la violence ou l'intimidation. Il peut y avoir aussi une identité des victimes et des auteurs qui sont le plus souvent des pêcheurs et des plaisanciers.

Toutefois, cette proximité ne doit pas occulter les différences fondamentales sur le plan du droit. En effet, la piraterie doit être combattue avec les dispositions de la Convention de Montego Bay, alors que le vol à main armée relève incontestablement de la compétence du droit interne de chaque État, qui contient des règles à l'encontre des vols à main armée commis dans leurs eaux étatiques. Les États peuvent, dans leurs législations internes, prévoir des sanctions similaires et toute la différence entre ces deux crimes réside dans la compétence judiciaire. Si la distinction entre les deux notions apparaît aisée, il en est autrement dans la réalité de tous les jours. Dans certaines régions du globe, il est devenu difficile de pouvoir déterminer l'endroit exact de la commission de l'acte en raison de la promiscuité des zones maritimes nationales (à l'instar du détroit de Malacca et de ses alentours). Du reste, il faut souligner que le crime de la piraterie est commis dans le prolongement de l'infraction de vol à main armée commis dans les eaux nationales. Cette similitude des actes a longtemps créé une confusion dans la détermination des actes de piraterie et une tendance à assimiler les vols à main armée à des actes de piraterie. En effet, dans un abus de langage, les vols commis dans les ports sont souvent assimilés à des actes de piraterie qui pourtant devraient être commis en haute mer pour avoir cette qualification juridique. Il y a aussi confusion entre la piraterie et le crime de terrorisme.

2. Le terrorisme maritime confondu avec la piraterie

Une conception globalisante de la criminalité confond obligatoirement ces deux crimes internationaux que sont le terrorisme et la piraterie[259]. Avant de détailler cette conception globalisante, essayons d'abord de définir le terrorisme. Les nombreux ouvrages que nous avons consultés définissent « *le terrorisme comme une forme d'affrontement, un type d'engagement, un mode tactique, une sorte de guérilla, une méthode de destruction sensationnelle de forte intensité et de fort impact publicitaire, utilisés par un ennemi de très faible puissance, mais de très forte déter-*

---

258. Voir LICHE (C.V.-), « La piraterie – grande criminalité en mer », *Marine Nationale, la tribune du Collège interarmées de défense*, avril 2007, *In* http://www.college.interarmees.defense.gouv.fr, p. 2.

259. NTUDA EBODE (J.V.-), *Terrorisme et piraterie, de nouveaux défis sécuritaires pour l'Afrique*, Friedrich Ebert Stiftung (FES), Cameroun, 2010, p. 46.

mination psychologique dans le cadre d'une guerre à la fois asymétrique, d'usure, juste ou injuste dont la principale motivation est idéologique et qui s'inscrit dans une revendication d'affirmation politique identitaire, culturelle, religieuse ou socio-économique[260] ». Le terrorisme apparaît ainsi comme des actions violentes entreprises par un ou plusieurs individus visant un but politique. Le terrorisme se manifeste par un certain nombre d'actions spécifiques : prise d'otages, détournement aérien, acte de violence en mer, pose de bombes, voitures piégées, attaques kamikazes etc.

La grande difficulté réside dans le fait qu'il n'existe aucune réelle définition universellement acceptée du terrorisme, en raison notamment des mouvements de résistance. En effet, ce que certains peuvent considérer comme de la résistance est compris par d'autres comme étant du terrorisme. Toutefois, il est raisonnable d'effectuer une distinction entre le crime de piraterie qui, comme nous l'avons vu, est motivé essentiellement par l'esprit de lucre, et le terrorisme qui est animé par des motivations politiques.

La confusion entre ces deux notions intervient du fait que des groupes qualifiés de terroristes peuvent entreprendre des actions violentes, qui sont en tout point similaires à des actes de piraterie, en ce qu'ils peuvent intervenir en haute mer avec la présence de navires. La distinction réside uniquement dans les motivations. La frontière entre les deux n'est pas si facilement claire ; en effet, des rapports ont déjà fait état de la relation ambiguë qu'entretiennent certains groupes de pirates en Somalie avec le groupe *Al-Shabaab*. Le fait que les pirates versent une partie des rançons à des groupes terroristes permet-il d'associer ces actes à des actes de piraterie ou tombent-ils davantage dans le financement du terrorisme ?

Il serait intéressant de distinguer la différence qui réside entre un acte de piraterie et un acte de terrorisme : le premier étant l'acte commis à des fins privées, ce qui suppose pratiquement des fins de lucre (attaque provenant de l'extérieur du navire et en pleine mer), alors que le second est un acte éminemment politique, ce qu'en droit l'acte de piraterie ne peut jamais être.

Même si les deux régimes peuvent avoir des interférences dans leurs finalités, l'important est de mettre en lumière la différence de leurs statuts juridiques qui est très claire. La confusion vient de l'esprit des profanes et en fonction des intérêts géopolitiques et stratégiques de ces groupes. Néanmoins, sur le plan du droit il n'existe aucune confusion.

L'exemple de l'affaire de l'*Achille Lauro* est très parlant, puisqu'un détournement terroriste d'un navire ne devrait pas être qualifié de piraterie au regard des dispositions de la Convention de Montego Bay, or les États-Unis par exemple ont considéré cet acte comme étant un acte de piraterie alors que les

260. ROPIVIA (M.-L.-), « *Criminalité et activités illicites dans le Golfe de Guinée : interprétation critique et typologie* », dans NTUDA EBODE J.-V. (dir.), *Piraterie et terrorisme : de nouveaux défis sécuritaires en Afrique centrale*, Yaoundé, Presses Universitaires d'Afrique, Friedrich Ebert Stiftung (FES), 2010, p.221-234.

motivations des auteurs étaient politiques. Cette affaire est typique du lien étroit qui peut parfois exister entre terrorisme et piraterie : la piraterie peut être un moyen d'action pour le terrorisme, elle peut constituer une étape vers le terrorisme. L'objectif recherché peut être par exemple l'accaparement de moyens financiers pour soutenir l'action publique du terroriste. C'est ainsi le cas du groupe LTTE du Sri Lanka qui, parallèlement à ses revendications politiques, s'est livré à bon nombre de trafics et d'attaques en mer pour renflouer ses caisses[261]. Les retombées financières des actes de violence en mer serviraient à financer des actions terroristes. Toutefois, il est aussi possible d'imaginer l'inverse, c'est-à-dire le financement d'activités pirates par des terroristes, dans l'exemple du groupe *Al-Shabaab*, les rançons procureraient à ce groupe des moyens pour entreprendre des actions violentes.

Paragraphe 2. La piraterie dans les textes internationaux subsidiaires

À côté de ces conventions internationales sus-évoquées, il existe d'autres textes concernant le droit de la mer, sous différents aspects. Le nombre de ces textes a été multiplié et ce phénomène a une cause bien définie : le droit international en la matière est devenu assez rapidement lacunaire. Cette inadéquation du cadre juridique a poussé certains États à établir des normes de droit plus précises pour servir de cadre d'action en cas de nécessité. Ces normes subsidiaires sont d'une part, la Convention de Rome du 10 mars 1988 (convention pour la répression d'actes illicites contre la sécurité de la navigation maritime) et d'autre part, celle de Palerme en l'an 2000 (piraterie et criminalité transnationale organisée).

A. La Convention de Rome de 1988

Cette Convention de Rome a été élaborée à la suite du détournement du paquebot italien *Achille Lauro* par l'Organisation de Libération de la Palestine (OLP) en 1985[262]. C'est justement ce type d'événement – tel que le détournement d'un navire dans un but politique – qui va amener la communauté internationale et les organisations internationales à se pencher à nouveau sur la définition de l'acte de piraterie.

En effet, au matin du 7 octobre 1985, quatre Palestiniens – membres du Front de Libération de la Palestine[263] – détournent en haute mer le navire de croisière *Achille Lauro* au large de Port-Saïd en Égypte. L'administration améri-

261. FRÉCON (E.), *op.cit.*, p. 171.

262. Voir à ce sujet l'excellent article du professeur PANCRACIO (J-P.-), « L'affaire de l'Achille Lauro et le droit international », *Annuaire Français de Droit International*, 1985, pp.221-236. http://www.fortunes-demer.com/mer/images/documents%20pdf/documents_piracy/Pantheon-Assas%202010_Repression_Piraterie_Maritime_Enjeux_Juridiques_Broner.pdf

263. Le Front de Libération de la Palestine est une branche de l'OLP (Organisation de Libération de la Palestine) créée en 1961.

caine qualifie cet acte – qui relève du terrorisme – de piraterie, au mépris total des instruments juridiques en vigueur. Les actes de terrorisme ayant lieu en mer doivent-ils relever du même régime que la piraterie ou faut-il faire évoluer la définition de l'acte de piraterie – qui est très restrictive – pour pouvoir reconnaître ce type d'actes ? La communauté internationale est confrontée une nouvelle fois à un dépassement de son droit et de ses concepts juridiques comme le dit le Professeur Pancracio : « *Cette affaire est une illustration parfaite du désarroi de la Communauté internationale et de son droit* [264] ».

D'un autre côté, pour Jean-Paul Pancracio, « *La Convention de Rome du 10 mars 1988 est considérée comme le juriste l'identifie étant une "compétence quasi universelle"* [265] *sur la base d'une convention internationale, tout État est potentiellement compétent pour juger les auteurs d'une infraction déterminée, même commise hors de son territoire national, mais à la condition toutefois que l'arrestation ait eu lieu sur son territoire. C'est précisément le cas en matière de répression des actes illicites commis contre la sécurité de la navigation maritime (Article 4 de la Convention de Rome du 10 mars 1988), ainsi que des attaques contre des plates-formes pétrolières*[266] ».

C'est à partir de cet événement tragique qu'un protocole sur la sûreté des plateformes pétrolières a été signé en même temps, et un second sur la lutte contre la prolifération nucléaire a été ajouté en 2005. Ainsi se tint à Rome une conférence diplomatique du 1er au 10 mars 1988 au cours de laquelle la « Convention pour la répression d'actes illicites contre la sécurité de la navigation maritime » est adoptée ainsi que « le Protocole pour la répression d'actes illicites contre la sécurité des plateformes fixes situées sur le plateau continental ».

Cette convention concerne tous les actes d'atteinte à la sûreté en mer. La Convention de Rome ne traite pas directement de la piraterie, son objet concerne toutes les formes de violence commise contre des navires ou leurs passagers en haute mer. Elle développe une conception plus large des actes violents susceptibles d'être commis en donnant une importance à la finalité frauduleuse de l'acte accompli dans un but terroriste. De plus, contrairement à la Convention de Montego Bay, la Convention de Rome de 1988 ne prévoit pas de compétence universelle, mais seulement une compétence quasi universelle : un État ne peut exercer sa juridiction que s'il a été victime de l'acte ou que celui-ci s'est déroulé dans ses eaux territoriales[267].

---

264. PANCRACIO (J-P.-), « L'affaire de l'Achille Lauro et le droit international ». AFDI, 1985.

265. Protocole à cette convention, également signé à Rome le 10 mars 1988, intitulé « Protocole pour la répression des actes illicites contre la sécurité des plates-formes fixes situées sur le plateau continental ».

266. CHAPLEAU (Ph-.) et PANCRACIO (J-P), *La piraterie maritime, droit, pratiques et enjeux*, éditions Vuibert, 2014, p. 29.

267. PANCRACIO (J-P.-), Le défi de la piraterie maritime et de son traitement judiciaire, *Cahiers du CEREM*, juillet 2009, p.48-49.

En revanche, en matière de titre de compétence reposant sur un espace géographique, la Convention de Rome met en place un mécanisme qui laisse plus de liberté d'action que la Convention de Montego Bay. Dans son article 4, elle prévoit en effet l'application de la convention à des cas plus larges : « *si le navire navigue ou si, d'après son plan de route, il doit naviguer dans des eaux, à travers des eaux ou en provenance d'eaux situées au-delà de la limite extérieure de la mer territoriale d'un État, ou des limites latérales de sa mer territoriale avec les États adjacents* ». Les cas d'intervention ne se limitent pas alors à la haute mer en tant que telle : il est possible d'agir sur le fondement de la Convention de Rome de 1988 si un navire fait l'objet d'un acte de violence en mer, par exemple dans les eaux territoriales de la Somalie, mais que sa route l'amenait à entrer ensuite en haute mer pour la suite de son voyage.

La Convention SUA de Rome s'appliquant à la plupart des navires, et dans la mesure où l'ensemble des actes qui sont de nature à compromettre la sécurité de la navigation des navires sont considérés comme des infractions, le champ d'application du texte est relativement étendu.

Par ailleurs, cette convention a contribué à insérer la définition de la piraterie dans une notion plus large qui est celle des « actes illicites contre la sécurité de la navigation maritime ».

Cependant, il ne faut pas pour autant se méprendre et parler, comme d'autres juristes le font, d'extension de la définition de la piraterie. En effet, les actes illicites commis en mer sont un vaste ensemble qui regroupe les actes de piraterie maritime et les actes de terrorisme maritime. De plus, la distinction entre ces deux types de criminalité se ressent dans le régime juridique applicable car le pirate se voit appliquer le principe d'universalité de juridiction alors que la Convention SUA de Rome ne connaît pas ce principe.

Ainsi, nous pouvons évoquer la limite de la Convention de Rome de 1988 qui, bien qu'elle semble peu pertinente dans le cadre de la lutte contre la piraterie qui n'est pas sa principale finalité, reste tout de même intéressante, notamment grâce à son mécanisme d'action plus large que celui de la Convention de Montego Bay, bien que probablement plus difficile à mettre en œuvre de manière pratique. Par ailleurs, les Américains ont insisté pour que les résolutions de l'ONU fassent référence à la Convention de Rome pour des raisons qui leur sont propres : l'organisation de l'action de l'État en mer étant différente outre-Atlantique, la Marine états-unienne n'est pas habilitée à mener des opérations de police. La référence à la Convention de Rome de 1988 permet d'établir un fondement juridique à l'arrestation de pirates, la lutte contre le terrorisme étant une mission pour laquelle l'*US Navy* est habilitée. Il est également à noter que les États-Unis, comme la plupart du temps, n'ont pas ratifié la Convention de Montego Bay sur le droit de la mer.[268]

B. La Convention de Palerme (piraterie et criminalité) de l'an 2000

En effet, parallèlement à la Convention de Palerme (la piraterie et criminalité organisée), on peut évoquer d'autres conventions internationales contenant des dispositions qui peuvent intéresser la lutte contre la piraterie. C'est principalement le cas de la Convention des Nations Unies contre la criminalité transnationale organisée. Celle-ci a pour but, comme l'énonce son article 1, la *« coopération afin de prévenir et de combattre plus efficacement la criminalité transnationale organisée »*. Un groupe de pirates agissant au large de la Somalie ou dans l'archipel des Riau peut correspondre à la définition du groupe criminel organisé de l'article 2 de la convention : « *groupe structuré de trois personnes ou plus, existant depuis un certain temps et agissant de concert dans le but de commettre une ou plusieurs infractions graves [...] pour en tirer, directement ou indirectement, un avantage financier ou un autre avantage matériel.* ». L'infraction est considérée comme grave dès lors qu'elle est punie d'une peine de prison de quatre ans ou plus, selon le b) de l'article 2.

La coopération mise en place par la Convention de Palerme n'a pas d'intérêt opérationnel flagrant sur la compétence pour appréhender un groupe de pirates. Elle est néanmoins utile en permettant *« une coopération judiciaire poussée entre les États signataires afin de lutter contre un groupe criminel transnational dans toutes ses facettes, de l'activité criminelle menée jusqu'au blanchiment d'argent, en passant par la corruption des pouvoirs publics. Elle permet également une harmonisation intéressante des peines de prison pour l'infraction en question. Elle permet enfin la confiscation et la saisie du produit du crime ou des biens et matériels qui ont été utilisés pour l'infraction »* (article 12).

Cependant, la Convention de Palerme peut être pertinente pour lutter contre toute l'organisation qui se met en place autour du phénomène criminel : corruption d'agents gouvernementaux au Puntland, en Indonésie ou ailleurs ; blanchiment d'argent, par le biais des banques de Dubaï ou celles de Singapour ; ou encore pour permettre l'arrestation et l'extradition éventuelle de parrains qui semblent, selon certains, se mettre en place dans le commerce juteux de la piraterie. L'ensemble des normes juridiques s'appliquant à la lutte contre la piraterie, que ce soit le cadre de la Convention de Montego Bay, qui définit le régime juridique de la piraterie, ou les Conventions de Rome et de Palerme qui peuvent se voir invoquées dans ce cadre précis, ne doit pas faire oublier la nécessité de procéder à une adaptation de l'outil juridique aux circonstances à la fois locales et internationales.

---

268. DUFF (J.A.-), « The United States and the Law of the Sea Convention: Sliding back from Accession and Ratification », *Annuaire de Droit Maritime et Océanique*, université de Nantes, t. XXIV, 2006, pp. 229-259. En juillet 2012, l'amiral Robert J. PAPP Jr., des US Coast Guard, indiquait que *« La ratification de la Convention des Nations Unies sur le droit de la mer (dite Montego Bay) est une opportunité majeure pour les États-Unis. »* Le Sénat craignait cependant une atteinte à la souveraineté nationale. http://www.stripes.com/news/senior-leaders-now-is-the-time-for-law-of-the-sea-treaty-ratification-1.181288

Section 2 : Les lacunes du système juridique relatif à la piraterie apparaissent au grand jour

La complexité du phénomène de la piraterie est telle qu'elle rend difficile l'élaboration d'un cadre juridique suffisant pour y mettre un terme. Les problèmes posés par la piraterie sont nombreux. C'est avant tout la sécurité et la stabilité du commerce international qui sont mises en péril. Ainsi le principe de libre circulation maritime est atteint et sert de fondement aux interventions multilatérales des États.

La difficulté juridique à appréhender le crime de la piraterie tient aussi au fait qu'il ne s'agit pas d'un phénomène mono-causal. De ce fait, il faut isoler et observer ses différentes strates pour en comprendre la nature et ainsi apporter des réponses juridiques adaptées aux problèmes qu'elle soulève.

La piraterie est un mal qui a une origine terrestre et qui déploie ses effets néfastes en mer, il s'agit d'un phénomène aux facettes multiples. Ce visage multiforme du crime impose en droit de comprendre cette multidisciplinarité afin de s'en servir pour une meilleure éradication. Cette connaissance approfondie est rendue presque impossible par le contexte somalien instable sur le plan sécuritaire.

Paragraphe 1 : Les lacunes juridiques dans la Convention de Montego Bay

La Convention de Montego Bay, qui constitue le cadre de référence en matière de lutte contre la piraterie, est aujourd'hui, à juste titre, de plus en plus critiquée pour son manque d'adaptation aux réalités contemporaines du fléau de la piraterie. En effet, si on reprend l'article 101 de la CMB, la piraterie est un acte illégal de violence ou de détention, ou tout acte de déprédation, commis à des fins privées par l'équipage ou les passagers d'un navire privé, à l'encontre d'un autre navire en haute mer ou dans un lieu non soumis à une juridiction étatique. Aujourd'hui, le principal reproche unanimement adressé à la CMB est que cette définition juridique apparaît trop restrictive pour la simple raison qu'elle limite les actes de piraterie uniquement aux attaques qui se sont produites *« en haute mer »* ou *« dans un lieu ne relevant de la juridiction d'aucun État »* alors qu'on évalue à plus de 80 % les actes de piraterie qui se produisent à l'intérieur des eaux territoriales.

Dans cette optique, l'article 105 de la Convention de Montego Bay reconnaît aux États une capacité de juridiction universelle pour tout État ayant procédé à l'arrestation des pirates *« en haute mer ou dans un lieu ne relevant de la juridiction d'aucun État »*. Ces derniers sont libres d'appliquer leurs droits nationaux puisqu'il n'existe *« ni force internationale de police de haute mer, ni juridiction pénale internationale pour juger des pirates »*.

Si l'État capteur choisit de ne pas exercer ce droit de répression par voie judiciaire, la Convention de Montego Bay ne précise nullement s'il doit rechercher ou pas une solution juridictionnelle dans un autre État, ou s'il lui est possible d'exercer d'autres modes de répression, notamment des transferts. Cette absence de précision peut conduire certains États à se soustraire à leurs obligations internationales.

Ensuite et par souci de pragmatisme, l'on constate une tendance à se référer de plus en plus à la définition très succincte de la piraterie donnée par le Bureau Maritime International (BMI) : *« tout acte d'abordage contre un navire avec l'intention de commettre un vol ou tout autre crime, et avec la capacité d'utiliser la force pour accomplir cet acte »*. Cette définition, nettement plus pratique, permet en effet de contourner les querelles des juristes et donc de qualifier d'acte de piraterie toute action malveillante qui se serait produite en mer contre un autre navire, que l'attaque ait lieu aussi bien en haute mer que dans les eaux territoriales. Elle permettrait ainsi de dépasser la problématique de la délimitation des eaux, qui consiste à rechercher pour chaque cas si l'attaque a eu lieu en haute mer ou dans les eaux territoriales de l'État dont sont ressortissants les pirates. Toutefois, cette définition trop générale consacre une autre confusion puisqu'elle permet à son tour d'assimiler les petits actes de brigandage commis sur les navires à quai à des actes de piraterie alors que ces derniers sont clairement distincts par le droit international.

Une autre difficulté tient au fait qu'on constate dans ce domaine une grande disparité des législations pénales des États en matière de lutte contre la piraterie. Seuls cinq États, la Finlande, la Suède, l'Allemagne, les Pays-Bas et l'Espagne (depuis novembre 2008), se reconnaissent une compétence juridictionnelle élargie pour poursuivre les pirates sans aucun lien de nationalité mais cette compétence universelle n'est pas dénuée d'intérêts. Elle *« revêt une dimension d'opportunité politique largement prépondérante »*. À l'inverse, d'autres États comme les États-Unis se caractérisent par l'absence de définition de la piraterie en tant qu'infraction dans leur droit pénal.

Dans cette situation d'impasse juridique, certains États ont élaboré un cadre juridique permettant de surmonter la législation obsolète du droit maritime international. C'est ainsi que pour les États-Unis, la lutte contre la piraterie doit s'inscrire dans le cadre de la Convention pour la répression d'actes illicites contre la sécurité de la navigation maritime (convention SUA), signée à Rome le 10 mars 1988 et de ses protocoles additionnels de 2005.

L'émergence de cette nouvelle forme de piraterie pour le moins inhabituelle, au large des côtes somaliennes, a plusieurs conséquences. Premièrement, la définition de la piraterie au sens de la CMB n'étant guère adaptée aux actes de piraterie commis en haute mer, les États se doivent de trouver une autre base juridique pour combattre ce fléau. Ensuite, l'extrême hétérogénéité des législations pénales nationales a pour effet de compliquer davantage l'action internationale en matière de lutte anti-piraterie.

Enfin, il faut dire que la problématique de la lutte anti-piraterie se heurte à l'impuissance totale du gouvernement somalien, dans lequel la communauté internationale a du mal à identifier un interlocuteur fiable.

Paragraphe 2 : Des règles difficiles à appliquer en présence d'État défaillant (cas de la Somalie)

L'article 111 de la CMB reconnaît à l'État côtier un droit de poursuite en haute mer lorsqu'un navire a contrevenu au respect de ses lois et règlements. Ce dernier a également l'obligation de réprimer et de coopérer à la répression de la piraterie, du transport d'esclaves, du trafic illicite des stupéfiants. Mais le paradoxe réside dans le fait qu'en Somalie, on se trouve dans une logique totalement inverse puisqu'ici ce sont les propres ressortissants de l'État côtier qui s'adonnent à la piraterie. Concrètement, si l'État dont un navire a été attaqué par les pirates a toute latitude de poursuivre et d'arrêter ces derniers en haute mer, il n'en sera plus de même une fois que les pirates auront franchi la limite des eaux territoriales. La poursuite doit dès lors cesser puisqu'elle se heurte à l'obstacle infranchissable de la souveraineté de l'État côtier. C'est le problème qu'ont rencontré les autorités françaises avec l'attaque du *Ponant*.

La seule possibilité dans ce cas est de demander à l'État côtier d'intervenir pour exercer ses compétences juridictionnelles et pénales. Cependant, toute discussion ou action diplomatique semble exclue en raison des défaillances des structures administratives de l'État de Somalie.

L'absence de présence des autorités est flagrante dans toutes les régions de la Somalie, encore plus dans la région sécessionniste du Puntland où ont lieu pratiquement tous les actes de piraterie. Cela ne veut pas pour autant dire que le gouvernement somalien adhère à la cause des pirates ou approuve leur comportement.

À la suite de la reprise de vive force, par les forces françaises, du voilier de luxe *Le Ponant*, détourné le 4 avril par les pirates, le Premier ministre somalien, M. Nur Hassan Houssein, avait ainsi déclaré : « *The French forces arrested six somali pirates and took them to France to face justice. We encourage such steps by the French. The Somali government asks the international community to take action against piracy.* »

D'autre part, il faut savoir que le gouvernement somalien a adressé plusieurs lettres au Conseil de Sécurité, lettres dans lesquelles il exhorte la communauté internationale à agir contre les actes de piraterie qui sévissent au large de ses côtes.

Dans un autre contexte, le fait qu'un État accepte, de son propre chef, l'arrestation de ses ressortissants par des forces étrangères sur son territoire et leur transfert en vue d'un jugement à l'étranger aurait pu surprendre. Or si le gouvernement somalien reconnaît aussi ouvertement son incapacité et accepte de ce fait une *diminutio capitis* de ses compétences juridictionnelles, c'est à la suite du constat d'incapacité pour lui d'agir et de lutter contre les actes de piraterie. De même, il n'est pas en mesure d'apporter des garanties d'un jugement juste en raison des lacunes du système judiciaire.

Dans un exemple très significatif, un pirate somalien prénommé Yassim a décrété dans une interview accordée à Reuters : *« J'ai été emprisonné une fois à Garowe. Mais des membres de ma famille ont pris d'assaut la prison, ont tué deux gardiens et dans l'échange de feu, j'ai pu prendre la fuite avec d'autres détenus. »*

En effet, aucun des gouvernements successifs, constitués depuis la chute du régime de Siad Barré en 1991, n'a été capable de faire respecter la loi et l'ordre, pas plus que l'actuel gouvernement de Cheikh Sharif Cheikh Ahmed, même s'il a affirmé dès son arrivée au pouvoir sa volonté de restaurer la sécurité à l'intérieur du pays et de lutter contre la piraterie.

La déliquescence de l'État somalien freine incontestablement l'action internationale en matière de lutte anti-piraterie. Pour preuve, si la piraterie est aujourd'hui éradiquée dans le détroit de Malacca, qui rappelons-le était considéré au début des années 2000 comme l'endroit le plus infesté de pirates, c'est notamment grâce à l'action conjointe des pays riverains qui ont décidé de prendre le problème à bras-le-corps.

C'est ainsi que la Malaisie, l'Indonésie et Singapour ont lancé en 2004 l'opération MALSINDO qui consistait à organiser des patrouilles communes en mer et dans les airs afin de surveiller en permanence le détroit. En cas d'attaque de piraterie avérée, les poursuites s'organisaient de manière coordonnée, chaque autorité nationale prenant le relais dès l'entrée dans ses eaux territoriales. Cette mobilisation massive des États concernés explique largement la baisse drastique des actes de piraterie dans la zone.

Ceci dit, en ce qui concerne le cas bien particulier de la Somalie, la communauté internationale ne peut aucunement compter sur une action musclée du gouvernement visant à mettre un terme à l'activité lucrative de la piraterie. Les États désirant lutter contre la piraterie qui menace leurs intérêts au large des côtes somaliennes se retrouvent par conséquent dans une situation impossible. Le droit maritime international interdit de poursuivre les pirates à l'intérieur des eaux territoriales de l'État alors même que les actes de piraterie qui se produisent à l'intérieur des eaux territoriales sont aujourd'hui estimés à plus de 80 %. De ce fait, ces mêmes États qui se sont engagés à combattre la piraterie ne peuvent manifestement espérer une collaboration avec leur homologue somalien.

La France qui s'est retrouvée dans cette situation après la capture du voilier *Le Ponant*, dans le but d'éviter qu'une telle impasse ne se reproduise dans le futur, a décidé de déposer immédiatement une proposition auprès du Conseil de sécurité afin que ce dernier puisse prendre les mesures appropriées pour la lutte contre la piraterie, notamment l'obtention d'un « droit de poursuite inversé » (s'exerçant de la haute mer vers les eaux territoriales de la Somalie). Rapidement sollicitée, la question s'est donc très vite retrouvée à l'ordre du jour du Conseil de sécurité, seul organe international à même de prendre des mesures urgentes afin de pallier les lacunes de la CMB. Conscient de la gravité de la menace, le Conseil de Sécurité a enchaîné rapidement les résolutions afin de fournir à la lutte anti-piraterie une base juridique légale.

Paragraphe 3 : Les apports des résolutions de l'ONU

A. Le recours au chapitre 7 de la Charte des Nations Unies

L'article 24 § 1 de la Charte confie au Conseil de Sécurité des Nations Unies la responsabilité principale du maintien de la paix et de la sécurité internationale. Et en fonction de la gravité des menaces contre la paix, le Conseil dispose d'une gradation des mécanismes coercitifs prévus dans le chapitre VI (règlement pacifique des différends) ou le chapitre VII (action en cas de menace contre la paix, de rupture de la paix et d'actes d'agression). Pour toute résolution relative à la lutte anti-piraterie au large des côtes somaliennes, le Conseil de sécurité se place d'emblée dans le cadre du chapitre VII, laissant clairement entendre par là que la solution au problème de la piraterie nécessite une réaction imminente et musclée de la part de la communauté internationale. L'intérêt pour le Conseil de sécurité de recourir à ce chapitre est loin d'être mince.

Le chapitre VII de la Charte de l'ONU est, en effet, considéré comme la clé de voûte du système de sécurité collective. Il s'agit d'un dispositif d'urgence en cas de péril grave pour la communauté internationale et, à cette fin, il octroie au Conseil de sécurité toute une série de pouvoirs extraordinaires qu'il peut mettre en œuvre *« en cas de menace contre la paix, de rupture de la paix et d'actes d'agression »* (art. 39). En vertu de cet article qui chapeaute tout le chapitre VII, le Conseil de sécurité est investi de l'autorité légitime de la qualification de la menace. Il doit avant tout « constater » l'existence d'une menace contre la paix et c'est cette constatation qui conditionne l'action ultérieure qui peut conduire soit à des recommandations soit à des décisions contraignantes selon l'analyse de la situation.

Dans un premier temps, le Conseil de sécurité peut faire des recommandations au titre de l'article 40 et *« inviter les parties intéressées à se conformer aux mesures provisoires qu'il juge nécessaires ou souhaitables »*. Ensuite, il peut choisir d'ordonner des sanctions politiques (ex : rupture des relations diplomatiques) ou des sanctions économiques (blocus, embargos) en cas d'atteinte à la paix et à la sécurité internationale (article 41). Enfin, en vertu de l'article 42, le Conseil de sécurité est le seul organe habilité à autoriser une action militaire *« qu'il juge nécessaire au maintien ou au rétablissement de la paix et de la sécurité internationale »* dans le cas précis où les mesures précédentes se seraient révélées inadéquates.

De façon plus concrète, en ce qui concerne la situation en Somalie, l'année 2008 a une double importance : d'une part, le BMI a noté que, sur les 293 actes de piraterie répertoriés dans l'année, 111 avaient eu lieu au large des côtes somaliennes, soit une progression sans précédent de l'ordre de 200 % ; d'autre part, en réaction à cette donnée alarmante, l'année 2008 a été aussi l'occasion pour le Conseil de sécurité de procéder à l'adoption de plusieurs résolutions successives. En effet, en l'espace de quelques mois, l'organe de sécurité a pris pas moins de sept résolutions visant toutes à mettre un frein à la multiplication exponentielle des actes de piraterie en Somalie.

Ont été ainsi successivement adoptées les résolutions 1814 (14 mai 2008), 1816 (2 juin 2008), 1838 (7 octobre 2008), 1844 (20 novembre 2008), 1846 (2 décembre 2008), 1851 (16 décembre 2008) et enfin la résolution 1863 du 16 janvier 2009. Cette fréquence montre à quel point le Conseil de sécurité est préoccupé par *« l'essor phénoménal »* de ce fléau et pour marquer sa volonté ferme de le juguler rapidement, il fonde toutes ces résolutions sur l'autorité incontestable du chapitre VII. C'est ainsi que débute pratiquement chacune de ses résolutions : *« Constatant que les actes de piraterie et les vols à main armée commis contre les navires dans les eaux territoriales de la Somalie ou en haute mer, au large de ses côtes, enveniment la situation dans le pays, laquelle continue de menacer la paix internationale et la sécurité de la région, Agissant en vertu du Chapitre VII de la Charte des Nations Unies ».*

Autrement dit, pour le Conseil de sécurité, le choix du chapitre VII se justifie par le fait que la situation constitue une menace ; les critères pour déterminer si telle ou telle situation menace ou pas la sécurité internationale dépendent entièrement du bon vouloir du Conseil de sécurité. Selon la célèbre définition de Jean Combacau : *« Une menace pour la paix au sens de l'article 39 est une situation dont l'organe compétent pour déclencher une action de sanctions déclare qu'elle menace effectivement la paix [269] ».* Par conséquent, l'appréciation de la qualification revient entièrement au Conseil de sécurité. Il s'agit d'une appréciation subjective d'autant plus qu'il n'est soumis à aucun contrôle de légalité en la matière.

Ce choix délibéré du chapitre VII n'est pas dénué d'intérêts pour l'action du Conseil parce que d'une part, les résolutions fondées sur le chapitre VII ont une portée contraignante et s'imposent à tous les États membres de l'ONU ; d'autre part, contrairement aux mécanismes traditionnels de maintien de la paix tel qu'il ressort du chapitre VI, le chapitre VII autorise le recours à la force sans le consentement préalable des parties.

---

269. COMBACAU (J.-), *Le pouvoir de sanction de l 'O.N.U. Étude théorique de la coercition non militaire,* Paris, Pedone, 1974, pp. 99-100.

En d'autres termes, malgré le respect de la souveraineté et de l'intégrité territoriale des États, la référence au chapitre VII autorise les Nations Unies à intervenir dans un État sans son consentement dès lors qu'il constitue une menace pour la paix. Cependant, et c'est là que le paradoxe réside, le gouvernement somalien, conscient de sa faiblesse structurelle, est totalement consentant à ce que la communauté internationale, avec l'aval du Conseil de sécurité, entreprenne une répression musclée contre la piraterie.

B. L'octroi d'un droit de poursuite dans les eaux territoriales des États en faillite

1. Adaptation d'une législation dans le cas d'États en faillite (cas de la Somalie)

On l'a vu, le Conseil de sécurité a adopté une série de résolutions sur la lutte anti-piraterie en Somalie. Ces textes sont à chaque fois plus précis quant aux moyens autorisés pour combattre efficacement le fléau grandissant de la piraterie, et la résolution 1816 du 2 juin 2008 y occupe une place de choix. Cette résolution est plus dense quant à son contenu et aux moyens qu'elle met à la disposition des États désirant lutter contre la piraterie ; elle est considérée comme la pierre angulaire de la lutte anti-piraterie. Néanmoins, cette résolution a été prise à l'origine dans un contexte qui a grandement facilité son adoption à l'unanimité. Il convient notamment de souligner ici le rôle prépondérant joué par la France. L'élément déclencheur a été évidemment la prise du *Ponant* en haute mer le 4 avril 2008. Si les autorités françaises ont pu effectivement mener à bien l'opération Thalatine qui a conduit à la libération du voilier et de son équipage, c'est uniquement parce que le droit de poursuivre des pirates dans les eaux territoriales somaliennes puis à terre avait été accordé au préalable par le président Abdullahi Youssouf.

Ainsi, nous devons insister sur la définition de la *hot pursuit* pour comprendre l'intérêt de la communauté internationale qui a été particulièrement vulnérable face à cette piraterie somalienne – qui mettait en péril la sécurité de la navigation et l'intégrité du commerce international – et a voulu réagir par le biais du Conseil de sécurité en ouvrant « les eaux nationales » de la Somalie. En effet, *hot pursuit* signifie selon Philippe Chapleau et Jean-Paul Pancracio : *« que cette poursuite doit avoir pris naissance en haute mer et reposer sur une situation de flagrant délit de piraterie. Par rapport à la notion de* hot pursuit *admise par le droit international, qui doit prendre naissance dans les eaux de souveraineté de l'État côtier et s'exercer ensuite sur l'espace de haute mer, et dans la limite des compétences que l'État côtier possède au vu du droit international public dans la zone où a été commise l'infraction, il s'agit pour le Conseil de sécurité d'instaurer ce que l'on pourrait appeler un droit de poursuite inversé. Pourquoi une hot pursuit inversée ? La hot pursuit normale se déroule dans le sens terre-mer alors qu'en matière de piraterie, et spécialement dans le cadre de la résolution du Conseil de sécurité référencée, elle se déroule dans le sens mer-terre* [270] ». Par ailleurs, il est important de rappeler qu'un certain nombre de conditions bien précises réglementent toutefois ce droit de poursuite énuméré dans l'article 11 de la convention de Montego Bay[271]. Dans un même ordre d'idée, on retrouve ceci chez beaucoup d'internationalistes tels que Fauchille, Oppenheim, ou encore Lauterpacht, mais aussi dans le projet du groupe de Harvard sur la piraterie. Le « droit de suite » de la résolution 1816 n'est cependant pas *« un droit parfaitement symétrique au droit de poursuite et s'intégrant dans le mouvement strictement inverse, de la haute mer vers les eaux nationales »* car il peut avoir pour point de départ la haute mer mais aussi les eaux nationales.

Suite à cet incident (du *Ponant*) qui a révélé les faiblesses structurelles du droit positif de la mer, la France avec l'appui de la communauté internationale, a pris l'initiative de déposer devant le Conseil de sécurité un projet de résolution qui s'articule autour de trois idées principales :

1- que les États incapables d'assurer la sécurité dans leurs eaux territoriales acceptent « sur une base volontaire » d'ouvrir leurs eaux à toute opération de libération d'otages détenus par des pirates ;

2- que les États ayant les moyens se portent volontaires pour participer à des patrouilles maritimes dans les zones d'activités de pirates,

3- enfin que tout autre État confronté épisodiquement à des actes de piraterie *« se déclare volontaire par avance pour laisser s'opérer des actions de lutte contre la piraterie, afin de ne pas perdre de temps en discussions en cas d'urgence »*.

Pris en tenaille entre la communauté internationale qui le pressait d'adopter des mesures draconiennes et la nécessité d'apporter une solution urgente et efficace face à la tournure dramatique que prenaient les actes de piraterie, le Conseil de sécurité a tranché. À cette fin, le § 7 de la résolution 1816 prévoit

270. CHAPLEAU (Ph.-) et PANCRACIO (J-P.-), *op.cit.*, p. 36.

271. À savoir *In* CHAPLEAU (Ph.-) et PANCRACIO (J-P.-), *La piraterie maritime, droit, pratiques et enjeux*, éditions Vuibert, 2014, p. 37 : *« (1) – il s'agit d'abord de la règle de continuité qui préconise que la poursuite en haute mer n'est licite qu'à condition d'avoir été commencée par l'État côtier dans les eaux placées sous sa souveraineté. L'État côtier n'a donc pas le pouvoir d'entreprendre une poursuite contre un navire privé étranger dans l'espace de haute mer lui-même, espace où par définition, s'impose la règle de l'exclusivité de juridiction de l'État du pavillon ; (2)- la poursuite ne peut avoir pour objet que la protection des seuls droits garantis à l'État dans la zone où elle a pris naissance et la répression de la seul infraction commise dans celle-ci ; (3)- la poursuite n'est considérée comme commencée qu'après l'émission, par le navire ou l'aéronef poursuivant, d'un appel ou signal ordonnant de stopper qui n'a pas été suivi d'effet ; (4)- la poursuite cesse dès le moment où le navire poursuivi est parvenu à se réfugier dans la mer territoriale d'un autre État, voire celle de son propre État du pavillon ; (5)- si la poursuite a reposé sur des soupçons erronés, le navire immobilisé à tort sera indemnisé de « toute perte ou de tout dommage éventuel » ; (6)- la poursuite ne peut être effectuée que par des navires de guerre et aéronefs militaires « ou d'autres navires ou aéronefs qui portent des marques extérieures indiquant clairement qu'ils sont affectés à un service public et qui sont autorisés à cet effet » (art.111, paragraphe 5). Dans ce dernier cas, la continuité doit toujours être garantie, si bien que l'aéronef exerçant la poursuite ne peut la cesser sans l'interrompre que lorsqu'un autre aéronef ou un navire de guerre est arrivé sur les lieux pour le remplacer. »*

« pour une période de six mois à compter de l'adoption de la présente résolution, les États qui coopèrent avec le Gouvernement fédéral de transition à la lutte contre la piraterie et les vols à main armée au large des côtes somaliennes, et dont le Gouvernement fédéral de transition aura préalablement communiqué les noms au Secrétaire général, sont autorisés :

a) ***à entrer dans les eaux territoriales de la Somalie*** *afin de réprimer les actes de piraterie et les vols à main armée en mer, d'une manière conforme à l'action autorisée en haute mer en cas de piraterie en application du droit international applicable ;*

b) ***à utiliser, dans les eaux territoriales de la Somalie,*** *d'une manière conforme à l'action autorisée en haute mer en cas de piraterie en application du droit international applicable,* ***tous moyens nécessaires*** *pour réprimer les actes de piraterie et les vols à main armée. »*

Le Conseil de sécurité par cette décision étend l'application du régime de la haute mer dans les eaux territoriales somaliennes en ce qui concerne la répression des actes de piraterie et de vols à main armée. Cet élargissement traduit l'évolution de cette activité criminelle – qu'est la piraterie – qui tend à se développer de plus en plus dans les eaux intérieures des États (cas de la Somalie) et même jusque dans les ports[272].

Il est important de souligner que le fait qu'en étendant le cadre juridique de la répression de la piraterie en haute mer aux eaux intérieures de la Somalie, le Conseil de sécurité essaye de pallier l'insuffisance de l'État somalien en autorisant les États qui coopèrent avec lui de faire tomber « la cloison étanche » qu'est la souveraineté de l'État.

En d'autres termes, le texte du 2 juin accorde un droit de suite pour une période de six mois renouvelables, à tout État coopérant à la lutte anti-piraterie de pénétrer dans les eaux territoriales de la Somalie dans le but de réprimer les actes de piraterie. De plus, comme l'on peut constater, l'alinéa b du § 7 de la résolution permet aux États d'utiliser *« tous moyens nécessaires »*, autrement dit de faire usage de la force afin de lutter contre les attaques de piraterie. La résolution 1816 constitue de ce point de vue une innovation et une avancée considérables puisqu'elle permet d'aller au-delà du droit positif de la mer établie par la CMB.

À cet égard, rappelons que s'il est effectivement permis à un État, au titre de l'article 105 de la CMB, d'intervenir en haute mer pour réprimer un acte de piraterie, en revanche il lui est strictement interdit de poursuivre les auteurs présumés dans les eaux territoriales d'un État sans le consentement de celui-ci (article 111 § 3 CMB).

Cependant, malgré l'adoption de la résolution 1816 et la présence conjointe sur zone de plusieurs bâtiments de guerre – notamment la TF 150 ou la force EU

272. GIRERD (P.-), « De l'utilité du concept de piraterie ? », *Annuaire du droit maritime et océanique* n°23. 2005, p.37.

NAVCO créée en septembre 2008 par le Conseil européen pour appuyer la mise en œuvre de la résolution 1816 – les actes de piraterie, loin de s'essouffler, vont se succéder avec une rapidité et une aisance déconcertante durant tout l'été. Le 16 septembre, le *Carré d'As*, un voilier à bord duquel un couple de retraités français effectuait une croisière a été pris en otage. Le 25 septembre, ce fut le tour du *MV Faina*, un cargo transportant du matériel militaire à destination du Kenya. Il ne fut libéré que le 5 février 2009 après 134 jours de captivité et le versement d'une rançon de 3,2 millions $. Enfin, la plus grosse prise sera le *Sirius Star*, un super pétrolier saoudien, détourné le 16 novembre 2008 à plus de 450 milles (800 km) au sud-est de Mombasa au large des côtes kényanes. Il transportait une cargaison de 2 millions de barils de pétrole brut, soit une valeur de 100 millions $, il ne sera libéré que le 9 janvier 2009 après le versement d'une rançon de 3 millions $ aussi. Par ailleurs, la crainte d'une catastrophe environnementale n'est pas à exclure si une immense « bombe flottante » telle que le *Sirius Star* venait à se déverser dans la mer Rouge provoquant ainsi une marée noire très dommageable pour l'écologie de la région. Les conséquences en termes de sécurité environnementale seraient incontestablement dramatiques.

Ces différents exemples sont très significatifs car ils démontrent que les moyens autorisés par la résolution 1816 ont eu un effet limité sur les actes de piraterie.

Dans la résolution 1838 adoptée le 7 octobre 2008, le Conseil de sécurité commence à s'inquiéter de l'élargissement du rayon d'action des pirates ainsi que les moyens utilisés (armes lourdes), s'apercevant par-là que l'embargo sur les armes institué par la résolution 733 de 1992 n'était aucunement respecté. Par ailleurs en s'appuyant sur le rapport du Groupe de contrôle sur la Somalie du 20 novembre 2008, il constate également que le versement des rançons substantielles encourage les pirates dans leur activité illégale. Le jour même, le GFT adresse au Conseil de sécurité une nouvelle lettre où il demande, comme convenu, que les dispositions de la résolution 1816 soient prorogées pour une période supplémentaire de 12 mois.

La proposition sera très vite concrétisée dans le § 10 de la résolution 1846 adoptée à l'unanimité le 2 décembre 2008. L'autorisation de pénétrer dans les eaux territoriales somaliennes est par conséquent prolongée pour une période additionnelle d'un an ouvert à tous *« les États et les organisations régionales qui coopèrent avec le Gouvernement fédéral de transition dans la lutte contre la piraterie… »*.

Cette nouvelle autorisation élargit le champ des intervenants en incluant les organisations régionales dans la lutte anti-piraterie, alors que la précédente résolution ne visait que les États. En effet, à partir de décembre 2008, le Conseil de sécurité établit le constat qu'en dépit des mesures adoptées sur le plan juridique pour faire avancer la lutte contre la piraterie et le déploiement simultané de plusieurs flottes de guerres, les actes de piraterie connaissaient toujours un regain d'activité. Le Conseil évoque, dans sa résolution 1851 du 16 décembre 2008, la capture spectaculaire du *Sirius Star* à 500 milles nautiques des côtes kényanes et la nécessité de trouver rapidement une solution pour contrer l'essor de ce phénomène. Cet élargissement constant du rayon d'action des pirates inquiète beaucoup le Conseil car se pose *in fine* la capacité de la communauté internationale à pouvoir lutter efficacement contre la piraterie.

À cet effet, le Conseil décide une fois encore de renforcer considérablement les moyens de lutte. Par conséquent, il autorise non seulement les États ou les organisations régionales mais aussi les organisations internationales *« à prendre toutes mesures nécessaires et appropriées en Somalie, aux fins de réprimer les actes de piraterie... »* Le § 6 de la résolution consacre, de ce fait, une capacité d'intervention illimitée puisque « les mesures nécessaires » n'ont plus à se limiter uniquement aux eaux territoriales somaliennes ; la répression de la piraterie peut même avoir lieu sur le territoire. L'objectif principal de la résolution 1851 est, en effet, de renforcer la crédibilité et la capacité de la communauté internationale à lutter contre la piraterie en Somalie.

Toutefois, si les acteurs de la lutte contre la piraterie et les moyens mis à leur disposition montent *crescendo* au fil des résolutions, il faut savoir que le Conseil de sécurité prend d'infinies précautions pour singulariser la situation de la Somalie. La lutte contre la piraterie somalienne est une exception par rapport au droit international maritime. C'est pourquoi l'autorisation de pénétrer dans les eaux territoriales somaliennes fait l'objet d'un encadrement restrictif. C'est dans cette logique que le Conseil de sécurité des Nations Unies (CSNU) rappelle que certains points concernent la spécificité de la décision prise.

Ainsi, pour le Conseil, le principe du droit de la mer reste bel et bien la CMB, l'autorisation de la résolution 1816 ne doit demeurer qu'une exception largement justifiée par la croissance exponentielle et inattendue des actes de piraterie. De plus, elle est limitée tout aussi bien dans le temps *« pour une période de six mois »* que dans l'espace *« l'autorisation donnée à la présente résolution s'applique à la seule situation en Somalie »*. D'autre part, si le Conseil de sécurité envisage bien l'hypothèse de renouveler l'autorisation du § 7, ça sera uniquement *« si le Gouvernement fédéral de transition lui en fait la demande »*.

2. La répression du pirate : entre incrimination universelle et répression régionale du pirate somalien

Le pirate est depuis longtemps qualifié d'ennemi du genre humain, la communauté internationale dans son ensemble se doit de réprimer cet individu qui terrorise les gens de mer et va à l'encontre du principe cardinal de la liberté de navigation. L'incrimination universelle répond à deux types de préoccupations :

- La première est liée au fait qu'on incrimine universellement lorsque le comportement en question affecte l'ordre public international. En effet, les comportements doivent être contraires aux mœurs communes à tous les États et « heurter la sensibilité » de la communauté internationale dans son ensemble.

• La seconde est liée au lieu de commission des forfaits qui doit être exempt de toute souveraineté ou revendication des États. C'est ainsi que les zones échappant au contrôle souverain des États lorsqu'elles sont le théâtre desdits comportements peuvent faire l'objet d'une répression universelle.

L'octroi d'une compétence universelle selon Jean-Paul Pancracio signifie que, « *dans un domaine où tel titre est admis, le droit international public reconnaît à tout État, au regard d'une infraction déterminée, la compétence d'appréhender son auteur et de le juger, quelle que soit sa nationalité, quelles que soient celles de ses victimes, et quel qu'ait été le lieu d'infraction quand bien même ledit État n'aurait pas eu à souffrir directement, en tant que tel ou en la personne de ses ressortissants, de l'infraction commise* [273] ». La compétence universelle, ou titre universel à agir, est dès lors : « *l'aptitude reconnue aux tribunaux de tout État à juger des faits commis à l'étranger, quels que soient le lieu de l'infraction et la nationalité de l'auteur ou de la victime (ubi te invenero, ibi te judicato* : où je t'aurai trouvé, je te jugerai)[274] ». Ainsi s'octroie la compétence universelle dans le cadre de la lutte contre le pirate, même si elle fut acceptée dès le départ, dans la mesure où terrorisant tous les gens de mer, le pirate pouvait et devait être appréhendé par les navires de tous les États. Cependant, cette compétence universelle issue des conventions est de moins en moins mise en œuvre car elle suppose une compétence universelle de police et de juridictions.

L'idée d'une répression *réellement* universelle de l'ensemble de la communauté, avec une force internationale – « les coques bleues [275] » - avec une traduction devant une juridiction universelle telle que la CPI, est séduisante mais utopique dans l'état actuel de la société internationale décentralisée. En effet, sortant de la logique étatique de la société internationale, il serait intéressant de doter la communauté internationale d'une force maritime internationale qui pourrait assurer une mission de sécurisation des eaux internationales voire celles des eaux des États défaillants. La souveraineté des États irradiant les étendues marines adjacentes au territoire terrestre, les États dits en développement ne sont pas en mesure d'assurer l'exercice effectif de cette souveraineté car lesdites étendues peuvent recouvrir un territoire immense[276]. L'action de ces « coques bleues » pourrait être relayée au niveau judiciaire par une cour internationale qui serait compétente en matière de piraterie. L'idée d'une Cour *ad hoc* spécialisée en matière de piraterie serait inenvisageable en raison du coût exorbi-

273. PANCRACIO (J.P.-), *Droit de la mer*, éditions Dalloz en 2010, p.68.

274. SIEGFRIED (A.-), *Les canaux internationaux et les grandes routes maritimes mondiales*, Brill 1949, vol.74, pp.5-72 ; Voir également, M. VOELKEL, « Les routes maritimes », in *Aspects actuels du droit international des transports*, SFDI, Colloque du Mans, Paris, Pedone, 1981, pp.147-167.

275. Expression empruntée à Jean-Louis Fillon, Commissaire Général de la Marine.

276. Ainsi par exemple, la zone sur laquelle l'État somalien doit assurer l'exercice de sa souveraineté couvre l'équivalent d'un territoire grand comme deux fois la France.

tant que cela nécessiterait d'une part, et d'autre part du fait de la prolifération des tribunaux et cours à caractère international. La Russie et les Pays-Bas sont plutôt favorables à l'idée de la mise en place d'une Cour régionale dans les contrées plus ou moins « *piratogènes* ».

Si les États sont tout à fait en accord avec l'idée d'une compétence universelle de police, le traitement judiciaire des pirates n'est pas le premier des réflexes dans les chancelleries européennes et plus généralement occidentales. La gestion décentralisée de la lutte contre la piraterie a montré ses résultats plus que positifs au large du détroit de Malacca. En effet, les actes de piraterie et de vols à main armée ont chuté depuis le début des années 2000 et sensiblement lorsque le ReCAAP fut signé en 2004. On pourrait envisager à court terme une évolution dans le droit international dans le sens d'une codification de cette pratique *ad hoc* qu'est la régionalisation de la lutte contre la piraterie. En effet, la lutte au niveau régional usitée dans le cas de la piraterie du sud-est asiatique ayant montré des résultats plus que probants a inspiré les dirigeants de la région de la Corne de l'Afrique. L'OMI, l'Assemblée générale des Nations Unies, ainsi que le Conseil de sécurité, ont appelé les États de la région à se doter d'un mécanisme régional de lutte contre la piraterie. Cependant cette coopération se fait de manière pragmatique et *ad hoc* puisque la Convention de Montego Bay, « Constitution du droit de la mer » est contourné dans ces hypothèses de coopération régionale.

La sécurisation de l'espace maritime au large des côtes somaliennes doit s'accompagner d'un effort terrestre comme le souligne le Contre-Amiral français Jean-Pierre Labonne : *« Nous sommes absolument conscients que l'opération militaire permet juste de limiter le risque. Mais pas de le supprimer. Nous savons tous qu'une solution de long terme passe par une approche globale, pour redonner à la Somalie tous les outils de l'État de droit, une justice, une police, des garde-côtes, capables de maîtriser non seulement ce qui se passe dans leurs eaux territoriales mais aussi dans la zone des 200 milles (zone économique exclusive). Cela passe aussi par le développement, pour redonner des revenus possibles à la population, par l'agriculture ou la pêche. C'est extrêmement difficile. Quand on sait que le revenu ne dépasse pas un dollar par jour et qu'un pirate en une seule prise peut en toucher plusieurs milliers, cela représente bien l'enjeu qu'on doit vaincre pour changer la donne. Mais l'Europe peut le faire.*[277] »

3. La disparition du pirate : entre répression régionale efficace et restauration effective de l'État somalien

La société internationale étant encore basée solidement sur les États qui sont à la fois producteurs mais aussi destinataires originels des normes de droit

277. Propos du Contre-Amiral français Labonne recueillies par le journaliste Nicolas Gros-Verheyde. Le Contre-Amiral français Jean-Pierre Labonne a tenu, durant six mois, la fonction d'adjoint au chef d'opération Atalanta ». http://bruxelles2.over-blog.com/article-31834543.html

international, le système de sécurité collective en mer suppose l'existence d'une structure étatique apte à le mettre en œuvre. On peut dire que l'État est la clé de voûte du système et son absence provoque un effondrement du système de sécurité collective en mer. Plus particulièrement en matière de droit de la mer, la souveraineté irradiant certains espaces marins tels que la mer territoriale ou les eaux intérieures, l'État doit assurer la fonction sécuritaire au large de ses côtes. L'éradication du pirate passe par le rétablissement d'un État somalien souverain à terre comme en mer[278].

Atteints du syndrome de Somalie, les États ne voulaient surtout pas intervenir sur le territoire somalien alors qu'aujourd'hui, de plus en plus, ils commencent à songer à une intervention terrestre, à en croire certaines déclarations. Ainsi le ministre français de la Défense, Hervé Morin, déclarait que « *si on ne prend pas en main la reconstruction de l'État somalien, on pourra avoir l'opération Atalanta durant 20 ans, 30 ans, une éternité* [...]. *Atalanta s'attaque aux conséquences ; il faut s'attaquer aux causes* ». Son homologue allemand est sur la même ligne, ainsi selon le secrétaire d'État au ministère allemand de la Défense, M. Thomas Kossendey : « *Les actions actuellement menées en mer ne font qu'éradiquer les symptômes du problème. En réalité il faudrait combattre les causes réelles qui sont multiples : la Somalie est dépourvue de structure étatique, de forces de sécurité ou de système judiciaire. La criminalité organisée peut donc se développer de manière outrancière.*[279] »

La solution ainsi retenue est le lancement d'une opération de formation de l'armée somalienne afin que celle-ci soit prête pour accompagner un éventuel déploiement onusien. C'est ainsi que le 7 avril 2010, l'UE a lancé l'*European Union Training Mission in Somalia* (EUTM-Somalia), une 24e mission inédite[280]. Cette mission puise son fondement dans divers textes :

- une résolution du 26 mai 2009 du Conseil de sécurité de l'ONU recommande de « *reconstituer, de former, d'équiper et d'entretenir les forces de sécurités somaliennes* » ;

- une lettre du gouvernement somalien le 18 novembre 2009 qui « *salue les efforts entrepris par l'UE* » ;

- le 30 novembre 2009, une lettre de l'Union africaine – qui déploie en Somalie la force de maintien de la paix « AMISOM » – confirme son intérêt pour le lancement d'une opération de formation des militaires somaliens ;

---

278. Les actes de piraterie en 2006 ont cessé que lorsque l'Union des Tribunaux Islamiques avait réussi à restaurer un semblant d'autorité centrale. Preuve que l'armada militaire déployée actuellement aurait une action efficace si on assiste à l'émergence d'une structure étatique centrale forte. L'analyse des rapports du BMI pour cette année le prouve.

279. Propos tenus dans le cadre d'un documentaire sur la piraterie somalienne « *Pirates : les nouveaux brigands des mers* » diffusé sur Arte le vendredi 9 juillet 2010.

280. L'Espagne en est la « nation-cadre » et en a pris le commandement, ce qui est une première ; l'opération se déroule à partir d'un pays voisin (l'Ouganda) ; et le commandement militaire américain pour l'Afrique y participe, ainsi que les forces armées de Russie. Pour plus d'informations consultez le blog du journaliste Nicolas Gros-Verhey de www.bruxelles2.eu

- enfin, le 5 janvier 2010, le gouvernement de Kampala lance une invitation officielle à l'UE pour qu'elle organise des cycles de formation des forces de sécurité somaliennes à partir du territoire ougandais.

Cette initiative européenne ne doit pas non plus faire l'économie du déploiement de la mise en place d'une véritable opération de maintien de la paix onusienne qui compléterait l'actuel déploiement des forces de l'UA. En effet, celle-ci est indispensable si la Communauté internationale se résout à prendre le problème somalien à bras-le-corps. C'est la position du président russe qui déclarait lors d'une cérémonie : « *Ce serait inconvenant de notre part de nous « débiner », alors que des missions difficiles sont en train d'être effectuées, ou de penser que d'autres pays devraient s'en occuper, pendant que nous nous contentions de garder un profil bas et d'économiser de l'argent* [281] ».

L'Organisation des Nations Unies ne disposant pas d'armée permanente, les opérations de maintien de la paix sont conçues en fonction des circonstances propres à chaque conflit. C'est le Conseil de sécurité qui décide de lancer l'OMP (Opération de la Maintien de la Paix) et c'est lui qui en définit le mandat. Le Secrétaire général formule des recommandations sur la façon dont l'opération doit être menée et fait régulièrement rapport au Conseil sur son déroulement, le Département des opérations de maintien de la paix en assure la direction et la gestion de toutes les opérations existantes et leur apporte le soutien logistique nécessaire. Il revient donc au Conseil de sécurité et plus précisément aux cinq membres permanents à lancer une OMP visant à remplacer ou à renforcer l'AMISOM déjà sur place.

Section 3. L'inadaptation de l'arsenal juridique djiboutien dans la lutte contre la piraterie

1. Les carences des textes juridiques de Djibouti en matière de lutte contre la piraterie

La République de Djibouti a ratifié la Convention de Montego Bay en 1991, les dispositions de ce traité ont été transposées dans le droit interne djiboutien. Il y a aussi le Code des Affaires maritimes adopté en 1982. Les dispositions de ce Code étant antérieures à la convention, il y a de ce fait un problème de mise en conformité du contenu du code avec les articles de la convention. La première chose qu'on pourrait regretter est l'absence de définitions du crime de piraterie dans le droit djiboutien interne, il y est fait référence dans l'actuel Code des Affaires maritimes, lequel consacre parmi les « *Délits et crimes maritimes* », sa section IV à la piraterie. Les articles 208 et 209 prévoient ainsi que :

---

281. Déclaration faite pendant la cérémonie au cours de laquelle, il a remis les honneurs de l'État aux membres de la Flotte du Pacifique qui avaient pris part à l'opération de sauvetage du pétrolier *Moscow University*, qui avait été détourné au mois de mai 2010 dans le golfe d'Aden. www.adi.dj

« Art.208. Sont poursuivis et jugés comme pirates :
1- Tout individu faisant partie de l'équipage d'un navire battant pavillon djiboutien, lequel commettrait à main armée des actes de déprédation ou de violence, soit envers des navires djiboutiens ou des navires d'une puissance avec laquelle la République de Djibouti ne serait pas en état de guerre, soit envers les équipages ou chargement de ces navires ;
2- Tout individu faisant partie de l'équipage d'un navire étranger lequel hors de l'état de guerre et sans être pourvu de lettres de marque ou de commission régulière, qui commettrait les actes visés à l'alinéa précédent envers les navires djiboutiens, équipages ou chargements ;
3- Tout individu faisant partie de l'équipage d'un navire de la République de Djibouti qui tenterait de s'emparer dudit navire par fraude ou violence.
Art.209. Quiconque aura été déclaré coupable du crime de piraterie sera puni des travaux forcés ou de la réclusion ».

La lecture de ces articles révèle leur similitude avec la lettre des articles 2 et 4 de la loi française du 10 avril 1825 pour la sûreté de la navigation et du commerce maritime, abrogée en 2007.

De ce fait, le droit djiboutien prévoit l'acte de piraterie sans le définir, la présentation qu'il en fait est loin de répondre aux défis actuels de la lutte contre la piraterie. Sans être rapide dans la conclusion, le droit djiboutien actuel n'est pas apte à surmonter les difficultés actuelles de façon satisfaisante, d'autant que rien n'est prévu s'agissant de la procédure. Cette situation est d'autant plus inquiétante que la proximité des principales zones de commission de l'infraction avec les territoires djiboutiens justifierait un renforcement de l'arsenal juridique djiboutien.

Le Code des Affaires maritimes présente un certain nombre d'autres lacunes par rapport aux dispositions de la Convention sur le droit de la mer, dont notamment certaines dispositions concernant la ZEE (comme l'exclusion de l'emprisonnement des navires étrangers), la haute mer (comme les obligations de l'État du pavillon et la coopération en matière de piraterie) et la mer territoriale.

Du reste, il faut souligner que le vide juridique ainsi généré obligerait les juridictions à sanctionner le crime de la piraterie sur d'autres fondements que ceux existants (enlèvement, séquestration, vol, prise d'otages par exemple), à condition que les pirates aient agi sur le territoire de la République, dans les eaux territoriales par exemple (bien qu'à cet égard on ne puisse plus alors parler de piraterie au sens du droit international), ou bien encore contre des navires ou des personnes de nationalité djiboutienne, à moins qu'ils ne soient eux-mêmes ressortissants djiboutiens. Autrement dit, la compétence exercée ici est soit territoriale, soit personnelle (passive ou active), mais en aucun cas universelle. Ce qui fait que lorsque l'acte n'est pas intervenu sur le territoire djiboutien et qu'aucun ressortissant djiboutien n'est mis en cause, le juge djiboutien n'a pas le moyen de sanctionner. Cette situation est bien sûr fâcheuse au regard des engagements internationaux de l'État djiboutien.

Pour pallier ce vide juridique un projet de loi portant Code maritime est en cours de préparation. Il prévoit notamment, concernant la piraterie maritime, un « *Titre VII : Piraterie et autres actes illicites en mer, Chapitre 1 – Actes de piraterie* », définissant la piraterie comme suit : *« Article 309 : Définition.*

On entend par piraterie l'un quelconque des actes suivants :

a) tout acte illicite de violence ou de détention ou toute déprédation commis par l'équipage ou des passagers d'un navire ou d'un aéronef privé, agissant à des fins privées, et dirigé :

i) contre un autre navire ou aéronef, ou contre des personnes ou des biens, à leur bord, en haute mer ;

ii) contre un navire ou aéronef, des personnes ou des biens, dans un lieu ne relevant de la juridiction d'aucun État ;

b) tout acte de participation volontaire à l'utilisation d'un navire ou d'un aéronef, lorsque son auteur a connaissance de faits dont il découle que ce navire ou aéronef est un navire ou aéronef pirate ;

c) tout acte ayant pour but d'inciter à commettre les actes définis aux lettres a) ou b), ou commis dans l'intention de les faciliter.

Les dispositions du présent article s'appliquent également à un bâtiment de guerre ou à un navire affecté à un service public dont l'équipage mutiné s'est rendu maître. »

S'ajoute à cela la mise en place d'un cadre juridique international à Djibouti contre la criminalité financière qui découle de la ronce de la piraterie somalienne (blanchiment d'argent) et du terrorisme qui sévissent dans la Corne de l'Afrique.

2. Le cadre juridique international de lutte contre la criminalité financière

La lutte contre la criminalité transnationale en règle générale, et la piraterie maritime en particulier, passe par la lutte contre les flux financiers y afférant. La lutte contre le blanchiment de capitaux apparaît comme un élément indispensable au regard de tout dispositif de lutte contre la piraterie maritime.

Le blanchiment de capitaux est défini par l'article 6 de la Convention des Nations Unies contre la criminalité transnationale organisé comme suit :

« Chaque État Partie adopte, conformément aux principes fondamentaux de son droit interne, les mesures législatives et autres nécessaires pour conférer le caractère d'infraction pénale, lorsque l'acte a été commis intentionnellement :

a) i) À la conversion ou au transfert de biens dont celui qui s'y livre sait qu'ils sont le produit du crime, dans le but de dissimuler ou de déguiser l'origine illicite desdits

biens ou d'aider toute personne qui est impliquée dans la commission de l'infraction principale à échapper aux conséquences juridiques de ses actes ;
ii) À la dissimulation ou au déguisement de la nature véritable, de l'origine, de l'emplacement, de la disposition, du mouvement ou de la propriété de biens ou de droits relatifs dont l'auteur sait qu'ils sont le produit du crime ;

b) Et, sous réserve des concepts fondamentaux de son système juridique :
i) À l'acquisition, à la détention ou à l'utilisation de biens dont celui qui les acquiert, les détient ou les utilise sait, au moment où il les reçoit, qu'ils sont le produit du crime ;
ii) À la participation à l'une des infractions établies conformément au présent article ou à toute autre association, entente, tentative ou complicité par fourniture d'une assistance, d'une aide ou de conseils en vue de sa commission. »[282]

Il est distingué trois phases dans le processus de blanchiment de capitaux :

• Le placement

Le placement est le premier stade et consiste à déposer des sommes sur un compte, de préférence inférieures au seuil d'enquête des banques. Ces dépôts sont justifiés par les déposants. Ce stade signifie que les auteurs procèdent à une falsification d'activités légales afin d'inclure les sommes perçues d'autres activités illégales.

• La dispersion

Ce deuxième stade consiste en plusieurs opérations complexes entre différents comptes, banques ou pays. Ces opérations sont justifiées commercialement de manière à brouiller l'origine réelle des fonds. La complexité des opérations est proportionnelle au degré d'importance du groupe criminel.

• L'intégration

C'est le dernier stade qui consiste à disposer des sommes. Les sommes ainsi présentes sont « blanchies » et peuvent être utilisées.

Le Conseil de sécurité des Nations Unies a plusieurs fois rappelé dans ses résolutions que toute lutte contre la piraterie doit prendre en compte les aspects financiers de celles-ci. Plusieurs rapports font mention des sommes énormes ayant quitté la Somalie. À titre d'exemple, entre 2010 et 2011, les pirates opérant au large des côtes somaliennes ont reçu 280 millions de dollars, dont environ 95 millions de dollars américains auraient quitté la Somalie[283].

La lutte contre le blanchiment de capitaux doit s'inscrire dans une démarche de coopération des États de la région tout d'abord, car bon nombre des activités criminelles ont d'abord lieu au sein des régions mais également au niveau

282. Nations Unies, *Convention des Nations Unies contre la criminalité transnationale organisée*, New York 2004, entrée en vigueur 29 septembre 2003.

283. Groupe d'expert international sur la piraterie au large des côtes somaliennes, *Piraterie au large des côtes somaliennes*, novembre 2008, p.10.

international. La lutte contre le blanchiment de capitaux au niveau national, régional et international suppose plusieurs mesures :

• L'établissement d'un cadre juridique national de lutte contre le blanchiment de capitaux. Les États doivent disposer d'une loi définissant le blanchiment de capitaux et instituant une obligation de lutte contre ce phénomène en prévoyant les modalités de cette répression.

• L'établissement d'une cellule de renseignement financier. L'article 7 de la Convention des Nations Unies contre la criminalité transnationale organisée impose aux États signataires de mettre en place une cellule de renseignements financiers chargée de recueillir, analyser et diffuser les informations relatives aux activités de blanchiment de capitaux[284].

• Une obligation pour toutes les entités financières et non financières du pays de transmettre toute information suspecte de nature à constituer des activités de blanchiment de capitaux à la cellule de renseignements financiers. Ceci suppose dès lors que les institutions financières instituent un certain nombre de mécanismes visant à détecter et déclarer ces opérations suspectes.

• La coordination avec les services en charge de la police et de la justice est indispensable. Dépendamment de la forme de la cellule de renseignements financiers, cette dernière sera amenée à collaborer avec les forces de police dans le cadre des analyses des informations obtenues mais également avec la Justice dans le cadre de la diffusion des informations lorsque plusieurs éléments amènent à penser que des activités de blanchiment de capitaux se déroulent.

• La coopération avec les cellules de renseignements financiers étrangers apparaît plus que jamais incontournable au fur et à mesure que les États procèdent à une intensification de leurs commerces. Ainsi un certain nombre de mécanismes permet aux États de coopérer. À l'échelle régionale, les États peuvent rejoindre un groupe régional du Groupe d'Action Financière Internationale (GAFI)[285]. Ces organisations régionales visent la coopération en matière de lutte contre le blanchiment de capitaux et de financement du terrorisme. Elles mettent en œuvre les 40 recommandations du GAFI ; appliquent les traités, accords et résolutions pertinents des Nations Unies ; coopèrent pour la promotion des normes dans la région ; collaborent dans l'identification et le partage d'expérience dans l'élaboration de solutions aux problématiques régionales ; prennent des mesures régionales pour lutter efficacement contre le blanchiment de capitaux et le financement du terrorisme en conformité avec les spécificités culturelles, constitutionnelles et juridiques des pays membres. Ces groupes ont pour particularité de procéder à des évaluations mutuelles qui visent à renforcer les dispositifs des États dans leur lutte contre le blanchiment de capitaux tout en accroissant les coopérations entre les pays membres. L'autre

284. Supra note 407, article 7.
285. Groupe d'Action Financière Internationale, sur le site http://www.fatf-gafi.org/fr/accueil/

organisation est le *Egmont Group*[286]. Il s'agit d'une organisation réunissant les cellules de renseignements financiers et qui favorise l'échange d'informations entre ces membres, tout en garantissant un certain niveau de conformité aux standards internationaux en la matière.

La spécificité de la piraterie somalienne force la communauté internationale d'une part, sur le plan juridique, à compenser les lacunes du droit international et d'autre part, à agir sur le plan opérationnel en déployant un ensemble de stratégies multidimensionnelles. Ces points seront analysés dans le titre suivant en appréciant la pertinence de ces actions au regard du contexte dans lequel elles s'inscrivent.

286. Egmont Group, sur le site https://www.egmontgroup.org/

Titre 2 : Les réponses actuelles aux limites juridiques de la piraterie somalienne et ses effets sur le transport maritime

Déjà connues dans certaines zones en Asie du Sud-Est, ces nouvelles formes de pirateries maritimes ont refait surface dans les eaux proches de la Corne de l'Afrique. Partant de ce fait, la résurgence du phénomène de la piraterie a été déclenchée, d'une part, par la situation interne de la Somalie – pays en proie à une guerre civile depuis vingt ans – et, d'autre part, par la défaillance de l'appareil étatique somalien qui a créé un contexte d'anarchie totale, lequel contexte est tout à fait propice au développement de la piraterie maritime mais aussi à tout autre phénomène criminel nécessitant l'existence d'une structure étatique. Dans un autre ordre d'idée, Éric Frécon, spécialiste de la piraterie maritime, avance comme hypothèse que « *l'hydre pirate ne fait que se déplacer. Coupez-lui la tête ici, une nouvelle réapparaîtra là-bas*[287] ». Et en effet, c'est au large des côtes de la Somalie, État en déliquescence absolue, que le pavillon noir est hissé de plus en plus régulièrement. La région au large de la Corne de l'Afrique et du golfe d'Aden est devenue, en quelques années, la zone maritime la plus dangereuse en détrônant celle du détroit de Malacca. Une route maritime comme le golfe d'Aden est aujourd'hui infestée de ces bandits qui mettent à l'épreuve les moyens dérisoires des États côtiers et la déliquescence de l'État somalien.

Pour ce qui est du droit international, la question est de plus en plus complexe devant des principes inaltérables comme la souveraineté de l'État. Ainsi, la question de la situation en Somalie, avec cette recrudescence de la piraterie, va devenir une préoccupation majeure mondiale et un défi pour la communauté internationale. Cependant, au début, cette dernière va opter pour une politique de « *wait-and-see* », le syndrome de Somalie[288] étant passé par là. Mais, eu égard aux actes de piraterie qui deviennent plus compromettants pour les passages des navires, elle va commencer à s'inquiéter de plus en plus car cette région est un point névralgique pour le commerce maritime international. Et elle sera amenée à agir avec plus de fermeté et de force.

Dans cette optique, le CSNU[289] va apporter une lueur d'espoir face aux limites du droit international, en mettant en place des réponses militaires

287. FRÉCON (E.-), « *La dimension terrestre des pirateries somaliennes et indonésiennes* », Hérodote 2009/3, n°134, p.80-106.

287. Le syndrome de Somalie fait référence aux conséquences de l'opération des NU en Somalie qui a été jugée désastreuse par les opinions publiques occidentales. Après cette mission, la communauté internationale a hésité à s'engager dans d'autres situations au contexte géographique et politique semblable. Plusieurs pays fournisseurs de troupes ont également réévalué leur participation et adopté des politiques plus prudentes sur leur participation à des OMP dites risquées. En bout de ligne, c'est la confiance vis-à-vis de la capacité de l'ONU à diriger des missions d'imposition qui a été affectée.

289. Conseil de Sécurité des Nations Unies.

(Union Européenne - PESC[290], OTAN[291], États-Unis[292]) et un cadre juridique spécialement adapté pour la piraterie somalienne. Dans la foulée de ces actions, certaines organisations et États riverains (Djibouti, Kenya, Yémen etc.) vont se porter volontaires pour participer à la sécurisation de la zone maritime (chapitre 1). Cette initiative louable de la communauté internationale trouve un relais dans la politique de lutte contre la piraterie, avec comme point d'appui la République de Djibouti : intérêts nationaux, étrangers, dans le cadre de la sécurisation du commerce mondial (chapitre 2).

Chapitre 1 : Les réponses militaires face à la piraterie et le rôle d'arrière-base logistique du Port de Djibouti

« Malgré la mise en œuvre d'importants moyens de lutte et une mobilisation internationale réelle, ce phénomène ne cesse de se développer de façon inquiétante, illustrant à sa façon une facette particulière de la mondialisation. La maritimisation de l'économie mondiale, la densification des échanges et la paix relative qui règne sur les océans depuis une soixantaine d'années ont, en effet, fortement renforcé le contraste entre des littoraux oubliés et le reste du monde, multipliant ainsi les tentations. Ces modifications majeures, souvent rapides, du paysage économico-stratégique mondial ont permis l'émergence de nouvelles zones endémiques de la piraterie, souvent activité la plus visible de réseaux terrestres pratiquant toutes sortes de trafics et commerces illégaux.[293] »

Les pirates somaliens ont, pour l'année 2009, perpétré plus de 250 actes de piraterie et de vols à main armée, détourné une centaine de navires, pris en otage 867 marins et engrangé plus de 200 millions d'euros de rançons. Il est clair que la piraterie maritime, au large de la Corne de l'Afrique, constitue réel-

290. CHAUMETTE (P.-), Le Parlement européen défend ses attributions au sein de la PESC à propos des accords de transferts en matière de lutte contre la piraterie. Cour de Justice de l'Union Européenne (grande chambre) 14 juin 2016, aff. C-263/14, Commission c/ Conseil, soutenue par la Tchéquie, la Suède et le Royaume-Uni.
https://humansea.hypotheses.org/728

291. https://www.nato.int/cps/fr/natohq/topics_48815.htm

292. CTF-151, force multinationale créée en janvier 2009 avec un mandat des *Combined Maritime Forces* (CMF) pour dissuader, perturber et supprimer la piraterie afin de garantir la sécurité maritime et la liberté de navigation au profit de toutes les nations riveraines de la zone, a été commandée par l'US Navy, la marine de la République de Corée, la marine de Singapour et la marine turque. Le commandement, composé de personnels de plusieurs pays de la coalition, dirige les opérations à bord du *ROKS Kang Gamchan*, un navire singapourien. Cette CTF-151 est un avatar de la CTF-150, créée entre 2002 et 2004, pour lutter contre le terrorisme dans cette zone. Vingt pays contribuent à tour de rôle à la force, dont la Corée du Sud, le Canada, le Danemark, la France, les Pays-Bas, le Pakistan, Singapour et le Royaume-Uni. En 2012, la CTF-151 est composée de trois bâtiments : deux navires américains et un navire australien. https://www.cairn.info/revue-herodote-2012-2-page-118.htm

293. PROUTIÈRE-MAULION (G.-), *A hoslistic approch to piracy: Toward a public order of human dignity through corporte social responsibility*, « Piracy in comparative perspectives: Problems, Strategies, Law », en collaboration avec C. Norchi, Pédone 2012, p. 416.

lement une atteinte au principe cardinal de la liberté de la navigation et menace l'intégrité du commerce international.

Une route maritime comme le golfe d'Aden est aujourd'hui moins infectée, depuis ces trois dernières années, de ses bandits grâce à la coopération de la coalition internationale. Il est bien évident de rappeler que les moyens dérisoires des États côtiers et la déliquescence de l'État somalien ne facilitent pas la tâche militaire des forces internationales. Pour ce qui est du droit international, la question est de plus en plus complète devant des principes inaltérables de la question de la souveraineté étatique.

En effet, tout le monde s'accorde en disant que les règles en vigueur contre la piraterie maritime ne sont plus adaptées à l'évolution qu'a connue cette pratique ces dernières années. La haute mer n'est plus le domaine d'action de ces individus qui sont de mieux en mieux équipés. Dans une zone où le trafic d'armes explose (malgré les décisions internationales)[294], les pirates se sont dotés d'un véritable arsenal pour défier la communauté internationale.

C'est dans ce chaos généralisé de la Somalie que le Conseil de sécurité lance un appel pour la sécurisation de l'océan Indien et du golfe d'Aden. L'Union européenne va intervenir et contribuer en matière de lutte contre la piraterie, qui est la première opération navale et militaire d'une telle envergure. Cette contribution se fera en deux temps : une première approche qui est la coordination dans la mise en place de la cellule EU NAVCO[295], et la seconde qui est la mobilisation qui se fera dans les deux mois suivants avec le lancement de l'opération Atalanta (ou Atalante)[296].

À côté des réponses juridiques face à la piraterie somalienne, la communauté internationale va donc apporter des réponses militaires avec une mobilisation et le déploiement de moyens militaires.

Ce chapitre se propose de passer en revue et d'analyser ces différentes réponses, ces différentes opérations militaires élaborées pour contrer et juguler le phénomène de la piraterie somalienne. Mais il s'agira surtout d'insister sur le rôle joué par le port de Djibouti dans ces opérations d'envergure internationale dans la lutte contre la piraterie somalienne et de mesurer leur impact sur ses activités.

Pour donner une intelligibilité et plus de visibilité à notre étude, nous présenterons en premier lieu les opérations militaires selon le pays de provenance (Union Européenne, OTAN etc.) avant de les approfondir en termes d'analyse et d'impact.

---

294. Un embargo sur les armes est en vigueur depuis 1992 à l'encontre de la Somalie.

295. Action commune 2008/749/PESC du Conseil du 19 septembre relative à l'action de coordination militaire de l'Union européenne à l'appui de la Résolution 1816 du Conseil de sécurité des Nations Unies (EU NAVCO), JOUE, 20 septembre 2008, L252/39.

296. Action commune 2008/851/PESC précitée.

Section 1 : La réaction spontanée de l'Union Européenne et de l'OTAN face à la résurgence de la « piraterie somalienne »

L'Union Européenne est la première puissance économique du monde, grâce notamment à son commerce intercommunautaire. Elle constitue également une zone fortement importatrice et exportatrice, concentrant une grande majorité du commerce mondial. L'intensité du commerce maritime n'est donc pas étrangère à la bonne santé économique de l'Union Européenne, et rien d'étonnant dès lors que ces États accordent une importance vitale à la sûreté des mers. En conséquence de quoi, l'Union Européenne a été la première organisation internationale à entreprendre une action militaire contre les pirates somaliens, notamment à la suite des résolutions de l'Organisation Maritime Internationale qui alertent sur la menace de plus en plus sérieuse que la piraterie pose au transport maritime. Les efforts militaires de l'Union Européenne, bien que nombreux, peuvent toutefois consister aussi en un encadrement des navires transitant dans le golfe d'Aden, ainsi qu'en un soutien des forces aériennes[297]. En effet, une fois la problématique juridictionnelle de poursuite des pirates dans leurs eaux territoriales réglée par les résolutions du Conseil de sécurité, l'Union Européenne lance à partir de décembre 2008 une opération anti-piraterie de très grande envergure (§1). L'urgence de la situation et l'accroissement exponentiel des actes de piraterie ont poussé d'autres organisations et groupements militaires à rejoindre l'effort de lutte (et l'on pourra citer la *Combined Maritime Force* de l'OTAN et des États-Unis – voir § 2).

Paragraphe 1. Les opérations de l'Union Européenne

« *La résurgence de ce phénomène démontre aujourd'hui combien l'internationalisation des routes maritimes ne permet plus une simple réponse étatique unilatérale. Les enjeux économiques liés à la sécurisation du transport maritime ont donc conduit pour la première fois les États à réellement coopérer pour endiguer le phénomène de la piraterie maritime. Il s'agit là d'une forme d'action innovante tant dans la volonté politique clairement et constamment affichée que dans les moyens déployés* [298] » *(cf. Piracy in comparative Perspectives)*. C'est depuis le début des années 1990, que l'Union Européenne ne cesse de renforcer son poids sur la scène internationale afin de mener une politique générale de sécurité commune. Cette montée en puissance a coïncidé avec la multiplication des « États défaillants » dans différentes régions du monde. La naissance de l'action européenne repose sur une habilitation de l'ONU. En effet,

---

297. BOUDONG (N.-), « *La piraterie maritime moderne* », mémoire Master 2 Droit maritime et des transports, soutenu en 2009 à l'Université Paul Cézanne III Faculté de Droit et de Science Politique d'Aix-Marseille, p. 57.
298. PROUTIÈRE-MAULION (G.-), *Les enjeux de la sécurisation du transport maritime au service de l'action extérieure de l'UE*, référence Tribune n° 658, 12 juin 2015, p. 1.

en 2008, pour la première fois le Conseil de sécurité des Nations Unies se saisit de la question de la piraterie maritime à travers le mécanisme du chapitre VII de la Charte des Nations Unies. Par ailleurs, dans cette zone du golfe d'Aden, ont été observées à plusieurs reprises des attaques terroristes dans les eaux territoriales somaliennes à l'encontre de convois d'aide humanitaire affrétés par le PAM. Cette incapacité de l'État somalien d'assurer la sécurité au large de ses côtes conduit à une menace à la paix et à la sécurité internationale. C'est dans une telle situation de désordre, et de chaos étatique du gouvernement central de la Somalie, que le Conseil de sécurité tire la sonnette d'alarme pour examiner dans l'urgence la situation du cadre juridique de la lutte contre cette piraterie.

Partant de ce statut d'États fragiles, un cadre international invitant à la coopération entre États sera mis en place d'une part, et d'autre part un plus grand respect du cadre fixé par la Convention des Nations Unies sur le droit de la mer (UNCLOS), signée en 1982 à Montego Bay (art. 100 à 108 et art. 110, cf. annexe IX)[299] sera recommandé. C'est ainsi qu'il va fonder et permettre un certain nombre de résolutions qui soumet le régime juridique de l'intervention des États tiers dans les eaux territoriales somaliennes au respect de la CNUDM. Il est à déplorer que *« la piraterie bouleverse la pensée juridique traditionnelle. Exception au régime général coutumier du droit de la mer, ce phénomène n'est pas conscrit à un espace en particulier. Cette pratique bouscule les fictions du zonage maritime et implique une adaptation du cadre juridique de la lutte. Souvent cité comme second exemple de ces arrangements juridiques nécessaires, le droit de poursuite inversé, autorisé par le Conseil de sécurité, pour le cas bien spécifique de la mer territoriale somalienne. L'arraisonnement d'un navire pirate dans la mer territoriale de la Somalie pour des faits perpétrés en haute mer a été autorisé car reconnu nécessaire à l'efficacité de la lutte*[300] ». Elle est suivie pour la première fois d'un texte plus significatif dans la lutte contre la piraterie en Somalie qui est le droit de poursuite inversé établi dans *« la résolution 1816 du 2 juin 2008 qui ouvre véritablement la lutte internationale contre la piraterie somalienne. À ce titre, elle accorde la possibilité aux navires de guerre des puissances maritimes qui auront préalablement signé un accord avec le gouvernement fédéral de transition somalien, de poursuivre les embarcations de pirates jusque dans les eaux territoriales de la Somalie. Cette poursuite doit avoir pris naissance en haute mer et reposer sur une situation de flagrant délit de piraterie. Par rapport à la notion de "hot poursuit" admise par le droit international, qui doit prendre naissance dans les eaux de souveraineté de l'État côtier et s'exercer ensuite sur l'espace de haute mer, et dans la limite des compétences que l'État côtier possède au vu du droit international public dans la zone où a été commise l'infraction, il s'agit pour le Conseil de sécurité d'instaurer ce que l'on peut appeler un droit de poursuite inversé. »*[301]

299. PROUTIÈRE-MAULION (G.-), *op.cit.*, référence *Tribune* n° 658, 12 juin 2015, p. 1.
300. PROUTIÈRE-MAULION (G.-), *Ibid.*
301. CHAPLEAU (P.) et PANCRACIO (J-P.), *La piraterie maritime droit, pratique et enjeux*, éd. Vuibert, janvier 2014, p. 36.

Une fois que la difficulté juridique de poursuivre les pirates dans leurs eaux territoriales a été réglée par les résolutions du Conseil de sécurité, l'Union Européenne a décidé de lancer à partir de décembre 2008 une opération militaro-maritime baptisée EU NAVFOR-Atalanta, dans le cadre de la politique de sécurité et de défense communes (PSDC), en conformité avec les résolutions pertinentes du Conseil de sécurité des Nations Unies, en raison de la progression des activités de piraterie dans l'océan Indien occidental[302]. En effet, la politique européenne de sécurité et de défense (PESD), qui devient la PSDC avec le traité de Lisbonne, est partie intégrante de la politique européenne de sécurité commune (PESC). Cette dernière est connue depuis le sommet franco-britannique et la déclaration de Saint-Malo, qui indique très nettement que *« l'Union doit avoir une capacité autonome d'action, appuyée sur des forces militaires crédibles, avec les moyens de les utiliser et en étant prête à le faire afin de répondre aux crises internationales »*. C'est ainsi que le Conseil européen de Cologne, qui s'est tenu en juin 1999, s'approprie alors rapidement la déclaration de Saint-Malo et que les États membres y affirment leur détermination à voir l'Union Européenne jouer pleinement son rôle sur la scène internationale. En effet, pour atteindre cet objectif, une nouvelle architecture institutionnelle sera mise en place dont la création d'un poste de Haut-représentant pour la PESC[303], un comité politique et de sécurité (COPS), un comité militaire de l'UE (CMUE) et un état-major de l'UE (EMUE)[304]. Toutes ces réformes institutionnelles permettent une meilleure coordination et coopération au sein de l'Union Européenne afin que le déploiement d'une telle opération nécessitant un minimum de temps (vu l'urgence de la situation qui continuait à se dégrader avec la recrudescence accrue des actes de piraterie), soit effectif. L'Union Européenne a décidé entretemps de lancer immédiatement une opération intérimaire baptisée EU NAVCO. En décembre 1999, la même année, le Conseil européen d'Helsinki détermine par ailleurs « un objectif global » (*Headline goal*) qui précise en 2003 le déploiement, en 60 jours sur une durée d'au moins un an, d'une force de réaction rapide de l'ordre de 60 000 hommes sur la base de moyens mis à sa disposition par chaque État.

C'est dans une telle perceptive qu'une réflexion sera portée sur la mise en place de l'opération EU NAVCO (A) et de l'opération Atalanta dans la sécurisation maritime de l'océan Indien et du golfe d'Aden (B).

---

302. Conseil de l'UE, Piraterie au large de la Somalie, 9436/08 Bruxelles, 15 mai 2008-Décis. n°2012/174/PESC du Conseil, 23 mars 2012, modifiant l'action commune 2008/851/PESC concernant l'opération militaire de l'Union européenne en vue d'une contribution à la dissuasion, à la prévention et à la répression des actes de piraterie et de vols à main armée au large des côtes de la Somalie, JOUE L89, 27 mars, p. 69-71.

303. Avec le Traité de Lisbonne, il est fusionné avec le commissaire chargé des relations extérieures pour donner le poste de Haut-représentant pour les affaires étrangères et la politique de sécurité.

304. Pour plus de précision sur les institutions de la PESD, voir Yves HAINE (J) « *Brève histoire de la PESD* » in *La politique de sécurité et de défense de l'UE*.

A. L'opération baptisée EU-NAVCO : action commune du Conseil de l'Union Européenne-2008/749/PESC

Comme cela a été souligné ci-dessus, cette opération servait de tremplin à la future opération Atalanta qui va la suivre. À défaut de lancer cette seconde opération de grande envergure, l'UE va décider d'agir dans l'urgence. Et dans ses conclusions des 26 et 27 mai 2008[305], le Conseil s'est déclaré *« préoccupé par la recrudescence des actes de piraterie au large des côtes somaliennes, qui compromettent les actions humanitaires et le trafic maritime international dans la région et contribuent à la poursuite des violations de l'embargo sur les armes décrété par les Nations Unies. »*

En effet, la situation sur le terrain se dégrade de jour en jour, les actes de piraterie font des ravages, sans distinction de pays. À cet égard, et malgré l'opération *Alcyon*[306] destinée à assurer l'acheminement effectif de l'aide humanitaire du Programme alimentaire mondial, les convois du PAM continuent toutefois de faire l'objet d'attaques. C'est pourquoi le Conseil a, entre autres, insisté aussi « *sur la nécessité d'une plus large participation de la communauté internationale à ces escortes afin que l'aide humanitaire parvienne à la population somalienne* ».

Dès lors, l'Union Européenne parvient à la conclusion suivante : il faut d'une part assurer la sécurité de la navigation internationale au large du golfe d'Aden, d'autre part il faut aussi s'assurer que l'aide internationale délivrée par les cargos du PAM parvienne en toute sécurité au peuple somalien. Dans cette perspective, le Conseil a approuvé, dès le 5 août 2008, le concept de *gestion de crise pour une action de l'Union européenne* en vue d'une contribution à la mise en œuvre de la résolution 1816 (2008) du CSNU.

C'est ainsi que dès le 15 septembre 2008, le Conseil décide à Bruxelles de la mise en place d'une cellule de coordination, chargée de soutenir les actions de surveillance et de protection menées par certains États membres au large des côtes de la Somalie. Le jour même, le Conseil approuve un plan de mise en œuvre pour cette action militaire de coordination. Aussitôt décidé, aussitôt fait. Le Conseil passe rapidement à l'action en adoptant dès le 19 septembre 2008, soit quatre jours après sa décision, l'action commune 2008/749/PESC relative à l'opération militaire de l'Union Européenne en vue d'une contribution à la dissuasion, à la prévention et à la répression des actes de piraterie et de vols à main armée au large des côtes de la Somalie[307]. La mise en place de cette mesure intervient dans un contexte où la recrudescence des actes de piraterie en

305. Voir *Conclusions du Conseil sur la Somalie,* 2870e session du Conseil Relations extérieures, Bruxelles, les 26 et 27 mai 2008, §9. Disponible sur www.consilium.europa.eu/Newsroom.

306. À l'été 2007, le PAM et l'OMI ont lancé conjointement un appel visant à demander une action internationale concertée pour mettre un terme à la piraterie au large de la Corne de l'Afrique, dont les navires transportant de l'aide humanitaire à destination de la Somalie sont victimes. La France, qui a été la première nation à répondre à cet appel, a lancé l'opération Alcyon. Elle a assuré cette mission de novembre 2007 à février 2008. Le relais a été depuis successivement pris par le Danemark, les Pays-Bas, le Canada etc.

307. Voir JO L252 du 20 sept. 2008, p. 39.

Somalie représente une menace pour le trafic maritime, sur une route essentielle au commerce mondial, mais également pour les populations somaliennes elles-mêmes, du fait de l'importance de l'aide humanitaire vers la Somalie, qui transite pour 80 % par mer[308].

Il faut ici souligner le rôle non négligeable joué par la France pour le lancement effectif de cette action de coordination. En effet, les navires français sont régulièrement pris pour cibles par les pirates. C'est ainsi que le 16 septembre 2008, l'armée française a mené une nouvelle opération de vive force pour libérer un couple de retraités pris en otage depuis le 2 septembre alors qu'il effectuait une croisière à bord de leur voilier *Le Carré d'As*. À cette occasion, le président français avait fait une déclaration en martelant que « *cette opération est un avertissement pour tous ceux qui se livrent à cette activité criminelle. La France n'acceptera pas que le crime paie et c'est un appel à la mobilisation de la communauté internationale*[309] » (Déclaration de M. Nicolas Sarkozy, *Piraterie au large des côtes somaliennes*, Palais de l'Élysée, 16 sept. 2008).

Profitant de ce contexte « chaud », de cet incident du voilier du couple français, la France avec l'Espagne sera à l'initiative de la création de la cellule de coordination EU-NAVCO, dont l'annonce officielle sera par ailleurs faite par la présidence française de l'UE[310].

Quels seront les objectifs attendus de cette opération EU-NAVCO ?

Les objectifs attribués à cette opération militaire sont clairement énoncés dans l'article premier de l'action commune[311] de l'UE (Les actions communes concernent « certaines situations où une action opérationnelle de l'Union » est jugée nécessaire) et les principaux objectifs attribués à cette opération sont les suivants :

- contribuer sensiblement à la protection des navires du PAM qui acheminent l'aide alimentaire aux populations déplacées de Somalie, conformément au mandat de la résolution 1814 (2008) du CSNU ;

- contribuer à la protection des navires vulnérables qui passent aux larges des côtes somaliennes ;

- dissuader, prévenir, réprimer les actes de piraterie et de vol à main armée au large des côtes somaliennes, et cela conformément au mandat déterminé et défini dans la résolution 1816 (2008) du CSNU.

---

308. COUMA (T.-), *Somalie : création d'une cellule européenne de coordination chargée de la protection contre la piraterie* (EU NAVCO), Société Française de Droit International, 21 sept. 2008.

309. Déclaration de M. Nicolas SARKOZY, *Piraterie au large des côtes somaliennes*, Palais de l'Elysée, 16 sept. 2008.

310. COUMA (T.-), *op.cit.*, 23 nov. 2008.

311. La base de l'action commune est l'art 14 du TUE. Les actions communes concernent *« certaines situations où une action opérationnelle de l'Union est jugée nécessaire »*.

À côté de l'accompagnement des navires du PAM, la protection renforcée est aussi une des prérogatives assignées à la mission EU-NAVCO. Les bateaux remplissant les critères d'éligibilité peuvent bénéficier d'une protection armée et d'une escorte militaire durant la traversée des zones à risques des côtes somaliennes[312].

Pour les navires marchands, l'accompagnement n'est pas automatique, les bateaux doivent remplir des critères d'éligibilité ; ils doivent notamment présenter un caractère vulnérable et l'appréciation du besoin se fait au cas par cas[313]. D'autre part, l'accompagnement s'effectue selon un créneau de protection fixé par semaine. À chaque créneau, deux navires de commerce sont pris en charge. Les rendez-vous des créneaux de protection sont évidemment communiqués à l'avance à l'ensemble de la communauté maritime civile[314].

En outre, le déploiement de l'opération se fera sur trois zones : au nord de la Somalie, près de la mer Rouge et dans le golfe d'Aden (navires marchands) ; au sud de la Somalie, dans l'océan Indien (bateaux PAM) ; autour des Seychelles (bateaux de pêche). La cellule travaille également en étroite coopération avec les différents acteurs en présence, en particulier avec les Nations Unies, l'Union africaine, le PAM, l'OMI, la force maritime permanente de l'OTAN (SNMG), la CTF 150 et diverses associations d'armateurs de commerce et de pêche[315].

Par ailleurs, le texte détermine également les conditions du transfert des personnes appréhendées en vue de l'exercice de compétences juridictionnelles par les États compétents. Le GFT a accepté ces conditions quant à l'exercice de leur juridiction par les États autres que la Somalie, à l'encontre des personnes appréhendées dans les eaux territoriales de la Somalie.

D'un strict point de vue juridique, le Conseil tient à souligner que l'action commune a été prise conformément aux conditions fixées par le droit international, notamment la convention des Nations Unies sur le droit de la mer, mais aussi et surtout les résolutions du CSNU[316], ces dernières ayant servi de fondement juridique principal.

« Dans ce contexte, la lutte contre la piraterie maritime apparaît comme une exception notable car l'UE y joue un rôle de coordinateur qui lui permet de s'affirmer comme leader en matière de lutte armée contre la piraterie dans le strict cadre des résolutions de l'ONU[317] ».

C'est ainsi que la résolution 1814 du Conseil de sécurité des Nations Unies, adoptée le 15 mai 2008, demandait instamment aux États et aux organisa-

---

312. Voir 2008/749/PESC du 19 sept. 2008, art. 2.

313. *Ibid.*

314. Interview de Guillaume FONTARENSKY, Capitaine de frégate, Officier de la cellule de coordination maritime de l'Union européenne.

315. Voir rapport *Les opérations de l'Union européenne : point de situation*, Assemblée européenne de sécurité et de défense & Assemblée de l'Union de l'Europe occidentale, document C/2021, 5 nov. 2008, p.13.

316. Voir 2008/749/PESC du 19 sept. 2008, art. 2.

317. PROUTIÈRE-MAULION (G.-), *Ibidem*, p. 2.

tions régionales, en coordonnant étroitement leur action entre eux, de prendre des mesures nécessaires pour protéger les navires participant au transport et à l'acheminement de l'aide humanitaire destinée à la Somalie et aux activités autorisées par l'ONU[318]. La nécessité de protéger les convois du PAM ayant été à nouveau formulée dans la résolution 1838 du 7 octobre 2008, l'objectif premier assigné à l'opération EU-NAVCO a évidemment consisté à répondre à cette urgence. Quant au second objectif qui se rapporte à la dissuasion, à la prévention et à la répression des actes de piraterie, il trouve sa base juridique dans la résolution 1816 du 2 juin 2008 ; résolution qui permet le recours à la force dans les eaux territoriales somaliennes. À ce titre, l'article 2 de l'action commune prévoit la possibilité pour l'Union Européenne de prendre *« les mesures nécessaires, y compris l'usage de la force, pour dissuader et prévenir les actes de piraterie ou de vols à main armée qui pourraient être commis dans les zones où elle est présente »*.

L'opération EU NAVCO se présente finalement comme la contribution de l'Union Européenne à la mise en œuvre des résolutions du CSNU, en particulier la résolution phare du 2 juin 2008.

Sur le plan opérationnel, l'état-major de la force a été établi à Northwood[319], au Royaume-Uni (art. 4) et le commandement de l'opération a été confié à un Britannique. Le contrôle politique et la direction stratégique de l'opération sont assurés par le Comité politique et de sécurité (COPS). Ce dernier est autorisé à prendre les décisions appropriées conformément à l'article 25 du traité UE. Le COPS doit faire des comptes rendus au Conseil à intervalles réguliers. Cependant, le pouvoir de décision concernant les objectifs et la fin de l'opération demeure du ressort de la compétence du Conseil, assisté par le Secrétaire général et le Haut-représentant (article 7).

Sur le plan financier, conformément à l'article 28 § 3 du traité UE, les coûts communs de l'opération militaire sont gérés par Athéna (article 15). Cette disposition est conforme à la décision 2007/384/PESC du Conseil du 14 mai 2007, qui prévoit ce mécanisme de gestion du financement des coûts communs des opérations de l'Union Européenne ayant des implications militaires ou dans le domaine de la défense.

À noter que conformément à l'article 6 du protocole sur la position du Danemark annexé au traité sur l'UE et au traité instituant la Communauté européenne, le Danemark bénéficie d'une clause d'*opting out* et ne participe pas, de ce fait, à l'élaboration et à la mise en œuvre des décisions et actions de l'Union qui ont des implications en matière de défense. Par conséquent, le Danemark ne contribue pas au financement de l'opération EU-NAVCO.

---

318. Voir S/RES/1814, §11.

319. Cet officier supérieur est basé à Northwood, au Royaume-Uni, il dispose d'un état-major de 80 personnes qui assure la planification et la conduite des opérations.

Il faudrait rappeler que, dès la création de la cellule de coordination de la mission EU-NAVCO, plusieurs options militaires stratégiques seront discutées entre les États membre. La première option soulevée consistera à dissuader et arrêter les pirates ; la deuxième option discutée sera de protéger les bateaux marchands et autres bateaux en leur assurant une escorte ; la troisième option sera de conjuguer les deux premières options. Et finalement c'est cette troisième option qui aura la faveur des États membres.

B. L'opération Atalante-EUNAVFOR Somalie : action commune 2008/851/PESC du Conseil de l'Union Européenne

« *Atalante constitue le cadre juridique de référence de la coordination et de la coopération des moyens navals européens de la lutte contre la piraterie au large des côtes somaliennes* [320] ». Cette opération Atalante vient juste après la fin de EU-NAVCO qui en fait était temporaire, le temps de préparer juridiquement, militairement, logistiquement l'opération Atalante, de plus grande envergure et largement attendue. Selon Gwenaëlle Proutière-Maulion dans son article *« Les enjeux de la sécurisation du transport maritime au service de l'action extérieure de l'UE »*, l'opération Atalante se situe ainsi à l'interface entre deux types de protection : celle des intérêts propres à l'UE et celle du bien de la société internationale. D'un point de vue géographique, le contexte de crise économique mondiale et d'interdépendance très forte entre les économies régionales et nationales consacre la nécessité d'une coopération accrue en matière de lutte contre un phénomène en pleine expansion.

En novembre 2008, ce sera autour de l'opération Atalanta. Celle-ci présente une double spécificité. C'est la première opération navale en matière de piraterie maritime de l'UE, qui détermine son engagement récent sur une question vieillissante. C'est en 2008 que la piraterie maritime intègre le répertoire juridique de l'UE, c'est à ce titre que la piraterie somalienne constitue un nouveau laboratoire d'expérimentation du droit européen de dissuasion et de répression de la piraterie maritime. La cristallisation d'un tel droit passe cependant par un canal : les résolutions du Conseil de sécurité et prend largement en compte le cadre international établi par la CNUDM, mais aussi les normes internationales en matière de protection des droits de l'Homme et surtout la CEDH. C'est ainsi que « *des règles de coopération judiciaire et de transfert des personnes appréhendées et retenues en l'exercice de poursuites judiciaires ont été instituées. Sur la base de l'acceptation par la Somalie de l'exercice de leur juridiction par les États membres ou des États tiers, d'une part, et de l'article 105*[321] *de la convention NU sur le droit de la mer, d'autre part, les personnes suspectées d'avoir l'intention, au sens des articles 101 et 103*[322] *de cette*

---

320. PROUTIÈRE-MAULION (G.-), *Ibidem*, référence *Tribune* n° 658, 12 juin 2015, p.5.

321. CMB, entrée en vigueur le 16 nov. 1994, art. 105.

322. CMB, art. 101 et 103.

convention, de commettre, commettant ou ayant commis des actes de piraterie ou des vols à main armée dans les eaux territoriales ou intérieures de la Somalie ou en haute mer, qui sont appréhendées et retenues, en vue de l'exercice de poursuites judiciaires, ainsi que les biens ayant servi à accomplir ces actes, sont transférés aux autorités compétentes de l'État tiers participant à l'opération dont le navire, qui a réalisé la capture, bat le pavillon. Si cet État ne peut pas ou ne souhaite pas exercer sa juridiction, la personne est transférée à un État membre ou à État tiers qui souhaite exercer celle-ci sur les personnes ou les biens susmentionnés. Aucune des personnes mentionnées ne peut être transférée à un État tiers si les conditions de ce transfert n'ont pas été arrêtées avec cet État tiers d'une manière conforme au droit international applicable, notamment le droit international des droits de l'homme, pour garantir en particulier que nul ne soit soumis à la peine de mort, à la torture ou à tout autre traitement cruel, inhumain ou dégradant.[323] »[324]

Ensuite, des travaux ont été menés pendant quatre mois par la Cellule de coordination EU-NAVCO installée en septembre 2008 à Bruxelles. L'UE a mis en place l'opération navale « EUNAVFOR Somalie opération Atalanta » pour une durée renouvelable de douze mois, à partir de mi-décembre 2008, sur la base des résolutions 1814, 1816, 1838 et 1846 du Conseil de sécurité des Nations Unies.

Dès le 15 septembre 2008, parallèlement au plan de mise en œuvre de l'action militaire EU-NAVCO, le Conseil avait prévu une option militaire stratégique portant sur une éventuelle opération navale militaire de l'UE, au profit de laquelle les États membres, désireux de coopérer avec le GFT en application des dispositions de la résolution 1816, mettraient leurs moyens à disposition afin de dissuader et réprimer les actes de piraterie et les vols à main armée au large des côtes de la Somalie[325]. C'est à partir du 10 novembre 2008 que les ministres européens de la Défense donnent le feu vert au Conseil qui adopte l'action commune 2008/851/PESC[326], concernant l'opération militaire de l'Union Européenne en vue d'une contribution à la dissuasion, à la prévention et à la répression des actes de piraterie et de vols à main armée au large des côtes de la Somalie.

Baptisée Atalanta, cette opération constitue une innovation majeure, puisqu'il s'agit de la première opération navale d'envergure de l'histoire de la PESD (politique européenne de sécurité et de défense) dont l'objectif consiste bien évidemment à lutter contre la piraterie au large de la Somalie et dans le golfe d'Aden. Les forces déployées *« opèrent jusqu'à 500 milles nautiques au large des*

323. LEBŒUF (C.-), « Opération Atalanta : Interests and Responsibilites of the EU Member States », In *Piracy in Comparative Perspective : Problems, Strategies, Law*, C.H. Norchi et G. Proutière-Maulion, Pédon & Hart, 2012. P. Chapleau & J.-P. Pancracio, *La piraterie maritime. Droit, pratiques et enjeux*, Vuibert, 2014.

324. BEURIER (J-P.-), *op.cit.*, 3e édition 2015-2016, p. 211.

325. Voir article 6 de l'action commune 2008/851/PESC.

326. Voir JO L301 du 12 nov. 2008, p. 33.

côtes de la Somalie et des pays voisins[327] ». Elle est entrée en vigueur le 8 décembre 2008 pour une durée initiale d'un an, sous réserve d'une prolongation par les résolutions du CSNU (article 16-3).

Le Comité politique et de sécurité (COPS) exerce le contrôle politique et la direction stratégique de cette opération, tandis que le Comité militaire de l'UE (CMUE) assure le suivi de la bonne exécution de l'opération conduite sous la responsabilité du commandant de l'opération. En ce qui concerne la constitution d'EUNAVFOR, le nombre de bâtiments et d'avions de patrouille maritime participants dépend des disponibilités. Ainsi, le format de la force navale européenne évolue en permanence. En moyenne, EUNAVFOR compte quatre à cinq bâtiments de type frégate, trois à cinq hélicoptères et deux avions de patrouille maritime à partir de Djibouti. Le budget commun de l'opération est de 8,3 millions d'euros par an, couvert par le mécanisme Athéna.

Les missions dévolues à Atalante ne diffèrent en rien de celles de la cellule EU-NAVCO. Il s'agit juste d'une intensification des efforts de l'UE pour lutter contre les actes de piraterie au large de la Somalie. À cet égard, l'article 2 de l'action commune prévoit qu'Atalante, dans les conditions fixées par le droit international applicable, notamment la convention des Nations Unies sur le droit de la mer, et par les résolutions 1814 (2008), 1816 (2008) et 1838 (2008) du CSNU, et dans la limite de ses capacités disponibles, opère ainsi :

EUNAVFOR effectue deux types de missions :

- les escortes : celles des navires du PAM et celles qui s'articulent autour du concept de « groupe de transit » (*Group Transit Concept*) regroupant plusieurs navires pour leur traversée du golfe d'Aden. EUNAVFOR a escorté une vingtaine de navires du PAM au cours de son premier mois d'activité. Près de 70 000 tonnes d'aide alimentaire ont été acheminées en un mois (assez pour nourrir quatre millions de Somaliens) ;
- les patrouilles de routine dans le golfe d'Aden afin de détecter et dissuader les pirates.

Mais plus précisément, les objectifs assignés à cette opération Atalante sont :

- de fournir une protection aux navires affrétés par le PAM, y compris par la présence à bord des navires concernés d'éléments armés d'Atalanta, en particulier lorsqu'ils naviguent dans les eaux territoriales de la Somalie[328] ;

327. Voir art. premier, al. 2, 2008/851/PESC.

328. La question de la présence d'équipes de protection embarquée (EPE) à bord des bateaux les plus vulnérables ne fait pas l'unanimité parmi les États membres : la France estime qu'il s'agit d'un préalable à toute escorte d'un bâtiment alors que d'autres pays sont moins systématiques. Cet embarquement doit nécessairement être couvert par un accord avec l'État du pavillon afin de définir le statut juridique des EPE.

- de protéger les navires marchands naviguant dans les zones où elle est déployée, en fonction d'une appréciation des besoins au cas par cas ;
- de surveiller les zones au large des côtes de la Somalie, y compris ses eaux territoriales présentant des risques pour les activités maritimes, en particulier pour le trafic maritime ;
- de prendre les mesures nécessaires, y compris l'usage de la force, pour dissuader, prévenir et intervenir afin de mettre fin aux actes de piraterie ou de vols à main armée qui pourraient être commis dans les zones où elle est présente.

De même, en vue de l'exercice éventuel de poursuites judiciaires par les États compétents, l'action commune prévoit que la force peut appréhender, retenir et transférer les personnes ayant commis, ou suspectées d'avoir commis, des actes de piraterie ou de vols à main armée dans les zones où elle est présente, elle peut également saisir les navires des pirates ou des voleurs à main armée. La force doit également établir une liaison avec les organisations et entités, ainsi qu'avec les États agissant dans la région pour lutter contre les actes de piraterie.

Les bases légales de l'opération Atalante sont explicitement les résolutions du Conseil de sécurité des Nations Unies, qui autorisent notamment tout État, ou coalition internationale, désirant lutter contre la piraterie à pénétrer dans les eaux territoriales de la Somalie et ce, en faisant usage de la force. Cela vaut aussi pour l'espace aérien surjacent de la Somalie.

Sans ces résolutions prises au titre du chapitre VII de la charte des Nations Unies, il est clair qu'aucun État ou organisation, régionale ou internationale, n'aurait pu juridiquement entreprendre une opération militaire contre un autre État sans violer le droit positif contemporain qui pose le principe de l'interdiction du recours à la force. Ce principe est proclamé dans l'article 2 § 4 de la Charte, qui déclare solennellement que *« les membres de l'Organisation s'abstiennent, dans leurs relations internationales, de recourir à la menace et à l'emploi de la force, soit contre l'intégrité territoriale ou l'indépendance politique de tout État, soit de toute autre manière incompatible avec les buts des Nations Unies »*. Le but de cet article est de bannir du droit positif contemporain tout recours unilatéral à la force. De ce fait, il interdit non seulement, *l'emploi* de la force mais aussi *la menace* d'y recourir.

Toutefois, ce principe n'est pas aussi rigide. Il connaît deux exceptions : les actions militaires autorisées par le Conseil de sécurité des Nations Unies et la légitime défense. Comme on le sait, le chapitre VII[329] de la Charte confère au Conseil de sécurité des Nations Unies une série de pouvoirs extraordinaires, dont le plus important est sans doute la possibilité d'entreprendre une action militaire « *qu'il juge nécessaire au maintien ou au rétablissement de la paix et de la sécurité internationale* » conformément à l'article 42 du chapitre VII. À cette fin, le Conseil de sécurité des Nations Unies doit autoriser, de manière expresse et écrite, les États ou les organisations qui vont recourir à la force. C'est notamment le cas avec les résolutions 1814, 1816, 1838 sur lesquelles l'UE s'est basée pour lancer ses deux opérations EU-NAVCO et Atalanta. Il fallait donc, avant d'entreprendre une quelconque opération militaire pour lutter contre cette piraterie, la légitimer sur des bases juridiques internationales solides, ce qui se fera en passant le CSNU.

Par ailleurs, l'opération militaire européenne Atalante a mis en exergue plusieurs éléments :

- la défense européenne pouvait être plus efficace lorsque les États membres de l'UE s'associent alors qu'un seul État aurait du mal à juguler le phénomène de piraterie somalienne d'une ampleur non négligeable ;
- cette opération a montré également que la défense européenne pouvait désormais s'émanciper de la tutelle américaine ;
- le degré de frappe de l'UE était très significatif et porteur d'efficacité ;
- l'UE s'est montrée comme étant capable d'être au premier plan dans la lutte contre cette piraterie.

L'autre exception au principe d'interdiction du recours à la force est posée par l'article 51 de la Charte[330]. Il s'agit de la légitime défense. La condition *sine qua non* pour recourir à la qualification de la légitime défense consiste à prou-

329. Il faut savoir que si l'article 42 donne compétence au Conseil pour édicter des sanctions militaires, il prévoit en même temps que c'est le Conseil lui-même qui agit, en utilisant les forces armées que les États membres mettront à la disposition de l'ONU sur la base des accords et mécanismes prévus par les articles 43 et suivants. L'article 43 prévoyait notamment que « *tous les membres des Nations Unies, afin de contribuer au maintien de la paix et de la sécurité internationales, s'engagent à mettre à la disposition du Conseil de sécurité, sur son invitation et conformément à un accord spécial ou à des accords spéciaux, les forces armées, l'assistance et les facilités, y compris le droit de passage, nécessaires au maintien de la paix et de la sécurité internationales* ». L'idée initiale consistait donc à créer une force « onusienne » d'intervention qui serait gérée par le Comité d'état-major composé « *des chefs d'état-major des membres permanents du Conseil de sécurité ou de leurs représentants* » (art. 47). Les désaccords entre États membres quant à la composition et à la répartition des contributions nationales en termes de forces armées et plus généralement le manque de volonté de fournir les contingents nécessaires pour la création de cette force, ont privé le Conseil de son « bras armé ». La solution pour le Conseil de sécurité a été alors d'autoriser des coalitions *ad hoc* d'États, voire des États agissant seuls à recourir à la force.

330. Art. 51 : « *Aucune disposition de la présente Charte ne porte atteinte au droit naturel de légitime défense, individuelle ou collective, dans le cas où un Membre des Nations Unies est l'objet d'une agression armée, jusqu'à ce que le Conseil de sécurité ait pris les mesures nécessaires pour maintenir la paix et la sécurité internationales. Les mesures prises par des Membres dans l'exercice de ce droit de légitime défense sont immédiatement portées à la connaissance du Conseil de sécurité et n'affectent en rien le pouvoir et le devoir qu'a le Conseil, en vertu de la présente Charte, d'agir à tout moment de la manière qu'il juge nécessaire pour maintenir ou rétablir la paix et la sécurité internationales.* »

ver qu'on a été victime d'une agression armée. Cette notion floue, a, pour la première fois, fait l'objet d'un consensus au sein de l'Assemblée générale de l'ONU, en 1974, qui a adopté la fameuse résolution 3314 intitulée « Définition de l'agression ». L'article 3 de la résolution dresse une liste non limitative des différentes situations qui doivent être considérées comme relevant d'une agression armée. Il s'agit entre autres :

A. de l'invasion ou l'attaque du territoire d'un État ;

B. du bombardement du territoire d'un autre État ;

C. du blocus des ports ou des côtes d'un État ;

D. de l'attaque par les forces armées d'un État contre les forces d'un autre État, voire contre la marine et l'aviation civile de ce dernier ;

E. de l'utilisation des forces armées d'un État qui sont stationnées sur le territoire d'un autre État avec l'accord de l'État d'accueil, contrairement aux conditions prévues dans cet accord ou toute prolongation de leur présence sur leur territoire en question au-delà de la terminaison de l'accord ;

F. le fait pour un État d'admettre que son territoire, qu'il a mis à la disposition d'un autre État, soit utilisé par ce dernier pour perpétrer un acte d'agression contre un État tiers ;

G. de l'envoi par un État, ou en son nom, de bandes ou de groupes armés, de forces irrégulières ou de mercenaires qui se livrent à des actes de force armée contre un autre État.

Au regard de tous ces éléments, il apparaît que les opérations menées actuellement au large des côtes somaliennes entrent dans le cadre de la première exception autorisée par le principe d'interdiction du recours à la force, à savoir les actions militaires autorisées par le Conseil de sécurité des Nations Unies au titre de l'article 42 de la Charte de l'ONU. En effet, même si cela peut paraître ridicule, il n'y a eu aucune agression armée de la part de la Somalie qui justifierait le recours à la notion de légitime défense.

Paragraphe 2 : Les opérations multinationales de la *Combined Maritime Force* de l'OTAN et des États-Unis

Depuis sa première intervention dans les Balkans en 1995, l'Alliance connaît une période d'activité opérationnelle sans précédent, qui ne fait qu'accroître le rythme et la diversité de ses opérations. En effet, l'Alliance s'affirme de plus en plus comme un acteur de premier plan de la paix et de la sécurité sur la scène internationale. Elle tente, dans le cadre de ses opérations de gestion des crises, de démontrer sa volonté d'agir comme une force positive de changement et sa capacité à répondre aux défis de sécurité du XXIe siècle.

À l'heure actuelle, environ 70000 hommes participent à des missions de l'OTAN, qui couvrent toute la gamme des opérations de gestion des crises, depuis des missions de combat et de maintien de la paix jusqu'à la surveillance et aux secours humanitaires. À cette fin, les forces de l'OTAN sont aujourd'hui déployées en Afghanistan, au Kosovo, en Irak, en Méditerranée et bien sûr au large de la Corne de l'Afrique, en Somalie. Ceci dit, ce n'est qu'à partir de l'été 2008 que l'OTAN a commencé à se préoccuper sérieusement de l'explosion alarmante des actes de piraterie dans le golfe d'Aden[331].

Dans cette optique, elle a successivement déployé trois opérations de lutte contre la piraterie (A). Les États-Unis ne sont pas en reste. Ils ont, dans un premier temps, pris le commandement du Groupe de forces multinationales CTF-150 avant de lancer de leur propre initiative le Groupe de forces multinationales CTF-151, destiné à mener uniquement des opérations anti-pirates dans le golfe d'Aden et aux alentours, en mer d'Oman et dans l'océan Indien[332] (B).

A. Les opérations militaires menées par l'OTAN

L'Alliance a, dans un premier temps, lancé l'opération provisoire *Allied Provider*, puis l'opération *Allied Protector*. L'implication de l'OTAN dans la lutte anti-piraterie va croissant puisqu'elle vient de lancer une nouvelle opération baptisée *Ocean Shield* (bouclier océanique).

1. Opération *Allied Provider*

Le 25 septembre 2008, devant la recrudescence spectaculaire des actes de piraterie, le Secrétaire général des Nations Unies, M. Ban Ki-moon, a demandé à l'OTAN d'apporter sa pierre à la lutte anti-piraterie en Somalie[333]. Les ministres de la Défense des pays de l'OTAN, réunis le 9 octobre suivant pour une réunion informelle à Budapest, ont décidé de répondre favorablement à la demande de l'ONU. L'Alliance a ainsi accepté d'assumer provisoirement la responsabilité de l'opération baptisée *Allied Provider*, en coordination avec d'autres acteurs internationaux tels que l'Union Européenne. Lancée dès octobre 2008, la mission de la flottille de l'OTAN, limitée dans le temps, s'est achevée à la mi-décembre de la même année, l'opération EUNAVFOR Atalanta ayant pris le relais[334].

L'opération *Allied Provider* était placée sous le contrôle opérationnel du commandement allié de composante maritime à Naples et sous la direction du Quartier général de commandement des forces interarmées de l'OTAN dans la même ville. La mission assignée à l'opération était double : escorter les navires

331. Voir *Lutte contre la piraterie dans le Golfe d'Aden*, Les dossiers de l'OTAN, 3 avril 2009. http://www.nato.int

332. Voir rapport du Secrétaire général de l'ONU, S/2009/146 du 19 mars 2009.

333. Voir *Lutte contre la piraterie dans le Golfe d'Aden*, Les dossiers de l'OTAN, 3 avril 2009. http://www.nato.int

334. Voir rapport, *Le rôle de l'Union européenne dans la lutte contre la piraterie*, Assemblée de sécurité et de défense et Assemblée de l'Union de l'Europe occidentale, document A/2037, 4 juin 2009, p.9. Voir aussi *Opération de lutte contre la piraterie : l'UE prend le relais de l'OTAN*, Nouvelles, 15 déc. 2008. http://www.nato.int

affrétés par le Programme alimentaire mondial, et patrouiller dans les eaux territoriales somaliennes afin d'assurer une présence dissuasive. Dans cette perspective, l'OTAN a déployé ses ressources du deuxième groupe maritime permanent, la *Standing NATO Maritime Group Two* (SNMG2). La mission originelle de cette force, essentiellement destinée à la diplomatie navale[335], était de faire escale dans plusieurs pays du golfe Persique (Bahreïn, Koweït, Qatar et Émirats Arabes Unis). Provisoirement dédiée à la protection des cargos du PAM, la force a entamé le 15 octobre la traversée du canal de Suez pour mener de front ces deux missions.

Le SNMG2 est l'une des quatre forces navales permanentes de réaction immédiate de l'OTAN. Elle est constituée de bâtiments de différents pays membres de l'Alliance (Allemagne, Canada, Danemark, États-Unis, Grèce, Italie, Norvège, Royaume-Uni). Trois des sept navires de la force ont été affectés à l'opération *Allied Provider*, les quatre autres navires poursuivant leurs missions dans les pays de l'Initiative de coopération d'Istanbul[336].

C'est d'ailleurs la première fois qu'une flotte battant pavillon OTAN se déployait dans le golfe d'Aden. L'opération disposait, tout comme EU-NAVCO et Atalante, de l'autorisation de recourir à la force, dans le respect du droit international et en application notamment des résolutions 1814, 1816 et 1838 du Conseil de sécurité[337]. Par ailleurs, par une lettre datée du_21 octobre 2008, le gouvernement de transition somalien avait informé le Secrétaire général des Nations Unies, qu'il avait autorisé l'OTAN à fournir des escortes navales pour le PAM et à s'acquitter de sa mission consistant à tenir les pirates en échec dans la région[338].

Au final, l'opération s'est avérée être un total succès. Selon le compte rendu de la réunion du Comité militaire de l'OTAN à Bruxelles (20 et 21 novembre 2008) : « *Compte tenu de l'urgence de la demande de l'ONU, l'OTAN est parvenue à déployer rapidement quatre bâtiments de ses forces maritimes permanentes pour escorter les navires de transport risquant d'être interceptés par des pirates. Cette opération, bien que temporaire, s'avère une grande réussite pour protéger l'acheminement de l'aide humani-*

335. MÉNARD (C.-), *Rapport d'information sur la piraterie maritime*, Assemblée Nationale, n°1670, 13 mai 2009, p. 55.

336. Lancée au sommet que l'Alliance a tenu dans la capitale turque en juin 2004, l'Initiative de coopération d'Istanbul (ICI) vise à contribuer à la sécurité à long terme aux niveaux mondial et régional par une offre de coopération pratique bilatérale entre les pays du Moyen-Orient élargi et l'OTAN dans le domaine de la sécurité. Six pays du Conseil de coopération du Golfe ont été initialement invités à se joindre à cette initiative. Aujourd'hui, quatre d'entre eux (Bahreïn, Qatar, Koweït et Émirats Arabes Unis) ont donné suite à l'invitation, l'Arabie Saoudite et Oman ayant, quant à eux, fait part de leur intérêt.

337. Voir *Lutte contre la piraterie dans le Golfe d'Aden*, Les dossiers de l'OTAN, 3 avril 2009 ; http://www.nato.int

338. Voir rapport du Secrétaire général de l'ONU, S/2009/146 du 16 mars 2009, p. 7.

taire[339] ». En effet, du 24 octobre au 12 décembre, la force a assuré les escortes du PAM, ce qui a permis d'acheminer 29 000 tonnes d'aide humanitaire en Somalie dans de très bonnes conditions de sécurité[340]. C'est le devoir de protéger qui transparaît ici, parce que cette aide s'avère vitale pour plus de 3,2 millions de personnes en Somalie, soit environ 43 % de la population somalienne[341].

L'opération *Allied Provider* avait un caractère purement provisoire. De ce fait, elle sera immédiatement relayée par l'opération de l'Union Européenne Atalante le 12 décembre 2008.

2. L'opération *Allied Protector*

Cependant, dans une perspective à long terme, les alliés de l'OTAN se sont prononcés dès le début de mars 2009 en faveur d'une deuxième contribution aux efforts de lutte contre la piraterie en Somalie[342]. L'Alliance a ainsi repris le 24 mars 2009 ses opérations au large de la Corne d'Afrique, dans le cadre de la nouvelle opération *Allied Protector*. La force, composée de cinq navires du premier groupe maritime permanent de l'OTAN, *Standing NATO Maritime Group One* (SNMG1), est placée sous commandement portugais. Les pays contributeurs sont : le Portugal, le Canada, les Pays-Bas, l'Espagne et les États-Unis. La mission de la nouvelle coalition, en coordination avec d'autres pays et organisations internationales, est censée poursuivre la tâche entreprise en 2008 par l'opération *Allied Provider*, à savoir assurer la surveillance et la protection des navires, en particulier ceux du PAM, afin de prévenir et réprimer les actes de piraterie et les vols à main armée[343]. Pendant la durée de son déploiement (du 24 mars au 28 juin), le SNMG1 a escorté avec succès 26 navires, dont la plupart étaient des cargos de l'aide humanitaire du PAM. Début juillet 2009, le deuxième groupe maritime permanent de l'OTAN, *Standing NATO Maritime Group Two* (SNMG2), a de nouveau repris la responsabilité des opérations de lutte contre la piraterie dans le cadre inchangé de la force *Allied Protector*[344]. Il est assez rare que les deux groupes permanents de l'OTAN soient déployés simultanément dans une même zone ; néanmoins, face à la menace de la piraterie sur la sécurité des routes maritimes commerciales, l'Alliance se voit contrainte d'assurer un « engagement permanent ». Cette rotation des groupes maritimes permanents permet, en outre, à l'Alliance de maintenir indéfiniment une pré-

339. Voir *Réunions du Comité militaire de l'OTAN à Bruxelles (19-20 nov. 2008)*, IMS News Release, 21 nov. 2008 ; http://www.nato.int

340. Voir *Successful completion of NATO mission operation Allied Provider*, SHAPE News, 12 déc. 2008. http://www.nato.int

341. Lord JOPLING, *La piraterie : une menace croissante contre la sécurité régionale et mondiale*, Assemblée parlementaire de l'OTAN, NATO PA 023 CDS 09F, 5 avril 2009, p. 7.

342. JOPLING (L.-), *op. cit.*, 5 avril 2009, p.7.

343. Voir *L'OTAN reprend ses opérations de lutte contre la piraterie*, 13 mars 2009, http://www.nato.int

344. Voir *L'OTAN prolonge son opération de lutte contre la piraterie*, 12 juin 2009, http://www.nato.int

sence forte dans le golfe d'Aden, et de démontrer ainsi sa ferme détermination à s'attaquer au fléau de la piraterie[345]. C'est également une manière pour l'OTAN de s'illustrer davantage sur la scène internationale, en démontrant son adaptabilité et sa capacité à répondre aux divers défis de sécurité qui se posent actuellement.

3. L'opération *Ocean Shield*

« Après plusieurs opérations de circonstance (« Allied Provider » à l'automne 2008 puis « Allied Protector » à partir de mars 2009), l'Alliance Atlantique a lancé le 17 août 2009, pour une durée d'un an renouvelable, l'opération de la lutte contre la piraterie « Ocean Shield », sous couvert des résolutions onusiennes 1814/1838/1846/1851. »[346] Ainsi, la lutte contre la piraterie menée par l'OTAN est entrée dans une nouvelle phase durant l'été 2009, le Conseil de l'Atlantique Nord ayant approuvé le déploiement de l'opération *Ocean Shield* qui prend le relais de l'opération *Allied Protector.* Officiellement lancée le 17 août, cette nouvelle opération implique une approche plus globale de la lutte contre la piraterie puisqu'elle introduit un nouvel élément. Il s'agit de développer les capacités de lutte contre la piraterie des États régionaux[347] qui en feront la demande. Aucun délai n'a été pour l'heure fixé pour cette opération à long terme, qui *« durera tant que cela sera jugé nécessaire »*[348].

C'est le commandement allié interarmées de Lisbonne qui est chargé d'assurer le commandement général de l'opération, le contrôle tactique au jour le jour relevant du commandement de la composante maritime de Northwood. Les forces navales qui assurent l'opération appartiennent, quant à elles, au deuxième groupe maritime permanent de l'OTAN (SNMG2)[349]. Globalement, on peut affirmer que, malgré l'efficacité certaine des opérations militaires menées par l'Alliance, son action souffre *« d'un manque patent de couverture juridique*[350] ».

En effet, le mandat dont elle dispose ne lui permet pas de détenir les pirates une fois qu'ils ont été arrêtés, ni même d'intervenir après qu'un navire a été attaqué. Sa présence a juste une fonction dissuasive. La force de l'OTAN ne dispose pas d'un accord de transfert judiciaire des prisonniers vers un pays tiers, comme cela a été négocié pour l'Union Européenne. La règle de procédure de l'Alliance est celle du *catch and release* (arrestation puis libération). Cette impasse juridictionnelle s'est notamment traduite par la libération de neuf pirates

345. Voir *« Le 2ᵉ groupe maritime permanent OTAN prend la responsabilité de la mission de lutte contre la piraterie »*, 29 juin 2009, http://www.nato.int
346. CHAPLEAU (P.) et PANCRACIO (J-P.), *Ibidem*, p. 126.
347. Voir *« Le 2ᵉ groupe maritime permanent OTAN prend la responsabilité de la mission de lutte contre la piraterie »*, 29 juin 2009, http://www.nato.int
348. *Ibid.*
349. Voir *L'OTAN lance l'opération Ocean Shield au large de la Somalie*, 17 août 2009, *Le Monde*.
350. MÉNARD (C.), *Rapport d'information sur la piraterie maritime*, Assemblée Nationale, n°1670, 13 mai 2009, p.56.

somaliens, interceptés par la marine néerlandaise alors qu'elle opérait dans le cadre de l'OTAN[351]. Cette libération s'explique également par le fait que les Pays-Bas n'ont pas souhaité juger sur leur territoire des pirates qui n'ont pas mis directement en jeu leurs intérêts nationaux[352].

Ceci dit, il existe une coopération assez étroite entre l'UE et l'OTAN sur les théâtres où les deux organisations sont engagées en commun. Le séminaire de haut niveau organisé à Paris le 7 juillet 2008 en présence des secrétaires généraux des deux organisations, a confirmé la « *nécessité d'approfondir la coopération entre les deux organisations dans le sens d'un renforcement mutuel de leurs actions*[353] ». Le Conseil a également rappelé « *le besoin de renforcer le partenariat stratégique entre l'UE et l'OTAN sur les questions relatives au développement des capacités militaires*[354] ». À cette fin, le groupe UE-OTAN sur les capacités continue de servir de cadre permanent de contact et d'échange d'informations.

Parallèlement à l'Union Européenne et à l'OTAN, d'autres forces multinationales sont présentes dans le golfe d'Aden. Il s'agit des forces maritimes combinées, la CTF 150 et la CTF 151, menées notamment par les États-Unis. La lutte contre la piraterie au large des côtes somaliennes est, en effet, perçue comme « *une priorité qui nécessite la mobilisation du plus grand nombre possible de moyens sur zone* ».

B. Les groupes des forces combinées 150 et 151

1. La *Combined Task Force 150*

La *Combined Task Force 150* (CTF 150), placée sous la bannière des États-Unis, est l'une des trois composantes de la *Combined Maritime Force* (CMF) dont l'état-major est basé à Bahreïn. C'est également la première force navale multinationale à avoir été déployée en Somalie[355]. Opérationnelle depuis novembre 2002, la CTF 150 a été, à l'origine, créée à la suite des attentats du 11 septembre pour mener des opérations antiterroristes dans le cadre de l'opération *Enduring Freedom* (Liberté immuable) dans le golfe d'Aden, le golfe d'Oman, la mer Rouge et l'océan Indien. Sa mission a été ensuite étendue à la lutte contre la contrebande, la traite d'êtres humains, le trafic de drogue et bien sûr la piraterie[356].

---

351. *Ibid.*
352. *Ibid.*
353. Voir *Conclusions du Conseil sur la Politique européenne de sécurité et de défense*, 2903e session du Conseil Relations extérieures, Bruxelles, le 10 et 11 novembre 2008.
354. Voir, *op.cit.*, *Conclusions du Conseil sur la Politique européenne de sécurité et de défense*, 2903e session du Conseil Relations extérieures, Bruxelles, le 10 et 11 novembre 2008.
355. Rapport S/2009/146 du Secrétaire général des Nations Unies, § 30.
356. JOPLING (L.-), *La piraterie : une menace croissante contre la sécurité régionale et mondiale*, Assemblée parlementaire de l'OTAN, NATO PA 023 CDS 09F, 5 avril 2009, p.11.

Sa mission inclut également des activités d'assistance aux marins en détresse et la conduite d'opérations de « visite, abordage, fouille et saisie ». L'ensemble de ses activités couvre une zone de 750 000 milles carrés[357], elles sont qualifiées d'opérations de sécurité maritime[358].

À partir du mois d'août 2008, la CTF 150 a établi une zone de patrouille maritime de sécurité (MSPA) pour assurer la protection du transport des marchandises transitant dans le golfe d'Aden. Cette zone est surveillée par des navires et des aéronefs des pays participants. En septembre 2008, dix pirates ont été capturés par une frégate danoise. Faute d'une législation danoise adéquate, les pirates ont été relâchés sur une plage après s'être fait confisquer leurs armes (lance-roquettes, mitraillettes et grenades)[359].

La *Task Force* est dirigée par la 5e flotte de la marine américaine, et composée de navires et d'avions de reconnaissance de différents partenaires de la coalition, dont le Canada, la France, le Pakistan, le Danemark et l'Allemagne. Le commandement de la force est assuré par les différentes marines militaires par roulement, pour quatre à six mois.[360]

La CTF 150 a mis un terme à ses activités anti-piraterie à partir de janvier 2009, en passant le relais au Groupe de forces multinationales 151, nouvellement créé par les États-Unis et dont le quartier général est également basé à Bahreïn.

2. La *Combined Task Force 151*

L'intérêt de la *Combined Task Force 151* est que, contrairement à la précédente, cette dernière est exclusivement consacrée aux missions de lutte contre la piraterie. Le secrétaire général des Nations Unies, a apprécié dans son rapport que « *contrairement aux autres forces qui composent les Forces maritimes combinées, la CTF 151 a une mission bien précise qui ne connaît pas de limites géographiques et est conçue comme une structure internationale spécialisée combinant forces militaires, partage de l'information et patrouilles coordonnées*[361] ».

Concrètement cette mission se décline en deux objectifs :

- travailler en collaboration avec les armateurs afin de développer une base d'information pour prévenir les attaques ;

---

357. Voir document d'information, *Opérations civiles et militaires en cours de l'Union Européenne*, Assemblée européenne de sécurité et de défense & Assemblée de l'Union de l'Europe occidentale, 28 nov. 2008, p. 31.

358. MÉNARD (C.-), *Rapport d'information sur la piraterie maritime*, Assemblée Nationale, n°1670, 13 mai 2009, p. 55.

359. Voir rapport, Le rôle de l'Union européenne dans la lutte contre la piraterie, l'Assemblée de sécurité et de défense et de l'Assemblée de l'Union de l'Europe occidentale, document A/2037, 4 juin 2009, p.15.

360. La France a assuré le commandement de la CTF 150 à partir du 9 avril 2009, la marine pakistanaise a pris le relais le 20 juillet suivant.

361. Voir rapport S/146/2009 du Secrétaire général des Nations Unies, § 30.

- être à même de livrer les pirates à la justice. Dans cette optique, les États-Unis ont, à l'instar de l'UE, signé un accord avec le Kenya permettant aux Américains de remettre les pirates capturés entre les mains des autorités kenyanes afin qu'ils puissent être jugés[362].

À partir de mars 2009, l'opération comprenait essentiellement les forces navales des États-Unis (trois bâtiments) et du Royaume-Uni ainsi que deux autres frégates[363] affrétées par la Turquie et le Danemark. Un mois plus tard, la marine singapourienne a rejoint la *Combined Task Force 151* avec l'envoi d'une frégate[364]. Il faut dire que Singapour a une solide expérience en matière de lutte contre la piraterie, étant engagé depuis longtemps contre les attaques de piraterie sur les navires marchands dans le détroit de Malacca. Sa présence pourrait donc se révéler un précieux atout.

En avril 2009, deux navires américains qui escortaient les cargaisons de la PAM ont fait l'objet d'attaques. La réaction des États-Unis ne s'est pas fait attendre, la Secrétaire d'État américaine, Mme Hillary Clinton, a annoncé la mise en place d'un plan de lutte contre la piraterie en quatre points[365]. Le premier volet a consisté à dépêcher l'envoyé des États-Unis, M. John Yates[366], à la conférence internationale sur le maintien de la paix et le développement en Somalie, qui s'est déroulée à Bruxelles dans le courant du mois. Ensuite, la secrétaire d'État a réclamé des entrevues « immédiates » entre les pays au sein du Groupe international de contact sur la piraterie, afin de se concerter sur la mise en place d'une réponse multinationale élargie. En troisième lieu, une équipe de diplomates a été formée pour engager des discussions avec des responsables du GFT somalien et les dirigeants du Puntland. Enfin, le plan préconise une coordination étroite entre les gouvernements, les compagnies maritimes et les assureurs afin de mettre en place des dispositifs d'autoprotection des navires. Hormis les diverses forces navales nationales[367], Atalante, *Ocean Shield* et CTF 151 sont, à l'heure actuelle, les forces multinationales engagées dans la lutte anti-piraterie au large des côtes somaliennes. Pour plus d'efficacité, elles s'efforcent de travailler en étroite coordination et partagent des informations ainsi

362. Voir rapport, *Le rôle de l'Union européenne dans la lutte contre la piraterie*, Assemblée de sécurité et de défense et Assemblée de l'Union de l'Europe occidentale, document A/2037, 4 juin 2009, p.16.

363. Voir *Océan Indien ; la marine singapourienne rejoint la lutte contre la piraterie*, http://www.meretmarine.com, 27 avril 2009.

364. *Ibid.*

365. Voir rapport, *Le rôle de l'Union européenne dans la lutte contre la piraterie*, Assemblée de sécurité et de défense et Assemblée de l'Union de l'Europe occidentale, document A/2037, 4 juin 2009, p.7.

366. https://2001-2009.state.gov/r/pa/ei/biog/85118.htm

367. D'autres États se sont portés volontaires pour effectuer des missions de surveillance en mer. Les trois pays les plus « présents » sont la Russie, la Chine et la Japon. On retrouve dans cette zone quatre navires russes, trois bâtiments de guerre chinois et deux destroyers japonais. Ces pays travaillent en collaboration avec les autres missions sur place pour tout ce qui est des échanges d'informations. D'autres pays comme l'Inde, l'Arabie Saoudite, l'Iran ou encore l'Égypte ont aussi dépêché des navires dans la zone et le nombre pourrait s'accroître au fil des mois.

que des renseignements sur l'activité des pirates. Ces informations sont partagées via un « chat » informatique sécurisé[368]. Les escortes sont menées de concert, y compris avec le concours des forces nationales présentes sur la zone, notamment les flottes russes, chinoise ou indienne. En effet, « *quand un navire envoie un signal de détresse, personne ne se préoccupe de savoir quelle est la nationalité du bateau, c'est celui qui est le plus proche qui se porte à son secours. Sans hésiter...*[369] ».

Depuis l'activation de ces forces, de nombreuses attaques ont pu effectivement être déjouées. Le nombre des attaques diminue depuis fin 2008. Entre octobre et novembre 2008, une attaque sur trois arrivait à ses fins ; la proportion est passée d'une sur cinq en décembre de la même année et une sur sept en janvier 2009. Ces chiffres sont encourageants, même si l'éradication de la piraterie est loin du compte. Néanmoins, au-delà de cet aspect, le déploiement de cette armada navale est significatif à plus d'un titre. Elle procède d'une « *véritable prise de conscience par l'ensemble de la communauté internationale de l'ampleur du problème de la piraterie maritime et de la nécessité d'y apporter une réponse commune et globale*[370] ». Et compte tenu des enjeux de sécurité combinés à l'étendue de la zone, cette concentration des forces navales s'avère un atout sur le plan quantitatif. Cependant, malgré les déploiements successifs ou simultanés des diverses activités opérationnelles, la solution militaire est loin d'apparaître comme la panacée.

Section 2 : Une duplication des actions militaires dans la lutte contre la piraterie dans l'océan Indien et le golfe d'Aden

Face au phénomène de la piraterie somalienne, la communauté internationale s'est mobilisée contre cette résurgence d'un crime considéré encore il y a peu comme anachronique. La piraterie maritime demeure un sujet brûlant d'actualité en raison de la proportion des attaques dans le début des années 2000, mais surtout du danger qu'elle fait peser sur le transport maritime. Quand bien même la piraterie se joue en haute mer, la lutte contre celle-ci se coordonne et se construit depuis les ports et mouillages[371]. Cependant, si l'armada navale déployée traduit l'importance accordée à la lutte contre ce phénomène, elle se caractérise aussi par des conséquences négatives non négligeables (§1). Ensuite, la piraterie n'est que la pointe de l'iceberg cachant une crise profonde qui traverse la Somalie depuis presque deux décennies. Son apparition est la consé-

---

368. GROS-VERHEYDE (N.-), *Atalanta : l'UE à l'abordage des pirates*, Europolitique, n°3761, 28 mai 2009, p.15.

369. Voir *L'opération permet de limiter le risque, pas de le supprimer*, entretien du contre-amiral français Jean-Pierre LABONNE, in GROS-VERHEYDE (N), *Atalanta : l'UE à l'abordage des pirates*, Europolitique, n°3761, 28 mai 2009, p. 21.

370. SIERÉS (J.-), *L'Europe face* à la *piraterie maritime*, Défense n°138, mars-avril 2009, p. 58.

371. MONTAS (A.-), *Droits maritimes*, Chapitre 211. Droit Pénal de la sûreté maritime, 3e Édition Dalloz, 2015-2016, p. 854.

quence directe du désagrègement de l'État somalien. Ceci nous amène dans un second paragraphe (§2) à analyser les effets et portées de ces opérations militaires et le rôle joué par le port de Djibouti dans cette lutte.

Paragraphe 1. Les conséquences négatives de ces opérations militaires

L'une des conséquences négatives est la multiplication des opérations navales, toutes destinées à la lutte anti-piraterie. Sur le terrain, cela se traduit par un effet de dispersion, un manque d'interopérabilité notamment avec l'afflux des forces nationales, principalement motivées par la sauvegarde de leurs propres intérêts (A). Ensuite, quelle que soit la nature de l'opération (nationale ou multinationale), l'efficacité de la réponse opérationnelle s'avère limitée (B).

A. L'afflux des forces navales sous pavillons nationaux

Constatant que les actes de piraterie étaient loin de s'essouffler malgré la présence des différents acteurs internationaux, certains États ont décidé « *de déployer des forces sous pavillon national dans le golfe d'Aden et au large de la Somalie afin d'assurer la protection des navires transitant dans la zone ou d'escorter uniquement les bâtiments représentant un intérêt économique national*[372] ». Parmi ces États, on trouve la Russie, la Chine, le Japon, le Pakistan, la Malaisie – qui justifient leur engagement au titre des résolutions pertinentes du Conseil de sécurité des Nations Unies.

Grande première pour la Chine, elle a décidé, le 20 décembre 2008, l'envoi d'une force navale composée de deux destroyers et d'un navire ravitailleur pour rejoindre la lutte anti-piraterie au large des côtes somaliennes. Selon la déclaration du porte-parole du ministère des Affaires étrangères, « *la principale mission consistera à veiller sur la sécurité des navires et des équipages chinois ainsi que sur celle des bateaux transportant de l'aide humanitaire pour les organisations internationales comme le Programme alimentaire mondial de l'ONU* [373] ». La Chine entend également coopérer avec d'autres États pour des interventions communes. Néanmoins, l'objectif prioritaire, et qui est clairement mis en avant, reste bien la préservation des intérêts strictement chinois.

La décision de la Chine est cependant assez symbolique. La démarche est tout aussi militaire que stratégique. La Chine pourra ainsi démontrer qu'elle a les capacités nécessaires pour mener des opérations navales. D'autre part, il n'est un secret pour personne que la Chine étend de plus en plus sa zone d'influence vers l'océan Indien[374].

---

372. MÉNARD (C.-), *Rapport d'information sur la piraterie maritime*, Assemblée Nationale, n°1670, 13 mai 2009, p. 56.
373. Voir *La Chine va déployer trois navires militaires contre les pirates*. 22 déc. 2008, http://www.meretmarine.com
374. Voir BAUDET (M-B.-), La lutte contre la piraterie en mer s'intensifie, *Le Monde* (Bilan du monde 2009), hors-série, p. 40.

Quant au Japon, il a déployé de grands moyens pour marquer son engagement en rejoignant la lutte internationale contre la piraterie. En mars 2009, deux destroyers dotés chacun de deux hélicoptères avaient ainsi été dépêchés dans le golfe d'Aden, auxquels se sont joints deux avions de patrouille maritime au mois de mai. Cet impressionnant déploiement répond, tout comme la Chine, à la sauvegarde des intérêts strictement nippons. *« La piraterie près de la Somalie est une menace pour le Japon et pour la communauté internationale. Il s'agit d'une tâche importante pour les forces d'autodéfense de protéger les vies et les intérêts des Japonais »* a déclaré le ministre japonais de la Défense[375]. Le Japon prévoit donc de ne contribuer à la sécurité du trafic maritime que dans la mesure où cela s'avère nécessaire et vital pour l'économie de l'archipel puisque ce sont quelque 2 000 navires de commerce japonais qui y transitent chaque année. De même, la Diète japonaise vient d'adopter le 19 juin 2009 une loi permettant aux forces d'autodéfense nippones (SDF) d'ouvrir le feu sur les pirates en cas de nécessité (légitime défense et évacuations d'urgence[376]).

Les navires de guerre japonais n'étaient jusqu'ici autorisés qu'à des tirs de semonces, la Constitution du Japon limitant strictement l'usage de la force à la défense du territoire japonais. Cette autorisation constitue donc une première au Japon, avec une démonstration de force appuyée, hors de la zone d'action habituelle de la SDF (Forces d'autodéfense[377]).

Moscou, dont 60 % du commerce transite par voie maritime, a annoncé le lancement de sa mission de lutte contre la piraterie le 26 septembre 2008, avec le déploiement dans les eaux somaliennes d'une frégate de la flotte de la Baltique, le *Neustrahimy*. Cette frégate avait pour mission d'assurer la sécurité des navires et des ressortissants russes sur les océans[378]. Pour certains observateurs, le Kremlin est en train de mettre la marine russe à contribution pour affirmer sa *« puissance renaissante »*. Cette présence témoignerait, en effet, *« d'une triple volonté aux fondements politiques et militaires*[379] » : participer à la lutte internationale engagée contre les pirates somaliens, protéger les marins et bateaux russes en transit dans le Golfe et surtout être présent dans la zone stratégique qu'est devenu l'océan Indien.

Ceci dit, contrairement au Japon qui entend agir de manière totalement indépendante, la marine russe coopère de plein gré avec la force Atalanta de l'UE, les deux acteurs s'échangeant régulièrement informations et retours

---

375. Voir *Le Japon envoie deux destroyers faire la chasse aux pirates en océan Indien*, 16 mars 2009, http://www.meretmarine.com

376. Voir MÉNARD (C.-), *Rapport d'information sur la piraterie maritime*, Assemblée Nationale, n°1670, 13 mai 2009, p. 57.

377. GROS-VERHEYDE (N.-), *Le Parlement japonais autorise une action plus « musclée » contre les pirates*, 19 juin 2009, http://bruxelles2.over-blog.com

378. *Ria Novosti*, 26 septembre 2008. Voir http//en.rian.ru/russia/20080926/117144421.html

379. GROS-VERHEYDE (N.-), *op. cit.*, 29 mars 2009, p.2. http://bruxelles2.over-blog.com

d'expérience. De même la Russie a récemment, lors d'une réunion en juillet à Bruxelles, proposé à l'OTAN de patrouiller ensemble sur le golfe d'Aden pour prévenir les attaques de piraterie. Il s'agit de former des *« patrouilles mixtes et d'établir la liaison entre les navires de guerre (russes et otaniens), ainsi que d'organiser des opérations conjointes dans le contexte de la lutte contre les pirates*[380] » a précisé le porte-parole de l'Alliance[381]. Cependant, tout comme la Chine et le Japon, l'objectif premier qui anime la marine russe est d'assurer la protection des intérêts russes.

Cependant, ils ne sont pas les seuls États qui se sont engagés à apporter une contribution nationale à la lutte anti-piraterie. On trouve également sur zone des bâtiments de guerre appartenant à ces différents pays : l'Inde, le Pakistan, la Malaisie, l'Arabie Saoudite, la Turquie etc. Fait assez inhabituel, on notera également la présence de l'Iran sur le golfe d'Aden au moyen de six navires de guerre destinés à assurer la protection des navires iraniens et subsidiairement *« d'aider tout autre navire étranger qui demandera de l'aide contre les pirates et d'aider [aussi] le gouvernement somalien dans sa lutte contre la piraterie*[382] ».

D'après des estimations de la marine américaine, il y aurait même d'autres déploiements nationaux, seulement ces derniers ne figurent pas dans les documents portés à la connaissance du public[383].

Quoi qu'il en soit, la concentration des divers acteurs, multinationaux ou nationaux, engagés dans la lutte contre la piraterie est révélatrice. Elle tend à démontrer le sérieux avec lequel la communauté internationale prend la menace de la piraterie et sa détermination à vouloir l'éradiquer sur l'un des axes majeurs de la navigation maritime. Mais elle peut aussi se révéler préjudiciable ; le manque de visibilité inhérente au nombre des intervenants et l'insuffisance des moyens déployés réduisant fortement l'efficacité opérationnelle.

B. L'efficacité limitée de la réponse opérationnelle

Face au phénomène de la piraterie, les États de tous les continents se sont mobilisés en déployant une véritable armada navale, seulement la multiplication et la diversité des intervenants génère une concurrence opérationnelle nuisible à l'efficacité de l'action dans sa globalité. Au final, les pirates se retrouvent plus face à un « patchwork » des forces qu'à une véritable opération internationale de lutte contre la piraterie.

---

380. GROS-VERHEYDE (N.-), *L'Iran arrive en force dans le Golfe contre les pirates*, 25 mai 2009, http://bruxelles2.over-blog.com

381. Voir *Piraterie en Somalie : la Russie propose à l'OTAN des patrouilles conjointes dans le Golfe d'Aden*, Ria Novosti, 22 juillet 2009.

382. GROS-VERHEYDE (N.-), *L'Iran arrive en force dans le Golfe contre les pirates*, 25 mai 2009, http://bruxelles2.over-blog.com

383. JOPLING (L.-), *La piraterie : une menace croissante contre la sécurité régionale et mondiale*, Assemblée parlementaire de l'OTAN, NATO PA 023 CDS 09F, 5 avril 2009, p.12.

D'autre part, l'éradication de la piraterie au large des côtes somaliennes sera extrêmement difficile à réaliser car les forces navales sont confrontées à trois grands défis [384] :

- l'immensité de la surface à surveiller ;
- la durée des opérations qui risque de se prolonger indéfiniment tant que la Somalie ne sera pas un État de droit ;
- malgré leur nombre, les forces engagées dans la lutte anti-piraterie seront en termes de taille, toujours en-deçà des besoins pour couvrir une telle zone.

En effet, la zone d'action des pirates couvre une superficie de deux millions de km², soit quatre fois la France, et 3 100 km de côtes[385]. Compte tenu de l'étendue de la zone, *« maintenir en permanence une surveillance aérienne et maritime [...] est un défi quasiment impossible à relever[386] »*. Pour intervenir dans un espace aussi vaste, il faut que les différents intervenants disposent de moyens conséquents, notamment des frégates capables d'embarquer des hélicoptères et des drones lourds[387]. On est bien loin du compte...

Les États qui participent à la lutte anti-piraterie estiment qu'ils fournissent déjà de gros efforts en mobilisant des frégates. Néanmoins il faudrait, selon certains experts, *« au moins 45 navires pour être efficaces [388] »*. On en dénombre moins de la moitié sur place lorsqu'on additionne l'ensemble des navires déployés par la flottille internationale.

De même en ce qui concerne la surveillance aérienne, les moyens déployés s'avèrent également très limités. Ils ne sont que huit avions dont trois d'Atalanta (un Espagnol, un Français et un Allemand), trois Américains de la CTF 151 et deux Japonais[389] pour assurer une patrouille aérienne sur un espace de plus de deux millions de km². On mesure déjà la difficulté d'action de contrôles aériens sur un tel espace maritime.

Pour leur part, il faut dire que les pirates ne restent pas inactifs malgré la présence des forces multinationales. En effet, depuis le printemps 2009, ils n'hésitent pas à s'aventurer de plus en plus loin des côtes somaliennes, comme le démontre le déplacement des attaques dans le Sud et notamment dans la zone économique exclusive des Seychelles. Les rançons exorbitantes versées par les armateurs des bateaux capturés ont largement contribué au perfectionnement des moyens d'attaques des pirates.

---

384. Voir rapport, *Le rôle de l'Union européenne dans la lutte contre la piraterie*, Assemblée de sécurité et de défense et Assemblée de l'Union de l'Europe occidentale, document A/2037, 4 juin 2009, p.16.
385. ZECCHINI (L.-), *L'incertaine riposte contre le fléau de la piraterie maritime*, Le Monde, 25 avril 2009.
386. MÉNARD (C.-), *Rapport d'information sur la piraterie maritime*, Assemblée Nationale, n°1670, 13 mai 2009, p. 58.
387. *Ibid.*
388. Propos du député finistérien Christian MÉNARD, recueillis par le quotidien breton *Le Télégramme*, in *Piraterie : « Au moins 45 navires militaires pour être efficaces »*, 15 mai 2009, http://www.meretmarine.com
389. GROS-VERHEYDE (N.-), *Ils sont désormais 8 avions pour surveiller l'Océan Indien et surveiller les pirates*, 16 juin 2009.

En outre, l'étendue de la zone qui favorise la mobilité des pirates demeure leur principal atout. La communauté internationale doit, par conséquent, renforcer ses moyens militaires tout en adaptant continuellement les stratégies de déploiement des forces, afin de pouvoir couvrir l'intégralité de la zone touchée. Afin d'y parvenir, nombreux sont ceux qui proposent de renforcer la surveillance aérienne en privilégiant notamment les véhicules aériens sans pilote (drones)[390] pour couvrir les principales zones à risque. En effet, compte tenu de l'étendue des espaces à surveiller, les patrouilles aériennes apparaissent comme étant beaucoup mieux adaptées que les forces navales.

Pour l'heure, les États-Unis sont les seuls qui ont fait du drone un véritable outil de lutte anti-piraterie[391]. C'est un appareil capable de *« voler de jour comme de nuit dans une posture ouverte ou déguisée, ce qui rend beaucoup plus difficile pour les pirates de se cacher [...]. Il est souple et très réactif, capable de changer les zones d'exploitation [ainsi que] les missions en plein vol. Sa capacité à fournir des images de haute qualité en temps réel accélère la prise de décision et donne un avantage tactique significatif pour arrêter la piraterie en haute mer* [392] ». La marine américaine assure partager ses images avec les autres forces présentes sur zone. Néanmoins, il serait préférable que l'Union Européenne et les forces otaniennes en soient également dotées.

Toutefois, même si l'utilisation généralisée de ces drones apparaît comme une solution plus que souhaitable, il n'est pas dit que les États se sentent prêts à s'engager davantage dans la lutte anti-piraterie. Cela représente un investissement considérable. Or, les opérations qui sont menées actuellement pèsent déjà lourdement sur le budget des États. Le coût annuel de l'opération EU-NAVFOR Atalanta a ainsi été évalué à plus de 230 millions d'euros[393].

Cette difficulté des États à déployer suffisamment de moyens pour surveiller l'ensemble du golfe d'Aden et de la mer Rouge a pour conséquence de voir le concept de sociétés militaires privées (SMP) se développer. Ces sociétés militaires proposent un soutien armé sous forme « d'équipes de protection embarquées » (EPE) et pour bon nombre d'armateurs, le recours à ces SMP apparaît comme une solution séduisante.

C'est d'ores et déjà la voie choisie par les États-Unis puisque le président George W. Bush a fait voter en 2007, une loi (*September-11 marque and reprisal Act*) qui autorise le Département d'État à délivrer des licences spéciales, autrement dit des lettres de marque, à une société militaire privée, *Pistris*

390. JOPLING (L.-), *op.cit.*, Assemblée parlementaire de l'OTAN, NATO PA 023 CDS 09F, 5 avril 2009, p.13.
391. GROS-VERHEYDE (N.-), *De l'utilité des drones dans la lutte anti-pirates*, 1er mars 2009, http://bruxelles2.over- blog.com
392. *Ibid.*
393. Voir *Atalanta coûterait plus de 200 millions d'euros par an aux Européens*, 24 avril 2009, http://www.meretmarine.com

Incorporated[394], afin que cette dernière réprime tout acte de violence dans l'océan Indien[395]. A priori, cette loi est en totale contradiction avec les principes du droit maritime international puisque la lutte anti-piraterie est une prérogative de puissance publique. Mais le cas américain est tout à fait singulier parce que, d'une part, les États-Unis n'ont jamais signé la Déclaration de Paris du 16 avril 1856, déclaration qui mettait fin à la pratique de la guerre de course[396] ; ensuite, la Constitution américaine prévoit dans sa section VIII de l'article 1 que le Congrès a toujours le pouvoir « *de déclarer la guerre, d'accorder des lettres de marque et de représailles, et d'établir des règlements concernant les prises sur terre et sur mer* [397] ».

Avec le recours de ces équipes de protection privées chargées d'assurer la sécurité à bord des navires, le risque est d'aboutir à une « *instrumentalisation des activités de sécurité*[398] » autrement dit à un développement de la sécurité privée[399] dans ce secteur. Heureusement, aujourd'hui le phénomène des sociétés militaires privées est assez limité parce que, d'une part, cette pratique n'est guère conforme à la Convention de Montego Bay, qui précise que la lutte contre la piraterie est de la responsabilité des États (article 105, CMB) ; d'autre part, il y a la question de l'embarquement des armes à bord qui pose un sérieux problème juridique. Pour autant, la question des EPE n'est pas une idée totalement abandonnée. Comme il n'est pas possible de combattre les pirates en s'appuyant uniquement sur des moyens maritimes, *« il faut autoriser la présence d'équipes de protection à bord et établir les bases juridiques »*.

C'est la conclusion à laquelle est parvenue l'Union Européenne, lors de la 56e session de l'Assemblée de l'Union de l'Europe occidentale, en juin 2009[400].

En fin de compte, on peut dire que la réponse militaire est une réaction nécessaire mais largement insuffisante. Les moyens déployés pour combattre la piraterie sont dérisoires par rapport à l'ampleur du phénomène. Les forces

---

394. Cette société se présente comme le « numéro 1 » du secteur privé en matière de sécurité maritime. Voir le site internet de la société *Pistris* : « Pistris Inc., World Leader in Maritime Operations », http://www.pistris.com.

395. *« La société Pistris (spécialiste des opérations maritimes) est ainsi habilitée à armer deux bâtiments de 65 m de long qui seront reliés aux satellites militaires d'observation. Ils seront dotés chacun d'un hélicoptère armé, d'embarcations annexes ultra-rapides capables d'atteindre la vitesse de 50 nœuds et embarqueront un équipage de 50 hommes dont des commandos. La société Pistris possède son propre camp d'entraînement militaire, notamment aux opérations commandos, dans le Massachussetts, près de Boston. »*, in *Le retour de la guerre de course*, Bulletins d'études de la marine, n° 43, décembre 2008.

396. PANCRACIO (J-P.-), *La guerre de course*, Bulletin d'études de la marine, n°43, déc. 2008, p. 75..

397. BRICET DES VALLONS (G-H.-), *Néocorsaires contre néopirates : privatiser la sécurité maritime dans le Golfe d'Aden*, in *Dossier : Combattre la piraterie maritime.* Sécurité Globale, CHOISEUL, n° **7**, Printemps 2009, p. 83.

398. PANCRACIO (J-P.-), *op.cit.*, Bulletin d'études de la Marine, n°43, déc. 2008, p. 75.

399. BORÉ EVENO (V.-), *« Des gardes armés à bord des navires : enjeux et cadre juridique »*, Actes du colloque « La piraterie : de la mer au cyberespace », Journées scientifiques de l'Université de Nantes du 5 et 6 juin 2014, pp.477-496.

400. Voir rapport, *Le rôle de l'Union européenne dans la lutte contre la piraterie*, Assemblée de sécurité et de défense et Assemblée de l'Union de l'Europe occidentale, document A/2037 ; 4 juin 2009, p. 18.

navales internationales ne peuvent, pour l'heure, « *donner peu ou prou que des coups d'épée dans l'eau*[401] ».

Il est très clair, en effet, que le fléau de la piraterie ne sera pas réglé par la seule approche navale. Il faut s'attaquer à la source, à la racine du mal, autrement dit à l'instabilité politique de la Somalie. Aujourd'hui, tout le monde s'accorde sur un point : tant que le pays ne sera pas un État de droit, il servira de terreau aux pirates et autres malfaiteurs. Le contre-amiral français Jean-Pierre Labonne, commandant-adjoint de l'opération Atalanta, a ainsi déclaré dans une interview : « *Nous sommes absolument conscients que l'opération militaire permet juste de limiter le risque. Mais pas de le supprimer. Nous savons tous qu'une solution de long terme passe par une approche globale, pour redonner à la Somalie tous les outils de l'État de droit, une justice, une police, des garde-côtes capables de maîtriser non seulement ce qui se passe dans les eaux territoriales mais aussi dans la zone des 200 milles (ZEE)* [402] ».

Cette question de mise sur pied d'un véritable État somalien paraît donc incontournable. Et surtout elle nous amène, en amont, à mesurer dans un premier temps les effets et la portée de ces opérations militaires censées contrer la piraterie somalienne et, dans un second temps, d'analyser le rôle du port de Djibouti comme base d'appui dans ces opérations militaires de lutte contre la piraterie.

Paragraphe 2. Effets et portée de ces opérations militaires sur la piraterie somalienne

S'agissant de la lutte contre la piraterie maritime, pour la communauté internationale, la Corne de l'Afrique est devenue un laboratoire à ciel ouvert. Et, dans ce paragraphe, nous serons amenés à mesurer dans un premier temps, la portée de la mobilisation de la communauté internationale et ce, particulièrement à travers les deux opérations militaires déployées par l'Union Européenne face à la piraterie somalienne (A) ; dans un deuxième temps il s'agira d'étudier le port de Djibouti à l'articulation entre contexte d'insécurité et usage des infrastructures portuaires à but militaire (B).

A. L'évolution de l'efficacité des opérations militaires déployées par l'UE

Sur le plan organisationnel, la force EU-NAVFOR a assuré la quasi-totalité des escortes des convois du programme alimentaire mondial. Si l'on croit l'Union européenne, « *les données collectées depuis 2008 montrent que la force EU-NAVFOR, en collaboration avec ses partenaires des autres forces anti-piraterie, est de-*

401. ZECCHINI (L.-), *L'incertaine riposte contre le fléau de la piraterie maritime, Le Monde,* 25 avril 2009.
402. Voir *L'opération permet de limiter le risque, pas de le supprimer,* entretien du contre-amiral français Jean-Pierre LABONNE, in GROS-VERHEYDE (N.-), *Atalanta : l'UE à l'abordage des pirates,* Europolitique, n°3761, 28 mai 2009, p. 21.

venue très efficace dans la prévention des attaques. Effectivement, avec 100 % de succès dans l'escorte des bateaux du Programme alimentaire mondial (173 escortes entre 2009 et avril 2013), avec une chute notable des attaques (176 attaques en 2011, 34 en 2012) et des captures (25 navires capturés en 2011, 5 en 2012), l'efficacité est au rendez-vous[403] ».

Selon le bureau du PAM de Nairobi, depuis le début de la mission Atalanta, 29 navires ont été escortés, ce qui correspond à près de 240 000 tonnes de nourriture, soit plus d'1,1 million de personnes nourries par an.

Du point de vue des accompagnements, 98 % des navires marchands ayant demandé la protection d'Atalanta, et ayant respecté les consignes délivrées par la force navale européenne, ont transité dans le golfe d'Aden sans avoir été saisis par des pirates. Selon l'OHQ de Northwood (chiffres à la mi-juin), plus de 6 200 navires marchands ont été enregistrés sur le site MSCHOA[404] depuis le 1er janvier 2009 (*Maritime Security Center Horn of Africa*), site web sécurisé sur lequel les capitaines de navires transitant par le golfe d'Aden peuvent s'inscrire et signaler les coordonnées géographiques de leur navire. La gestion du site est sous l'autorité du commandement d'Atalante.

L'extension des compétences de la mission Atalante a donné lieu à de récentes réussites. Notamment, une récente offensive aérienne a abouti, le 15 mai 2012, à la destruction d'une base logistique de pirates sur la côte somalienne. Sans que le nombre d'attaques pirates ait décru significativement, le taux de succès de ces attaques n'en a pas moins diminué depuis quelques années.

Néanmoins, les résultats sont présents et évaluables : en juin 2011, 23 navires étaient capturés par des pirates, et 501 personnes prises en otage. En juin 2012, seuls huit navires et 215 otages restaient entre les mains de ces mêmes pirates.

Et selon Joseph Silva, représentant et ambassadeur de l'UE en République de Djibouti : « *Depuis son lancement en 2009, Atalante a permis la capture et la condamnation de près de 130 pirates. Alors qu'en 2009, plus de 160 attaques de pirates avaient eu lieu dans la région et près de 50 navires de commerce pris en otage, Atalante a contribué à ramener en 2014 ce chiffre à deux attaques et aucun navire capturé par les pirates* » (discours du 6 mai 2015 à l'occasion de la passation de commandement dans l'opération Atalante entre la Suède et l'Espagne). Depuis l'activation de ces forces, de nombreuses attaques ont pu effectivement être déjouées. Le nombre des attaques diminue depuis fin 2008. Entre octobre et novembre 2008, une attaque sur trois arrivait à ses fins ; elle est passée d'une sur cinq en décembre de la même année à une sur sept en janvier 2009. Ces chiffres sont encourageants même si l'éradication de la piraterie est loin du compte. Néanmoins, au-delà de cet aspect, le déploiement de cette armada navale est significatif à plus d'un titre. Il procède d'une « *véritable prise de conscience par l'ensemble de la communau-*

403. CHAPLEAU (P.-) et PANCRACIO (J-P.-), In, p. 125. Voir http://euronafor.eu/mission
404. http://www.mschoa.org/

té internationale de l'ampleur du problème de la piraterie maritime et de la nécessité d'y apporter une réponse commune et globale ». Et compte tenu des enjeux de sécurité combinée à l'étendue de la zone, cette concentration des forces navales s'avère un atout sur le plan quantitatif.

Cependant, malgré les déploiements successifs ou simultanés des diverses activités opérationnelles, la solution militaire est loin d'apparaître comme la panacée.

L'importance des moyens consacrés à ces opérations

Moyens de technologie de pointe : les avions de surveillance maritime : grâce à leur grande autonomie (une douzaine d'heures pour les plus performants), les avions de surveillance constituent un instrument indispensable pour la couverture des espaces maritimes. Compte tenu de la taille des embarcations utilisées par les pirates, la vue est le moyen le plus fiable d'identification.

L'ensemble « frégate + hélicoptère armé + équipes de visite » est le moyen privilégié de la coercition, même si d'autres types de navires participent aussi aux opérations. Cet ensemble a déjà fait ses preuves dans la lutte contre le narcotrafic. Les équipages français sont particulièrement entraînés à ces actions de vive force en haute mer.

Les dispositifs préventifs

À l'occasion de la lutte est apparu un nouveau moyen, les Équipes de Protection Embarquée (EPE). Elles sont présentes sur les navires battant pavillon français, considérés comme particulièrement vulnérables, comme les navires de pêche et les câbliers, qui sont lents de par leur activité. Les EPE comptent une dizaine de marins dont des fusiliers commandos et des volontaires de spécialités variées (détecteurs, transmetteurs, manœuvriers) et se caractérisent par une grande autonomie dans le cadre de règles d'engagement précises. Toutefois, les EPE ne peuvent répondre à toutes les demandes dans un cadre budgétaire contraint pour la Marine.

Le débat sur l'embarquement de gardes armés, déjà pratiqué sous plusieurs pavillons, vient d'évoluer sensiblement pour les navires sous pavillon français. Les armateurs français se sont ralliés à la nécessité de renforcer la dissuasion de leurs navires avec des gardes.

B. Le port de Djibouti à l'articulation entre contexte d'insécurité et usage des infrastructures portuaire à buts militaires

On ne pourra pas contredire l'idée mise en avant par le Professeur émérite Dominique GAURIER s'agissant de la résurgence de la piraterie maritime : dans « *la Corne d'Afrique orientale, au large des côtes d'une région abandonnée depuis des années, renaît une activité qui devient de jour en jour plus puissante, mieux armée et combien plus rentable. Des populations déshéritées se font embaucher par des financiers interlopes régionaux, qui, sous couvert de donner de l'air à une grande misère, s'enrichissent des activités crapuleuses qu'ils suscitent et soumettent les pays industrialisés du Nord, qui dépendent de ce point de passage pour leurs convois pétroliers, à une pression croissante, que les moulinets et les rodomontades des pouvoirs politiques visés sont incapables de stopper*[405] ». Ceci nous amène alors dans notre analyse à pouvoir démontrer que Djibouti est placé au premier plan dans cette lutte contre la piraterie maritime, du fait de sa situation géostratégique favorable au maintien de l'ordre maritime international et régional. Ainsi dans le cas des ports de Djibouti, nous pouvons de ce fait lister l'ensemble des prérogatives qui incombent dans cette imbrication militaire dans l'usage des infrastructures portuaires pour lutter efficacement contre la piraterie dans la Corne de l'Afrique :

Le premier rôle joué par le port de Djibouti dans cette lutte militaire contre la piraterie aux larges des côtes somaliennes sera un rôle d'appui logistique et d'échange d'informations pour les différentes missions européennes, américaines et autres entités. En effet, les différents navires militaires des puissances occidentales engagées dans la lutte anti-piraterie somalienne vont accoster au port de Djibouti. Avant de prendre le large et de mener leurs opérations militaires d'escorte ou de lutte contre la piraterie, les navires et les frégates des pays de l'UE sont amenés à faire un passage et une courte escale au port de Djibouti. Après l'escale, le port voit décoller, depuis les navires et frégates passés sur ses quais il y a quelques années, des avions de reconnaissance.

Pour le port, l'accueil de ces navires chargés en matériels (de quoi vivre) et en personnels humains s'avère une mission à grande responsabilité qui requiert de l'attention et une certaine organisation en termes d'aménagement de place, de sécurité. Si besoin, les navires peuvent être ravitaillés en carburant directement via les infrastructures du port dédiées à cet effet. Ces opérations militaires d'envergure internationale ont donc placé *de facto* le port de Djibouti dans un rôle assez crucial de point d'attache, de passage, d'appui logistique. Et le choix du port de Djibouti, par les armées internationales de lutte contre la piraterie somalienne, a certes été justifié par la proximité géographique avec le golfe d'Aden, lieu d'exercices des pirates, mais aussi par des considérations géopolitiques.

En effet, il y a également le port d'Asmara en Érythrée que les forces de l'UE et de l'OTAN auraient pu choisir comme lieu logistique, de passage, de passation de pouvoir. Mais l'affinité géostratégique avec la République de Djibouti (forte présente sur le sol djiboutien des bases françaises, américaines, japonaises etc.) a fait que naturellement le choix s'est porté sur le port de Djibouti.

---

405. GAURIER (D.-), « Et voici que revient le pirate que l'on croyait à jamais disparu ! », édition *Annuaire de droit maritime et océanique*, Tome XXXVI-2018, p.279.

Le deuxième rôle joué par le port de Djibouti, est un rôle très symbolique qui est d'être le haut lieu de passation de pouvoir ou de commandement entre les armées européennes engagées dans ces opérations de lutte contre la piraterie au large des côtes somaliennes.

En effet, le commandement des forces de l'UE (Atalante) est confié tous les six mois à un pays de l'UE impliqué sur le terrain dans les opérations militaires. Cette rotation semestrielle dans le commandement de l'opération Atalante suppose donc que le pays qui avait en charge le commandement (ex : la France) doit au bout de six mois, à la fin de son mandat, passer le relais à un autre pays (ex : l'Espagne). Cette rotation du pouvoir implique l'organisation des cérémonies très officielles de passation de commandement entre armées européennes engagées dans la lutte contre la piraterie somalienne. Et à cet égard, le lieu sur lequel se réalisent ces cérémonies de passation de commandement est le port de Djibouti. À titre d'exemple, le 14 août 2010, au terme d'une cérémonie organisée à bord du bâtiment suédois *Carlskrona*, la France a pris le commandement de la force maritime européenne engagée dans l'opération de lutte contre la piraterie Atalante. Ainsi, nous pouvons citer plus récemment, le 6 mai 2015, la passation de commandement de l'opération navale de l'Union Européenne Atalante, à bord de la frégate de commandement néerlandaise *Johan de Witt*. Le Contre-amiral Jonas Haggren, qui a dirigé les derniers mois les opérations navales et aéronavales de lutte anti-piraterie et de soutien à la sécurité maritime, a cédé son commandement au Contre-amiral Alfonso Gomez Fernandez de Cordoba (*Figure 7*).

Figure 7 : Photo de la cérémonie de passation de commandement entre les Pays-Bas et l'Espagne.

À travers ces cérémonies, le port se voit jouer un rôle très symbolique d'être le lieu de passation de pouvoir. Ce rôle qui est certes différent du premier (appui et base arrière logistique) nous montre une nouvelle facette de l'implication assez symbolique, assez matérielle, et assez stratégique du port dans ces opérations de lutte contre la piraterie somalienne. Être le lieu de passation de commandement entre forces de l'UE donne au port de Djibouti un peu plus d'aura, de visibilité à l'échelle internationale et montre son degré d'implication dans ces opérations anti-piraterie somalienne.

Le troisième rôle non négligeable dans l'utilisation des infrastructures portuaires est la présence des entreprises de transport maritime qui se sont tournées vers « *des sociétés militaires et de sécurité privées*[406] » qui sont les compléments des BMP[407] (*Best Management Practices, against Somalia based piracy*) pour assurer leur traversée du golfe d'Aden, via le port de Djibouti et de la zone de haut risque. Il est important de souligner que Djibouti est le point d'ancrage des opérations de lutte contre la piraterie et où se pose même la question du transit des équipes étrangères et de leur équipement, « *les demandes d'agréments et d'autorisations pour les opérations prévues aux articles 2 et 3 seront effectuées auprès de l'organisation de tutelle, la Présidence de la République et après avis de la Société Djibouti Maritime Security Service qui est seule habilitée à recevoir, instruire et enregistrer les demandes d'agréments*[408] ». Ainsi, nous pouvons citer, parmi les sociétés impliquées dans la lutte contre la piraterie, le groupe *Blackwater*, connu pour son implica-

406. Les sociétés militaires et de sécurité privées « *ont émergé vers la fin de la guerre froide* ». Alors que les armées démobilisent massivement, une main-d'œuvre qualifiée se retrouve sur le marché de l'emploi. Mais les conflits régionaux s'intensifient et certaines missions sont alors confiées à des sociétés privées : logistique, transport, formation. Ces sociétés ont donc pu se développer et, après le 11 septembre 2001, ont élargi leurs compétences au domaine maritime qui faisait l'objet d'une augmentation des mesures de sécurité. L'augmentation du nombre d'actes de piraterie qui suivit l'an 2000 fut exploitée par ces sociétés qui proposent alors leurs services aux armateurs ainsi qu'aux États.

407. *Les meilleures pratiques de gestion contre la piraterie somalienne* : ce guide est le fruit d'un travail collectif entre de grandes associations et organisations du secteur maritime et les trois coalitions navales internationales publié par la UKMTO (United Kingdom Maritime Trade Operations). En plus de l'EU-NAVFOR, de la CMF et de l'OTAN, des associations telles que BIMCO (Baltic and International Maritime Conference), Intertanko, Intercargo et The Mission to Seafearers s'impliquent donc dans la lutte contre la piraterie. Il ne s'agit pas de lutte directe mais plutôt de moyens – pour les transporteurs maritimes – d'éviter que les attaques réussissent. Son objectif est « *d'assister les navires pour éviter, dissuader ou retarder les attaques pirates dans la Zone de Haut Risque* ».

408. Djibouti Maritime Security Service appartient à Bruno Pardigon qui a signé, en juin 2012, un partenariat avec la société française Stike Globale Services. Cet accord a débouché sur la création de Sovereign Global Solutions. Sovereign Global Solutions Ltd., société de droit britannique basée à Londres, se présente comme « un opérateur de souveraineté, fournisseur de conseils et d'assistance aux États ou à des entreprises mandatées par des États ou des organismes supra-nationaux ». Voir http://www.djiboutimaritimesecurity.com/acceil.html

tion en Irak[409] et en Afghanistan[410]. *Blackwater* a changé de nom en 2009 pour devenir Xe, puis à nouveau en 2011 pour devenir Academi. C'est le fameux site *Wikileaks*[411] qui révèle que *« le gouvernement djiboutien a autorisé [Blackwater] à opérer, à partir du port de Djibouti, un navire armé contre les pirates, pour protéger les navires commerciaux*[412] ». Nous devons insister sur le fait que le recours à des sociétés de protection privée de protection des navires[413] est un exemple de mode de privatisation bien plus parlant. Et cela est d'autant plus parlant lorsqu'on arrive à chiffrer les coûts de la traversée selon *« la Maritime Security Association, [qui considère] qu'il faudrait compter en moyenne 50 000 dollars par transit. Puisqu'un quart des navires embarquerait une équipe de protection (soit plus de 10 000 transits par an), ce sont donc quelque 500 millions de dollars que les entreprises de sécurité et les fournisseurs d'équipements factureraient annuellement aux armateurs et affréteurs*[414] ». Dans ces conditions, la France, pour faire face à ce risque, soucieuse de maintenir l'attractivité de ses pavillons, a instauré primitivement un dispositif permettant d'embarquer à bord des navires vulnérables – thoniers au large des Seychelles via Djibouti ou câbliers notamment – des équipes de protection embarquées (ces navires sont encore aujourd'hui protégés par les forces de la Marine nationale)[415]. Ces équipes embarquées (Marine nationale et militaire) sont obligées de protéger les navires arborant pavillon français sur certaines mers à haut risque dans le monde[416] sous trois conditions :

409. http://www.lemonde.fr/proche-orient/article/2007/09/18/la-societe-blackwater-impliquee-dans-une-fusillade-a- bagdad_956479_3218.html consulté le 7 juin 2015.

410. http://edition.cnn.com/2009/WORLD/meast/05/19/afghanistan.contractors/index.html consulté le 7 juin 2015.

411. QUENTIN (P.-), « *La piraterie somalienne : la comprendre et expliquer sa disparition* », mémoire de master 1 Géopolitique 2014-2015, Université de Reims Champagne-Ardenne, sous la direction du Professeur Stéphane Rosière, en Humanities and Social Sciences, p.57.

412. http://www.bruxelles2.eu/2010/12/02/quand-le-mcarthur-de-blackwater-sintroduit-dans-la-lutte-anti-piraterie/, consulté le 7 juin 2015.

413. La différenciation opérée dans le rapport d'information n°4350 sur les sociétés militaires privées, de Ch. Ménard et J.-C. Violette, du 14 février 2012. Par comparaison, le langage courant réserve le terme de « sociétés de sécurité privée » aux entreprises qui assurent sur le territoire national des prestations de gardiennage, de convoyage de fonds ou encore d'escorte de personnalités. Le terme de « sociétés militaires privées » est la traduction de la notion anglo-saxonne de « *private military companies* ». Ces entreprises assurent en France des activités variées comme le conseil en sécurité internationale, la sécurisation d'investissements à l'étranger, le soutien de bases militaires ou des services de logistique. Ces missions sont néanmoins moins étendues que celles proposées par les sociétés anglo-saxonnes, lesquelles sont autorisées à intervenir en appoint des forces armées, empiétant au besoin sur le domaine régalien de l'État.

414. CHAPLEAU (P.-) et PANCRACIO (J-P.-), *La piraterie maritime droit, pratique et enjeux*, éd. Vuibert, janvier 2014, pp.175-176.

415. DRAPIER (S.-), « *La lutte contre la piraterie en mer par les entreprises privées de protection des navires* », ouvrage dirigé par le Pr Patrick CHAUMETTE, *Espaces marins : surveillance et prévention des trafics illicites en mer*, octobre 2016, p.249.

416. Objectif du projet de loi n°1674 de F. CUVILLIER relatif aux activités privées de protection des navires, déposé le 3 janvier 2014.

- nécessite que des ressortissants français soient présents à bord du navire ;
- que le propriétaire du navire soit de nationalité française ;
- et que la cargaison ou l'activité exercée ait un caractère stratégique pour la France[417].

Partant de ce fait d'autres États européens ont suivi l'initiative de la France, comme le Royaume-Uni, l'Allemagne ou l'Italie, et ont préféré d'emblée autoriser la présence de grades armés, « dits privés », pour les activités de sécurisation à bord des navires battant leur pavillon[418] au moyen, si nécessaire, d'escortes armées[419].

Dans un autre ordre d'idée, la thèse de Roukiya Mohamed Osman (cas de Djibouti) considère que *« les entreprises privées de sécurité [sont] un secteur en balbutiement dans la république de Djibouti »*, mais néanmoins elle prétend que *« leurs missions, loin de se confondre à celles des forces de sécurité nationale, se limitent à la prévention, à la dissuasion, à la protection et à l'intervention dans certaines situations ; et elle ne doit en aucun cas empiéter sur celle de la sécurité publique réservée à la police ou à l'armée. Ainsi, la loi interdit aux agents de sécurité d'opérer sur la voie publique et de porter des armes sauf dérogation exceptionnelle[420] »*.

S'agissant de cas d'agents privés accompagnateurs des navires (compagnies privées) dans les zones à risques via le port de Djibouti, ils transitent par deux manières :

- dans les cas où les snipers viennent par voie aérienne, ils doivent déposer tous leurs arsenaux militaires à l'aéroport de Djibouti, que les Garde-côtes récupèrent pour les déposer au port jusqu'à les faire monter sur les navires (ceci nécessite une étroite surveillance) comme prévu dans le texte de la création du statut de la Garde de côte, **décret N° 2010-0229/PR/MET portant création d'une institution civile des Garde-Côtes[421], dans l'article 8** *« les personnels de cette institution peuvent être conduits à participer à des opérations de maintien de l'ordre public dans les zones maritimes relevant de la souveraineté ou de la juridiction de l'État.*

417. Voir le rapport du Sénat n°499, préc., séc. p.50.

418. La palette de services offerte par les « entreprises militaires et de sécurité privée » couvre tout le spectre des activités autrefois réservées aux armées, y compris le domaine du combat : les sociétés proposant ces services offrent des prestations variées, allant du conseil aux escortes armées, en passant par la négociation pour la libération d'otages retenus à bord. Sur le théâtre de guerre afghan, près de soixante pour cent des personnels envoyés par les États-Unis faisaient partie d'entreprises privées de sécurités ou défense. Voir à propos du Royaume-Uni, depuis 2011, le rapport du Sénat n°499, préc., spéc. p.51.

419. Rapport du 30 juin 2010 de l'Institut des Hautes Études de Défense Nationale sur : *« Les Entreprises Militaire et de Sécurité Privée : outil indispensable ou abandon par l'État de ses prérogatives de souveraineté ? »*, spéc. p.5.

420. MOHAMED OSMAN (R.-), *« La politique de sécurité et de défense dans la Corne de l'Afrique : le cas de Djibouti »*, thèse soutenue, le 12 décembre 2016 sous la direction du Pr Mathieu Guidère, p.149.

421. http://www.presidence.dj/texte.php?ID=2010-0229&ID2=2010-1204&ID3=D%E9cret&ID4=23&ID5=2010-12-15&ID6=n

Ils sont chargés d'assurer aussi l'escorte des autorités civiles et militaires, de matériels sensibles et des fonds en provenance ou à destination des ports du pays ».

- dans les cas où les snipers viennent par voie maritime, alors les armes sont récupérées par la Garde-Côtes Djiboutienne (**décret N° 2010-0229/PR/MET portant création d'une institution civile des Garde-Côtes, article 8)** et ensuite acheminées par voie terrestre jusqu'à l'aéroport pour être scellées et enregistrées au vol prévu au retour du sniper.

- et enfin le quatrième rôle est orienté vers l'accueil « *d'humanitaires et d'immigrés yéménites* », ou autres pays ressortissants qui font la guerre au Yémen par le biais du port de Djibouti.

Ainsi, comme le souligne Sonia Le Gouriellec, Djibouti, « *une ville-garnison* », se caractérise par la cohabitation des militaires de différentes origines, parlant des langues différentes, faisant parfois des entraînements conjoints, comme le font par exemple Français et Américains qui ont des intérêts stratégiques communs dans cette région de la Corne de l'Afrique. À cela s'ajoute au cœur de ce dispositif naval européen la participation de Chinois et de Japonais pour combattre la piraterie maritime sur les côtes somaliennes.

Comme nous venons de le voir, les réponses militaires face à la piraterie ont permis de faire baisser drastiquement les attaques mais néanmoins, sans l'inconditionnelle politique de lutte contre la piraterie, avec comme point d'appui la République de Djibouti, elles n'auraient pas permis cette possibilité de la sécurisation du commerce mondial, d'une part des intérêts nationaux, et d'autre part des intérêts étrangers.

Chapitre 2 : La politique de lutte contre la piraterie, avec comme point d'appui la République de Djibouti

« Dans cet environnement régional, certains États tirent profit à leur manière de l'instabilité. Djibouti offre ses infrastructures portuaires à une bonne partie des navires qui luttent contre la piraterie. Les participations étrangères navales ne mettent pas en relief uniquement la dimension militaire. Ce « confetti stratégique » à la construction identitaire toute spécifique conduit une diplomatie originale pour développer sa volonté d'être un hub économique régional.[422] »

La piraterie maritime semble intemporelle car c'est une activité qui ne date pas d'hier. De très nombreux peuples côtiers se sont livrés, à un moment de leur histoire, à la piraterie maritime. Durant l'Antiquité, les pirates de l'Afrique du Nord s'attaquaient, en Méditerranée et dans l'océan Atlantique, aux lourds convois revenant d'Orient. En mer du Nord, les Hollandais traquaient les commerçants espagnols ou portugais. Les pirates anglais se retrouvent en Méditerranée. Grâce à la pression de la police des mers – assurée par les marines des Couronnes de France et d'Angleterre, la piraterie régresse au XVIIIe siècle, ce qui semble en sonner le glas. Cependant, croire qu'elle s'est éteinte est illusoire. Le contexte contemporain semble faire resurgir la vitalité de celle-ci. En effet, pendant les années 1970 et 1980, les attaques des navires marchands recommencent à se multiplier sous la forme d'actes de petite envergure qui font quelques blessés sur les navires cibles.

Aujourd'hui, des attaques de navires sont effectuées avec des armes à feu. La forme primitive a pris une dimension nouvelle. Désormais, des navires de commerce de gros tonnages sont capturés, maquillés et revendus ou réutilisés par des bandes organisées équipées de vedettes rapides et d'armes automatiques, dont des lance-roquettes. Les assauts sont de plus en plus violents, entraînant beaucoup de morts parmi les équipages. La piraterie des temps modernes existe bel et bien, et le pirate n'a plus le visage de l'aventurier, mais celui d'un criminel[423]. Ceci nous amène à analyser, plus en profondeur, le défi de la lutte contre les actes illicites et volontaires (à l'instar des pirateries fluviales et maritimes, du terrorisme, de la pêche illicite non déclarée et non réglementée,

422. FERRAS (P.-) et GNANGUÊNON (A.-), « *La diplomatie chinoise au miroir des opérations anti-piraterie dans le golfe d'Aden* », éditions Étude de l'IRSEM n°24 : *Les défis stratégiques africains : exploration des racines de la conflictualité en Afrique de l'Est,* (dir.) par GNANGUÊNON (A.-), p.51.

423. N'GOUYA (M.-), Capitaine de Vaisseau, *Revue Africaine des Affaires Maritimes et des Transports.* Articles et études doctrinales, juillet 2009, N°1, p.37-43.

du trafic de stupéfiants et de personnes, du vol à main armée...)[424] dont les transports maritimes internationaux imposent sans aucun doute une approche globale de la politique de la sécurité maritime, pour éventuellement parvenir à une harmonisation la plus large possible des politiques et procédures juridiques et techniques de mise en œuvre de mesures internationales de sûreté maritime dans les différents États maritimes. À travers cette volonté internationale de mettre en place des politiques d'harmonisation, nous observerons, tout au long de notre développement, l'intérêt d'une collaboration des États de la région de la rive est de l'Afrique, à savoir la mise en place de droit souple (Code de conduite de Djibouti, Protocole de Mombasa, Amendement de Djeddah) ou encore la mise en place d'une coopération (régionale, sous-régionale et internationale) plus poussée en matière de sûreté maritime, afin de favoriser et d'améliorer une effectivité et une efficacité de mécanismes juridiques en vigueur. Ici, la question de la coopération est une des problématiques essentielles du système

---

424. Il convient d'emblée de souligner que le droit international actuel, tel que régissant la piraterie maritime (la Convention de Montego Bay sur le droit de la mer) et le terrorisme maritime (la Convention de Rome pour la répression des actes illicites contre la sécurité de la navigation maritime et le Protocole à la Convention susmentionnée pour la répression des actes illicites contre la sécurité des plates-formes fixes situées sur le plateau continental, conclus à Rome le 10 mars 1988 et révisés le 1er novembre 2005 à Londres), n'est pas parvenu à encadrer de manière efficiente le terrorisme et la piraterie maritimes. Ces notions complexes, dont les manifestations échappent parfois totalement à la souveraineté des États, demandent plusieurs ajustements voire un certain abandon de la souveraineté des États, à laquelle, malheureusement et heureusement, ils restent attachés. Sur le sujet, lire le meilleur article de Mélaine SAURIOL, in *Piraterie et terrorisme maritime : l'urgence de la modernisation du droit*, 2006, ERTA (Équipe de recherche sur le terrorisme et l'antiterrorisme) - TCRG. Article à consulter sur le site internet : www.erta-tcrg.org/ottawa/piraterie.html
Concernant la piraterie maritime moderne, lire Nathalie BOUDONG, in *La piraterie maritime moderne*, Mémoire de Master II professionnel Droit Maritime et des Transports sous la direction de Maître Christian Scapel, Année universitaire 2008/2009, Faculté de droit et de sciences politiques, d'Aix-Marseille, Université Paul Cézanne III, Centre de droit Maritime et des transports, p.6 ; Nathalie FAU, in *Le Nord Sumatra : une périphérie indonésienne sur le Détroit de Malacca. Un espace partagé entre intégration nationale et recompositions transnationales*, thèse soutenue le 9 décembre à l'Université de Paris X Nanterre, sous la direction de Madame Muriel Charras, Directeur de recherche au CNRS, p.420 ; Abbas DAHER DJAMA, in *Le XXIe siècle à l'assaut du droit de la piraterie : le cas de la Somalie*, thèse soutenue le 26 octobre 2015, sous la direction de Alain PIQUEMAL, Professeur émérite agrégé de droit public à l'Université Nice-Sophia Antipolis, ancien Doyen de l'Institut du Droit de la Paix et du Développement. Concernant le terrorisme, voir notamment *la loi française n°2006-64 du 23 janvier 2006 relative à la lutte contre le terrorisme et portant dispositions divers relatives à la sécurité et aux contrôles frontaliers*, Éric HUGUES, In *La notion de terrorisme en droit international : en quête d'une définition juridique*, Mémoire présenté comme exigence partielle de la Maîtrise en droit international, Université du Québec à Montréal, juin 2003 ; Ludovic HENNEBEL et Gregory LEWKOWICZ, « Le problème de la définition du terrorisme », in HENNEBEL (L.), VANDEMEERSCH (D.), *Juger le terrorisme dans l'État de droit ?*, Centre Perelman de Philosophie de droit, Bruxelles, Bruylant, 2009, p.17-59. Il serait intéressant de lire en l'espèce la conclusion de ces acteurs sur le problème de la définition du terrorisme : « *La définition juridique du terrorisme constitue un problème. Au niveau international, ce problème prend d'abord et avant tout la forme d'une absence de consensus sur une définition universelle légale. Au niveau national, la situation est différente dans la mesure où les ordres juridiques possèdent tous, sous une forme ou une autre, une définition légale du terrorisme. À ce niveau, la définition du terrorisme constitue toutefois également un problème mais seulement en termes de compatibilité entre les définitions adoptées et le respect des principes de l'État de droit...* ». Voir Ludovic HENNEBEL et Gregory LEWKOWICZ, *op.cit.*, p.58.

juridique de sûreté maritime, et s'analyse comme étant l'instrument privilégié, voire de référence, qui d'une part permet une difficile harmonisation juridique du droit international de la sûreté maritime, et d'autre part une efficience de la politique internationale de sûreté maritime de toutes les communautés des États maritimes ou non se trouvant sur l'axe de route critique maritime. Un premier exemple d'une coopération régionale réussie est la politique dans le cadre de la lutte contre la piraterie somalienne, avec la mise en pratique de la résolution 2184 de novembre 2014 ; le Conseil de Sécurité des Nations Unies constate *« un net recul des actes de la piraterie signalés au large des côtes somaliennes, qui sont à leur plus bas niveau depuis 2011 »*. Il attribue celui-ci aux actions de lutte déployées conjointement dans cette zone par les différents acteurs impliqués. Néanmoins, si la situation semble canalisée dans le golfe d'Aden, le Conseil de Sécurité relève que la menace demeure réelle puisque *« les pirates menacent désormais l'ouest de l'océan Indien et les zones maritimes adjacentes et [ont] accru leurs moyens d'action*[425] *»*. Ce constat a amené l'institution onusienne à reconduire, pour une période de douze mois, les autorisations accordées dans les précédentes résolutions visant à lutter contre la piraterie[426]. Ceci démontre encore une fois que selon Christophe Houry[427] : « *Si le droit international de la sûreté maritime pose un cadre juridique qui permet aux États de lutter contre la piraterie maritime, la coopération entre États se révèle indispensable. La résurgence et l'ampleur du phénomène de la piraterie, aussi bien en Asie du Sud-Est qu'au large de la Corne de l'Afrique, ont mis en évidence la nécessité d'activer non seulement des mécanismes sécuritaires internationaux pour renforcer le droit existant, mais aussi la complémentarité de mécanismes régionaux indispensables à une solution à long terme* ». Dans un autre ordre d'idée, nous estimons que « *la résurgence de ce phénomène, que l'on croyait à tort disparu, démontre aujourd'hui combien l'internationalisation des routes maritimes ne permet plus une simple réponse étatique unilatérale*[428] ». Par ailleurs, les enjeux économiques liés à la sécurisation du transport maritime ont donc conduit pour la première fois les États à réellement coopérer pour endiguer le phénomène de la piraterie maritime.

En effet, cette forme de piraterie moderne n'a pas épargné les côtes somaliennes, comme nous l'avions évoqué précédemment, et l'actualité des détournements de navires marchands par des pirates somaliens lourdement armés ne cesse de défrayer la chronique depuis plusieurs années. Et c'est cette recrudescence des activités de piraterie au large des côtes somaliennes qui contribue

425. S/RES/2184, Conseil de sécurité, ONU, 12 novembre 2014.

426. Paragraphe 10 de la résolution 1846 (2008), paragraphe 6 de la résolution 1851 (2008), paragraphe 7 de la résolution 1950 (2010), paragraphe 9 de la résolution 2020 (2011), paragraphes 12 de la résolutions 2077 (2012) et 2125 (2013), paragraphe 13 de la résolution 2184 (2014).

427. HOURY (Ch.-), *La piraterie maritime au regard du droit international : Incertitude et évolutions contemporaines*, éditions L'Harmattan, 2014, p.173.

428. PROUTIÈRE-MAULION (G.-), *Les enjeux de la sécurisation du transport maritime au service de l'action extérieure de l'Union Européenne*, actes du colloque des 5 et 6 juin 2014, « La piraterie : de la mer au cyber espace », édition *Annuaire de droit maritime et océanique*, Tome XXXVI-2018, p.416.

fortement à accroître les préoccupations de la communauté maritime, et sont une menace permanente pesant sur les navires empruntant quotidiennement le canal de Suez.

Une des conséquences immédiates est la décision, certes encore marginale, de certains armateurs d'emprunter le cap de Bonne Espérance et ainsi contourner cette zone devenue trop dangereuse. Cette posture apparaît d'autant plus judicieuse pour ses défenseurs qu'elle est confrontée à une augmentation significative du prix des carburants. En 2011, le surcoût entraîné par l'insécurité au large de la Somalie a dépassé cinq milliards d'euros (surconsommation de carburant, dépense de sécurité, frais d'assurances couvrant les risques de guerre ou de rapt, coût de déviation des navires, primes de risques versées au personnel navigant, indemnités en cas de prise d'otage, versement de rançons, etc.). Cette lourde facture est payée à 80 % par les armateurs, les 20 % restant étant constitués par des dépenses militaires prises en charge par les États[429].

Par ailleurs Djibouti a, dès le début, pris une part majeure dans la politique de lutte et de la coopération internationale[430] contre la piraterie et le terrorisme en tous genres, en accueillant sur son territoire différents pays (France, États-Unis, Italie, Allemagne, Espagne, Japon, Chine).

État voisin de la Somalie, la République de Djibouti est le principal acteur régional exhortant la communauté internationale à aider la Somalie à sortir de la crise. En même temps, concerné également par ce fléau qui touche ses eaux territoriales, Djibouti est devenu la base logistique et opérationnelle de la lutte contre les actes de criminalité volontaires dans les transports maritimes internationaux. Ceci nous amène, dans une première section, à étudier la stratégie basée sur l'institutionnalisation d'une coopération et, dans une seconde section, à procéder à l'analyse de la République de Djibouti au cœur d'intérêts stratégiques dans une analogie de lutte contre la piraterie.

Section 1 : Une stratégie basée sur l'institutionnalisation d'une coopération régionale et internationale

L'océan Indien représente le troisième plus grand océan du monde, réalisant à lui seul environ 70 % du transport de pétrole et dont le commerce mondial dépend fortement. Les lignes maritimes les plus importantes de la communi-

429. REY (F.-), « Afrique de l'Est - la facture salée de la piraterie », *Jeune Afrique* n°2709 du 9 au 15 décembre 2012, p. 96.

430. Le vocabulaire juridique définit la coopération internationale comme « *une action conjointe et coordonnée de deux ou plusieurs États ou d'États et de personnes privées dans un domaine déterminé (militaire, scientifique, technique, culturel, national ou financier, fiscal, monétaire, commercial, maritime, international, spatial), en vue de parvenir à des résultats communs dans un ou plusieurs domaines de la vie internationale ; cette coopération peut se réaliser soit dans le cadre de l'exécution d'un traité ou d'une organisation internationale, soit en dehors de tout cadre contractuel ou institutionnel* ».

cation (SLOC) s'étendent dans l'océan Indien occidental, où se développent des activités de pêche ainsi que des activités de recherche et d'exploitation offshore. Les questions de sécurité maritime englobent toutes les activités, légales ou illégales, dans ces domaines qui transcendent les frontières traditionnelles, nécessitant une plus grande coopération inter-institutions et régionale. Les menaces sur les routes maritimes restent importantes, même si la piraterie et les vols à main armée en mer ont diminué ces dernières années. En effet, lorsque la piraterie a atteint son sommet le plus élevé en 2009, l'Union européenne a décidé d'appuyer la mise en place d'un mécanisme régional, le Code de conduite de Djibouti[431], convenu en 2009 par 21 États côtiers de l'océan Indien occidental, par le lancement du programme appelé « les routes maritimes critiques » (*Critical Maritime Routes*) en 2010, présenté dans la carte ci-dessous.

Figure 8 : Carte représentative des États signataires du Code de conduite de Djibouti (DCoC)[432]

Grâce au Code de conduite, plusieurs initiatives ont été prises depuis 2009, avec les organisations internationales, les États riverains et les États utilisateurs, pour un océan Indien plus sûr et plus propre. En premier, la coopération régionale est basée sur le partage de l'information, et en second, sur la formation. « *Grâce au réseau d'échange de renseignements créé en 2011, le Code prévoit le partage de renseignements : le Centre régional de coordination de sauvetage maritime (RMRCC) à Mombassa, au Kenya ; le centre de coordination de sauvetage maritime (MRCC) à Dar-es-Salaam, en République de Tanzanie ; et le Centre régional de renseignements maritime de Sanaa, au Yémen. Le réseau permet d'échanger des renseignements sur*

---

431. http://www.imo.org/fr/OurWork/Security/PIU/Pages/DCoC.aspx

432. Site de l'Organisation maritime internationale (OMI).

les actes de piraterie dans toute la région, ainsi que d'autres renseignements pertinents afin d'aider le secteur des transports maritimes et les États signataires à prendre des mesures pour atténuer la menace que constitue la piraterie.[433] »

Par ailleurs, le Centre régional de formation de Djibouti (DRTC[434]) et les trois centres ISC (*Information sharing centers*) contribuent à l'échange d'informations maritimes, le premier élément essentiel nécessaire avant l'établissement de la connaissance de la situation maritime (MSA). Le DRTC est un centre clé pour soutenir les institutions et les praticiens de la communauté maritime régionale, en améliorant les compétences et les connaissances afin d'avoir un même langage en matière maritime. De plus, il apparaît une problématique qui est de surmonter ces problèmes transfrontaliers en mer, en particulier en Afrique de l'Est, donc il a fallu mettre en place une coopération régionale basée sur une coordination inter-institutions et une coopération régionale axée sur la formation et le partage d'informations.

Paragraphe 1 : Une coopération régionale basée sur une coordination stratégique

Dans ce paragraphe, nous allons étudier les mesures régionales mises en place, en conformité avec les standards internationaux en matière de coopération régionale[435] (Code de conduite de Djibouti, Protocole de Mombasa), visant à impliquer davantage les États, au large duquel les actes de piraterie se produisent, à sa résolution. Ceci permettra de conjuguer les efforts à la fois préventifs et répressifs, tout en offrant aux éventuelles solutions une dimension régionale et en fournissant aux États les moyens de leurs actions, notamment par l'établissement d'un droit souple (A) dans un premier temps, et dans un deuxième temps par l'extension du Code de conduite de Djibouti aux autres crimes transnationaux (B).

A. L'émergence d'un droit souple (*Soft Law*) : le Code de conduite de Djibouti et le Protocole de Mombasa

1. Un instrument moderne et novateur : le Code de conduite de Djibouti

Le Code de conduite est le premier texte international à définir intégralement, dans son article 1er, à la fois le crime de la piraterie (en reprenant les termes de l'article 101 de la convention de Montego Bay), le vol à main armée en mer, la complicité dans l'accomplissement de ces actes, et dans l'article 3 la

433. http://www.imo.org/fr/OurWork/Security/PIU/Pages/DCoC.aspx
434. http://www.drtc.education
435. NDENDE (M.-), « *Le code de conduite de Yaoundé et la stratégie de lutte contre la piraterie et la criminalité maritimes dans le golfe de Guinée* », Actes du colloque « *La piraterie : de la mer au cyberespace* », Journées scientifiques de l'Université de Nantes, 5 et 6 juin 2014, pp. 455-476.

qualification de « navire pirate » comme *« navire dont les personnes qui le contrôlent effectivement entendent se servir pour commettre un acte de piraterie, ou qui a servi à commettre un tel acte, tant qu'il demeure sous le contrôle de ces personnes. »*[436]

Au niveau international, la question de la coordination a un caractère important, ceci est essentiel pour promouvoir l'efficacité des moyens déployés pour la lutte anti-piraterie. À cet effet, l'ONU va créer, en janvier 2009, un groupe de contact sur la lutte contre la piraterie, au large de la Somalie. Il est composé de 24 États et de cinq organisations. La mission de ce groupe de contact consiste notamment à améliorer la communication et la coordination entre les États et les organismes œuvrant pour l'éradication de la piraterie.

De la même façon, la résolution 1851 de l'ONU du 16 décembre 2008 encourage également la création d'un centre régional *« chargé de coordonner les informations ayant trait à la piraterie et aux vols au large des côtes somaliennes »*. Cette recommandation s'est concrétisée à l'issue d'une réunion de haut niveau qui s'est déroulée à Djibouti en janvier 2009, sous l'égide de l'Organisation Maritime Internationale (OMI).

En effet, l'Organisation Maritime Internationale a organisé à Djibouti, du 26 au 29 janvier 2009[437], une réunion sous-régionale, ayant pour objectif la conclusion d'accords sur la sûreté maritime et les actes de piraterie, dans les zones du golfe d'Aden, de l'océan Indien occidental et de la mer Rouge. Elle a permis l'adoption du Code de conduite dit « de Djibouti » concernant la répression de la piraterie et des vols à main armée à l'encontre des navires dans la zone.

À l'issue de cette réunion, les participants ont adopté quatre résolutions, qui portent sur :

- l'assistance et la coopération technique ;
- la formation et l'évaluation des initiatives en matière de lutte anti-piraterie ;
- l'adoption du Code de conduite de Djibouti, concernant la répression de la piraterie et les vols à main armée à l'encontre des navires dans la zone.

Cette décision régionale repose sur l'adoption par l'OMI (Organisation maritime internationale), le 27 novembre 2007, de la résolution A.1002 (25) sur les actes de piraterie et les vols à main armée à l'encontre des navires au large des côtes somaliennes ; elle y exhortait, notamment, les gouvernements de la région à conclure, en collaboration avec l'OMI, et à mettre en œuvre, dans les plus brefs délais, un accord régional en vue de prévenir, décourager et réprimer les actes de piraterie et les vols à main armée à l'encontre des navires.

436. CHAPLEAU (P.-), PANCRACIO (J-P.-), *La piraterie maritime droit, pratique et enjeux*, Paris, Vuibert, 2014, p.121.

437. Code de conduite de Djibouti de 2009 (DCoC).

C'est à cet effet que le Code de conduite de Djibouti est devenu le résultat à la fois d'un constat et d'une urgence : le constat qu'il n'existe aucun réel mécanisme de coopération entre les pays de la région de l'océan Indien, et une urgence en vue de la menace grandissante que fait peser l'expansion de la piraterie maritime en provenance de la Somalie. Le mécanisme s'inspire fortement d'un autre accord de coopération, *Regional Cooperation Agreement on Combating Piracy and Armed Robbery against Ships in Asia* (ReCAAP) [438], qui a été l'exemple de réussite en matière de lutte contre la piraterie et les vols à main armée. Cet accord a pour la première fois *de facto* introduit la notion de vols à main armée, définie par l'Organisation Maritime Internationale (OMI) :

(a) « *Tout acte illégal de violence ou de détention ou tout acte de déprédation, commis à des fins privées et dirigé contre un navire ou contre des personnes ou propriétés à bord dudit navire, à l'intérieur de la juridiction d'un État partie ;*
(b) tout acte de participation volontaire dans une opération d'un navire avec la connaissance des faits qui en font un navire pour des vols à main armée contre des navires ;
(c) tout acte d'incitation ou de facilitation intentionnelle d'un acte décrit dans le sous-paragraphe (a) [439] »

Il prévoit plusieurs formes et catégories de coopération régionale, notamment la création de l'*Information Sharing Centre* (ISC), chargé de collecter, rassembler et analyser les informations liées aux incidents de la piraterie et vols à main armée, et d'établir des statistiques et des rapports à partir de ces informations. Un centre basé à Singapour a été mis en place, dont le rôle principal est de diffuser des signaux d'alerte aux parties contractantes[440]. Le 29 janvier 2009, à la suite d'une conférence sous l'égide de l'Organisation Maritime Internationale (IMO) qui s'est tenue à Djibouti, il a été décidé de mettre en place une série de dispositions juridiques permettant à ses membres d'accroître leur coopération dans plusieurs domaines en vue de lutter plus efficacement contre la piraterie somalienne :

- **Coopération judiciaire** : Les participants à cet accord s'engagent à coopérer pour enquêter, arrêter et poursuivre en justice les personnes dont il existe de sérieux motifs qu'ils ont commis un acte de piraterie et des vols à main armée ainsi que pour saisir des navires pirates et pour secourir les navires qui font l'objet d'actes de piraterie. Les tribunaux de l'État qui a opéré la saisie

438. Lors du sommet de l'ASEAN, en novembre 2001, le Japon propose l'adoption d'un document juridique permettant d'accroître la coopération régionale de manière à lutter plus efficacement contre les actes de piraterie. C'est en novembre 2004, toujours à l'initiative du Japon, que de nombreux pays de la région (les pays de l'ASEAN avec le Japon, le Bangladesh, la Corée du Sud, l'Inde et la Chine) lors du sommet à Tokyo ont adopté un premier accord régional multilatéral : *Regional Coopération Agreement on Combating Piracy and Armed Robbery against Ship in Asia* (ReCAAP). http://www.recaap.org/

439. Organisation Maritime Internationale, *Regional Cooperation Agreement on Combating Piracy and Armed Robbery against Ships in Asia (ReCAAP)*, entrée en vigueur le 4 septembre 2006.

440. *Ibidem*, article 7.

sont compétents en ce qui concerne le navire et les biens. Ce droit « premier » peut-être renoncé au profil des tribunaux d'un autre État participant à l'accord[441].

• **Coopération pour l'échange d'informations :** Le code prévoit que les participants coopèrent en vue d'améliorer l'échange d'informations relatives à la prévention et la répression des actes de piraterie. Il propose la désignation, par chaque participant, d'un point de contact national chargé de faciliter la transmission d'informations liées aux attaques de navires mais également diverses autres informations, telles que l'état des législations nationales et leurs évolutions vers des centres d'échange d'informations situés dans trois pays de la région (Kenya, Yémen et Tanzanie) et un centre de formation régional à Djibouti. Ces centres auront pour rôle (à l'image du ReCAAP-ISC) de recueillir, compiler et analyser les renseignements transmis par les participants, et d'établir des statistiques et des rapports qu'ils transmettront aux participants, à la communauté maritime et au Secrétaire Général de l'Organisation Maritime Internationale[442].

• **Assistances techniques et coopération :** le Code de conduite dans le document joint numéro 2 invite les États membres de l'IMO et de nombreuses organisations internationales à appuyer, directement ou à travers l'IMO, les efforts des participants pour mettre en œuvre efficacement les dispositions du Code de conduite.

Chaque État participant à cet accord exprime son intention *« d'examiner sa législation nationale afin de s'assurer que les lois en place dans le pays permettent de faire tomber sous le coup du droit pénal les actes de piraterie et les vols à main armée à l'encontre de navires* [...] *principes directeurs appropriés permettant l'exercice du pouvoir juridictionnel, la conduite d'enquêtes et la poursuite en justice des auteurs présumés*[443] *».*

En vertu du dispositif du Code de conduite de Djibouti, les États signataires ont déclaré leur intention de coopérer, dans toute la mesure du possible, à la répression des actes de piraterie et des vols à main armée à l'encontre des navires. Par ailleurs, *« le Code a également pris en compte et fait la promotion de la mise en œuvre des aspects pertinents des résolutions du Conseil de sécurité de l'ONU suivantes : 1814 (2008), 1816 (2008), 1838 (2008), 1846 (2008), 1851 (2008), 1851 (2008) et de la résolution 63/111 de l'assemblée générale des Nations Unies, qui relève de la compétence de l'OMI. Ces mêmes résolutions de l'ONU ont ensuite été complétées par les résolutions du Conseil de sécurité de l'ONU suivantes : 1897 (2009), 1918 (2010), 1950 (2010), 1976 (2011), 2015 (2011), 2020 (2011), 2077 (2012), 2125 (2013), 2184 (2014) et 2246 (2015)*[444]*. »*

441. Organisation Maritime Internationale, *Code de conduite de Djibouti*, janvier 2009, article 2 et article 4.
442. *Ibid*, article 8 et 9.
443. http://www.asil.org/rio/imo_win2010.html - footnotes
444. http://www.securitycouncilreport.org/un-documents/piracy/

Au-delà des principes de résolutions du Conseil de sécurité de l'ONU, les signataires du code ont convenu de coopérer, dans le respect du droit international, pour :

- *arrêter les personnes que l'on soupçonne sérieusement d'avoir commis des actes de piraterie et des vols à main armée à l'encontre des navires, mener des enquêtes à leur sujet et les traduire en justice, y compris celles qui incitent à commettre ces actes ou les facilitent intentionnellement ;*
- *interdire et saisir les navires suspects et les biens qui se trouvent à leur bord ;*
- *secourir les navires, les personnes et les biens qui font l'objet d'actes de piraterie et de vols à main armée et simplifier la prise en charge, le traitement et le rapatriement appropriés des gens de mer, des pêcheurs, du personnel de bord et des passagers qui ont fait l'objet des actes, en particulier ceux qui ont subi des actes de violence ; et*
- *mener des opérations communes, aussi bien entre États signataires qu'avec les marines des pays qui ne sont pas de la région, comme, par exemple, désigner des agents de la force publique ou d'autres agents habilités qui embarqueront à bord de navires ou d'aéronefs patrouilleurs d'autres signataires.*

À l'issue de la conférence de 2009, le Code de conduite va être adopté par neuf États de la région[445]. Depuis il a reçu la signature de 20 des 21 pays membres[446]. Ce code prévoit des mécanismes de coopération et de coordination au niveau régional, par notamment la mise en place de trois centres d'échange d'information sur la piraterie (Sanaa, Mombasa et Dar-es-Salaam), s'inspirant notamment du ReCAAP (*Regional Cooperation Agreement on Combating Piracy and Armed Robbery against Ships in Asia*) à Singapour mais avec un caractère plus opérationnel.

Le Code de conduite de Djibouti prévoit également l'ouverture d'un centre de formation et d'entraînement régional basé à Djibouti, destiné à recevoir, pour de courtes durées, les agents en charge de la lutte contre les pirates ou encore à détenir la possibilité de mener des opérations communes. L'objectif de ces centres est de recueillir et de transmettre des informations et des alertes sur les actes de piraterie et les mouvements suspects. L'élaboration de ce code montre que les États régionaux sont eux aussi préoccupés et déterminés à prendre des mesures efficaces concrètes pour lutter contre la piraterie maritime.

L'adoption de ce Code de conduite engage vivement tous les États à lutter activement, en coopérant avec l'Organisation Maritime Internationale, contre tous actes de piraterie et vols à main armée commis en mer, en adoptant des mesures adéquates en vue de renforcer les capacités en formant les gens de mer.

---

445. Les États signataires sont Djibouti, l'Éthiopie, le Yémen, les Seychelles, le Soudan, l'Égypte, la Somalie, Madagascar ; le Code de conduite de Djibouti est aujourd'hui adopté par 21 États.

446. Seule la France n'a pas signé pour des raisons spécifiques, la notion d'accord (non contraignant) n'existant pas en droit interne français.

L'objectif principal de ce Code de conduite est de promouvoir une coopération régionale et d'améliorer l'efficacité en matière de prévention, d'interdiction, de poursuite et de sanction à l'encontre des navires incriminés, tout en respectant mutuellement la souveraineté des droits nationaux, y compris dans le domaine de l'égalité, de la juridiction et de l'intégration territoriale des États. Ce Code est prévu pour pallier l'impunité dont pourraient jouir les pirates capturés en l'absence de cadre juridique national pour réprimer leurs crimes. Il prévoit de faire adopter des mesures législatives nationales adéquates réprimant les « infractions » en mer, en faisant référence notamment à la Convention de Rome du 10 mars 1988 qui traite la piraterie comme étant une infraction que l'on doit réprimer dans les cas d'atteinte à la sécurité de la navigation maritime.

Le Code de conduite n'est pas contraignant, mais les États membres doivent se consulter, deux ans après l'entrée en vigueur du Code de conduite de Djibouti, afin d'établir un accord contraignant. Le Code est ratifié par 18 pays sur les 21 éligibles, la France, la Mozambique et l'Afrique du Sud n'ayant pas encore signé.

2. Le Protocole de Mombasa

Le Protocole de Mombasa[447], signé et ratifié entre la République de Djibouti, le Kenya, la République unie de Tanzanie et le Yémen, intervient à la suite de la création de quatre centres opérationnels, à savoir les trois centres d'échange d'informations et le centre de Formation Maritime (CRFM) :

- Centre régional d'information maritime de Sanaa (REMISC) ;
- Centre d'échange d'informations de Mombasa ;
- Centre d'échange d'informations de Dar-es-Salaam ;
- Centre régional de formation maritime de Djibouti (CRFM).

Ceci a permis de prendre en compte la dimension mondiale de la sécurité maritime. Par ailleurs, ledit protocole est un accord international qui est conforme au Code de conduite de Djibouti (CdCD), et qui engage les États membres en instituant un cadre régional dont l'intention première est d'élargir le champ de la coopération en matière d'appréciation de la situation maritime et de formation des États de la région. En effet, il avait pour but d'instituer un organe directeur qui permet de veiller sur la question de la viabilité à long terme des quatre centres créés en vertu de l'application du CdCD :

- d'une part en leur permettant d'exercer les activités courantes relevant de ce Code et d'apporter une réponse efficace aux défis nouveaux qui se posent à la région dans le domaine maritime ;
- et d'autre part, en matière d'appréciation, tant de la situation maritime que de la formation.

447. Protocole de Mombasa.

L'intérêt porté dans ces projets des centres d'échange d'informations, est de mettre en place une synergie et une cohérence de l'action, en reliant les initiatives afin d'offrir aux États membres et aux États bénéficiaires une appréciation pratique de la situation maritime, en conformité avec le Code de conduite de Djibouti et soutenu par l'Organisation Maritime Internationale (OMI).

Le protocole définit les règles de gouvernance entre les membres originaires qui ont ainsi exprimé leur volonté de sécuriser les voies maritimes, il invite également les autres États à le ratifier de manière à réaffirmer leurs engagements préalablement exprimés par la signature du Code de conduite de Djibouti. Ceci est encore une fois confirmé dans le préambule du Protocole de Mombasa[448] en considérant :

- *« le rôle fondateur du Code de conduite de Djibouti dans l'océan Indien occidental, la nécessité de renforcer la viabilité à long terme des quatre centres existants et le besoin intrinsèque d'élargir le champ de l'appréciation de la situation maritime ;*
- *la nécessité urgente de développer la coopération internationale entre les États en matière de conception et d'adoption de mesures efficaces et de pratiques de prévention de tous les actes illicites dirigés contre la sûreté de la navigation et des activités illicites en mer qui mettent en péril le développement durable de l'économie de la région ;*
- *l'importance que revêt la promotion d'un cadre régional de coopération future afin de faire face aux défis nouveaux qui se posent dans le domaine maritime. »*

La mise en place de ces quatre structures soulève néanmoins l'intérêt des États, afin de repenser leurs législations nationales en matière d'inter-échange d'informations, tout en gardant chacun leur souveraineté nationale. Par ailleurs, il est néanmoins intéressant d'analyser la portée du Protocole de Mombasa dans une période où la piraterie et les vols à main armée ont diminué dans cette région ; ledit protocole met en place également un modèle de juridiction commune de gestion des trois centres, à savoir le centre régional d'information maritime de Sanaa (ReMISC) implanté en novembre 2010, et qui est doté :

- *de la personnalité juridique et de l'autonomie financière et régie par les règles du droit public.*
- *Le ReMISC exerce des activités qui contribuent à l'échange d'informations non classifiées dans le domaine maritime avec les États bénéficiaires associés comme énoncé à la Section 6 du présent Protocole. Ces activités portent en particulier sur des fonctions*

448. Reste à établir une gouvernance stable à cette coopération et garantir sa pérennité, notamment en construisant un modèle financier autonome et régional : c'est l'objectif du Protocole de Mombasa qui a été signé le 2 juillet 2015 à Bruxelles, à l'initiative des quatre pays hébergeant des centres de partage d'informations et de formations maritimes (Djibouti, Kenya, République unie de Tanzanie, Yémen), et qui vise à consolider le cadre de coopération existant (le Code de conduite de Djibouti), à définir les règles de gouvernance des centres de Djibouti et du Yémen et à proposer un mécanisme de gestion durable à long terme. Le Protocole de Mombasa œuvre pour conclure des accords de partage d'informations entre les États riverains de l'océan indien, les encourageant à aller au-delà des seules données de la piraterie.

en rapport avec la lutte contre la piraterie et le vol à main armée en mer tels que définis par les articles correspondants du Code de conduite de Djibouti. Le ReMISC met en œuvre les arrangements techniques qui définissent le cadre des échanges entre les États membres, les États bénéficiaires et les partenaires[449] ».

Étant donné que le ReMISC est institué au niveau régional, sa gouvernance relèvera du présent Protocole en matière de personnel[450] du centre.

Il jouit également des exemptions, privilèges et immunités accordés aux institutions spécialisées des Nations Unies et approuvés par l'Assemblée générale des Nations Unies le 21 novembre 1947.

a) *« Les spécialistes du Centre de nationalité autre que yéménite, acceptés par le Gouvernement yéménite jouissent des mêmes privilèges et immunités que les fonctionnaires et agents des institutions spécialisées des Nations Unies en vertu de la Convention sur les privilèges et immunités de ces institutions spécialisées.*

b) *Les spécialistes du Centre, de nationalité autre que yéménite, et les membres de son personnel doivent se conformer à la législation yéménite applicable et ne pas l'enfreindre ; ils s'abstiennent de toute ingérence dans les affaires internationales et intérieures du Yémen.*

c) *Les décisions et instructions nécessaires à la mise en œuvre du décret national instituant le Centre à Sanaa sont adoptées par le directeur, ainsi que par son conseil d'administration. »*

De même les deux autres centres d'échange d'informations (ISC) de Mombasa et de Dar-es-Salaam, qui ont hébergé respectivement le Centre régional de coordination de sauvegarde maritime (RMRCC) et le Centre de coordination de sauvegarde maritime (MRCC), restent placés sous l'autorité nationale en accord avec le Protocole de Mombasa. Il existe une similarité en matière de gestion du personnel (conseil d'administration, directeur) et d'échange d'informations entre les trois centres. L'intérêt porte dans l'élargissement du champ d'action ne se limitant pas à la question de la piraterie et vols à main armée, donnant une nouvelle perception face aux nouveaux défis de la sécurité et de la sûreté maritime en matière de criminalité transfrontalière. La lutte contre les actes de la piraterie et les vols à main armée trouve son fondement dans une approche globale, en mettant en place des mécanismes d'échange d'informations, et la nécessité de ces formations communes en vue des menaces et risques similaires dans le domaine maritime. À cet effet, à cause de la diversité des menaces liées à la criminalité internationale dans le golfe d'Aden et l'océan Indien occidental ainsi que de la persistance des risques qui pèsent sur la sûreté et la sécurité maritimes compte tenu de la limite de la question de la piraterie,

---

449. *Article 7* du protocole de Mombasa.
450. *Article 12* du protocole de Mombasa.

les États membres entendent étendre les missions des trois centres d'échange d'informations aux domaines suivants :

- *« recueillir, collationner et analyser les informations transmises par tous les membres et partenaires intéressés dans le domaine maritime afin de disposer d'un tableau complet des activités maritimes dans le golfe d'Aden et l'océan Indien occidental ;*
- *négocier tous les accords nécessaires pour l'échange de données ;*
- *élaborer la politique, les outils nécessaires et les normes inter-institutions en vue d'une diffusion réglementée des informations maritimes reposant sur le besoin de les connaître.*
- *assurer la liaison avec les centres de fusion de l'information dont la création est à l'étude dans la région afin de clarifier le rôle de chacun et d'établir des synergies*[451].
- *Et à terme promouvoir en qualité d'accord-cadre pour les futurs centres de fusion de l'information (IFC) qui seront développés en cohérence avec le Réseau de partage des informations maritimes (ISN) existant. »*

Ainsi les États membres ont décidé de favoriser la coopération inter-institutions afin d'échanger des informations non classifiées dans le domaine maritime, ainsi que créer des partenariats entre secteurs public et privé.

Enfin le quatrième pilier du protocole de Mombasa est le Centre régional de formation maritime de Djibouti (CRFM) dont *l'article 13* définit les tenants et les aboutissants :

« a) Mis en place en mai 2011 sous l'autorité du ministre de l'Équipement et des Transports de Djibouti, le Centre régional de formation maritime de Djibouti a été créé en application du Code de conduite de Djibouti.

b) Le CRFM a pour objectif d'accroître l'efficacité de la coopération technique régionale en matière maritime grâce à des actions de formation dans les domaines administratif, juridique, opérationnel et technique. Il est également chargé de coordonner ces actions de formation au niveau régional et de constituer un centre de documentation.

c) Le CRFM est hébergé par le Gouvernement djiboutien dans le Centre de Doraleh. Comme la capacité de ce bâtiment et ses installations excèdent les besoins du CRFM, les lieux, les équipements et le personnel sont affectés à d'autres activités comme mentionné à l'article 14, alinéa b, et à l'article 15, alinéa c. »

Le fonctionnement et le rôle du conseil d'administration sont fondés sur le principe des trois autres centres, la mission première étant régionale dans une optique d'appréciation commune de la situation maritime. Une première critique est que la principale difficulté dudit protocole réside dans les manquements de certains États membres, qui ne peuvent contribuer financièrement à la construction de mécanismes de veille et de contrôle de la sécurité et de sûreté maritimes. Il est demandé par l'Organisation Maritime Internationale

451. *Article 23* du Protocole de Mombasa.

(OMI) à tous ses États membres de participer à la hauteur d'un montant indépendamment en vue d'une demande d'assistance auprès de l'OMI. Dans une deuxième critique, qui à mon sens crée un chevauchement dans l'appréciation commune de la situation maritime en matière de formation, on observe que des formations sont organisées par l'Autorité intergouvernementale pour le développement IGAD[452] et financées par l'Union Européenne (programme MASE[453] dans la lutte contre la piraterie maritime et les vols à main armée).

B. Révisions du Code de conduite de Djibouti pour lutter contre les nouvelles menaces

Naviguer en toute tranquillité en mer, autant pour les humains que pour les marchandises, est l'objectif visé par l'amendement du Code de conduite de Djibouti de 2017[454]. Les États signataires du Code de conduite de Djibouti de 2009 ont voulu un renforcement de la sécurité maritime dans la région de l'océan Indien et du golfe d'Aden. La réunion a eu lieu à Djeddah du 10 au 12 janvier 2017 en présence d'une délégation des États suivants :

- Afrique du Sud, Arabie Saoudite, Comores, Djibouti, Émirats Arabes Unis, Éthiopie, France, Jordanie, Kenya, Madagascar, Maldives, Maurice, Mozambique, Oman, République unie de Tanzanie, Seychelles, Somalie, Yémen ;
- ont également été présents des observateurs des pays suivants : Japon, Norvège, Royaume-Uni, États-Unis ;
- était présente également l'Organisation des Nations Unies contre la drogue et le crime (ONUDC) ;
- enfin ont été conviés à ce sommet également l'Union Européenne, l'Organisation internationale de police criminelle (INTERPOL), et la Force en attente de l'Afrique de l'Est.

---

452. L'Autorité intergouvernementale pour le développement (IGAD) a été créée en 1996 pour remplacer l'Autorité intergouvernementale pour la sécheresse et le développement (IGADD) fondée en 1986, suite aux catastrophes naturelles qu'a connues la région. Elle regroupe Djibouti, l'Éthiopie, la Somalie, le Soudan, le Soudan du Sud, l'Ouganda et le Kenya. Son siège est situé à Djibouti. L'Érythrée est sortie depuis 2007 de l'IGAD, en protestant contre l'entrée de l'armée éthiopienne en Somalie, appuyée par les États de l'IGAD.

453. Le but du programme MASE (*Maritime Security*), est de créer un processus dans la région de l'AfoA-OI pour assurer que les organisations régionales et les gouvernements des États sont préparés à mettre en œuvre à moyen et long terme la stratégie régionale de lutte contre la piraterie et pour la promotion de la sécurité maritime. Il a pour objectif de soutenir la région au démarrage du programme MASE et est consacré aux actions les plus urgentes à mener pour s'assurer que les structures et les systèmes de mise en œuvre de la stratégie contre la piraterie sont bien en place. Cela passe par une meilleure coordination et une communication centralisée et effective des actions qui sont un prérequis au démarrage et au fonctionnement dudit programme.
http://commissionoceanindien.org/activites/securite-maritimemase/contexte/

454. Amendement du Code de conduite de Djibouti 2017 (DCoC)
http://www.imo.org/en/OurWork/Security/PIU/Documents/DCOC%20Jeddah%20Amendment%20French.pdf

Ainsi, lors de cette réunion, il en est ressorti un ensemble de règlements répondant aux attentes de ces États. Dans le Code de conduite de Djibouti, il est surtout question de lutte contre la piraterie dans la région. Or cette dernière n'est pas l'unique infraction se commettant en mer, même si elle reste d'actualité. Ainsi, avec la multiplication et la diversité des infractions en mer, il s'est avéré nécessaire d'adopter un code qui prendrait en compte toutes les questions relatives à la sûreté maritime.

Ce Code de conduite n'est pas une nouveauté au niveau international, puisqu'il s'est basé sur les exemples du continent, notamment celui de Yaoundé, de l'Afrique de l'Ouest et du Centre de 2013.

L'objectif de cette réunion à Djeddah avait pour objet d'examiner et d'adopter quatre résolutions qui permettront d'élargir la portée du code, en vue de traiter d'autres aspects de la sûreté et de la sécurité maritimes. Par ailleurs, le champ d'application dudit Code de conduite de Djibouti s'ouvre dans d'autres champs, tels que la lutte contre la criminalité transnationale organisée dans le domaine maritime, le terrorisme maritime, la pêche illicite, non déclarée et non réglementée, et d'autres activités illicites en mer dans la zone de l'océan Indien occidental et du golfe d'Aden.

Le projet de texte révisé concerne :

- *« la résolution 1 : la répression des actes de piraterie, des vols à main armée à l'encontre des navires et des activités maritimes illicites dans la zone de l'océan Indien occidental et du golfe d'Aden ;*
- *la résolution 2 : coopération et assistance technique ;*
- *la résolution 3 : promouvoir la formation dans la région ;*
- *la résolution 4 : expression de gratitude*[455] *».*

L'intérêt de réviser, comparé au précédent Code de conduite et au Protocole de Mombasa, réside dans la volonté d'augmenter la coopération régionale et d'améliorer l'efficacité en matière de prévention, d'interdiction, de poursuite en justice et de sanctions à l'encontre des personnes perpétrant des actes de piraterie, des vols à main armée à l'encontre des navires et d'autres activités maritimes illicites, sur la base du respect mutuel de la souveraineté, des droits souverains, de l'égalité souveraine, de la juridiction et de l'intégrité territoriale des États. La difficulté rencontrée précédemment par les États luttant contre la piraterie moderne réside dans la quasi-absence d'accords dans le cas de transfert des personnes appréhendées pour actes de piraterie et autres actes de malveillance.

455. http://www.crimario.eu/wp-content/uploads/2017/03/A-2-Revised-Code-Of-Conduct-Concerning-The-Repression-Of-Piracy-Armed-Robbery-Against-Ships...-Secretariat.pdf

Le Code de conduite de Djibouti, dans son nouvel amendement, ne limite plus son champ d'action juridique sur les questions des actes de piraterie et des vols à main armée, mais il est possible d'appréhender des individus qui commettent d'autres activités maritimes illicites, tout en respectant mutuellement la souveraineté de la juridiction et l'intégrité territoriale des États.

C'est l'évolution des sociétés, où l'on assiste à l'apparition de nouvelles infractions ou atteintes à la sûreté maritime, qui fait qu'il y a cette obligation de s'adapter à cette évolution. D'où la nécessité d'une codification de ces règles de droit, d'une part à travers un élargissement du domaine d'application du Code de conduite, et d'autre part une uniformisation des législations des États membres.

En outre, avoir un code unique est une bonne chose, mais il ne faut pas oublier la complexité des normes internationales et la volonté des États de prioriser leurs législations nationales.

1. Le principe de la codification de la sécurité et de la sûreté maritimes

1.1 Élargissement du domaine d'application du Code de conduite

Cet amendement de Djeddah précise bien les choses en donnant les définitions des infractions en question dans ce code.

Selon l'Article 1 : Aux fins du présent Code de conduite, sauf si le contexte donne des indications contraires :

« On entend par piraterie l'un quelconque des actes suivants :

a) tout acte illicite de violence ou de détention ou toute déprédation commis par l'équipage ou des passagers d'un navire ou d'un aéronef privé, agissant à des fins privées, et dirigé :

i. contre un autre navire ou aéronef, ou contre des personnes ou des biens, à leur bord, en haute mer ;

ii. contre un navire ou aéronef, des personnes ou des biens, dans un lieu ne relevant de la juridiction d'aucun État ;

b) tout acte de participation volontaire à l'utilisation d'un navire ou d'un aéronef, lorsque son auteur a connaissance de faits dont il découle que ce navire ou aéronef est un navire ou aéronef pirate ;

c) tout acte ayant pour but d'inciter à commettre les actes définis aux alinéas a) ou b), ou commis dans l'intention de les faciliter.

On entend par vols à main armée à l'encontre des navires l'un quelconque des actes suivants :

d) acte illicite de violence ou de détention ou toute déprédation, ou menace de déprédation, autre qu'un acte de piraterie, commis à des fins privées contre un navire, ou contre des personnes ou des biens à son bord, dans les eaux intérieures, toute action visant à inciter ou à faciliter intentionnellement un des actes décrits à l'alinéa a). »

Ainsi il est défini dans le Plan d'action international visant à prévenir, à contrecarrer et à éliminer la pêche illicite, non déclarée et non réglementée :

Par **pêche illicite**, on entend des activités de pêche :

- *« Effectuées par des navires nationaux ou étrangers dans les eaux placées sous la juridiction d'un État, sans l'autorisation de celui-ci, ou contrevenant à ses lois et règlements ;*
- *Effectuées par des navires battant pavillon d'États qui sont parties à une organisation régionale de gestion des pêches compétente, mais qui contreviennent aux mesures de conservation et de gestion adoptées par cette organisation et ayant un caractère contraignant pour les États ou aux dispositions pertinentes du droit international applicable ; ou*
- *Contrevenant aux lois nationales ou aux obligations internationales y compris celles contractées par les États coopérant avec une organisation régionale de gestion des pêches compétente.*[456] *»*

Par **pêche non déclarée**, on entend des activités de pêche :

- *« Qui n'ont pas été déclarées, ou l'ont été de façon fallacieuse, à l'autorité nationale compétente, contrevenant ainsi aux lois et règlements nationaux ; ou*
- *Entreprises dans la zone de compétence d'une organisation régionale de gestion des pêches compétente, qui n'ont pas été déclarées ou l'ont été de façon fallacieuse, contrevenant ainsi aux procédures de déclaration de cette organisation. »*

Par **pêche non réglementée**, on entend des activités de pêche :

- *« Qui sont menées dans la zone de compétence d'une organisation régionale de gestion des pêches compétente par des navires sans nationalité, ou par des navires battant pavillon d'un État non-membre de cette organisation, ou par une entité de pêche, d'une façon non conforme ou contraire aux mesures de conservation et de gestion de cette organisation ; ou*
- *Qui sont menées dans des zones, ou visent des stocks pour lesquels il n'existe pas de mesures applicables de conservation ou de gestion, et d'une façon non conforme aux responsabilités de l'État en matière de conservation des ressources biologiques marines en droit international. »*

Aux fins du présent Code de conduite, on entend par "actes relevant de la criminalité transnationale organisée dans le domaine maritime" l'un des actes suivants lorsqu'ils sont commis en mer :

a) « le trafic d'armes

b) le trafic de stupéfiants et de substances psychotropes ;

c) le commerce illicite de la faune et d'autres éléments en violation de la Convention sur le commerce international des espèces de faune et de flore sauvages menacées d'extinction ;

d) les actes de piraterie et les vols à main armée à l'encontre des navires ;

e) le soutage illicite de pétrole ;

456. http://www.oecd.org/fr/lesessentiels/46879541.pdf

f) le vol de pétrole brut ;
g) la traite d'êtres humains ;
h) le trafic illicite des personnes ;
i) le rejet illégal des déchets toxiques. »

Ainsi, rentrent dans le champ de compétences, non seulement les activités illicites, mais aussi les questions liées à l'environnement telles que la pollution et les contrôles de normes de sécurité et de sûreté portuaire (code ISPS), sans oublier la traite ou le trafic illicite des humains qui ne sont pas pris en considération en matière de sûreté maritime. En outre, comme dans le Code de conduite de Djibouti, l'objet et la portée du code sont précisés et dégagent les limites prévues.

1.2 Uniformisation des législations des États membres

Le principe est que la règle internationale prime sur la règle nationale. Toujours est-il que les ambiguïtés persistent, d'où cette nécessité d'exiger que les États membres adaptent leurs lois nationales tout en respectant ce code qui prévoit dans l'article 3 « les mesures au niveau national » :

1. *« Les participants entendent élaborer et appliquer, selon qu'il sera nécessaire :*
a) une stratégie nationale pour le développement du secteur maritime et d'une "économie bleue" durable qui génère des revenus, des emplois et la stabilité ;
b) des politiques appropriées en matière de sûreté maritime nationale pour protéger le commerce maritime de toutes les formes d'actes illicites ;
c) des lois, pratiques et procédures nationales guidées par des évaluations nationales de la menace dans le domaine maritime, qui permettront, ensemble, d'assurer la sûreté nécessaire à l'exploitation dans des conditions de sécurité des installations portuaires et des navires à tous les niveaux de sûreté ; et
d) une législation nationale qui assure une protection efficace du milieu marin et la gestion durable des ressources biologiques marines.

2. *Les participants entendent établir, selon qu'il sera nécessaire, un comité national inter-institutions multidisciplinaire chargé de la sûreté maritime et de la facilitation ou un autre système pour coordonner les activités connexes entre les services, organismes, autorités de contrôle et autres organisations gouvernementales, opérateurs portuaires, compagnies et autres entités concernées par les mesures de lutte contre les actes relevant de la criminalité transnationale organisée dans le domaine maritime, le terrorisme maritime, la pêche illicite, non déclarée et non réglementée et d'autres activités illicites en mer, ou chargés de la mise en œuvre, du respect et de l'exécution de telles mesures.*

3. *Les participants ont l'intention d'établir des autorités désignées pour assurer la sûreté maritime à terre, et d'établir dans tous les ports nationaux des comités de sûreté*

portuaire et de facilitation chargée de mettre en œuvre les politiques nationales en matière de sûreté, de contrôle aux frontières, de santé et de sécurité et de facilitation du commerce, conformément aux conventions internationales et accords pertinents[457].

4. *Les participants entendent établir, selon qu'il sera nécessaire, un plan national de sûreté maritime assorti de plans d'urgence (ou un autre système) pour harmoniser et coordonner l'application des mesures de sûreté conçues pour renforcer la sûreté du secteur des transports maritimes internationaux et celle d'autres modes de transport.*
5. *Les participants entendent poursuivre en justice, dans leurs tribunaux et conformément aux lois nationales pertinentes, les auteurs de toutes formes d'actes de piraterie et d'actes illicites, y compris en ce qui concerne la pêche illicite, non déclarée et non réglementée, à l'encontre de gens de mer, de navires, d'installations portuaires et de leur personnel.*
6. *L'organisation et le fonctionnement de ce système national relèvent exclusivement de la responsabilité de chaque État, conformément aux lois et règlements*[458] ».

Par ailleurs, des obligations sont imposées à ces États membres qui doivent prendre certaines mesures de protection en matière de sécurité et de sûreté maritimes qui sont énumérées de l'article 4 à l'article 8. En effet, dans l'article 4, les « mesures de protection des navires » prévoient les moyens que les États membres doivent mettre en œuvre pour se prémunir de risques encourus en mer lors d'une traversée et ils doivent également tenir compte des conventions internationales ainsi que des autres codes, recueils, normes etc.

« *Les participants comptent encourager les États, les propriétaires de navires et les exploitants de navires, selon qu'il conviendra, à prendre des mesures de protection contre les actes relevant de la criminalité transnationale organisée dans le domaine maritime, le terrorisme maritime et d'autres activités illicites en mer, en tenant compte des conventions internationales, codes, recueils de règles, normes et pratiques recommandées et orientations pertinentes, adoptés par l'OMI et par le secteur maritime. Les participants entendent coopérer pour la mise en œuvre des mesures de protection des navires* [459] ».

Dans l'article 5, est mise en avant la nécessité de « mesures de répression de la piraterie », toujours en donnant une définition applicable sur la question relevant uniquement de la piraterie. Est donnée également dans l'article 12 une dénomination de l'expression « Navire pirate » : « [qui] *entend se servir pour*

457. Ces conventions et accords pourraient inclure, sans toutefois s'y limiter, les mesures spéciales pour renforcer la sûreté maritime énoncées dans le chapitre XI-2 de la Convention SOLAS et le Code ISPS ; la Convention sur la facilitation des transports maritimes internationaux, 1965, telle que modifiée ; et le Recueil de directives pratiques OMI/OIT sur la sûreté dans les ports.

458. Amendement du Code de conduite de Djibouti signé à Djedda du 10 au 12 janvier 2017, *Article 3, alinéa 1 à 6.*

459. http://www.imo.org/en/OurWork/Security/PIU/Documents/DCOC%20Jeddah%20Amendment%20French.pdf

commettre un acte de piraterie, ou qui a servi à commettre un tel acte, tant qu'il demeure sous le contrôle de ces personnes[460] ». Conformément à l'article 2, les États membres doivent coopérer dans toute la mesure du possible pour arrêter les personnes qui ont commis des actes de piraterie afin de les traduire en justice, saisir les navires et aéronefs pirates, et enfin secourir les navires, les personnes et les biens qui ont été victimes d'actes de piraterie. Cet article délimite et donne aux États membres les différentes prérogatives en matière de poursuite de pirate dans le cas où on appréhende un navire pirate :

« - *Tout participant peut saisir un navire pirate au-delà de la limite extérieure de la mer territoriale d'un État et appréhender les personnes et saisir les biens se trouvant à bord.*
- *Toute poursuite d'un navire, lorsqu'il y a de sérieuses raisons de soupçonner que ce navire commet un acte de piraterie, qui est menée dans la mer territoriale d'un participant ou qui s'étend au-delà de celle-ci est soumise à l'autorité dudit participant. Aucun participant ne devrait poursuivre un tel navire dans le territoire ou la mer territoriale d'un État côtier, ou au-delà du territoire ou de la mer territoriale de cet État, sans y avoir été autorisé par cet État.*
- *Conformément au droit international, les tribunaux du participant qui a opéré la saisie conformément au paragraphe 4 peuvent se prononcer sur les sanctions à infliger, ainsi que sur les mesures à prendre en ce qui concerne le navire ou les biens, sous réserve des droits des tiers agissant de bonne foi.*
- *Le participant qui effectue la saisie conformément au paragraphe 4 peut, sous réserve de ses lois nationales, et en concertation avec d'autres entités intéressées, renoncer à son droit premier d'exercer sa compétence et autoriser l'application de la législation de tout autre participant au navire et/ou aux personnes à son bord.*
- *À moins que les participants concernés en soient convenus autrement, toute saisie effectuée dans la mer territoriale d'un participant conformément au paragraphe 5 devrait être soumise à la juridiction de ce participant.*[461] »

L'article 6, « mesures visant à réprimer les vols à main armée à l'encontre des navires », entend s'attaquer uniquement aux cas des vols à main armée à l'encontre d'un navire. Il est prévu que, dans le cas où l'acte est commis dans la mer territoriale et l'espace aérien d'un État membre, il soit soumis à l'autorité de ce participant. Or s'il y a eu lieu dans le cas de poursuites engagées dans la mer territoriale ou les eaux archipélagiques de ce participant, il doit alors se conformer à l'article 111 de la Convention des Nations Unies sur le droit de la mer. L'élargissement du champ d'action en matière de répression de cet amendement du Code de conduite de Djibouti prévoit dans son article 7 de

460. *Ibid*, Article 5.
461. *Ibid*, Article 5.

« réprimer la pêche illégale, non déclarée et non réglementée et les actes criminels connexes ». Il est demandé que les États membres puissent se consulter, aux niveaux bilatéraux et sous-régional, pour la formulation et l'harmonisation des politiques visant à assurer l'utilisation durable des ressources biologiques maritimes qui chevauchent leurs zones maritimes nationales, qui sont fortement migratoires ou se trouvent en haute mer. Les États doivent élaborer et harmoniser des mesures, en particulier des *« mesures de l'État du port…, le suivi obligatoire des navires, mettre en place des mécanismes permettant de partager les informations VMS, identification obligatoire de navires pêchant en dehors de leur juridiction nationale, processus de diligence raisonnable, réglementation stricte des activités de transbordement, contrôle des activités des ressortissants impliqué dans les activités de pêche indépendamment de la nationalité du navire, enfin respect des obligations des États du pavillon telles qu'énumérées dans la directive de la FAO…*[462] ».

Par ailleurs les participants entendent coopérer et collaborer entre eux et avec les entités sous-régionales chargées des pêcheries, l'Organisation des Nations Unies pour l'alimentation et l'agriculture (FAO) et d'autres organisations internationales compétentes, pour prévenir et combattre la pêche illégale, non déclarée et non réglementée, et les actes criminels connexes, ainsi que pour protéger les ressources halieutiques en vue de leur utilisation à long terme pour soutenir les moyens d'existence dans l'océan Indien occidental et le golfe d'Aden.

Enfin l'article 8 *« fixe aux participants l'obligation que toute mesure prise conformément au présent Code de conduite soit menée par des agents de la force publique ou d'autres personnes habilitées depuis des navires de guerre ou aéronefs militaires, ou depuis d'autres navires ou aéronefs qui portent des marques extérieures indiquant clairement qu'ils sont affectés à un service public et qu'ils sont autorisés à cet effet*[463] ». L'organisation et le fonctionnement de ce système national relèvent exclusivement de la responsabilité de chaque État, conformément aux lois et règlements.

Ce code a également donné plus de précisions, notamment avec la question des « Officiers Embarqués » et les points soulevés dans les articles 9 à 20, « Officiers embarqués » :

« En vue de promouvoir les opérations envisagées par le présent Code de conduite, un participant (ci-après dénommé "participant désignateur") peut désigner des agents de la force publique ou d'autres agents habilités (ci-après dénommés "les officiers embarqués") qui embarqueront à bord de navires ou d'aéronefs patrouilleurs d'un autre participant (ci-après dénommé "le participant hôte") avec l'autorisation du participant hôte.

462. *Ibid*, Article 7.
463. *Ibid*, Article 8.

1. Les officiers embarqués peuvent être armés conformément à leur législation et à leur réglementation nationales et avec l'accord du participant hôte.

2.Lorsque les officiers sont embarqués, le participant hôte devrait faciliter les communications entre ces officiers et leur quartier général et devrait pourvoir à l'hébergement et à la restauration des officiers embarqués à bord des navires ou des aéronefs patrouilleurs d'une manière qui corresponde au traitement du personnel du participant hôte de même rang.

3. Les officiers embarqués peuvent aider le participant hôte et mener des opérations depuis le navire ou l'aéronef du participant hôte si celui-ci le leur demande expressément, et seulement de la manière demandée. Cette demande peut uniquement être formulée, convenue et exécutée d'une manière qui ne soit pas interdite par les lois et réglementations des deux participants. »

Lorsqu'ils y sont dûment autorisés par le participant hôte, les officiers embarqués peuvent : « *embarquer sur des navires ou aéronefs des forces de l'ordre de tout participant* ».

Cela nous montre la méticulosité de ce Code de conduite. Cependant, il est important de soulever la question de l'application des dispositions du Code de conduite dans la législation nationale des États membres. C'est toute la question de la dualité des régimes juridiques, notamment entre les théories moniste et dualiste, et pour cette dernière théorie, la volonté politique des États d'appliquer les dispositions des traités, en l'occurrence le Code de conduite. La question de l'introduction des dispositions d'un traité international dans les législations nationales des États est un enjeu majeur dépassant le simple cas de la piraterie[464].

2. Les limites de la codification de la sûreté maritime

2.1 Contradiction avec les domaines d'exclusivité de la loi nationale

Bien que la norme internationale se doive de respecter la souveraineté d'un État, les États se réservent certains domaines qui échappent à toute législation extérieure. C'est pourquoi, le plus souvent, on parle plutôt de coopération.

En effet, comme chaque pays a son propre système juridique par exemple, on ne pourrait imposer à un État, d'une manière obligatoire, de prendre une mesure spéciale qui concernerait un ressortissant étranger. Dans le cas de Djibouti où les délais de recours sont longs, des mesures d'urgence qui devaient être prises risquent d'être bloquées à cause des lacunes du système.

C'est pourquoi, dans l'amendement même, les États signataires dudit Code de conduite de Djibouti parlent de coopération dans la mesure du possible ainsi dégagée de toute allusion à une contrainte.

Article 2 « Objet et portée : En fonction des ressources dont ils disposent et conformément aux priorités en la matière, à leurs lois et réglementations respectives et aux règles

464. DAHER DJAMA (A.-), *Le XXIe siècle à l'assaut du droit de la piraterie, le cas de la Somalie*, Pedone, Paris, 2017, pp.53-57.

applicables de droit international, les participants entendent coopérer dans toute la mesure du possible pour réprimer les actes relevant de la criminalité transnationale organisée dans le domaine maritime, le terrorisme maritime, la pêche illicite, non déclarée et non réglementée et d'autres activités illicites en mer. »

2.2 La difficulté de la mise en application des codes de conduite face à la divergence des lois des États signataires

Chaque État a sa propre législation, avec ses propres interprétations, en particulier dans les pays de régimes juridiques dits « dualiste ». Ce Code de conduite n'échappe pas à ces difficultés d'application mais tente tout de même de proposer un cadre de coopération afin que les États puissent harmoniser leurs stratégies nationales de lutte contre les crimes maritimes. Ainsi, le code dans l'article 3 précise comme suit des « Mesures au niveau national » :

« Les participants entendent élaborer et appliquer, selon qu'il sera nécessaire :

a) une stratégie nationale pour le développement du secteur maritime et d'une "économie bleue" durable qui génère des revenus, des emplois et la stabilité ;

b) des politiques appropriées en matière de sûreté maritime nationale pour protéger le commerce maritime de toutes les formes d'actes illicites ;

c) des lois, pratiques et procédures nationales guidées par des évaluations nationales de la menace dans le domaine maritime, qui permettront, ensemble, d'assurer la sûreté nécessaire à l'exploitation dans des conditions de sécurité des installations portuaires et des navires à tous les niveaux de sûreté ; et

d) une législation nationale qui assure une protection efficace du milieu marin et la gestion durable des ressources biologiques marines. »

L'amendement de Djeddah, concernant l'adoption du Code de conduite révisé de la répression de piraterie, des vols à main armée à l'encontre des navires et des autres activités maritimes illicites dans la zone de l'océan Indien et du golfe d'Aden, n'est que l'expression de la volonté des États membres et de l'OMI de renforcer la sécurité maritime. Cela a étendu le domaine de sûreté maritime, ainsi que son champ d'application, à d'autres matières jusqu'ici inconnues concernant la sécurité en mer. Cependant le délai d'entrée en vigueur n'est pas immédiat, alors que ces risques et dangers sont d'actualité. Ainsi, le Code de conduite n'est pas contraignant, mais les États membres doivent se consulter, cinq ans après la date à laquelle ce Code de conduite aura pris effet et lorsqu'ils auront établi les comités nationaux chargés de la sûreté maritime et de la facilitation, désigné les points de contact nationaux visés par l'article 11, et doivent se consulter avec l'assistance de l'OMI, afin d'établir un accord contraignant. Le code est ratifié par 20 pays sur les 21 éligibles, la France étant le seul pays n'ayant pas encore signé le code.

Section 2 : Djibouti au cœur d'intérêts stratégiques dans une analogie de lutte contre la piraterie

Depuis quelques années, la République de Djibouti a pris conscience que les défis sécuritaires du siècle (menaces transnationales, trafics et flux illicites, menace terroriste, problématique de la piraterie maritime somalienne, blanchiment d'argent et dissémination des armes), alimentent ou détériorent l'organisation publique sécuritaire des États fragiles. En prenant l'exemple de Djibouti, le pays ressent les impacts de la situation politique de son voisin la Somalie, lui intimant dès lors d'adopter une politique de lutte des actes malveillants. Dans cette lutte permanente de lutte contre les crimes transnationaux, Djibouti est appuyé par un ensemble d'États qui partage les mêmes intérêts pour la sécurité de la région. Dans la perspective de ce partenariat, certaines infrastructures de Djibouti ont été mises à la disposition des forces navales internationales mais également des bases militaires se sont ouvertes, à l'instar des Américains, des Allemands, des Italiens, des Japonais, des Chinois etc. C'est pourquoi dans cette partie, notre hypothèse consistera à démontrer la présence de Djibouti au cœur d'un carrefour essentiel (§1) et la lutte contre la piraterie comme moyen de défense des intérêts nationaux et étrangers (§2).

Paragraphe 1 : Djibouti au cœur d'un carrefour essentiel

Le contexte géographique et politique avantageux de Djibouti a permis d'accueillir des puissances militaires et des organisations internationales étrangères (comme moyen de déploiement opérationnel et logistique), comme le justifie dans son article Alain Gascon, qui explique que *« les États-Unis et l'OTAN, engagés dans la lutte contre le terrorisme en Afghanistan, ont trouvé à Djibouti un allié empressé et un port accueillant. En même temps, le président attirait les investisseurs du Golfe : Dubaï World Port, qui exploite désormais le port, a construit le nouveau terminal d'éclatement pétrolier de conteneurs de Doralé, tourné vers l'océan Indien dont il aspire à devenir le Singapour* [465] ». Ces derniers utilisent Djibouti comme base arrière d'appui pour la sécurisation des approvisionnements et le libre accès au détroit de Bab-el-Mandeb. Cette perception est également partagée par Sonia Le Gouriellec qui confirme dans son article que Djibouti est devenu une *« garnison internationale, [une] plate-forme de correspondance maritime et logistique régionale, Djibouti l'oublié se trouve désormais au cœur du nouveau grand jeu international. Djibouti représente également un atout économique majeur. Bien que ce territoire ne produise aucune richesse, il*

465. GASCON (A.-), *Djibouti, un port entre continent et grand large. Base militaire, port de l'Éthiopie, de l'Afrique de l'Est, de l'océan Indien*, sous la direction de Amina Saïd Chiré, Djibouti contemporain. Paris : Karthala, 2013, p.123, Les Cahiers d'Outre-Mer [En ligne], 261 | Janvier-mars 2013, mis en ligne le 30 octobre 2013, consulté le 14 mai 2018. URL : http://journals.openedition.org/com/6812

pourrait jouer un rôle de plate-forme régionale et une pièce maîtresse dans le projet d'intégration économique, soutenu par Pékin [466] *(figure 9) ».*

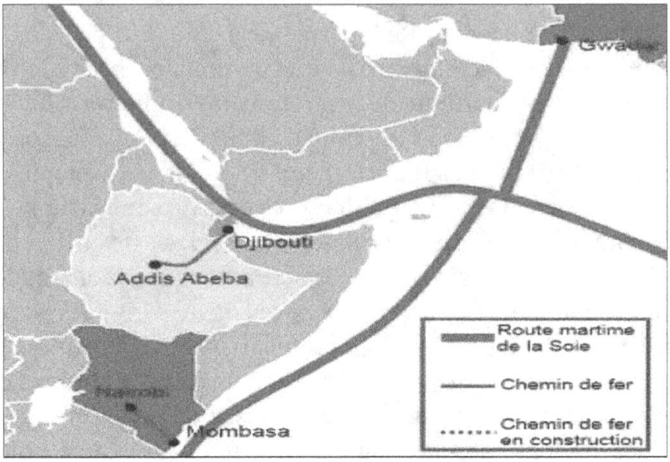

Figure 9 : Carte de la route maritime de la Soie (Sébastien Goulard)[467]

Ainsi, nous essaierons donc, dans notre analyse, de présenter le contexte géographique et politique spécifique de Djibouti, puis nous étudierons dans notre seconde articulation la présence des différentes puissances militaires.

A. Le contexte géographique et politique avantageux de Djibouti

Situé dans la Corne de l'Afrique, Djibouti est une petite République de 23 000 km², limitrophe de l'Éthiopie, de l'Érythrée, de la Somalie et du Yémen. De par son importance stratégique, Djibouti possède une façade maritime de 314 km, ouverte sur l'océan Indien, à travers le golfe d'Aden et contrôlant l'accès à la mer Rouge par le détroit[468] de Bab-el-Mandeb.

Ce détroit est à la fois un emplacement stratégique majeur et l'un des couloirs de navigation les plus fréquentés au monde (axe Europe -> Moyen Orient -> Asie). 12 % du trafic maritime et 30 % du pétrole brut mondial y transitent. Depuis 2001, l'essor et la croissance économique se maintiennent à Djibouti, ce qui n'est pas nécessairement le cas de ses voisins parfois menacés dans leurs stabilités internes ou externes.

466. LE GOURIELLEC (S.-), *Djibouti dans le jeu international*, édition Cairn. Info, Esprit 2016/10 (octobre), p.13. DOI 10.3917/espri.1610.0013 - http://www.cairn.info/revue-esprit-2016-10-page-13.htm

467. Pour ce qui est de la modernisation du port de Djibouti, nous pouvons constater que si ce projet peut revêtir une certaine dimension stratégique, offrant à la Marine chinoise un emplacement privilégié possible en cas de tensions dans la Corne de l'Afrique, l'objectif principal reste ici commercial.

468. Détroit : bras de mer étroit qui sépare deux terres.

En particulier, la Somalie a perdu son gouvernement central à la fin des années 1990 sous l'ère de Siad Barre. Sa reconstruction politique et administrative est un facteur-clé pour résoudre les problèmes de stabilité régionale. Pareillement, le Yémen, malgré un ancrage officiel dans le camp occidental et la coopération avec l'Europe pour le contrôle de ses côtes, reste un foyer d'instabilité chronique.

Du fait de son emplacement, Djibouti est un pays-clé de la lutte contre la piraterie maritime et le terrorisme ; cela signifie que sa position dans la sphère géographique favorise son port international, ainsi que la reconnaissance de sa stabilité politique et régionale qui suscite également la convoitise des puissances militaires, qui sont à la recherche d'une base militaire comme l'explique si bien Roukiya Mohamed Osman dans sa thèse : « *Dans ce climat d'insécurité régionale, Djibouti est le seul État à afficher une certaine stabilité sociale et politique grâce à la présence des bases militaires étrangères. Sa position géostratégique fait de lui un observatoire privilégié et une base arrière incontournable pour la lutte contre le terrorisme et la piraterie maritime. C'est la raison pour laquelle en plus des Français, des Américains et des Japonais, d'autres forces étrangères telles que les Russes, les Chinois et les Saoudiens désirent y implanter une base militaire*[469] ». À cela s'ajoute que la République de Djibouti a sans doute bénéficié de la conjoncture de deux facteurs endogènes et exogènes pour justifier de sa croissance économique et des circonstances particulières actuelles caractérisées par la présence de plusieurs bases militaires.

Le premier facteur est attribuable à l'interdépendance accrue des économies mondiales où les avantages compétitifs établissent le rythme du commerce entre les régions du globe. Il est difficile au XXIe siècle de posséder un produit dont tous les composants proviendraient du même endroit. Les matières premières peuvent avoir été extraites à un endroit, transférées à un autre pour en faire un composant et transférées de nouveau ailleurs pour l'assemblage avant d'être acheminées vers des consommateurs se trouvant parfois de l'autre côté du monde.

L'intensité du flux commercial mondial reflète cette réalité multiforme, et le trafic maritime constitue le principal moyen de transport avec plus de 80 % du commerce mondial transitant à bord de navires. Ce contexte apporte un éclairage du choix de plusieurs puissances maritimes de l'emplacement de la République de Djibouti, facilitant la protection du commerce maritime.

Le deuxième facteur concerne les contextes politiques des pays de la région. La République de Djibouti bénéficie d'un contexte géopolitique marqué par des conflits militaires dans tous les pays de la région. En effet, l'Éthiopie et l'Érythrée ont été plongées dans une guerre au début des années 90 avec plusieurs milliers de morts et dont les risques de reprise demeurent réels en raison d'un

---

469. MOHAMED OSMAN (R.-), « *La politique de sécurité et de défense dans la Corne de l'Afrique : le cas de Djibouti* », thèse soutenue le 12 décembre 2016 sous la direction du Pr Mathieu Guidère, p. 23.

désaccord frontalier. L'Éthiopie a dû faire face, depuis la fin de l'année 2016, à des manifestations internes à l'encontre du régime fédéral accusé de ne servir que les intérêts d'une ethnie minoritaire.

De plus, la construction du barrage de la Renaissance sur le Nil bleu, centrale hydraulique constituant le plus grand barrage d'Afrique, suscite la colère des autorités égyptiennes, car il est situé sur l'un des affluents du Nil. Le Nil est le deuxième plus long fleuve au monde avec ses 6 700 km. L'Égypte dépend à 85 % des eaux du Nil Bleu qui provient de l'Éthiopie. Rien d'étonnant dès lors que l'ancien Président Morsi ait promis d'attaquer le projet et d'armer des milices hostiles au gouvernement fédéral si le projet est maintenu[470]. L'Éthiopie, de son côté, affirme ne pas être liée par les accords précédents ratifiés entre l'Égypte, l'Angleterre et le Soudan comme cela est brandi par les autorités égyptiennes, étant donné qu'elle n'a pas été invitée à participer.

Plusieurs experts parlent des possibles implications des autorités égyptiennes dans les récentes manifestations à l'encontre du régime fédéral, avec le soutien de l'Érythrée. Le 23 mars 2015, une déclaration de principe a été signée entre la République d'Égypte, la République Fédérale Démocratique d'Éthiopie et la République du Soudan. Cette déclaration réaffirme des accords antérieurs signés durant la période coloniale, notamment l'accord de 1929 entre l'Angleterre et l'Égypte[471] et l'accord de 1959 entre l'Égypte et le Soudan suivant l'indépendance de ce dernier. Toutefois, malgré cette déclaration, des méfiances continuent de subsister et l'Éthiopie a affirmé avoir déjoué une attaque contre le barrage en mars 2017, attribuée à un groupe de résistance érythréen que certains proches du gouvernement n'hésitent pas à accuser d'être financé par l'Égypte[472]. Le caractère réel de cette attaque étant difficilement vérifiable, force est de constater que les tensions autour de ce barrage continuent de constituer un enjeu majeur d'instabilité pour l'Éthiopie et la région.

L'Érythrée, quant à elle, est désignée comme étant « la Corée du Nord de l'Afrique » en raison des violations manifestes des droits de l'homme les plus essentiels par le Conseil des Droits de l'Homme. La dictature du président de la République d'Érythrée, ainsi que le régime militaire qu'il impose à ses populations, fait de ce pays l'un des plus autoritaires au monde.

La Somalie, autre voisin de Djibouti, est dans un état de déliquescence, ravagé par une vingtaine d'années de guerre civile sur fond tribal, et dans un contexte de morcellement du territoire en plusieurs entités distinctes revendiquant une partie, voire une totale indépendance vis-à-vis de l'État fédéral.

470. PATRICK (F.-), *La Corne de l'Afrique, évolution politique et sécuritaire*, Tome 1, Observatoire de la Corne de l'Afrique 2015, p.46.

471. Angleterre-Égypte, L'utilisation des eaux de la rivière du Nil pour l'irrigation (Uses of the Waters of the Rivers Nil for Irrigation Purposes), Caire, 7 mai 1929.

472. Disponible sur le site suivant : http://europe.newsweek.com/ethiopia-dam-nile-eritrea-562895?rm=eu (consulté le 18 mars 2017).

Le Yémen, proche voisin de Djibouti, séparé par la mer Rouge, est également en guerre, pilonné par les avions de la coalition arabe qui visent les rebelles *Houthis*, du nom de son fondateur Hussein al-Houthi, qui contrôlent la capitale et le nord du pays. De nombreux réfugiés ont trouvé refuge à Djibouti, seul pays acceptant les ressortissants yéménites, les deux pays n'étant séparés que de 30 km.

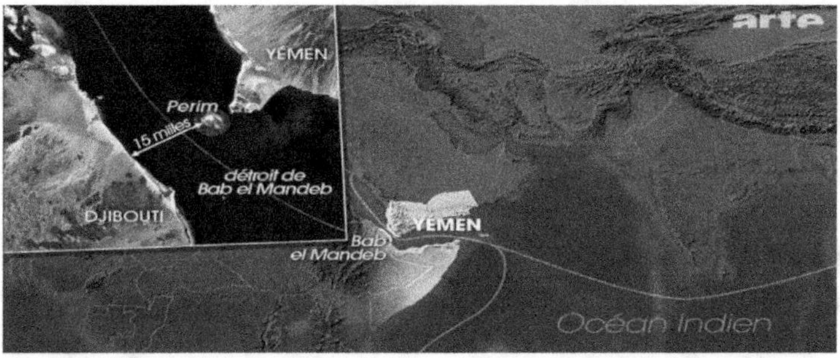

Figure 10 : Route maritime critique entre le détroit de Bab-el-Mandeb et l'océan Indien[473]

Le pays est sous bombardement d'une coalition de pays, entièrement sunnites, à l'encontre des groupes *Houthis* chiites soutenus par l'Iran sur fond de domination régionale et d'opposition armée interposée entre l'Arabie Saoudite[474] et l'Iran.

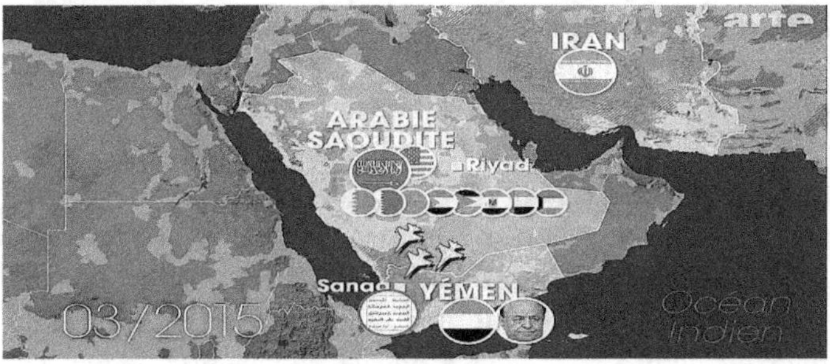

Figure 11 : Carte représentant des principaux acteurs dans la guerre au Yémen[475]

À partir de 2008, face à la recrudescence des actes de piraterie maritime perpétrés au large de la Somalie, on a assisté à un déploiement sans précédent des forces navales multinationales et nationales au large des pays riverains ou voisins du golfe d'Aden *(figure 11)*, car il a été recensé comme le lieu le plus infesté de pirates. Le port de Djibouti s'est imposé pour le soutien de ces activités navales, tant par sa proximité de la zone que par la qualité de ses installations portuaires et de son soutien logistique terrestre. Le côté avantageux des quali-

473. Source : *Arte, le dessous des cartes.*
474. TOUAIBIA (Y.-), *« Arabie Saoudite »*, édition de Boeck Supérieur (mai 2018), sous la direction de Mathieu Guidère, pp.5-100.
475. Source : *Arte, le dessous des cartes.*

tés géostratégiques de Djibouti a été renforcé par la volonté du gouvernement d'apporter ce soutien dans un cadre légal soutenu par la détermination des Nations Unies.

Tous ces facteurs ont grandement contribué à créer les conditions favorables pour attirer les États désireux de s'établir dans cette zone du monde où transite une grande partie du trafic maritime mondial et où les enjeux sécuritaires en font une des zones les plus à risque au monde.

B. Puissances militaires : un déploiement opérationnel et logistique à Djibouti

La mobilisation internationale en faveur de la lutte contre la piraterie pourrait être qualifiée de sans précédent. Sans doute l'ampleur des actes de piraterie et du terrorisme exigeait un tel déploiement de force pour endiguer un phénomène qui ne cessait de croître de manière exponentielle.

Toutefois, plusieurs chercheurs avertis soulèvent l'argument selon lequel la lutte contre la piraterie ne constitue qu'une raison justifiant le déploiement de forces navales dans l'océan Indien et que cette dernière n'est qu'une des composantes d'une stratégie plus large de ces puissances. L'intérêt de cet argument pour notre recherche est que, pour mieux comprendre le rôle de Djibouti en tant que plate-forme portuaire militaire, nous devons engager une réflexion, d'une part sur les raisons du déploiement de ces forces, mais également d'autre part sur les stratégies des puissances navales afin de comprendre les choix effectués par les décideurs politiques djiboutiens.

Paragraphe 2 : La lutte contre la piraterie et la défense des intérêts nationaux et étrangers comme point d'appui de la sécurité du commerce mondial via les infrastructures de la République de Djibouti

En 2016, la République de Djibouti accueille plusieurs bases militaires de différents pays et facilite la présence navale de certains. Ainsi, les États-Unis disposent de la seule base militaire américaine en Afrique, les Japonais de la seule base militaire en dehors du territoire national et les Chinois, la seule base militaire en dehors du territoire de toute leur histoire.

Notre réflexion porte sur deux volets ; le premier est de comprendre les dispositions juridiques ayant permis le déploiement de ces troupes et la pérennité vraisemblable de ces forces au regard de leurs missions initiales ; le deuxième volet est d'arriver à analyser la coopération internationale dans la lutte contre la piraterie et le terrorisme avec comme base d'appui le port de Djibouti.

A. Le Japon et la défense de l'intérêt national dans un contexte de sécurisation énergétique

1. Une base militaire japonaise à Djibouti : une première depuis 1945

L'ouverture d'une base militaire japonaise est sans doute une première pour ce pays depuis la fin de la Seconde Guerre mondiale. En effet, la constitution adoptée après la fin de la Seconde Guerre mondiale ne fournit aucune force militaire au Japon, ce qui, à l'époque, a suscité beaucoup de réticences[476]. Cette constitution interdit dès lors toute attitude belliqueuse et a permis la création d'une force d'autodéfense en 1954, chargée de la protection du territoire. L'on passe donc d'un paradigme offensif à une posture défensive garante de l'intégrité du territoire japonais[477].

Le récent déploiement de forces japonaises au large du golfe d'Aden pose la question de sa compatibilité avec l'article 9 de la constitution et soulève la question de la territorialité de la défense japonaise. En effet, comment attribuer le déploiement de troupes à plusieurs milliers de kilomètres du Japon à la défense du territoire japonais. Cette incompatibilité semble avoir été temporairement résolue en justifiant ce déploiement au nom de la défense des intérêts japonais, en l'occurrence la protection des navires japonais au large des côtes somaliennes. Il n'en demeure pas moins que cette interprétation extensive de la fonction des forces d'autodéfense représente un enjeu stratégique majeur et une cause de flou juridique significatif. En ce sens, rien d'étonnant à ce que le gouvernement de Abe Shinzô propose, dès avril 2012, alors qu'il est dans l'opposition, la modification de l'article 9 de la constitution qui prévoirait la possibilité pour le Japon de disposer d'une « armée de défense nationale ». Cette modification n'est pas étrangère à la perception d'une partie des décideurs japonais de la menace grandissante de la Chine, sur fond de rancune historique et de conflits territoriaux, notamment en mer de Chine.

De plus, nous pouvons considérer que la présence des FAJ (Forces d'autodéfense japonaises) à Djibouti, a été motivée d'une part par la présence d'un *« dixième des 20 000 bateaux qui franchissent chaque année le détroit de Bab-el-Mandeb, au large de Djibouti, de la Somalie et du Yémen [qui] naviguent sous pavillon japonais, ou transportent des biens achetés ou vendus par le Japon. Les neuf dixièmes des exportations de l'archipel dépendent de cette route maritime, via la mer Rouge et le canal de Suez. Et plusieurs bâtiments japonais ont déjà été attaqués par les pirates : le chimiquier Golden Nori en 2007, le pétrolier Takayama en 2008, le MV Apl Finland et le tanker Socotra Island en 2009*[478] ». Et d'autre part, celle-ci s'explique par l'idée que le gouvernement

---

476. Constitution du Japon de 1946, adoptée le 3 novembre 1946, entrée en vigueur le 3 mai 1947, article 9.

477. https://blog.mondediplo.net/2011-01-20-A-Djibouti-la-premiere-base-du-Japon-a-l-etranger

478. *Le Monde Diplomatique* du 20 janvier 2011, « À Djibouti, la première base du Japon à l'étranger depuis 1945 », https://blog.mondediplo.net/2011-01-20-A-Djibouti-la-premiere-base-du-Japon-a-l-etranger

japonais soutenait qu'il pourrait intervenir « *si c'est à la requête du pays concerné, et que leurs activités ne conduisent pas à l'usage de la force, y compris dans un cadre collectif (et sauf cas de légitime défense)*[479] ». En effet, cette présence de la base logistique reculée a conduit les Japonais à signer des accords avec Djibouti[480] :

- la mise à disposition pour leurs forces d'une parcelle de terrain de douze hectares « *d'un coût de 40 millions d'euros, ces installations comportent notamment un centre de commandement et liaison, un hangar de maintenance des avions d'observation P3 Orion, des bureaux et logements pour les aviateurs ainsi que pour les personnels de soutien aux navires de la marine japonaise en escale au port de Djibouti*[481] » ;
- la création du statut de la base et des personnels « *d'une durée de douze mois mais renouvelable automatiquement, dont la* Lettre de l'océan Indien *a obtenu le détail, de source japonaise : la liberté de déplacement et de circulation sur le territoire de la République de Djibouti, « y compris ses eaux et son espace aérien », l'exemption de droits de douane ou taxes pour les produits importés, destinés aux activités de la base ou à l'usage personnel des militaires, les soldats pourront porter leurs uniformes, conduire des véhicules militaires immatriculés au Japon, utiliser leurs propres réseaux de communication, immunité judiciaire des installations : pas de perquisition, réquisition ou saisie.*[482] »

2. Un déploiement dans un contexte de sécurisation énergétique

La terre est estimée compter un peu plus de huit milliards d'habitants en 2030, dont plus de 40 % de la population mondiale vivra en Afrique et en Asie du Sud[483]. Cet accroissement significatif de la population mondiale crée inévitablement des besoins d'autant plus importants que les ressources naturelles s'épuisent et qu'il devient impératif de changer drastiquement notre mode de vie en raison des impacts considérables de nos industries sur l'environnement. Selon les estimations concernant le transport maritime et les routes énergétiques en 2030, nous constatons le rôle particulièrement crucial des routes transitant par le détroit de Bab-el-Mandeb et au-delà de l'océan Indien dans le commerce maritime mondial. La plupart des experts s'accordent pour affirmer que les besoins de la Chine en énergie seront tels que la grande majorité des routes et voies de transit des énergies y compris des énergies fossiles, se dirigeront vers ce pays. De plus, toujours d'après ces experts, la Chine sera la première puissance économique mondiale avec un PIB annuel estimé à plus de 25 000 milliards de dollars en 2030[484].

---

479. LE GOURIELLEC (S.-), « Le paradoxe de la puissance japonaise », Revue *Défense nationale*, novembre 2010).
480. MOHAMED OSMAN (R.-), « *La politique de sécurité et de défense dans la Corne de l'Afrique : le cas de Djibouti* », p.89.
481. *Le Monde Diplomatique* du 20 janvier 2011, *op.cit.*, https://blog.mondediplo.net/2011-01-20-A-Djibouti-la-premiere-base-du-Japon-a-l-etranger
482. *Lettre de l'Océan Indien* du 8 janvier 2011.
483. https://www.un.org/development/desa/fr/news/population/world-population-prospects-2017.html
484. BONIFACE (P.-) et VÉDRINE (H.-), *Atlas des crises et des conflits*, Armand Colin / Fayard, 2009, p.136.

Quant au Japon, le déploiement militaire de ce pays dans la République de Djibouti soulève plusieurs interrogations, d'autant plus que la baisse significative des actes de piraterie au large des côtes somaliennes ne semble nullement diminuer, ni ralentir la construction d'infrastructures militaires japonaises dans la République de Djibouti. Loin d'être la seule puissance présente sur cette minuscule terre d'Afrique de l'Est, la pérennité apparente des constructions japonaises nous amène à effectuer une analyse des motivations possibles au vu de la position éminemment stratégique de Djibouti. Notre réflexion se tourne en premier lieu sur les transports maritimes. En effet plus de 40 % du transport maritime transite par la mer Rouge et en particulier une quantité non négligeable de ressources énergétiques, à l'instar du pétrole. Lorsque l'on sait que le Japon est dépendant à hauteur de 90 % de son besoin en pétrole de l'étranger, il est aisé de concevoir le danger qu'une diminution même temporaire de l'approvisionnement pourrait faire peser sur l'économie de l'archipel. Ce déploiement militaire vient assurer la pérennité énergétique de l'archipel, comme le confirme Sonia Le Gouriellec. Le Japon n'est pas aussi charitable, explique dans sa thèse Roukaya Mohamed Osman, s'agissant du cas de Djibouti, *« dans le cadre de la lutte contre la piraterie, qu'il aspire à développer davantage la coopération bilatérale dans le domaine de la formation et de l'équipement de l'armée et des garde-côtes. Il s'engage, ainsi, à verser 14 millions pour financer la construction d'un centre régional de documentation, de formation et d'entraînement aux garde-côtes de la Corne de l'Afrique*[485] », mais effectue plutôt une remise en question, et pense que d'autres facteurs réels pourraient expliquer les ambitions japonaises : « *la dépendance énergétique et commerciale de l'archipel ; sa vocation maritime (qui l'a conduit à construire une marine militaire performante) ; l'expérience du pays en matière d'anti-piraterie, notamment la formation de garde-côtes à Singapour, en Malaisie, Indonésie (qui a contribué à réduire très fortement la piraterie dans les détroits entre l'océan Pacifique et l'océan Indien) ; l'ambition du Japon de décrocher un siège permanent au Conseil de sécurité, et de "transformer sa richesse en puissance", sortant de ce qui a été jusqu'ici surtout une "diplomatie du chéquier"* [486] ». Une autre idée ressort dans l'implantation de FAJ (Forces d'Autodéfense japonaises) comme base logistique à Djibouti notamment dans une perspective plus longue qui vise à assurer, dans un avenir où ces ressources viendraient à manquer, une continuité de la production japonaise. Par ailleurs, dans cette perspective de lutter contre la piraterie et les terrorismes, nous pouvons déplorer que la présence à Djibouti des FAJ vis-à-vis de la coalition (France, Allemagne, Italie, Espagne, USA, Chine, etc.) reste singulière en matière d'intervention : « *les Japonais luttent individuellement et ne font ni partie de la force européenne Atalante, ni de la force de l'OTAN*[487]. »

485. MOHAMED OSMAN (R.-), *op.cit.*, p.182.
486. LE GOURIELLEC (S.-), *op.cit.*, Revue *Défense nationale*, novembre 2010.
487. *Ibid.*

Ainsi, nous pouvons qualifier que les deux approches sont complètement différentes dans la lutte contre la piraterie et le terrorisme dans la région de la Corne de l'Afrique s'agissant de l'Union européenne et des États-Unis qui « *ont opté pour une approche globale pour sécuriser*[488] » contrairement aux Japonais qui sont selon Sonia Le Gouriellec « *dans une logique participative dans la prévention des conflits et la consolidation de la paix en Afrique et, plus particulièrement, dans la Corne de l'Afrique*[489] ».

B. Une infrastructure portuaire à double usage militaire et commercial

Les opérations de la communauté internationale de lutte contre la piraterie somalienne ont donné un rôle logistique, stratégique et symbolique au port de Djibouti, qui devient par là même un point d'appui pour les différentes missions de lutte contre la criminalité (piraterie, terrorisme, la pêche INN etc.) qui sévit dans la Corne de l'Afrique avec la présence de bases militaires navales et aériennes. D'ailleurs, nous ne pouvons pas ignorer le fait que le port a mis en exergue une imbrication de deux logiques : d'une part une logique purement stratégique (servir d'arrière-base logistique aux forces internationales luttant contre cette piraterie) de surveillance des intérêts particuliers des États (U.E., États-Unis, Chine, Japon, Arabie Saoudite etc.) présents dans la lutte contre la criminalité de tout genre, et d'autre part une logique commerciale du bien public de l'État avec des partenaires privés pour laquelle le port de Djibouti bénéficie de retombées économiques. Ceci va engendrer un engouement, du côté des partenaires privés et des investisseurs, de plus en plus prononcé pour le développement des infrastructures des ports (par le biais d'outils de partenariats public-privé pour le développement du port de Djibouti). Or, nous pouvons expliquer que cette transformation portuaire (par le biais de l'insécurité maritime) mise en œuvre à Djibouti n'est pas seulement une approche militaire, mais revêt également aussi une dimension de garantie économique par cette présence d'armadas militaires. Par ailleurs cette transformation est soulevée par Sonia Le Gouriellec qui, dans son article, considère que « *Djibouti a su très habilement tirer parti de son attractivité stratégique en jouant la carte du développement de grandes infrastructures, financées essentiellement aujourd'hui par la Chine. Si le lancement de la construction de la base militaire chinoise à Djibouti a concentré l'attention internationale, elle va de pair avec la construction de ports polyvalents et spécialisés, oléoducs, pipelines, lignes ferroviaires et zones franches, qui proposent de transformer la Cité-État en un hub logistique et commercial* ».

488. *Ibid.*, p.33.
489. *Ibidem.*

En effet, on a vu que le degré d'implication du port de Djibouti, s'agissant de la sécurisation des navires commerciaux au départ ou à l'arrivée de ses ports, ainsi le fait que les armateurs le voient comme étant un port sûr, donne une certaine confiance aux armateurs pour pouvoir accoster au port de Djibouti pour leurs ravitaillements (soutage, alimentation, etc.). Ainsi, nous pouvons constater que sur le plan purement commercial, le port gagne en fiabilité [490] et voit peu de clients fuir son accostage.

À vrai dire, le port sûr de Djibouti a récolté une bonne image auprès des armateurs commerciaux. Pour l'illustrer, nous avons vu au chapitre précédent toutes ces opérations d'envergure internationale qui ont permis au port de réduire de façon significative la criminalité maritime. Il est à noter qu'au début de la piraterie somalienne, beaucoup d'armateurs ont jugé trop dangereux l'emprunt du golfe d'Aden (considéré comme route à risque) et ont préféré l'éviter, quitte à faire un long détour en passant par le cap de Bonne espérance au large de l'Afrique du Sud. Ceci a été bien confirmé par François Guiziou : « *les déclarations des compagnies en faveur d'un détournement du trafic du golfe d'Aden vers le Cap relèvent de l'effet de manche et n'ont jamais été suivies d'effets durables, les difficultés liées au low streaming comme les coûts en temps et carburants s'avérant des limites rédhibitoires*[491] ».

Des telles décisions ont suscité une énorme inquiétude des autorités portuaires de Djibouti qui ont senti la menace pouvant faire perdre la réputation de port sûr pour devenir du jour au lendemain un port non sécurisé aux yeux des clients et des armateurs. En effet, la sécurité du port à l'heure actuelle est primordiale mais néanmoins il a fallu que l'autorité portuaire, garante de l'intérêt public de l'État, puisse accorder à l'ensemble des opérations militaires maritimes de faire de l'usage du port une base d'appui, mais aussi déléguer la gestion du port de Djibouti à un partenaire privé dans le but de la coexistence du couple rentabilité et sécurité/efficacité.

---

490. Usage d'un label des ports sûrs suite à une présence massive d'armadas militaires internationales dans la République de Djibouti.

491. GUIZIOU (F.-), « La piraterie comme innovation : une esquisse géographique de la piraterie somalie » in GNANGUENON A., *Les défis politiques et stratégiques en Somalie*, édition 2012, Cahiers de l'IRSEM, n°13, p. 80.

Pourtant, aujourd'hui, les succès des opérations de l'UE[492] et de l'OTAN[493] dans la lutte contre la piraterie somalienne, qui ont permis une diminution drastique des actes dans la Corne de l'Afrique, ont engendré une réelle dissipation des craintes des armateurs dans cette route à haut risque. En effet, la sécurisation de la route maritime du golfe d'Aden a été un sérieux atout pour le port et ce, en termes de concurrence et de compétitivité. Par ailleurs, nous notons qu'aujourd'hui, avec la crise au Yémen, les navires préfèrent accoster au port de Djibouti jugé plus sûr que celui d'Aden. Cette nouvelle conjoncture politique au Yémen[494], alliée à la réussite des opérations de lutte contre la piraterie somalienne, a fait du port de Djibouti un point géostratégique bien positionné d'une part par la proximité avec la Somalie, et d'autre part par la forte présence sur place des forces européennes et américaines.

Cependant, les ambitions affichées de Djibouti dépassent largement ses frontières et sont disproportionnées par rapport à sa taille : « *la Cité-État [...] doit devenir le port d'éclatement, pour l'Afrique de l'Est et la péninsule Arabique, des porte-conteneurs reliant l'Europe et l'Asie* [495] » par le biais de la route de la Soie. Par ailleurs, l'intérêt de devenir une plaque tournante commerciale entre le Moyen-Orient et l'Afrique de l'Est et centrale, montre bien la volonté de l'État à faire de Djibouti un *« pôle sécuritaire »* et un *« hub portuaire et logistique »*, destiné à la réexportation, au transbordement et au stockage pour toute la région[496]. Néanmoins, au-delà de ces ambitions, son avenir demeure également incertain et fragile du fait que le port de Djibouti est à l'épreuve de l'insécurité maritime

---

492. Le 10 novembre 2008, le Conseil de l'UE a adopté une action commune 2008/851/PESC concernant l'opération militaire de l'Union européenne en vue d'une contribution à la dissuasion, à la prévention et à la répression des actes de piraterie et de vols à main armée au large des côtes de la Somalie. Réaffirmant ses vives préoccupations vis-à-vis de la recrudescence des actes de piraterie et des vols à mains armée dans cette zone, le Conseil de l'UE, sur le fondement des résolutions 1814 (2008), 1816 (2008) et 1838 (2008) du Conseil de sécurité de l'ONU, met en place l'opération Atalanta. Initialement prévue pour une durée de 12 mois, cette opération a été reconduite (Décision 2010/766/PESC) jusqu'en décembre 2014 et actuellement en discussion pour être prolongée au-delà. Les missions de cette opération visent à : (1)- la protection des navires du Programme alimentaire mondial (PAM) qui acheminent l'aide alimentaire aux population déplacées de Somalie ainsi que l'escorte des navires de la Mission de l'Union africaine en Somalie (AMISOM) ; (2)- la dissuasion, la prévention et la répression des actes de piraterie et de vols à main armée au large de la Somalie ; (3)- la protection des navires vulnérables croisant au large des côtes somaliennes ; enfin (4)- la surveillance des activités de pêche au large de la Somalie.

493. Les groupes maritimes permanents de l'OTAN constituent une force maritime multinationale intégrée qui se compose de navires de différents pays de l'Alliance.

494. BILLION (D.-), *Géopolitique des mondes arabes*, éditions Eyrolles, sous la direction de Pascal Boniface, pp.126-129.

495. GASCON (A.-), « Djibouti : Singapour sur mer Rouge, un confetti d'Empire, futur dragon africain », Outre-Terre, *Revue française de géopolitique*, n°11-2005, *« De l'Afrique au Gondwana ? »*, p.451. http://www.cairn.info/revue-outre-terre1-2005-2-page-451.htm

496. OMAR ABDILLAHI (A.-), *« Géopolitique de Djibouti : des incertitudes de la naissance à l'espérance de l'âge adulte »*, éditions Karthala « Djibouti contemporain » sous la direction de Amina Saïd Chiré, décembre 2012, p.147.

mondialisée[497]. C'est dans un tel marasme que le gouvernement djiboutien cherche tant bien que mal des solutions, afin de bâtir et de nouer de nouvelles relations tendant à se consolider sur les montages contractuels des partenariats privés-publics[498] portuaires qui sont les vecteurs « *d'une richesse juridique et d'émergence économique*[499] » pour le développement de ses ports. Ainsi, la mise en œuvre de ce type de contrat PPP va permettre au gouvernement d'ouvrir la réalisation des travaux publics à la prise en considération de financements découlant du secteur privé[500]. Le gouvernement considère le PPP comme une solution alternative qui peut pallier l'écart entre la nécessité du développement de l'infrastructure publique et le déficit des finances publiques[501]. Ainsi, la privatisation de la propriété ou de la gestion sera précédée d'une privatisation plus complexe du marché des entreprises publiques. Se pose alors une question : le processus de privatisation traduit-il vraiment un désengagement de l'État ou une simple mutation ?

Cependant, cette mutation statutaire mérite une analyse qui sera approfondie dans la deuxième partie de la thèse qui consiste à étudier les causes et les effets de l'insécurité maritime qui a conduit à la transformation de la gestion portuaire de Djibouti. C'est la raison principale qui nous amène à étudier comment le droit portuaire a pu prendre une autre tournure du fait des questions de la géostratégie.

Les opérations de la communauté internationale de lutte contre la piraterie somalienne, ont donné un rôle logistique, stratégique et symbolique au port de Djibouti qui devient un point d'appui pour les différentes activités dans cette lutte anti-piraterie. Mais surtout elles ont mis en exergue l'imbrication de deux logiques : une logique stratégique (servir d'arrière-base logistique aux forces internationales luttant contre cette piraterie) et une logique de retombée commerciale bénéfique pour le Port de Djibouti pour attirer de plus en plus d'investisseurs pour le développement des infrastructures des ports. Or,

---

497. PROUTIÈRE-MAULION (G.-), « Mondialisation, développement durable et droit de l'homme : l'exemple de la piraterie », *Neptunus*, Vol 19/3.

498. Le PPP est un programme dans lequel le secteur privé participe à la fourniture de biens et de services, d'infrastructures qui sont traditionnellement fournis par le gouvernement. Cependant, il n'existe pas de consensus sur une définition unifiée de ces contrats. Voir IOSSA (E.), MARTIMORT (D.), POUYET (J.), « Partenariats public-privé : Quelques réflexions », *Revue économique*, Vol. 59, 2008/3, pp. 437-449, p. 440, voir également BURGER (P.), TYSON (J.), KARPOWICZ (I.), DELGADO COELHO (M.), « *The effects of financial crisis on public-private partnership* », International Monetary Fund, IMF working paper, WP/09/144, juillet 2009, p. 3.

499. ERRIZANI (F.-), « *Les réformes portuaires marocaine et Française entre enjeux de bonne gouvernance et incitation au partenariat public-privé* », Thèse de Droit portuaire soutenue le 15 mai 2018 à l'université de Nantes sous la direction du Professeur Patrick Chaumette, p. 241.

500. NICINSKI (S.-), *Droit public des affaires*, 5e édition de Lextenso LGDJ (2016), pp. 340-341.

501. OCDE, « *Private financing and government support to promote long-term investments in infrastructure* », rapport de l'OCDE, September 2014, p.6. Disponible sur : https://www.oecd.org/daf/fin/privatepensions/Private-financingCode-and-government-support-to-promote-LTI-in-infrastructure.pdf. (Consulté le 11 novembre 2016).

nous pouvons expliquer que cette transformation mise en œuvre à Djibouti n'est pas seulement une approche militaire, mais également, elle revêt aussi une dimension économique. Cette transformation est soulevée par Sonia Le Gouriellec qui, dans son article, considère que « *Djibouti a su très habilement tirer parti de son attractivité stratégique en jouant la carte du développement de grandes infrastructures, financées essentiellement aujourd'hui par la Chine. Si le lancement de la construction de la base militaire chinoise à Djibouti a concentré l'attention internationale, elle va de pair avec la construction de ports polyvalents et spécialisés, oléoducs, pipelines, lignes ferroviaires et zones franches, qui proposent de transformer la Cité-État en un hub logistique et commercial* ».

De façon générale, cette analyse a permis de constater que la piraterie mêle acteurs privés du commerce maritime et acteurs publics du monde militaire et diplomatique. Si le premier est familier à la géographie, le second l'est beaucoup moins et relève plus régulièrement de la science politique ou du droit. Deuxièmement, parce qu'il semble qu'une réponse toute trouvée expliquant le phénomène ait été proposée à partir de l'association de cause mêlant misère, faillite de l'État et opportunisme[502].

Il en est de même pour la dimension des ports mêlant également acteurs du domaine public portuaire et acteurs du domaine privé…

En effet, en voyant le degré d'implication du Port de Djibouti quant à la sécurisation des navires commerciaux en partance depuis ces Ports, les armateurs donnent une certaine confiance à cette route maritime passant obligatoirement par le Port de Djibouti. Sur un plan purement commercial, le Port gagne en fiabilité [503] et voit peu de clients fuir son accostage.

Nous pouvons donc supposer que le Port récolte une bonne image auprès des armateurs commerciaux. Ces opérations d'envergure internationale ont permis au Port de réduire de façon significative une désertion des navires marchands. Il est à noter qu'au début de la piraterie somalienne, beaucoup d'armateurs ont jugé trop dangereux l'emprunt du Golfe d'Aden et ont préféré le contourner quitte à faire un long détour en passant par le Cap de Bonne espérance au large de l'Afrique du Sud. Ainsi, François Guiziou explique dans son article que : « *les déclarations des compagnies en faveur d'un détournement du trafic du golfe d'Aden vers le Cap relèvent de l'effet de manche et n'ont jamais été suivies d'effets durables, les difficultés liées au low streaming comme les coûts en temps et carburants*

---

502. GUIZIOU (F.-) et FRITSCH (B.-), « *La piraterie maritime : quelques réflexions géographiques* », Actes du colloque des 5 et 6 juin 2014 (journées scientifiques de l'Université de Nantes), édition *Annuaire de droit maritime et océanique de Nantes*, Tomes XXXVI-2018, p.428.

503. Usage d'un label des ports sûrs suite à une présence massive d'armada militaire internationale dans la République de Djibouti.

s'avérant des limites rédhibitoires[504] ». Par ailleurs, nous pouvons constater qu'avec l'élargissement du passage du Canal de Suez, on observe une augmentation considérable du nombre des navires : « *En 2000, le trafic du canal était de 14 000 navires pour 230 Mt. En 2015, les chiffres étaient de 17 500 navires pour 823 Mt. Cela démontre à la fois la formidable croissance du trafic maritime international et témoigne du gigantisme (croissance plus rapide du tonnage que du nombre de navires en transit). Le passage du canal coûte cher (0,5 M$ pour un grand porte-conteneurs)*[505] » et du fait du coût élevé du passage, les armateurs s'interrogent sur le contournement par le cap de Bonne Espérance. Naturellement, cette route est plus longue de 9 000 km.

De telles décisions ont suscité l'énorme inquiétude des autorités portuaires de Djibouti qui ont senti la menace pouvant faire perdre beaucoup de clients et d'armateurs.

Mais aujourd'hui avec les succès des opérations de l'UE et de l'OTAN dans la lutte contre la piraterie somalienne, ces craintes pour la compétitivité du Port de Djibouti se sont bien dissipées. En effet, la sécurisation de la route maritime du golfe d'Aden a été un sérieux atout pour le Port et ce, en termes de concurrence et de compétitivité. Par ailleurs, notons qu'aujourd'hui avec la crise au Yémen, les navires préfèrent accoster au Port de Djibouti jugé plus sûr que celui d'Aden. Cette nouvelle conjoncture politique au Yémen, alliée à la réussite des opérations de lutte contre la piraterie somalienne, a fait du Port de Djibouti un point stratégique (proximité avec la Somalie, présence déjà sur place des forces européennes et américaines, etc.). Mais surtout ce qui est conforté, c'est le positionnement stratégique de la République de Djibouti dans ces opérations de lutte contre la piraterie aux larges des côtes somaliennes.

Cependant les ambitions affichées par le petit pays dépassent largement ses frontières et sont disproportionnées par rapport à sa taille : « *La Cité-État [...] doit devenir le port d'éclatement, pour l'Afrique de l'Est et la péninsule Arabique, des porte-conteneurs reliant l'Europe et l'Asie*[506] ». L'intérêt de devenir une plaque tournante commerciale entre le Moyen-Orient et l'Afrique de l'Est et centrale, un « *Pôle sécuritaire* », « *Hub portuaire et logistique* », destiné à la réexportation, au transbordement et au stockage pour toute la région[507]. Néanmoins au-delà de

---

504. GUIZIOU (F.-), « La piraterie comme innovation : une esquisse géographique de la piraterie somalie » in GNANGUENON A., *Les défis politiques et stratégiques en Somalie*, édition 2012, Cahiers de l'IRSEM, n°13, p. 80

505. TOURRET (P.-), « *20 ans de mutations des routes maritimes* », Note de Synthèse N°190 – mai 2017, https://www.isemar.fr/wp-content/uploads/2017/05/ISEMAR-note-de-synthese-190-20-ans-de-mutations-des-routes-maritimes.pdf

506. GASCON (A.-), « Djibouti : Singapour sur mer Rouge, un confetti d'Empire, futur dragon africain », Outre-Terre, *Revue française de géopolitique*, n°11-2005, « *De l'Afrique au Gondwana ?* », p.451. http://www.cairn.info/revue-outre-terre1-2005-2-page-451.htm

507. OMAR ABDILLAHI (A.-), « *Géopolitique de Djibouti : des incertitudes de la naissance à l'espérance de l'âge adulte* », édition Karthala, « Djibouti contemporain » sous la direction de Amina Saïd Chiré, décembre 2012, p.147.

ces ambitions, son avenir demeure, également, incertain et fragile du fait que le port de Djibouti est à l'épreuve de l'insécurité maritime mondialisée. C'est dans un tel marasme que le gouvernement djiboutien cherche tant bien que mal des solutions, afin de bâtir et de nouer des nouvelles relations tendant à se consolider sur les montages contractuels des partenariats privés-publics[508] portuaires qui ne sont que vecteur « *d'une richesse juridique et d'émergence économique*[509] » pour les développements de ces ports. Cependant la mise en œuvre de ce type de contrat PPP va permettre au gouvernement d'ouvrir la réalisation des travaux publics à la prise en considération de financement découlant du secteur privé. Le gouvernement considère le PPP comme une solution alternative qui peut pallier l'écart entre la nécessité du développement de l'infrastructure publique et le déficit des finances publiques[510]. Ainsi, la 210, de la propriété ou de la gestion va précéder d'une privatisation plus complexe du marché des entreprises publiques. Se pose alors la question de savoir comment le processus de privatisation traduit vraiment un désengagement de l'État ou bien une simple mutation à intervenir ?

Cependant, cette mutation statutaire mérite une analyse qui sera approfondie dans la deuxième partie de la thèse qui consiste à étudier les causes et les effets de l'insécurité maritime qui a conduit à la transformation de la gestion portuaire de Djibouti. C'est la raison principale qui nous amène à étudier comment le droit portuaire a pu prendre une autre tournure du fait des questions de la géostratégie.

---

508. Le PPP est un programme dans lequel le secteur privé participe à la fourniture de biens et de services d'infrastructure qui sont traditionnellement fournis par le gouvernement. Cependant, il n'existe pas de consensus sur une définition unifiée de ces contrats. Voir IOSSA (E.), MARTIMORT (D.), POUYET (J.), « Partenariats public-privé : Quelques réflexions », *Revue économique*, Vol. 59, 2008/3, pp. 437-449, p. 440, voir également BURGER (P.), TYSON (J.), KARPOWICZ (I.), DELGADO COELHO (M.), « *The effects of financial crisis on public-private partnership* », International Monetary Fund, IMF working paper, WP/09/144, juillet 2009, p. 3.

509. ERRIZANI (F.-), « *Les réformes portuaires marocaine et française entre enjeux de bonne gouvernance et incitation au partenariat public-privé* », Thèse de Droit Portuaire soutenu le 15 mai 2018 à l'université de Nantes sous la direction du Professeur Patrick Chaumette, p. 241.

510. OCDE, « *Private financing and government support to promote long-term investments in infrastructure* », rapport de l'OCDE, septembre 2014, p. 6.
Disponible sur : https://www.oecd.org/daf/fin/privatepensions/Private-financingCode-and-government-support-to-promote-LTI-in-infrastructure.pdf. (Consulté le 11 novembre 2016).

Conclusion de la partie 1

En attirant l'attention sur une partie du monde délaissée, la piraterie a peut-être paradoxalement favorisé la Corne de l'Afrique, en particulier la République de Djibouti, car elle a permis d'y infuser les bases d'une nouvelle gouvernance des espaces maritimes fondée sur le droit international[511].

Ainsi, pour comprendre le rapport qui existe entre la piraterie maritime au large des côtes somaliennes et son impact sur la politique sécuritaire des ports de Djibouti, il faut remettre les choses dans leur contexte initial. Le port de Djibouti est la principale source de revenus du pays, qui est d'une superficie de 23 200 km² (ce qui constitue en comparaison avec les pays voisins que sont la Somalie, l'Érythrée et l'Éthiopie, de faibles dimensions). C'est aussi la porte d'entrée de l'Éthiopie (État enclavé), dépourvue de façade maritime depuis l'indépendance de l'Érythrée en 1993. Ainsi, l'État djiboutien compte sur les revenus qu'il tire de l'exploitation de ses ports, qui se trouvent être en bordure de l'une des routes maritimes les plus sollicitées (point de passage obligé entre la mer Méditerranée et l'océan Indien), faisant office de jonction entre l'Europe et l'Asie du Sud-Est, dont l'activité commerciale se démarque par son intensité. Le trafic maritime dans le golfe d'Aden et les flux commerciaux profitent donc à Djibouti, grâce à son port. Dans ce contexte, l'explosion de la piraterie représente, d'un côté, une menace pour les prétentions économiques de ce pays mais également pour le commerce mondial en général, mais offre de l'autre à l'État djiboutien l'opportunité de participer à l'effort de lutte contre la piraterie à travers la mise à disposition d'infrastructures portuaires (accueil des navires militaires, mise en place du Code de conduite de Djibouti, et enfin établissement d'un centre régional de formation maritime).

En ce qui concerne en particulier la piraterie au large des côtes somaliennes, cette dernière est une des conséquences de l'état de déliquescence dans lequel se trouve la Somalie. Son émergence a été favorisée par plusieurs facteurs tels que la pauvreté, la guerre civile, l'absence d'institutions étatiques, la pêche illégale et le déversement des déchets toxiques.

En quelques années, les modes opératoires des pirates ont considérablement évolué et ce qui pouvait être perçu comme des attaques isolées de pêcheurs a laissé place à une véritable organisation structurée affinant constamment ses méthodes et attirant toujours plus de candidats à travers le pays.

S'il est vrai que le taux de réussite des actes de piraterie diminue, cela se traduit néanmoins par une augmentation de la violence lors des attaques et un ac-

511. LE GOFF (R.-), « *La protection des navires soumis au risque de piraterie* », Thèse dirigée par Patrick Chaumette, soutenue à l'Université de Nantes, 14 décembre 2016, p.243. http://archive.bu.univ-nantes.fr/pollux/show.action?id=df7c9872-7f99-4b0a-b3a6-68951bbb687f

croissement des sommes réclamées par les pirates pour la libération des navires et des membres d'équipage. La communauté internationale est unanime sur le fait que la lutte contre la piraterie maritime au large des côtes somaliennes passe par le renforcement d'un gouvernement central en Somalie, disposant d'institutions capables d'assurer leurs prérogatives régaliennes[512] et en mesure de mettre un terme aux luttes fratricides qui règnent actuellement dans le pays.

Les liens supposés entre les groupes de pirates et le groupe islamique *Al-Shabaab* accentuent davantage l'urgence de trouver une solution durable à la situation politique somalienne ou le risque d'une propagation de la violence dans tout le pays, mais également aux pays de la région, réduirait inévitablement les capacités d'un gouvernement central à pacifier le pays et à mettre un terme aux actes de piraterie.

Le sentiment d'injustice, véritable raison de l'émergence de la piraterie, qui anime les populations côtières, victimes de la pêche illégale et des déversements de déchets toxiques, doit être pleinement pris en compte par la communauté internationale, sinon il constituera indéfiniment un motif pour perpétrer des actes de violence à l'encontre de ceux qui seront perçus comme responsables.

Cependant la communauté internationale, quant à elle, consciente des limites du droit international et en particulier de la Convention des Nations Unies sur le droit de la mer, a tenté de surmonter ces dysfonctionnements relatifs à la qualification de ce phénomène de la piraterie, en instaurant un système de répression alternatif fondé sur des instruments juridiques encadrant de manière indirecte la piraterie moderne, et ce, sur plusieurs niveaux (international et régional) et dans des domaines différents (administratif, militaire, judiciaire, etc.)[513]. Ceci a conduit la communauté internationale dans le cas de la piraterie somalienne à mettre en place un cadre juridique spécifique à travers la résolution du Conseil de sécurité des Nations Unies, afin de proposer en premier lieu une solution ponctuelle orientée vers l'arsenal militaire, et dans un second temps la mise en place d'une politique de coopération régionale basée sur une coordination stratégique des États signataires de l'amendement de Jeddah 2017 du Code de conduite de Djibouti fondé sur quatre résolutions :

Résolution 1 : la répression des actes de piraterie, des vols à main armée à l'encontre des navires et des activités maritimes illicites dans la zone de l'océan Indien occidental et du golfe d'Aden ;

512. Le Gouvernement de Grande-Bretagne a tenu une conférence le 23 février 2012 sur la Somalie et sur les moyens de renforcer le gouvernement central. Voir le lien http://www.fco.gov.uk/en/global-issues/london-conference-somalia/.

513. DAHER DJAMA (A.-), *Le XXI*[e] *siècle à l'assaut du droit de la piraterie, le cas de la Somalie*, Pédone, Paris, 2017, p.221.

Résolution 2 : Coopération et assistance technique ;
Résolution 3 : Promouvoir la formation dans la région ;
Résolution 4 : Expression de gratitude[514].

Enfin, ce phénomène de la piraterie n'est pas sans conséquence sur les équilibres commerciaux mondiaux. En effet, le développement exponentiel de l'activité des pirates a eu trois principales conséquences qui ne sont pas des moindres. La première d'entre elles est évidemment la surprime d'assurance qui frappe les armateurs et la mise en place de polices d'assurance spéciales coûteuses. C'est le cas notamment de la garantie *Kidnap and Ransom* (*K & R*). De même l'éventualité de la mise en place d'une taxe piraterie a été évoquée. Tout ceci contribue à alourdir les charges financières pour l'armateur. La deuxième conséquence de la piraterie est la baisse des activités commerciales au large des côtes somaliennes. La pêche a un effet dissuasif sur les étrangers voulant y livrer une activité commerciale. Enfin, la piraterie a un impact sur la circulation maritime et les chemins empruntés par les navires. Ce qui peut avoir une incidence sur le commerce mondial étant donné que le golfe d'Aden est l'un des plus fréquentés du monde du fait de sa position stratégique.

Sont ainsi présentés les éléments portant sur une approche globale de la problématique somalienne, la sécurité maritime et plus particulièrement la lutte contre la piraterie et le vol à main armée en mer. Liant les initiatives régionales aux engagements internationaux, cette approche permettra à long terme de sécuriser cet axe maritime stratégique pour le commerce mondial et régional qu'est le golfe d'Aden. À ce jour, seule l'Union européenne semble être véritablement déterminée dans cette voie[515]. Ainsi, les ambitions de développement régional voire continental et international de la République de Djibouti vont irrémédiablement de pair avec un accroissement des risques de sécurité et de sûreté des infrastructures portuaires et du trafic maritime.

Les enjeux stratégiques que représente ce petit pays pour les grandes puissances, à l'instar des États-Unis, du Japon, de la Chine ou encore récemment de l'Arabie Saoudite qui souhaite y ouvrir une base militaire, constituent tout autant d'impératifs pour le gouvernement de ratifier et d'élaborer un cadre dans lequel les services portuaires pourront exercer leur autorité. Toutefois, les exigences sécuritaires représentent une charge financière, humaine et institutionnelle non négligeable et ce d'autant plus que le pays est situé dans une

---

514. http://www.crimario.eu/wp-content/uploads/2017/03/A-2-Revised-Code-Of-Conduct-Concerning-The-Repression-Of-Piracy-Armed-Robbery-Against-Ships...-Secretariat.pdf

515. MIGANEH HADI (A.-), *Stratégie logistique et de transport au service du développement en Afrique*, éditions L'Harmattan, 2015, p.149.

zone à haut risque. Une stratégie à long terme devrait prévoir une collaboration avec les centres de formations (universités, écoles spécialisées etc.) afin de doter le pays de personnes compétentes sur ces questions (du droit portuaire et la gestion sécuritaire en la matière). De plus, une réflexion devrait être engagée avec les décideurs de manière à planifier un accroissement des besoins opérationnels. C'est sans aucun doute le prix à payer pour assurer un développement durable des infrastructures portuaires, terrestres (routes, rails), et aéroportuaires pour le pays et sa population[516].

516. MIGANEH HADI (A.-), « *Challenge économique et maîtrise des nouveaux risques maritimes : Quelle croissance bleue ?* », septembre 2017, éditions Université de Nantes Gomylex, pp.77-78. https://univ-droit.fr/recherche/actualites-de-la-recherche/parutions/24626-challenge-economique-et-maitrise-des-nouveaux-risques-maritimes-quelle-croissance-bleue

PARTIE II : LE PORT DE DJIBOUTI À L'ÉPREUVE DE L'INSÉCURITÉ MARITIME

« Au détour des déclarations des « responsables » djiboutiens, revient souvent l'idée que l'avenir de la Cité-État est au grand large, dans l'océan Indien. Elle doit devenir le port d'éclatement, pour l'Afrique de l'Est et de la péninsule arabique, des porte-conteneurs reliant l'Europe et l'Asie[517]*. »*

À l'aube du XXIe siècle, il est devenu d'ores et déjà clair aux yeux de tous que le mouvement de mondialisation et de globalisation de l'activité de transport maritime entraîne des inégalités croissantes entre les pays, et soulève une vague d'insécurité : guerre ethnique, terrorisme, piraterie, brigandage, trafics de drogue, d'armes ou d'êtres humains, pillage des ressources, activités frauduleuses ou encore pêche illégale etc. Il est bien évident que, même dans l'esprit de la mondialisation, l'Afrique est en marge : « *L'Afrique est mondialisée mais non, ou peu, mondialisatrice. Elle est intégrée dans le système-monde tout en demeurant à ses marges*[518] ». Si la mondialisation a permis la croissance du commerce mondial, elle a également permis de réduire les écarts pour les pays émergents qui souffraient d'un profond fossé économique et social qui remonte à la révolution industrielle, accentuée ensuite par la bipolarisation du monde et la décolonisation tardive des pays du Sud. Aux antipodes de ces pays riches naissait alors un nouveau monde : « le Tiers-monde ». En effet, les gains de ces échanges sont répartis de manière inégalitaire entre les pays et certaines régions du monde apparaissent plus attractives pour les Investissements Directs à l'Étranger (IDE) que d'autres. Cette inégalité à l'échelle nationale, régionale et internationale, a indirectement instauré les conditions favorables à l'émergence de diverses activités criminelles et inscrit la question de la sécurité et de la sûreté internationales au cœur des discussions de la communauté internationale[519] et des États-ports comme Djibouti. Par ailleurs, le transport maritime est le moyen le plus utilisé dans le commerce mondial et il représente plus de 91 % des échanges. En 2010, le total des marchandises transportées par voie maritime était de 8,4 milliards de tonnes et ce montant a été en constante évolution puisqu'en 1970

517. GASCON (A.-), « Djibouti : Singapour sur mer Rouge, un confetti d'Empire, futur dragon africain », Outre-Terre, *Revue française de géopolitique*, n°11-2005, *« De l'Afrique au Gondwana ? »*, p. 451-466. http://www.cairn.info/revue-outre-terre1-2005-2-page-451.htm

518. BOURGAIN (A.-), BROT (J.-) et GÉRARDIN (H.-), *« L'Afrique et son intégration internationale, quelles perspectives ? »*, éditions Karthala, 2014, p. 3.

519. *Supra* note 1, p.3, *In* DAHER DJAMA (A.-), *Le XXIe siècle à l'assaut du droit de la piraterie : le cas de la Somalie.* Droit. Université Nice Sophia Antipolis, 2015, p. 2.

ce chiffre s'élevait à seulement 2,5 milliards de tonnes[520]. De même en 2011, 103 392 navires marchands étaient répertoriés dans le monde contre moins de 70 000 en 1980 et un peu plus de 20 000 navires au début du XIXe siècle[521]. Il suffit pour cela d'en juger par la croissance de la capacité des navires qui sont devenus de véritables mastodontes des mers. Cette croissance va de pair avec la croissance des échanges mondiaux. À cela s'ajoute la conteneurisation combinée à l'augmentation de la capacité des navires, qui fait de l'accès à la mer un impératif pour tous les pays souhaitant participer aux échanges mondiaux et ainsi en tirer les bénéfices, à savoir la croissance économique. Avec plus de 8 milliards de tonnes de marchandises transportées au niveau planétaire et 150 millions de conteneurs touchant les ports dans le monde chaque année[522], les transports maritimes représentent 80 % des échanges mondiaux et constituent 4 % du prix final des biens manufacturés. Cependant, nous pouvons considérer que les pays qui n'ont pas de frontière directe avec la mer, enclavés, se trouvent dans une situation très difficile et sont confrontés à un certain nombre de handicaps du fait de leur éloignement de la mer. En effet, du fait de la distance qui les sépare du littoral, certains de ces pays se trouvent le plus éloignés des marchés, la nature de leur climat rend impraticable une partie des infrastructures de transport qui sont le plus souvent en mauvais état, et les politiques en matière d'exploitation sont le plus souvent absentes ou impossibles à mettre en place faute de financements. De plus, l'environnement juridique et institutionnel est le plus souvent inadapté[523]. L'accès à la mer joue un rôle de premier ordre dans les performances économiques des pays. Le simple fait d'en être privé peut induire des conséquences catastrophiques pour le développement économique. Ces pays deviennent vulnérables économiquement et cette fragilité peut s'analyser sous deux angles : ces pays sont fragiles intérieurement du fait de performances économiques faibles mais aussi extérieurement du fait de leurs relations avec les pays de transit. Mais, et fort heureusement, le fait de ne pas avoir une frontière commune avec la mer ne constitue pas une fatalité[524]. En effet, la mise en place de politiques globales en matière de transit, d'intégration régionale, de réformes juridiques, réglementaires et administratives ainsi

---

520. Conférence des Nations Unies sur le Commerce et le Développement, Analyse du transport maritime, *Publications des Nations Unies*, 2012.

521. L'Angleterre et les Pays-Bas sont les principales puissances commerçantes du début du 19e siècle avec pour chacun une flotte approximative de 10 000 navires commerçants.

522. BEURIER (J.P.-), *Droits Maritimes*, éditions Dalloz (2015-2016), p.19.

523. HARTMANN (O.-), « Comment les pays enclavés s'articulent-ils à la mondialisation ? Ports et commerce en Afrique de l'Ouest », *Afrique contemporaine* 2/2010 (n° 234), p. 41-58.
URL : www.cairn.info/revue-afrique-contemporaine-2010-2-page-41.htm.
DOI : 10.3917/afco.234.0041.

524. ISMAILA (S.-), *L'accès à la mer des États sans littoral en Afrique*, Éditions universitaires européennes (11 mai 2015) : https://www.editions-ue.com

que l'adhésion à des conventions internationales peuvent être entreprises pour permettre à ces pays de tirer profit du commerce international. Aujourd'hui, les accords internationaux en matière de commerce encouragent la baisse des droits de douane et, en matière d'échange de biens et de services, la mode est plutôt à l'intégration des circuits de production et de distribution, d'où la nécessité de se doter de moyens logistiques et de transport performants et, par là même, de leur permettre de faire baisser les coûts de pré-acheminement et donc d'assurer une meilleure rentabilité aux exportations. La grande majorité des États côtiers ont développé un ensemble de réseaux de transport visant à les relier aux villes situées dans les terres afin de faciliter le commerce et d'accroître l'essor des marchandises[525]. Dès lors, il est important pour les pays sans littoral de se doter de moyens et d'infrastructures à même de leur permettre de faire circuler les marchandises destinées à l'export (tout comme à l'import d'ailleurs). C'est à travers cet état d'analyse qu'il serait légitime de se poser la question de savoir ce que représentent l'espace portuaire[526] et son environnement le plus proche qui est la composante de cet espace. Par ailleurs, l'étude de l'espace portuaire n'a commencé à intéresser les spécialistes de la géographie maritime qu'au lendemain de la Seconde Guerre mondiale[527]. Néanmoins, ces études semblent évoluer parallèlement aux mutations qu'ont connues les fonctions portuaires. À cette époque on s'attardait sur ce qui se passait à l'intérieur du port lui-même. Ainsi pour P. de Rousiers, toute analyse de l'espace portuaire doit se situer dans le cadre rigide et limité du port lui-même. « *Le port est le centre pulsateur essentiel sinon unique de sa propre activité* »[528]. Par ailleurs, d'autres auteurs ont porté des critiques dont le but était d'apporter plus d'éclairages en matière de droit portuaire. Paul J. Kapteyn, auteur des résolutions menées en matières portuaires en 1961, fait une comparaison en disant : « *Si l'on compare les transports à la circulation du sang dans l'économie, les ports sont à considérer comme les poumons de notre continent* ». Cette assertion illustre le rôle central des ports maritimes ; c'est d'abord un centre d'échange international, une plate-forme logistique, qui recouvre dans les faits une réalité assez difficile à cerner pour le profane mais aussi pour le juriste et d'ailleurs il est assez difficile de définir un port maritime. Dans un autre style de configuration, Martine REMOND-GOUILLOUD considère que « *le port résiste à toute tentative de définition, c'est une entité géographique ou administrative, non un concept juridique* [529] », ainsi cette notion ambiguë démontre la coexistence de plusieurs disciplines :

525. DAHER DJAMA (A.-), *ibid.*
526. HADDOUM (Kamel), *L'espace portuaire algérien : problèmes et perspectives*, thèse de doctorat spécialité Droit Portuaire, direction André-Hubert Mesnard, université de Nantes, 4 juillet 1997, p. 117.
527. HADDOUM (K.-), *In*, On s'étonne d'ailleurs du retard pris par la doctrine dans ce domaine alors qu'il existait déjà une unanimité sur l'importance économique des ports.
528. P. de ROUSIERS, cité par Hachim Abderrahim, *op. cit.*, p.110
529. REMOND-GOUILLOUD (M.-), « *Droit maritime* » ; 2e édition Dalloz, Paris, 1993.

• une notion pluridisciplinaire : géographie, technique, administrative ou encore économique ;

• une entité juridique au confluent de plusieurs droits : droit international, droit de l'Union Européenne, droit privé et public.

Dans un sens plus général c'est « *un site aménagé pour l'exercice de toutes les fonctions liées aux activités maritimes*[530] ». Néanmoins, s'agissant toujours de la notion de port, les économistes le définissent comme étant : « *l'espace que la mer remplit continuellement ou par intermittence et dans lequel les navires abrités contre les vents et les lames peuvent être construits, entretenus, chargés ou déchargés*[531] ». Dans le même ordre d'idée le Professeur Laun souscrit à cette opinion d'espace aménagé : « *un ensemble d'installations destinées au transbordement des personnes ou des marchandises, tantôt de la terre ferme sur l'eau, tantôt de l'eau sur la terre ferme, tantôt enfin d'un moyen de transport par eau sur un autre moyen de transport analogue* ». Ainsi, le régime international de la CMB de 1926 apporte un éclairage dans son article 11 ; il considère que les ports sont des « *installations permanentes faisant partie intégrante d'un système portuaire qui s'avance le plus vers le large sont considérées comme faisant partie de la côte. Les installations situées au large des côtes et les îles artificielles ne sont pas considérées comme des installations permanentes* ». Par ailleurs, nous pouvons considérer que toutes ces définitions méconnaissent la dimension administrative du port, « *qui est un lieu de la côte spécialement désigné par l'autorité administrative compétente pour servir aux opérations de commerce maritime* ». Par ricochet, cette définition permet de voir les conditions dans lesquelles le port est établi, la nature des décisions qui autorisent sa création, le régime domanial qui lui est appliqué et le régime de police applicable aux marchandises. Chacune de ces matières peut être traitée séparément mais peut être gérée par l'autorité administrative. En revanche selon Jean Grosdidier de Matons, « *la définition administrative doit intégrer la notion d'institution prise dans le sens d'une organisation dotée de règles fondamentales de fonctionnement* ». Ainsi, il considère aujourd'hui que les ports ne sont plus tous gérés par des entités administratives, et va s'intéresser à la délimitation qui est aussi erronée.

C'est dans ce cadre que nous nous sommes donné pour objectif d'étudier, dans cette deuxième partie de la thèse, et d'expliquer comment l'insécurité maritime dans le golfe d'Aden va pouvoir transformer en particulier le paysage portuaire. Quelles seront les trajectoires de la gouvernance portuaire djiboutienne ? Plus particulièrement, quelles sont les forces qui transforment les stratégies et les politiques des autorités portuaires ? Dans ce cas, peut-on estimer que l'autorité publique djiboutienne a soumis l'occupation de ce domaine public portuaire à la protection de l'intérêt général ? Pour protéger cet inté-

530. *Dictionnaire de l'océanologie*, Hachette 1976.
531. LATTY (J.-), *Traité d'économie maritime de 1960*, T. IV, p.3.

rêt général, le législateur a-t-il élaboré des lois consolidant le régime juridique applicable à l'occupation privative du domaine public portuaire dans le cadre d'une concession ?

Tous ces questionnements nous permettront d'analyser comment le droit portuaire a pu prendre une autre tournure du fait des questions de la géostratégie dans le cas des ports de Djibouti.

Dans un deuxième titre, nous aborderons le défi de la sécurisation maritime et de la coordination internationale et régionale (concernant bien sûr les infrastructures du port de Djibouti). Comment les autorités portuaires répondent-elles aux nouvelles opportunités ou menaces liées à la sécurité maritime ? Partant de là, notre approche sur l'environnement portuaire djiboutien se limitera dans une seconde sous-partie à l'étude de son insertion dans la politique stratégique du développement économique, à savoir la place portuaire dans la nouvelle dimension d'extension des infrastructures perçue comme vecteur de développement et compétitivité dans la sous-région. Quelles sont les options qui sont offertes aux autorités portuaires pour s'ajuster à cet environnement changeant ? Quelles sont les implications de cette mutation du rôle des autorités portuaires sur l'avenir des systèmes de transport ?

Cette idée de *« port dans la ville, données d'une osmose*[532] » part, à l'instar de l'article « La ville de Djibouti entre intégration aux enjeux mondiaux et fragmentation urbaine », du constat de l'existence d'une limite, celle du domaine portuaire, qui détermine les zones où s'exerce la maîtrise d'ouvrage du port autonome d'une part, et la ville de Djibouti d'autre part. Nour Ayeh[533] reprend, dans une dimension géographique, le constat suivant : c'est autour de son port que s'est développée Djibouti, une ville atypique dans le contexte régional, puisqu'elle fut créée *ex nihilo* par cette forme de mondialisation que fut le mouvement colonial du XIXe siècle. Par ailleurs dans ce même article il considère que *« la ville de Djibouti demeure avant tout un centre logistique de plus en plus incontournable dans cette partie du continent. Le développement de ses activités portuaires à un rythme accéléré depuis dix ans, permettant l'émergence de Djibouti comme hub portuaire de premier plan en Afrique de l'Est, a été permis par la conjonction de deux facteurs favorables et concomittants : la situation géopolitique de la Corne de l'Afrique, découlant de la guerre Éthiopie-Érythrée (1998-2000), et la prise de contrôle, en 2000, du port international par Dubaï Port World (DPW). »*

532. COLLIN (M.-), *« Ville et port, XVIIIe-XXe siècle »*, Paris, L'Harmattan, Laboratoire d'histoire maritime, septembre 1994, article de Guillermin (B.-), « La ville et le port, problématique de la limite à Marseille », p.13.

533. NOUR AYEH (M.-), « La ville de Djibouti entre intégration aux enjeux mondiaux et fragmentation urbaine », *Territoire en mouvement* (décembre 2015), Revue de géographie et aménagement, pp.27-28.

Enfin, il s'agit pour nous d'évaluer les influences extérieures de l'espace portuaire bien que cette étude soit valable notamment les États enclavés se trouvant dans l'arrière-pays ouest de la Corne de l'Afrique, comme le représente dans son article Nour Ayeh *(figure 12)* :

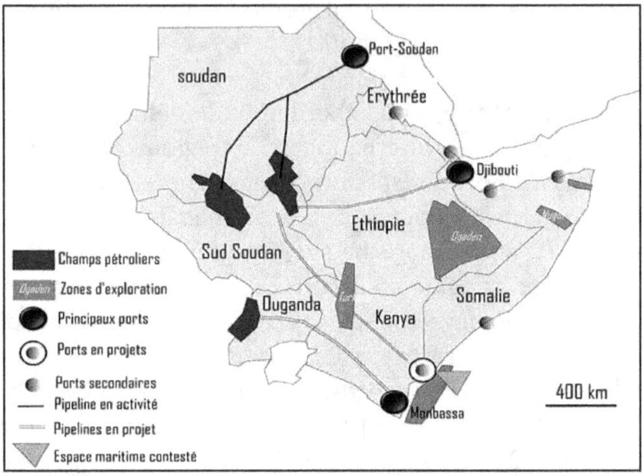

Figure 12 : Carte des enjeux portuaires en Afrique de l'Est[534]

Titre 1 : Ports de Djibouti : état des lieux et perspectives de leur évolution juridique

Les ports en général, et ceux de Djibouti en particulier, constituent un instrument indispensable de toute politique économique ; ils jouent un rôle primordial dans l'économie nationale (modernisation et développement de la ville) et dans les échanges commerciaux de notre pays, dont la quasi-totalité des importations ou exportations empruntent la voie maritime. Ils sont l'un des principaux outils industriels et commerciaux pour le développement économique et social du pays. Cette évolution se manifeste généralement dans la croissance du commerce extérieur, dont les ports demeurent les principaux pulsateurs et les centres d'expédition et de réception des marchandises, selon Kamel Haddoum[535]. Par ailleurs, les fonctions portuaires doivent alors s'adapter, d'une part, aux mutations socio-économiques (développement technologique intervenu en matière de transport maritime) qui exigent le développement interne du pays, par des engagements du pays dans des accords de libre-échange et, d'autre part, aux nouveaux contextes de la mondialisation et

534. Cartographie de M. Nour Ayeh, 2014.
535. *Ibidem*, p 182.

de la globalisation du commerce. Actuellement, le port assume des fonctions plus stratégiques, liées à l'industrialisation du commerce et à l'aménagement du territoire[536]. De nos jours, on assiste à un bouleversement qui a découlé de la fonction des ports, qui deviennent des organismes plus complexes : *« Le port n'est plus considéré comme un simple élément du domaine public dont la collectivité a la charge, mais il devient peu à peu dans des larges secteurs de son équipement et de son administration une entreprise économiquement soumise à de nouvelles règles de budget, de rendement et de rentabilité. »*[537] C'est à travers cette illustration qu'il est possible de démontrer l'hypothèse selon laquelle les ports sont les points de rencontre entre plusieurs entreprises réalisant des activités principalement industrielles et commerciales dont le but principal est la satisfaction de la clientèle. On peut alors parler d'entreprise prestataire de services générant une valeur ajoutée. Cependant, il serait important de comprendre le fondement de l'économie djiboutienne qui est avant tout une économie de services, puisque plus de 80 % de sa valeur sont générés par le secteur tertiaire, avec essentiellement trois piliers selon Nour Ayeh[538] : les transports, le commerce et la finance. Au-delà de son activité économique tournée vers les services, Djibouti dispose d'un port dont la position géographique est purement stratégique sur le détroit d'El Mandeb, porte d'entrée sud de la mer Rouge par où transite une part significative du trafic maritime mondial le long des côtes africaines, à proximité (à savoir seulement 10 milles nautiques ou 18,5 km de l'île yéménite, elle-même située à 2 milles nautiques du Yémen continental en Asie). Le second avantage stratégique de Djibouti est d'être la principale voie d'accès maritime de l'Éthiopie et de son marché de 90 millions d'habitants. Malgré l'étendue beaucoup plus importante de leur littoral maritime et de leurs frontières terrestres avec l'Éthiopie, les conditions géopolitiques de l'Érythrée et de la Somalie ne leur permettent pas encore d'être des concurrents importants de Djibouti.

536. Manuel de gestion portuaire, CNUCED, New York, 1978, p.53.

537. VIGARIE (A.-), « Les grands ports de commerce de la Seine au Rhin », p.44. Éric Foulquié et Christine Lamberts (dir.), *« Gouverner les ports de commerce à l'heure libérale – Regards sur les pays d'Europe du Sud »*, CNRS éd., Paris, 2014.

538. NOUR AYEH (M.-), article « Djibouti : les marges extrêmes du désert à la recherche d'un destin oriental », *Insaniyat* n°s 51-52, janvier-juin 2011, pp. 237-251.

Section 1 : Les modalités d'alliances et les limites du projet de DPW/PAID/DCT

Les modèles d'évolution des politiques portuaires, dans le monde, ces trente dernières années, ont largement renouvelé la distribution des fonctions entre les sphères privées et publiques[539]. Le partenariat avec des structures intérieures et internationales devient de plus en plus nécessaire pour la mise en place de ce qu'il est maintenant convenu d'appeler les ports avancés[540]. Ce contexte de libéralisation des activités de service est motivé par une recherche de capitaux aptes à assurer les besoins nouveaux de l'industrie maritime et portuaire. Même s'il n'existe pas de modèle homogène d'organisation[541] et d'exploitation portuaire, beaucoup de pays, disposant d'une façade maritime, tendent actuellement vers un référentiel de marché, qui favorise les formes d'introduction de partenariat public-privé. Il est à noter que l'arrivée, pour la première fois dans le continent africain, de *Dubaï Ports World* (DPW) comme étant l'opérateur privé exploitant des terminaux illustre une nouvelle ère pour la République de Djibouti, malgré son scepticisme à l'égard de la notion de privatisation[542] imposée par les bailleurs de fonds dans l'ajustement structurel. *« En effet le gouvernement djiboutien a toujours été favorable à une gestion publique des infrastructures étant donné les recettes importantes qu'il en retire ; elles transitent par le budget public mais sont pour l'essentiel captées par certains fonctionnaires qui perçoivent d'importants salaires.*[543] » Il est à noter que le gouvernement de Djibouti n'a jamais voulu chercher à investir des fonds publics pour améliorer la qualité des infrastructures, sa stratégie consistant à utiliser autant que possible les financements des bailleurs de fonds pour maintenir les infrastructures en état de fonctionnement. C'est en 1990 que les bailleurs de fonds lient leur assistance à la privatisation des entreprises

539. DEBRIE (J.-), et RUBY (C.-), *Approche des réformes portuaires européennes et nord-américaines (Canada), Éléments de réflexion pour la politique française*, Synthèse de la Mission Développement Durable, Stratégie, Recherches et Études Générales (MEEDDAT), avril 2009, p.6.

540. KANE (K.A.-), *« Aspects juridiques de la gestion et de l'exploitation portuaires au Sénégal »*, Thèse de Droit maritime, Nantes, p.174.

541. RÉZENTHEL (R.-), *Ports maritimes : Notion de service public, Aménagement, régimes domaniaux*, Fasc. 408-50, LexisNexis, 2010, p. 16. L'auteur estime que le régime juridique d'un port dépend d'abord de la volonté de l'État, laquelle est généralement consacrée par des textes législatifs, au niveau des principes, et réglementaire, au niveau de leur application.

542. TIERNY (Ed.-), *Le port maritime : Lieu d'un pari libéral pour un enjeu régalien*, Thèse de Droit, Nantes, 2003, p.155. L'auteur explique que l'idée de privatisation se développe de plus en plus, sans que la motivation de ses partisans soit clairement exprimée. Il soutient que plusieurs significations ont été avancées par différents auteurs. Ainsi, privatisation peut signifier : (1) la transformation d'une prestation de service public, c'est-à-dire l'abandon par la personne publique de sa maîtrise et de ses grands principes ; (2) une modification de mode de gestion (elle n'est plus directe mais déléguée comme, par exemple, la concession. Or, « concéder n'est pas privatiser ») ; (3) un changement d'habilitation ; (4) l'abandon, par des personnes publiques, d'activités qu'elles exerçaient de manière privée, et qui ne constituaient pas d'activités de service public proprement dites.

543. FOCH (A.-), *op.cit.*, Documents de travail du Centre d'Économie de la Sorbonne 2013.36 - ISSN : 1955-611X. 2013. p. 6.

publiques. En effet, nous savons que la présence accrue du secteur privé dans les ports est très souvent assimilée à la privatisation, laquelle est définie selon le dictionnaire *Larousse* comme *« l'action de transférer au domaine de l'entreprise privée ce qui est du ressort de l'État*[544] *»*. Ceci met en évidence l'importance primordiale des évolutions du système portuaire djiboutien, depuis l'arrivée dans la gestion du partenaire *Dubaï Ports World* (DPW) sur le continent africain, en cherchant à expliquer la stratégie et la vision du nouvel opérateur. Dans une seconde section, nous développerons la politique du gouvernement de Djibouti dans l'association d'entreprises privées et ses limites en la matière.

Paragraphe 1 : D'une ambition nationale à la conquête du monde

Avant de procéder à l'étude de la politique du gouvernement djiboutien dans l'association d'entreprises privées et des limites de partenariat public/privé, il est important de comprendre la logique de développement que le troisième opérateur du monde dans l'exploitation des terminaux souhaiterait placer Djibouti comme porte d'entrée dans le continent africain et, dans un second temps, d'analyser le port de Djibouti comme étant le *cow-boy* des ports africains.

A. Présentation de Dubaï Ports World (DPW)

L'histoire de l'aventure émirienne dans la connexion globalisée avait commencé par le transport maritime[545]. Avant d'évoquer l'essor commercial de la *holding* DPW (*Dubaï Ports World*), nous commencerons notre analyse en nous focalisant sur le contexte des origines de la naissance du géant émirati, tout en présentant le cadre juridique dans lequel fleurit le commerce maritime et portuaire. Nous présenterons les choses de telle manière que la structure d'analyse commencera au niveau national, à savoir le projet de l'ensemble de construction des petits États de l'émirat sur le court et long terme ; et dans un second temps nous évoquerons l'expérience de DPW à l'international :

- De quelle manière ont-ils pu bâtir les développements des infrastructures de leurs ports se trouvant sur les différentes rives maritimes qui constituent le royaume émirati ?

- Comment ont-ils su exporter leur expérience nationale de développement vers l'international pour s'imposer comme étant un modèle de management et de développement des activités portuaires ?

---

544. La même définition peut être trouvée dans le dictionnaire *Le Robert*, qui utilise aussi le terme de dénationalisation comme synonyme à la privatisation, p.1350

545. WOESSNER (R.-), *« Dubaï et Abou Dhabi : la naissance d'emporium »*, Laboratoire Espaces, Nature et Culture (EneC), UMR CNRS Paris IV 8185, Cairn, p. 160
http://www.cairn.info/revue-d-economie-regionale-et-urbaine-2016-1-page-155.htm

1. Les Émirats Arabes Unis : de leur naissance à nos jours

Ce petit État a largement contribué à son développement, alors même que sa situation géographique n'en faisait pas un centre commercial naturel, selon Jean-Michel Morinière, qui considère que le succès émirien peut se résumer en trois mots : *« attractivité, ambition et performance*[546] ». Cette qualification des succès émiratis, s'explique par chacune des notions :

- L'attractivité se trouve, pour les commerçants et industriels étrangers, dans la facilitation de leur implantation et des incitations fiscales. Un cadre juridique stable et sécurisé leur est offert à partir de zones franches, aux thèmes variés et présentant des opportunités de *clusters* industriels et commerciaux et de corridors multimodaux.
- L'ambition des Émirats, dans le secteur de la logistique et des transports, c'est avant tout une planification politique du développement, tracée à partir de la vision ambitieuse et innovatrice de ses dirigeants.
- Dans un souci de performance technique et administrative, la gestion des infrastructures logistiques et de transport a été confiée à des entités contrôlées et soutenues par l'État, mais gérées comme de véritables entreprises privées, sous contrôle d'indicateurs de performance.

Nous pouvons affirmer que la conjonction de ces trois éléments joue un rôle indéniable dans la compréhension de l'essor et de la réussite du royaume émirati dans le secteur des activités portuaires et logistiques. En effet, la souplesse du cadre juridique donne aux commerçants et investisseurs étrangers le sentiment que les procédures juridiques sont plus propices à l'entreprise et à la poursuite d'activités économiques génératrices de profits sur investissements. Ils en retirent une certaine confiance dans leurs investissements et une certaine souplesse dans les démarches juridiques liées à l'investissement. Cette stratégie d'attractivité s'est donc articulée sur un cadre juridique souple rendant possible le déploiement des projets d'investissements des investisseurs étrangers. Cette stratégie reflète surtout l'ambition de Dubaï de se positionner comme un centre d'excellence dans les activités de transport et de logistique. Cette réussite du monde émirati réside par ailleurs sur l'optimisation équitable des partenariats et le financement public-privé, ainsi qu'une souplesse d'adaptation aux circonstances économiques, qui ont permis pour ce petit État un renouvellement d'investissements dans des outils modernes, qui sont très performants et qui, dès lors, souffrent peu de la concurrence[547]. Morinière explique dans l'ouvrage paru lors du colloque organisé par l'université de Djibouti et qui avait

546. MORINIÈRE (J-M.-), *Le cadre juridique du développement des activités logistiques et de transports maritimes aux Émirats Arabes Unis*, Stratégie logistique et transport au service du développement en Afrique, L'Harmattan, janvier 2015, p. 201.

547. MORINIÈRE (J-M.-), *op.cit.*, p.202.

comme thème « Stratégie logistique et de transport au service du développement en Afrique[548] » que la superficie des Émirats Arabes Unis est quatre fois plus grande que celle de la République de Djibouti et que le pays est peuplé de dix fois plus d'habitants. En effet, la Fédération EAU est un pays jeune qui n'a été créé et ne s'est véritablement développé qu'à partir de 1971[549], soit six ans avant l'indépendance de la République. Elle est composée de sept émirats (Abu Dhabi, Ajman, Charjah, Dubaï, Fujaïrah, Ras Al Khaïmah et Oumm Al Qwaïwaïn) qui disposent tous d'une façade maritime, dont la majorité donne sur le golfe arabo-persique, pour l'un d'eux sur le golfe d'Oman (Fujairah), et pour un autre, sur les deux golfes (Charjah). De par cette présentation géographique du territoire, les EAU vont apparaître en moins de 40 ans comme un État jouant pleinement un rôle international majeur, en matière d'activités portuaires et logistiques compétitives et interconnectées même si le pays se trouvait dans un environnement désertique et sans infrastructures majeures. En effet, cette réussite est due avant tout à une politique ambitieuse et à la vision claire du gouvernement des EAU, bien qu'il disposât d'une manne pétrolière depuis les années 70, qui lui a permis de réaliser ces investissements.

Il est vrai que pour comprendre l'histoire de chacun des émirats et chacune des tribus qui les peuplent, cela paraît complexe, mais c'est grâce à la coexistence d'accords entre les Bédouins et les marchands que le commerce dans ce pays a pu se développer. Ainsi, Abu Dhabi, le riche émirat pétrolier, a soutenu l'émirat marchand de Dubaï pendant et après la crise de 2009[550]. Cette solidarité inter-États ou inter-Émirats a facilité l'essor économique de Dubaï et l'a mis à l'abri des turbulences des crises financières de cette époque (2008-2009). On peut aussi souligner que la solidarité interindividuelle est une donnée ou valeur fortement enracinée dans la culture bédouine et arabe.

Afin de mieux comprendre *« le cadre actuel des activités portuaires et logistiques aux EAU, il faut d'abord s'intéresser à la ville et au (petit) émirat de Dubaï qui n'a jamais disposé de ressources pétrolières significatives, mais qui se développe de manière durable, en tirant profit de sa façade maritime[551].* » Si on remonte plus loin, avant même la découverte de l'or noir à Abu Dhabi, on appréciera que Dubaï fût considérée comme étant une « *cité des marchands* » et qu'en 1900, le Sheikh Maktoum Bin Hasher, *« établi à Dubaï et descendant de l'une des branches de la tribu bédouine Bani Yas, décida de développer l'économie de Dubaï en exemptant de toutes taxes et de droits les marchands iraniens venant s'y implanter.[552]* » Cette vision du peuple arabe dans le développement de la politique commerciale d'attraction de la clientèle étrangère

548. ABDILLAHI (A.-), CHITOU (I.-), SMEESTERS (B.-), *Stratégie logistique et de transport au service du développement en Afrique*, L'Harmattan, janvier 2015, p.203
549. http://www.almajles.gov.ae:85/Uploads/Files/2011/06/20/15206.pdf
550. MORINIÈRE (J-M.-), *Ibid.*, p. 204.
551. *Ibidem.*
552. *Ibidem.*

a permis de développer en premier les États des émirats, et par anticipation permis de construire le port en contractant des prêts auprès du Koweït afin de draguer la crique et les infrastructures portuaires pour attirer de plus en plus de clientèle. C'est en 1976 que le fils du Sheikh Maktoum Bin Hasher poursuivit cette politique avec un projet encore plus ambitieux dont la construction du port de Jebel Ali, qui lors de sa livraison en 1979, figurait aux côtés de la muraille de Chine et du barrage Hoover, parmi les trois seules constructions visibles depuis l'espace.

En outre, l'idée d'exempter de taxes les marchandises laissées dans les zones franches sera mise en place ; laquelle idée novatrice du peuple arabe au profit des commerçants persans fera la renommée du port de Jebel Ali, qui est devenu le neuvième port mondial pour le trafic à conteneurs, le premier en dehors des ports asiatiques et devant Rotterdam, premier port européen.

La réussite d'Abu Dhabi et de Dubaï découle des idéaux en matière de développement maritimo-portuaire dans lesquels les autres États émiratis puiseront aussi leurs sources pour se construire et s'imposer mondialement. Il est à rappeler que le Sheikh Zayed Bin Sultan Al Nahyan, émir d'Abu Dhabi et père fondateur des Émirats Arabes Unis, a toujours soutenu la vision d'un développement économique durable pour l'ensemble du pays. Il aimait à répéter : *« Nous ne devons pas nous reposer sur l'existence du pétrole comme seule source de revenu national, nous devons diversifier notre économie et mettre en œuvre des projets qui assureront une existence durable permettant à notre peuple d'avoir une vie libre, stable et prospère.*[553] »

C'est donc cette vision politique ambitieuse et empreinte d'une certaine lucidité face à l'avenir de ses pères fondateurs qui a permis à Dubaï de décoller économiquement et d'entrevoir le succès commercial qu'on lui attribue aujourd'hui. La petitesse du territoire n'a pas empêché les dirigeants d'ambitionner grand pour leur petit pays. Et dans cette ambition les activités portuaires sont un des leviers clés autour desquels va s'articuler ce développement économique du pays donnant la part belle aux activités portuaires.

La politique des émirats et de leur fédération était axée sur le développement et sur le financement des domaines porteurs que sont le transport et la logistique. Ils sont restés les plus rentables malgré la crise de la bulle immobilière qui a éclaté en 2009 et qui a touché Dubaï. En effet, *Dubaï Ports World* et la compagnie émirienne *Emirates* sont parmi les trois filiales de *Dubaï World* qui sont les plus profitables et peuvent emprunter avec les meilleurs taux sur les marchés financiers[554]. Par ailleurs, *« la société Dubaï Ports World (DPW) contrôlait également les plates-formes de Mina al Hamriyah (1975) et de Jebel Ali (1979), le plus*

553. In, MORINIÈRE (J-M.-), *Records of Sheikh Zayed saying*, National Center of Documentation and Research, Archives.

554. In, *Ibidem*.

grand port artificiel au monde, Fujairah et, pour les navires de croisière, Mina Rashid (le site portuaire historique de 1972). Dubaï est devenue la principale plate-forme de transbordement de conteneurs entre Rotterdam et Singapour. Flanqué d'une zone franche depuis 1985, son port de Jebel Ali est devenu le 9e port de conteneurs au monde en 2010. Il a en outre manutentionné plus de 500 000 véhicules en 2012. Le port de Fujairah est situé dans le Golfe d'Oman et permet d'éviter le détroit d'Ormuz ; ses quatre bassins ont une profondeur de 10,5 à 12 mètres. À Abu Dhabi, le port de conteneurs de Mina Zayed (1972), le Free Port et Mussafah Port sont peu à peu relayés par l'immense Khalifa Port (2012 pour les conteneurs). En outre, de nombreuses plates-formes sont spécialisées autour de l'industrie lourde et du monde des hydrocarbures[555] » comme l'illustre la cartographie du territoire métropolitain à Dubaï en direction d'Abu Dhabi.

2. Un climat d'affaires favorisant l'intégration de la gestion privée et publique

Il faut se rappeler que l'altesse lors d'une interview à CBS en 2006, l'actuel émir de Dubaï, Sheikh Mohamed Bin Rashid Al Maktoum, acceptait d'être qualifié de Président-Directeur Général de Dubaï, en précisant avoir changé le mode de fonctionnement du gouvernement de Dubaï, pour qu'il fonctionne comme une entreprise[556]. Ce mode de fonctionnement donne déjà une ouverture à l'ensemble des autres États de venir s'implanter et financer la volonté du prince du petit pays de l'Émirat à propos duquel même la célèbre *Harvard Business Review* titrait « Dubaï Inc[557] ». Il est bien entendu que l'esprit du fonctionnement basé sur l'idéologie en matière de gestion de l'organisation d'un État comme étant une *« entreprise*[558] *»* suppose d'être identifié comme une entité à vocation « commerciale » totalement ou partiellement capitalisée par des *holdings* gérant des fonds publics. On pourra alors considérer que le système juridique où les Émirats développent leurs activités logistiques et de transport, est un système de droit civil continental, influencé par les cultures arabes, islamiques et anglo-saxonnes. Pour Jean-Michel Morinière, il est difficile dans *« ces fédérations d'États monarchiques, s'agissant des sphères juridiques, publiques et privées, de trouver leur séparation. Entre un droit commun apporté par les Égyptiens et inspiré des droits français,*

555. WOESSNER (R.-), *op. cit.*, Laboratoire Espaces, Nature et Culture (EneC), UMR CNRS Paris IV 8185, Cairn, p. 160.
556. *Ibidem.*
557. Sheikh Mohamed and the Making of « Dubaï Inc », par Mayo, Nohria, Mendhro, Cromwell, Havard Business Review, 1st mars 2010, p.9.9.410.063.
558. Selon le dictionnaire *Larousse* : une entreprise est l'action d'entreprendre quelque chose, de commencer une action ; ce que l'on entreprend : échouer dans son entreprise.
- Affaire agricole, commerciale ou industrielle, dirigée par une personne morale ou physique privée en vue de produire des biens ou services pour le marché ; unité économique de production ; firme : Entreprise individuelle, commerciale.
- Action par laquelle on essaie de porter atteinte à quelque chose ou à quelqu'un : une entreprise contre la liberté.
http://www.larousse.fr/dictionnaires/francais/entreprise/30069#Ztl1MJf508rYSxQr.99

allemand et suisse, et un droit de nature anglo-saxonne, spécifique à certains territoires, la loi contractuelle joue un grand rôle dans la détermination de modèles permettant des activités logistiques et de transport efficaces et productives ». Ici donc nous pouvons souligner la représentation de l'émir de Dubaï qui veut garder à l'esprit cette vision ou cette représentation commerciale de l'entité étatique (Dubaï sera selon ses premiers dirigeants un État dont la vocation commerciale sera d'une grande envergure). Cette vision permet aussi d'entrevoir la possible corrélation entre dimension ou cadre juridique et poursuite des activités commerciales, logistiques etc.

La conjugaison entre l'arsenal juridique et le souci commercial de développement d'activités logistiques devient une des grilles de lecture et de compréhension du modèle émirati de développement portuaire.

En effet, la réussite émiratie est basée sur un arsenal juridique réparti en deux sous-ensembles qui procurent une réelle flexibilité en matière de facilitation commerciale, à savoir la création de zones franches et de concessions.

2.1. Des zones franches qui développent des clusters et des corridors, support d'infrastructures logistiques

L'idée première est la création de zones franches découlant des anciennes exemptions fiscales douanières données aux premiers marchands iraniens, venus s'implanter à Dubaï. C'est alors que s'est multipliée, à travers les différents États émiratis, l'installation de zones franches à Dubaï, Jebel Ali, et enfin à Abu Dhabi. Ceci explique, à l'heure actuelle, que l'innovation de la création de zones franches a propulsé sur le devant de la scène mondiale sa spécificité unique en matière de développement d'activités logistiques.

Un des premiers exemples de la création d'une zone franche logistique et marchande fut développé à Jebel Ali (JAFZ) par décret de l'émir de Dubaï le 9 février 1985, zone établie sur une terre pleine offerte par les Émirats. La logique consiste à mettre en place une politique basée sur l'attraction de plus en plus d'investisseurs privés et de gérer le développement de ces zones comme sur le mode d'une entreprise. Le décret de 1985 et les règlements pris par l'autorité de la zone dans le cadre de ses pouvoirs et dans le respect du droit fédéral, fixe les principaux attraits de la zone qui comporte les conditions juridiques suivantes :

- possibilité de baux à construire à long terme ;
- possibilité de louer des espaces pré-construits clefs en main ;
- pas de nécessité de recourir à un partenaire local ou sponsor (contrairement aux dispositions en vigueur hors zone franche) ;
- offre de structures juridiques variées : sociétés unipersonnelles ou établissements (FZE) ; succursales (*branch offices*) ; sociétés à responsabilité limitées (FZC) ;

- offre de licence d'activités variées et complémentaires ; exemption d'impôt pendant 50 ans – à savoir impôts sur les bénéfices des sociétés, impôts sur les revenus des salariés, impôts ou taxes sur les plus-values de cessions mobilières ou immobilières ;
- liberté de rapatriement des capitaux – monnaie locale stable liée au dollar US ;
- franchise douanière pour les importations en zone ;
- guichet unique facilitant les formalités diverses – possibilité d'utiliser des documents en langue anglaise ;
- accès à une main-d'œuvre compétitive et un droit du travail flexible.

En effet la mise en pratique du décret de 1985 présente un avantage palpable pour en démontrer la réussite en moins d'un an, la zone de JAFZ (Jebel Ali Free Zone) était composée de 19 opérateurs et passe de nos jours plus de 7 000 opérateurs de plus de 120 pays. Aujourd'hui ce concept est exporté à l'international du fait que les entreprises qui se sont installées utilisent comme étant un stock de redistribution du Golfe et des pays avoisinants. Cette belle aventure fait de JAFZ (*Jebel Ali Free Zone*) une entité affiliée juridiquement à *Economic Zones World*, une entité ayant une personnalité juridique et dépendante elle-même de la *holding* d'État *Dubaï World*, chargée de promouvoir le concept des zones franches de Dubaï à travers le monde[559]. Enfin, l'existence des entités de droit public ou privé, ou encore de droit mixte, n'entraîne aucune difficulté, du moins s'il y a l'existence d'un droit administratif aux EAU. Par ailleurs, il n'existe pas un système juridictionnel distinct, et toutes les affaires en matière de litiges sont tranchées par un ordre juridictionnel unique. Il s'agit ici d'un système juridictionnel inspiré du modèle anglo-saxon, d'où l'existence d'une dualité juridictionnelle telle qu'en France. Afin de trancher tout litige, il est apparu nécessaire de fusionner dans une instance de droit privé pour faciliter l'accès et la rapidité des traitements des différends. Cette flexibilité du système permet une meilleure restructuration, y compris de manière contractuelle, en fonction du besoin de l'entreprise JAFZ. Le fait de mettre, dans un même endroit, la direction du port et la douane, permet un meilleur gain des temps administratifs et une augmentation de la productivité. Ce système de zone franche se mondialise à travers l'entité *Economic Zones World*, qui implante une même structure en partenariat au Sénégal, pour le développement de la zone *Dakar Integrated Special Economic Zone* (DISEZ)[560] et d'une même manière en Malaisie, au Maroc et à Djibouti[561], qui dispose elle aussi d'une zone franche qui fonctionne sur la base du modèle de la plate-forme telle que la zone franche de Dubaï.

---

559. MORINIÈRE (J-M.-), *op.cit.*, Stratégie logistique et transport au service du développement en Afrique, L'Harmattan, janvier 2015, p. 210.

560. http://www.jafza-senegal.com/index.html

561. http://www.djiboutifz.com

2.2. Un cadre juridique des infrastructures portuaires qui prend la forme de concessions à des entités gestionnaires et/ ou partenaires public-privé

« La concession est l'acte par lequel la puissance publique, dite autorité concédante, confie, par un contrat soumis aux conditions de cahiers des charges, à une personne physique ou morale, dite concessionnaire, le droit de financer, de construire et d'exploiter, sur le domaine public un ouvrage et un équipement public dans un but de service ou d'intérêt public, à ses risques, mais soumis à un régime de régulation, pendant une période déterminée, à l'issue de laquelle l'ouvrage et l'équipement sont remis à l'autorité concédante, et au cours de laquelle le concessionnaire peut recouvrer ses coûts d'investissement et de fonctionnement, et pour se rémunérer, perçoit des redevances sur les usagers de l'ouvrage et du service.[562] »

La concession est un puissant moyen d'économiser les ressources publiques, qui peuvent ainsi être autrement affectées. Elle permet de facturer le coût des prestations de services publics aux seuls demandeurs de celles-ci et à leur juste prix. La concession est à l'origine de l'abondance des équipements publics, infrastructures en particulier, des pays qui la pratiquent.

En droit français, la concession domaniale est simplement une location de terrain ou d'ouvrage appartenant au domaine public ; elle est alors aussi dénommée "amodiation", terme emprunté au droit civil, où il désigne un bail avec partage des fruits.

Le premier port de Dubaï fut le port de Rashid, qui a été construit dans le prolongement d'une crique au centre-ville. Suivi par le port de Jebel Ali qui va

562. Sur les concessions en général, consulter, outre les traités classiques de droit administratif : BETTINGER (C.-), *« La concession de service public et de travaux publics »*, Paris, 1978 ; ég. BEZANÇON (X.-), *Les services publics en France*, P.E.N.P.C., Paris, 1997, 2 vol. (exposé historique dans lequel manque les concessions portuaires) ; ég. LIET-VEAUX (G.-), *Identification de la concession de service public*, R. Adm., Paris, 1968, p.715 ; ég. PERROT (J.-Y.-) et CHATELUS (G.-), *Financement des infrastructures et des services collectifs*, P.E.N.P.C. Paris, 2004 ; ég. DU MARAIS (B.-), *Droit public de la régulation économique*, P.S.P. et Dalloz, Paris, 2004 (Bibliographie) ; ég. BOITEAU (C.-), *Les conventions de délégation de service public*, E.M., Paris, 2007 ; ég. LIGNIÈRES (P.-), Partenariats publics privés, Litec, Paris, 2000, p. 48-49 ; ég. DELMON (J.-), *Private Sector Investmentin Infrastructure*, World Bank et Kluwer International, Washington, D.C., 2009 ; ég. BAENA DE ALCAZAR (M.-), *Régimen juridico de la Intervencion administrativa en la Economica*, Tecnos, Madrid, ça 1970.
Sur les concessions portuaires, cf. GROSDIDIER DE MATONS (J.-), *Le régime administratif et financier des ports maritimes*, L.G.D.J. Paris, 1969, p. 71-89. *Droit, Economie et Finances portuaires*, P.E.N.P.C., Paris, 2000. Ch. VII. KERF (M.-) et al., *Concessions for Infrastructures. A Guide to their Design and Award*, World Bank Technical Paper N° 399, *Finance, Private Sector and Infrastructure Network*, World Bank, Washington, D.C., 1998. ESTACHE (A.-) et de RUS (G.-), *Privatization and Regulation of Transport Infrastructure*, World Bank Institute, Washington, D.C., 2000. SHAW (L.N.-), GWILLIAM (K.M.-), THOMPSON (L.S.-), *Concessions in Transport*, The World Bank Papers, N° 27, Washington, D.C., novembre 1996 ; ég. JUHEL (M.), *Globalisation, Privatization and Restructuring of Ports*, International Journal of Maritime Economics 3 (2), Londres, 2001, pp. 139-174; ég. GONDRA ROMERO (J.M.-), *Régimen juridico de las operaciones de carga y descarga en el trafico maritimo*, Tecnos, Madrid. L.C. MONTANER, *Administración portuaria*, Tecnos, Madrid, 1973, pp. 273-293 ; ég. TRUJILLO (L.-) et NOMBELA (G.-), *Privatization and Regulation of the Seaport Industry. Université de Las Palmas aux Grandes Canaries*, World Bank, Washington, D.C., 2002.

adosser la zone franche de JAFZ et qui a été construit par ailleurs en dehors de la ville. À cette construction des infrastructures de grande envergure s'ajoutent des réformes qui ont permis aux États émiriens d'avoir une assise juridique qui va évoluer au fil du temps. *« La première loi créant juridiquement l'autorité portuaire de Dubaï date de 1979*[563]*. En 1989*[564]*, un nouveau décret créa une société, dite de Jebel Ali, jusqu'à ce qu'un décret de 1990*[565] *crée une autorité portuaire de Jebel Ali. Un an plus tard*[566]*, un décret permettait la création d'une autorité portuaire du Port Rachid. Ce n'est qu'en 1999 que les ports de Rachid et Djebel Ali ont été réunis au sein d'une entité unique, dénommée « Dubaï Ports Autorithy » ou « Dubaï Ports International » (DPI), chargée de développer à l'étranger l'expérience en gestion portuaire de Dubaï. Un premier projet fut développé à Djeddah en 1999, un second à Djibouti en 2000, un troisième à Vezag en Inde en 2002, puis un quatrième à Constanza en Roumanie en 2003. En 2005, DPI faisait l'acquisition des activités de terminaux de CSX Corporation, ce qui lui donnait l'accès notamment à des ports d'Asie et du Pacifique. Aux fins de regrouper les activités portuaires et de gestion de terminaux nationaux et internationaux et d'anticiper des développements ultérieurs importants, il a été créé le 9 août 2006 une nouvelle entité dénommée « Dubaï Port World Limited – DPW – pour regrouper les activités de « Dubaï Ports Authority » et « Dubaï Ports International ». L'entité est portée par la holding gouvernementale « Dubaï World » et se finance, notamment sur les marchés financiers à Dubaï ou à Londres, par des prêts conventionnels ou des financements islamiques.*[567] *»* À travers cette réforme juridique, on observe que les ports modernes ne sont plus que des interfaces dont l'intégration dans la chaîne logistique internationale devient incontournable et deviennent des acteurs à part entière de la mondialisation économique. À cet effet, la constitution de *Dubaï Ports* a, par ailleurs, une existence juridique qui lui confère le statut de propriété du gouvernement émirati mais donnée en concession pour une durée de 99 ans au partenaire *Dubaï Ports World* (DPW) dont l'exploitation appartient à *Dubaï Ports World* (FZE) à Jebel Ali et de *Dubaï Port World Emirates* au port de Rashid. La diversité des concessionnaires des divers ports émiratis s'explique par la nécessité pour les États de se désengager progressivement de la gestion portuaire, d'autant plus qu'ils gardent à cœur de préserver l'assise ou le rayonnement de leurs ports maritimes en restaurant notamment la concurrence des différentes entités portuaires des émirats par des leviers qui n'existaient pas ou étaient entravés par des réglementations excessives et restrictives[568]. Il est bien raisonnable que les coûts des investissements

563. In, Décret 4 de 1979.
564. In, Décret 1 de 1989.
565. In, Décret 1 de 1990.
566. In, Décret 4 de 1991.
567. MORINIÈRE (J-M.-), *op.cit.*, Stratégie logistique et transport au service du développement en Afrique, L'Harmattan, janvier 2015, p. 214.
568. GUÉGUEN-HALLOUËT (G.-), « Le rôle croissant du secteur privé dans l'activité et la gestion des ports », Revue *Questions internationales* n°70, novembre-décembre 2014, p. 66.

des infrastructures portuaires soient difficilement substituables de leur coût de financement. Ainsi, plusieurs réformes de loi créant juridiquement l'autorité portuaire de Dubaï datent de 1979 et ont évolué jusqu'à nos jours aux E.A.U. Cette évolution montre, par ailleurs, l'importance donnée à la libéralisation du mode de gestion des ports maritimes, dont la promotion de la répartition des compétences entre les acteurs des partenariats public/privé. Le rôle de l'autorité portuaire s'en est trouvé renforcé et ses missions étendues[569].

C'est au travers de cette expérience au niveau national que commence l'aventure de *Dubaï Ports World* (DPW), et qu'elle compte expérimenter vers l'international. Elle est une société *holding* propriété du gouvernement de Dubaï. Son capital est détenu par DP Terminal pour la gestion des quais et Dubaï Ports World (DPW), qui est le troisième opérateur portuaire mondial[570] (après HPH, PSA et APM T-MAERSK). Filiale de *Dubaï World* et née de la fusion entre *Dubaï Ports International* (DPI) et de *Dubaï Ports Authority* (DPA), *DP World* étend son activité dans le monde entier qui était auparavant concentrée sur les ports du Moyen-Orient et les pays du Golfe. En 2010, DPW opère sur 49 terminaux, emploie 30 000 personnes et manipule 50 millions d'EVP dans le monde et atteindra plus de 95 millions d'EVP en 2020[571]. Il a racheté l'opérateur portuaire britannique *Peninsular and Oriental* (P & O) en février 2006 pour une somme de 5,7 milliards d'euros. *DP World* a fait une offre pour le rachat de ports américains, mais cette offre n'a pas abouti, car le Congrès américain a utilisé le droit de veto à l'encontre du groupe émirati.

En grande majorité, cet opérateur en question concentre ses services dans les ports asiatiques et depuis ces dernières années, les ports africains occupent une place non négligeable dans la politique dudit opérateur. Cet opérateur met à disposition son savoir-faire et des investissements massifs, à la fois en infrastructures lourdes, mais aussi en matériel performant. Il propose de larges services tels que le service de général cargo ou le service de manutention des navires ro/ro. Mais depuis quelques années, cet opérateur s'est de plus en plus intéressé aux activités de croisière ; en outre, son domaine d'activité principale reste les manutentions des conteneurs et la gestion des terminaux à conteneurs. Il conclut avec les ports locaux des contrats de concession pour pouvoir investir et garantir un service de qualité aux usagers.

569. GUÉGUEN-HALLOUËT (G.-), *op.cit.*, Revue *Questions internationales* n°70, nov.-déc. 2014, p. 66.
570. http://fr.wikipedia.org/wiki/Dubai_Ports_World
571. *Ibid.*

B. Le Port de Djibouti : un modèle de privatisation réussie

Alors même que le concept de privatisation a, dans la littérature juridique, économique, sociale et médiatique, reçu les acceptions les plus diverses[572], la notion de privatisation d'entreprises publiques peut donc désormais être assez aisément circonscrite : c'est l'opération par laquelle le contrôle exercé, directement ou indirectement, par les pouvoirs publics sur une organisation de moyens humains, matériels et immatériels, vouée à l'exercice, à titre exclusif ou principal, d'une activité économique, est transféré au secteur privé.

Une définition plus juridique :

La privatisation peut elle-même présenter deux aspects. Le premier correspond à la formule de l'article 34 de la Constitution qui réserve à la loi la fixation des règles concernant « les transferts de propriété d'entreprises du secteur public au secteur privé ». On a pu parler de « dénationalisation », au moins quand il s'agit d'entreprises qui avaient été précédemment nationalisées. Mais la privatisation peut aussi bien porter sur des entreprises qui, dès l'origine, avaient été créées au sein des institutions publiques. Ce type de privatisation est d'ordre capitalistique : les entreprises qui en font l'objet étaient, directement ou indirectement, la propriété de personnes publiques ; elles deviennent la propriété de personnes privées[573].

Le port de Djibouti, fut le premier port dont la gestion a été confiée à DP World en dehors des ports d'Extrême Orient, du Golfe arabo-persique. Il est surtout le premier port africain à privatiser ses infrastructures en étant pionnier dans les secteurs portuaires. La privatisation des infrastructures est tout d'abord un outil indispensable pour promouvoir la croissance économique et la réduction de la pauvreté dans les pays en voie de développement (PED) (Briceno-Garmendia et al., 2004 ; Calderon et Serven, 2008). Il faut noter qu'en Afrique subsaharienne (ASS), la contribution des infrastructures (télécom-

572. In THIRION (N.-), *« Privatisations d'entreprises publiques, économie de marché et transformation des systèmes juridiques étatiques : un processus inéluctable ? »*, Pyramides, Revue du centre d'Études et de Recherches en Administration publique. Fait-on passer les travailleurs de l'entreprise publique d'un régime de statut à un régime contractuel ? On parlera de « privatisation ». Soumet-on l'entreprise publique, jusqu'alors bénéficiaire d'un monopole, à la concurrence d'autres opérateurs, privés ceux-là ? « Privatisation », arguera-t-on. Se contente-t-on d'ouvrir une fraction minoritaire du capital social de l'entreprise à des partenaires privés ? On n'en agite pas moins le spectre de la « privatisation ». Ainsi donc, le même terme tient souvent lieu, dans le langage courant, de pavillon de complaisance, derrière lequel s'abritent des réalités très différentes et, partant, irréductibles les unes aux autres. Il importe donc de bien déterminer, chaque fois qu'on utilise le terme, à quelle institution on entend l'appliquer. D'où la nécessité, pour notre propos, de limiter le processus étudié dans son application aux entreprises publiques proprement dites. https://pyramides.revues.org/560#ftn18

573. DELVOLVÉ (P.-), professeur de droit public à l'université Paris II-Panthéon-Assas. Auteur notamment de *Droit public de l'économie* (Dalloz, 1998), *Le Droit administratif* (Dalloz, 2e éd., 2002), coauteur des *Grands Arrêts de la jurisprudence administrative* (Dalloz, 15e éd., 2005), *« La privatisation du service de l'État »*, Pouvoirs 2006/2 (n° 117), p. 107-120.
DOI 10.3917/pouv.117.0107, file:///Users/alimiganehhadi/Downloads/POUV_117_0107.pdf

munications, électricité et transport, surtout) à la croissance économique est particulièrement importante (Estache et al., 2005). C'est d'autant plus vrai à Djibouti, en raison de la position géostratégique du pays et du poids des services dans son économie (70 % du PIB selon Infrastructure Consortium for Africa – ICA, 2007)[574]. Cette conception de la privatisation des infrastructures conduit le gouvernement djiboutien – comme la majeure partie des États africains (OCDE, 2004, p. 49) – à privilégier les contrats de concession ou d'affermage. Ceci étant dit, le pouvoir public a rejeté (en 2000) l'idée de la FMI qui le contraignait à privatiser complètement la gestion portuaire. Cette prise de décision a permis à l'autorité portuaire de déléguer la gestion des activités portuaires afin d'accroître l'efficacité et l'efficience de la performance du port. Le contrat de concession permet à l'État de préserver une marge de manœuvre pour toute décision concernant l'intérêt général. Il est par ailleurs vrai que les contrats de gestion ont la faveur des investisseurs (OCDE, 2004, p. 49) et permettent de tirer profit de l'entreprise qu'ils reprennent sans avoir à supporter l'engagement financier que nécessite une concession ou un affermage : *« L'affermage est le contrat par lequel le contractant s'engage à gérer un service public, à ses risques et périls, contre une rémunération versée par les usagers. Le concédé, appelé fermier, reverse à la personne publique une redevance destinée à contribuer à l'amortissement des investissements qu'elle a réalisés. La rémunération versée par le fermier en contrepartie du droit d'utilisation de l'ouvrage est appelée la surtaxe. Le financement des ouvrages est à la charge de la personne publique mais le fermier peut parfois participer à leur modernisation ou leur extension.[575] »*

C'est dans ce type de contrat que les investisseurs mettent le pied dans une entreprise de service public. Il est à noter que l'exemple de réussite du modèle de privatisation du secteur portuaire de Djibouti ressort bien d'un tel contrat. Si aujourd'hui le secteur portuaire djiboutien figure comme l'un des plus modernes d'Afrique de l'Est c'est en partie grâce à la politique locale du gouvernement djiboutien qui a accepté malgré le scepticisme au début, la mise en gestion privée du PAID au partenaire Dubaï Ports World (DPW). La réussite de ce partenaire dans la gestion du port a porté ses fruits : le chiffre d'affaires est passé de 38 M$ en 2000 à 139 M$ en 2008, cette amélioration de la situation financière résulte des performances opérationnelles enregistrées depuis 1998 : le trafic total est passé de 3,8 millions de tonnes (Mt) en 1999 à 6 Mt en 2003 puis à 8 Mt en 2007[576]. Cette performance résulte en partie de la guerre éthio-erythréenne, car la rationalisation de la gestion du port et la modernisa-

574. *Ibidem*

575. CE, 29 avril 1987, commune d'Élancourt.

576. FOCH (A.-), *« Déterminants et perspectives de la privatisation des infrastructures à Djibouti : leçons tirées de trois études de cas »*, Documents de travail du Centre d'Économie de la Sorbonne 2013.36 - ISSN : 1955-611X. 2013. p. 11.

tion des infrastructures du port ont également joué un rôle. C'est en effet à travers tout ce levier qu'on pourrait qualifier le port de Djibouti : le « *cow-boy* [577] » du continent africain en matière de développement portuaire fondé sur la base de la privatisation de la gestion portuaire.

Après l'exemple du port de Djibouti, le port du Sénégal dont le gouvernement a signé une convention d'exploitation pour une durée de 25 ans entre l'État du Sénégal (représenté par l'Autorité Portuaire Sénégalaise et Dubaï Ports World (DPW) en octobre 2007 pour le terminal à conteneurs. Le principal objectif pour l'État du Sénégal à travers cette concession était de moderniser l'équipement, les opérations, la gestion ainsi que la maintenance du terminal à conteneurs. Selon le rapport de la Banque Africaine de Développement, les composantes du projet sont les suivantes :

- Travaux d'ingénierie civile (agrandissement des quais, modernisation des aires de stockage et amélioration des autres infrastructures),
- Acquisition d'équipements (4 grues de chargement/déchargement, 10 grues de stockage, 30 tracteurs de terminal, etc.).

En effet, la Banque Africaine de Développement a apporté 50 % du montant total des prêts, conjointement avec *Standard Chartered Bank*. La banque a octroyé un prêt de 47,5 millions d'euros et par ailleurs syndiqué 27,5 millions d'euros à FAO et EAIF dans ce projet[578].

Par la suite, le port d'Algérie après de longues et difficiles négociations[579], a opté pour la mise en place d'un nouveau type de partenariat dans la gestion des ports, Djazaïr Port World, la nouvelle joint-venture, qui officiellement a été créée le 15 février 2008, entre l'entreprise portuaire d'Alger (EPAL) et Dubaï Ports World (DPW), a pris les commandes du terminal à conteneurs du port d'Alger le 17 mars 2009 pour une durée de concession de 30 ans. Leur arrivée dans le domaine portuaire s'explique avant tout par des enjeux stratégiques au niveau de la concurrence régionale entre manutentionnaires mondiaux appuyés sur des hubs portuaires eux aussi en concurrence sur le marché du transbordement de conteneurs (Jacobs et Hall, 2007). La puissance des Émirats Arabes Unis (AEU) pense faire de Enfidha en Tunisie et de Djen-Djen en Algérie leurs deux points d'appui principaux dans cette région[580]. Il a engagé deux concessions aux ports d'Alger et de Djen-Djen dont l'enjeu était la modernisation et

577. HASSAN HOCH (G.-), *La gestion portuaire à Djibouti*, mémoire de Master 2 sous la direction Christian SCAPEL, Université Aix-Marseille (2012-2013), Centre de droit maritime et de transport, p.18.

578. Groupe de la Banque Africaine de Développement, « Terminal à conteneur de Dakar » http://www.afdb.org/fr/news-and-events/article/container-terminal-in-the-port-of-dakar-9672/

579. Due à la protestation du syndicat des dockers.

580. MOHAMED-CHÉRIF (Fatima-Zohra) et DUCRUET (César), *« Du global au local : les nouveaux gérants des terminaux portuaires algériens »*, L'espace politique, numéro 16-2012, https://espacepolitique.revues.org/2294

l'équipement du terminal à conteneurs du port d'Alger, premier port à l'échelle nationale pour le trafic de marchandises diverses (60 % du trafic total), et la rénovation du port de Djen-Djen qui a pour stratégie d'être un futur hub portuaire en Méditerranée[581].

En effet, dans le cas des ports de Djibouti, l'arrivée du partenaire DPW (Dubaï Ports World) redonne un nouveau souffle à l'économie nationale en mettant en place une politique d'extension des ports dont le développement est basé sur deux grandes infrastructures, un terminal pétrolier et un terminal à conteneurs, dont la construction et l'aménagement s'étalent de 2000 à 2010, entièrement gérés par DPW, avec des investisseurs en majorité émiratis[582]. La répartition des investissements dans ces deux projets colossaux est estimée à près de 600 millions de dollars (67 millions pour le terminal pétrolier, 400 millions pour le terminal à conteneurs et le reste pour la zone franche et les activités industrielles ou de transport associées), pour un budget global qui pourrait avoisiner les 2 milliards de dollars d'ici 2015. En effet, le lancement du projet du terminal pétrolier et de la création d'un complexe industrialo-portuaire comporte deux phases distinctes comme il a été démontré par François Guiziou :

« La première phase du projet a été la rapide construction du terminal pétrolier, mis en activité courant 2005, qui peut en théorie accueillir des navires de toutes tailles dans la limite d'un tirant d'eau de 16 mètres. Le terminal, disposait, lors de son lancement, d'une capacité de stockage de 200 000 tonnes, capacité qui atteindra 450 000 lors de l'aboutissement du projet. Ce terminal est aussi devenu le point d'escale des navires américains en soutage. Il offre toutes les compétences pour ces opérations et permet une meilleure protection du navire que le saturé port de Djibouti.

La seconde phase du projet vise à la création d'un complexe industrialo-portuaire moderne appuyé sur le futur terminal à conteneurs qui rentrera en service fin 2008 et augmentera les capacités de Djibouti dans le traitement des conteneurs à 1 million d'EVP annuellement. Ce terminal aux standards internationaux (16 m de tirant d'eau) disposera en complément d'un port sec. L'objectif, à plus ou moins court terme, est d'en faire le Hub de Dubaï dans le golfe d'Aden et le Sud de la mer Rouge, concurrençant Aden et les ports saoudiens. Il est l'infrastructure principale qui terminera la spécialisation des deux ensembles portuaires de Djibouti, Doraleh, le Hub et le PAID, le port éthiopien. Les développements d'une activité industrielle devraient suivre cette seconde phase.[583] »

581. MOHAMED-CHÉRIF (F.Z.-) and DUCRUET (C.-), *op. cit.*
582. BOËDOZ (P.-), *« L'essentiel d'un marché : Éthiopie et Djibouti 2007-2008 »*, édition UBIFRANCE 2007, pp.263-264.
https://www.lgdj.fr/l-essentiel-d-un-marche-ethiopie-et-djibouti-2007-2008-9782279416553.html
583. GUIZIOU (F.-), *« Le détroit de Bab-el-Mandeb : un paradigme du contact entre l'espace mondialisé et ses marges »*, Mémoire master 2, Géographie, IGARUN, université de Nantes, 2008, p. 113.

Par ailleurs, ces deux phases d'installations sont incluses dans une zone franche et répondent à la volonté de faire de Djibouti une place offshore tournée vers Dubaï[584]. Et pour bénéficier d'un large contrôle du volet de la rente économique de Djibouti, le groupe émirati DPW dans un premier temps a signé des accords douaniers permettant de faciliter le commerce entre Dubaï et le DCT (Doraleh Terminal Conteneur). Dans un second temps, le groupe Dubaï Ports World (DPW) signe un contrat de privatisation de la gestion de l'Aéroport international de Djibouti pour une période de 20 ans afin d'assurer la logistique du fret aérien destiné aux militaires américains et aux Français.

Nonobstant, « *cet Aéroport est un nœud aéroportuaire pour la Corne avec plus de 150 000 passagers par an en provenance de la France, de l'océan Indien des États de la Corne et du Yémen*[585] ».

Le complexe de Doraleh et ses trois composantes avaient des objectifs bien spécifiques dans l'article d'Arthur Foch « *Djibouti, une nouvelle porte de l'Afrique ? L'essor du secteur portuaire* », le but du Terminal Pétrolier (TP) était d'accroître la capacité de stockage du gaz et du pétrole pour pouvoir faire de Djibouti le point de ravitaillement de toute la sous-région. Dans l'hypothèse avancée par Arthur Foch, le but de la création du Terminal Pétrolier (TP) consistait entre autres, à capter le marché régional de l'Afrique de l'Est (Hinterland). Par contre, François Guiziou se contente d'expliquer les intérêts des Émiraties à satisfaire la coopération militaire franco-américaine en matière de soutages et il exprime qu'il aurait peu d'intérêts régionaux de la Corne. Ce qui est complètement absurde car la république de Djibouti revendique que son territoire est hautement géostratégique du fait qu'elle est d'une part située au carrefour des routes d'Europe, d'Extrême-Orient, du golfe arabo-persique et de l'Afrique, et d'autre part, par la présence d'infrastructures portuaires modernes et d'infrastructures routières régionales tournées vers les États enclavés.

Dans le cas de ZF (Zone Franche), toujours dans cet article, Foch considère que « *Djibouti deviendra un centre régional d'échanges commerciaux en devenant une plate-forme avancée des manufacturiers d'Extrême-Orient, d'Europe, d'Amérique du Nord ainsi que les zones franches de Dubaï et de l'île Maurice, qui permettrait de pénétrer le marché régional. L'initiative visant à inclure la ZF dans le projet de Doraleh fait suite à la requête d'entreprises installées à Dubaï dont l'intention était d'accéder au marché africain par le biais de cette installation.*[586] » Or pour Arthur Foch, l'explication est plutôt orientée vers un vaste marché qui tend vers tous les États qui ne disposent pas d'accès maritime. Enfin dans le cas du marché de Terminal à Conteneur (TC), il devrait permettre de satisfaire les demandes djiboutienne et éthiopienne et ser-

584. GUIZIOU (F.-), *op. cit.*, Mémoire master 2, p 113.

585. *Ibid.*

586. FOCH (A.-), « *Djibouti, une nouvelle porte de l'Afrique ? L'essor du secteur portuaire djiboutien* », De Boeck Supérieur « Afrique contemporaine », 2010/2 n°234, p. 79.

vir au transbordement, principale expertise de Dubaï, faisant ainsi de Doraleh le principal port à conteneurs de l'Afrique de l'Est pour A. Foch. Par ailleurs, il est vrai que la présence militaire américaine garantit la stabilité sur le long terme et a porté ses fruits pour Djibouti en matière d'investissements par les Émiraties, ce qu'évoque bien F. Guiziou dans son mémoire.

Le projet TC découpé en trois catégories distinctes selon A. Foch : le marché domestique djiboutien, le marché de transit vers l'Éthiopie et le marché de transbordement[587]. Sur ce dernier marché, la construction du TC était justifiée par le fait que le PAID n'était pas en mesure d'accueillir de navires de troisième génération, faute du tirant d'eau suffisant et des infrastructures inadéquates pour les déchargements des conteneurs, ainsi que le manque d'espaces de stockage pour assurer le rôle de port régional de transbordement[588].

C'est dans ce contexte qu'il serait important de rappeler qu'à travers la concession de gestion, le port de Djibouti a été, non seulement un moyen pour évaluer la politique de l'opérateur en dehors de ses territoires d'origine, mais aussi de s'adapter au continent africain dont le secteur portuaire est en pleine mutation. Outre cette expansion, le choix de l'opérateur avait pour but primordial de pouvoir exercer des contrôles aux normes et standards internationaux sur l'ensemble de ses ports situés sur le Golfe d'Aden. De ce fait, pour montrer à travers cette région, l'intérêt porté au développement du port de Djibouti, sur ses qualités de services, ses compétences et ses performances en termes de gestion des terminaux, il a été judicieux d'évaluer l'expérience de l'apport de l'opérateur (DPW) en matière de certification portuaire dans la mise en place de procédure de normalisation de normes et standard internationaux, à savoir :

· ***ISO 9001** : gestion de la qualité*

Relative aux systèmes de « gestion de qualité », il promet aux clients du port un service de qualité. Certifié en 2011 par l'Organisation internationale de normalisation, le port de Djibouti peut dorénavant mettre en avant ces services de qualités. Il s'agit d'un processus qui nécessite l'implication de tous les membres, de tous les agents du port.

· ***ISO 28000**[589] : management de la sûreté pour la chaîne d'approvisionnement*

Attribuée par la compagnie de certification Lloyd's, le port de Djibouti est certifié par la norme ISO 28000. Il offre à ses usagers ainsi qu'à ses personnels un environnement sain et sécurisé.

Situé dans une zone à risques, le port de Djibouti, avec cette certification, devra gagner la confiance de ses usagers et se présenter comme pôle de stabilité et de sûreté par rapport aux ports de la sous-région. Il assure par la même occa-

587. FOCH (A.-), *op. cit.*, De Boeck Supérieur « Afrique contemporaine », 2010/2 n°234, p. 79.
588. *Ibid.*
589. http://www.iso.org/iso/fr/catalogue_detail?csnumber=44641

sion la sûreté de la chaîne d'approvisionnement, c'est-à-dire les cargaisons qui transitent via le port de Djibouti et qui sont destinées dans leur grande partie à l'Éthiopie, pays limitrophe.

· ***ISO 14001** : management de l'environnement*

Notion qui est préoccupante durant ces dernières décennies : le management de l'environnement contribue fortement à la compétitivité ainsi qu'à l'attractivité d'un port. Un port possédant une certification ISO 14001, est synonyme d'un environnement sain et propre, qui engendre des conditions de travail favorables tant pour les personnels du port que pour les usagers. Tel est le cas du port de Djibouti, il se démarque par rapport à ses concurrents par une certification du management de l'environnement.

Par ailleurs, le but de cette normalisation du port de Djibouti a été déterminant, pour la productivité du port vis-à-vis des autres ports de la région. En effet, cela a permis non seulement d'attirer des nouveaux clients, mais aussi de se démarquer des concurrents des ports de la sous-région. Il faut également prendre en compte que depuis le 11 septembre 2001, chaque port doit respecter le standard ISPS code pour accueillir des navires étrangers (objet du chapitre 1 de la deuxième partie). La sécurité et la sûreté des interfaces entre Mer/Terre deviennent de plus en plus préoccupantes pour les ports du monde entier. Par ailleurs, nous pouvons expliquer que dans le cas actuel le port de Djibouti n'est pas à la traîne, il s'est tourné vers les certifications (ISPS code) depuis 2006. Et pour cela, il faudra que le port puisse entamer un long processus de normalisation des opérations effectuées au sein du port.

Certifié par l'Organisation internationale de standardisation (2006), le port de Djibouti gagne aussi la confiance de ses usagers.

Le terminal à conteneurs du port de Djibouti, géré par DP World, est également hautement sécurisé et possède des accès qui lui sont propres. Ce terminal est équipé de quatre portiques de dernière génération avec un quai long de 400 m et un tirant d'eau de 12 m. Il dispose d'une capacité de stockage de 12 000 EVP avec 64 prises électriques pour les conteneurs frigorifiques. L'opérateur a mis en place des stratégies de gestion performantes avec des services de qualité, tout en instaurant des systèmes informatiques inégalés qui permettent de suivre le mouvement du conteneur dès son arrivée au terminal jusqu'à sa sortie grâce au logiciel Navis.

Précisons aussi que comme l'opérateur avait l'habitude de gérer des terminaux à conteneurs, au port de Djibouti, il gère l'ensemble du port à l'exception du terminal vraquier. Cette tâche pèse lourd pour cet opérateur qui ne recherche qu'à gérer le terminal à conteneurs.

Outre ce terminal à conteneurs du port de Djibouti, DP World poursuit son objectif de développement portuaire à Djibouti, en participant au financement d'un nouveau terminal à conteneurs à part entière. Ce nouveau terminal est sous la gestion totale de DP World qui impose ses règles de développement portuaire en matière d'attractivité des nouveaux trafics.

L'achèvement par ailleurs du nouveau port de Djibouti Doraleh Terminal à Conteneurs (DCT) d'un tirant d'eau de 18 mètres a permis de devenir un modèle de développement portuaire et devient la vitrine de Dubaï Ports World en Afrique. L'engagement de DP WORLD en matière d'investissement dans le secteur portuaire est considéré comme étant un véritable partenariat de développement[590]. Le TC de Doraleh est aujourd'hui reconnu comme le terminal le plus moderne d'Afrique de l'Est et c'est grâce à sa certification ISO 28000 précédemment définie. Il est par ailleurs aussi un leader sur le continent africain en termes de sécurité et de productivité comme le souligne dans son article Arthur Foch, *« Déterminants et perspectives de la privatisation des infrastructures à Djibouti : leçons tirées de trois cas »*, en présentant un tableau comparant les terminaux à conteneurs des ports régionaux[591].

	Les ports de Djibouti		**Concurrents de Djibouti sur le transbordement**	
	PAID (Djibouti)	**TC (Djibouti)**	**Port d'Aden (Yémen)**	**Port de Salaalah (Oman)**
Trafic annuel (EVP)	225 000 (2006)	350 000 (août 2009) 800 000 (août 2012)	400 000 (2006)	220 000 (2006)
Tirant d'eau	9,5 à 12 m	18 mètres	16 mètres	16 mètres
Portique de quai	4	6	5	11
Longueur de quai	400 mètres	1150 mètres	800 mètres	1200 mètres
Productivité horaire par portique	21/EVP	35/EVP*	25/EVP	34 et + /EVP

Tableau 4 : Caractéristiques comparées des terminaux à conteneurs des ports régionaux[592]
** 10 EVP à Mombasa : 20 + à Abidjan ou Douala en 2004*

La réussite de la privatisation du secteur portuaire djiboutien sur le continent africain réside bien dans la modernisation du terminal à conteneurs. Cette

590. *Ibidem.*
591. *Ibidem.*
592. FOCH (A.-), *ibid.*, p.79.

modernisation stimule le commerce international et les activités exportatrices. Le temps d'attente moyen des navires en rade a été réduit de près de 15 heures à 2 heures pour les navires et de plusieurs heures à moins de 30 minutes pour les camions.

Paragraphe 2 : Politique du gouvernement djiboutien dans le choix de l'association d'entreprises privées au développement portuaire

L'ouverture du secteur portuaire vers le secteur privé a été une résultante de la situation financière de notre pays suite à l'instabilité sociopolitique au cours les années 1990. Cette situation a placé Djibouti sous le joug des bailleurs de fonds, tels que le FMI (Fonds Monétaire International), qui pour justifier son financement a posé des conditions pour accompagner le gouvernement dans la réalisation des réformes institutionnelles. La solution ainsi proposée par cette institution pour redynamiser l'économie de notre pays portait sur le *« plan d'ajustement structurel » et une mise en œuvre « des politiques de privatisation*[593] *»*. Ce changement d'ordre institutionnel a eu une forte influence sur le devenir du PAID dans la mesure où cette assise a servi de référence pour déterminer le régime juridique approprié.

Comme nous l'avons précédemment expliqué l'ouverture du secteur portuaire vers le secteur privé trouve son fondement dans la situation financière du pays dans les années 1990, laquelle situation avait amené le Gouvernement djiboutien à solliciter l'intervention du FMI. Et cette institution (FMI), pour justifier son financement, a mis des conditions dans l'accompagnement du Gouvernement djiboutien, invité à accepter les termes des conditions exigées par le FMI. La solution pour faire sortir le pays du marasme économique, passait donc par le « principe d'ajustement structurel » et par « des politiques de

593. Les risques de la privatisation sont nombreux et nous pouvons en énumérer quelques-uns : la privatisation peut menacer l'intérêt commun dont l'État est le gardien, si l'intérêt commun en question n'est pas limité à l'efficacité économique. L'intérêt commun exige que la privatisation soit bâtie sur des fondations solides, qui assurent un équilibre adéquat entre les intérêts du public et ceux de l'entreprise privée, sans toutefois qu'on atteigne un niveau de réglementation qui entraverait son efficacité. Mais, on ne saurait concéder à une entreprise privée des compétences régaliennes ou des pouvoirs de police qui lui permettraient d'abuser de sa position privilégiée. C'est ainsi que la commission de l'Union européenne avait ouvert une enquête sur le rachat du terminal à conteneurs ECT de Rotterdam par la holding Hutchinson Whampoa de Hong Kong. Elle veillait à ce qu'il n'y ait pas de position dominante, conformément aux stipulations du Traité de Rome. La privatisation aboutit aussi à des situations de monopole, comme ce fut le cas du Royaume-Uni. En effet, le risque monopolistique est toujours présent, surtout en fonction de l'importance des investissements. La vente des « trusts ports » britanniques a permis la constitution de monopole privé d'estuaires auxquels ont été données des prérogatives de puissance publique en matière de domanialité et de contrôle de la navigation. La conséquence a été que toute entreprise, désireuse de s'implanter dans l'estuaire, devait demander une licence à son futur concurrent, le port privé, qui avait la possibilité de refuser (dans son intérêt). C'est ainsi qu'en 1991, la Société des ports de Firth of Fort en Écosse a pu s'opposer à l'implantation d'une société concurrente, qui voulait mettre en place son propre terminal, en interdisant simplement la navigation sur une partie du fleuve et ce, en application d'une directive exécutoire (General Direction) qu'elle a elle-même rédigée et promulguée.

privatisation » exigées par le FMI. Et ces politiques vont modifier le devenir du PAID considéré avant la réforme comme un port de service. En effet, la question de la réforme du secteur portuaire est plus complexe qu'une simple infrastructure qui rend un service, ce que Gaëlle Guéguen-Hallouët explique en ces termes : *« Les ports maritimes de commerce donnent à voir une réalité complexe en raison de la multitude de leurs activités logistiques et commerciales et de la grande diversité de leurs modes de gestion. Depuis les années 1990 se dessine toutefois un mouvement profond de redéfinition de leurs missions et de restructuration de leur environnement juridique. La tendance est au renforcement de la place du secteur privé et au changement de mode de gouvernance. »* [594] La volonté de l'autorité portuaire de Djibouti est de s'inscrire dans ce mouvement du monde maritimo-portuaire qui tend vers une libéralisation progressive des services portuaires.

Ce positionnement oblige également ce dernier à garantir aux partenaires privés dans l'élaboration d'un cadre juridique efficace et propice aux activités afférentes (mise en place d'un climat d'affaire favorable et attractif). Dans ce dernier paragraphe, l'analyse portera à démontrer dans un premier temps, l'approche préconisée par le gouvernement djiboutien dans les modèles de développement des infrastructures portuaires, et dans un second, sur la pertinence de la libéralisation économique et juridique des ports djiboutiens.

A. Infrastructures portuaires : un modèle de développement pertinent

Le gouvernement djiboutien, par le biais du port autonome international de Djibouti (PAID), a suivi une politique très pertinente dans le choix du partenariat public-privé. Le PPP décrit toute forme institutionnelle de coopération reliant une collectivité publique ou semi-publique avec des acteurs privés, dans le but de planification, d'aménagement, de coordination et de mise en œuvre des stratégies et projets complexes de modernisation et de développement (Heinz, 1994). Par ailleurs une autre définition du Livre Vert de la Commission Européenne (LVCE) donne une définition complémentaire et considère le partenariat public-privé comme étant « *une coopération entre les autorités publiques et le monde des entreprises qui vise à assurer le financement, la construction, la rénovation, la gestion ou l'entretien d'une infrastructure ou la fourniture d'un service* » (le PPP, 30 avril 2004). En effet, si on observe de plus près à travers les autres auteurs qui ont développé le PPP, il a été souligné que le PPP se limite à des interactions entre le gouvernement et des partenaires privés dans la poursuite d'un objectif complémentaire de pertinence stratégique[595]. Le contrat qui officialise la col-

594. GUÉGUEN-HALLOUËT (G.), « Le rôle croissant du secteur privé dans l'activité et la gestion des ports », Revue *Questions internationales*, n°70, novembre-décembre 2014, p. 65.

595. OULD MOHAMED MOCTAR (S.M.-), « *Stratégies de développement des grands ports maritimes français : l'apport des partenariats public-privé* », Thèse de doctorat en science de gestion soutenue le 11 juillet 2012, à l'Université du Havre, p. 105.

laboration vise à développer des synergies qui permettront la conservation intacte de l'identité et des responsabilités des partenaires (Kouwenhoven, 1993 ; Hammershmid, 2005). Par ailleurs, pour Huron David (1998), deux logiques guident le PPP : d'une part, la recherche de marges de manœuvre financières supplémentaires, ou la mise en œuvre d'un projet dépassant les moyens de la collectivité, et d'autre part, la réalisation d'un projet de développement que la collectivité ne pourrait mener seule à terme (par exemple la construction d'infrastructures portuaires nouvelles tel que le Doraleh Conteneur Terminal). C'est ainsi que *« le PPP offre aux gouvernements une nouvelle légitimité suggérant la modernité et leur permet de remplacer la notion controversée de "privatisation" par une notion à connotation positive, le "partenariat" »* (Hammerschmid, 2005). Enfin dans la plupart des cas, *« le PPP est simplement vu comme une façon pratique de financer un projet d'infrastructure publique »* (Hammerschmid, 2005), *« car le système de gestion de dépenses publiques, dans son ensemble, n'est pas adapté au financement des infrastructures, qui réclame des engagements à long terme, alors que les dépenses publiques sont couvertes par des crédits budgétaires annuels »* (Conférence Européenne des Ministres des Transports, 2000). La lecture des rapports émis par des experts dans le domaine portuaire, diligenté par l'autorité portuaire de notre pays, prouve l'évolution politique concernant la prise de position en faveur de ce modèle. Le choix d'un tel modèle de gestion a permis au gouvernement d'accélérer le processus de construction du port. L'inexpérience de Djibouti dans le montage juridique illustre plusieurs recours qui ont échoué au cours de ces vingt dernières années. Afin d'opter pour ce modèle, il a fallu passer par la conclusion d'un contrat de gestion pour toutes les opérations y compris le Terminal à conteneurs qui fut régi par un contrat de concession pour une durée de 20 ans. La gestion du PAID a connu des moments différents et cela n'a pas été sans conséquence pour redresser ses activités face aux défis du monde moderne. Il serait judicieux de démontrer la nature d'un contrat de gestion qui régissait notre port et ses apports dans l'essor de ce dernier. Cette démonstration nous permettra de mieux comprendre le nouveau management public (NMP) qui a été introduit dans le changement de conduite. C'est un choix qui a poussé le gouvernement à repenser sa politique portuaire. La deuxième phase est de comprendre ce que l'on entend par un contrat de concession. On s'interrogera sur le pourquoi de ce choix par l'autorité portuaire.

1. La qualification d'un contrat de gestion et ses refontes

Dans la gestion portuaire de notre temps, les autorités publiques ont recours à des pratiques d'exploitation qui se distinguent de la gestion à caractère régalien. Le PAID, port de service, est alors devenu un port d'outil : l'autorité publique possède la superstructure et l'équipement, et le secteur privé exploite les installations qui sont définies préalablement dans ledit contrat de gestion.

L'intérêt de réaliser une telle réforme consistait à attirer les investisseurs étrangers afin d'innover les infrastructures portuaires, et à investir dans le port de Djibouti. La passation d'un contrat d'une telle ampleur avait pour objet principal de mettre en valeur les potentialités de notre port. Agissant ainsi, l'action du gouvernement avait pour finalité de promouvoir les activités du secteur privé dépendant au dynamisme portuaire. Cet opérateur de renommée internationale réunissait toutes les compétences requises pour bien exploiter notre domaine maritime dans l'optique de relancer notre économie. Dans le processus de décentralisation du principal port de la République de Djibouti, l'État soulignait dès les années 2000, qu'il s'agissait de *« changer davantage le rôle du gouvernement en renforçant l'administration, d'une part, et d'autre part en créant un entrepreneuriat contemporain pour une exploitation indépendante des ports orientée davantage vers l'économie de marché*[596] ». La promotion d'une gestion des activités portuaires calquée sur les méthodes du secteur privé est au cœur des nombreuses réformes qui ont été menées ces dernières années. Par ailleurs, les objectifs des autorités djiboutiennes étaient d'assainir la gestion, d'améliorer la préservation des services offerts afin de répondre aux attentes et aux besoins des clients éthiopiens, ainsi que de développer une zone franche[597]. Et enfin permettre la création d'une stratégie partenariale privée en matière de développement infrastructurelle portuaire du PAID vise, entre autres, les éléments suivants :

- *améliorer et accroître l'efficacité et la compétitivité du port et de ses infrastructures,*
- *doter le port d'une part, des infrastructures et des moyens matériels et humains nécessaires au traitement rapide des navires porte-conteneurs, et d'autre part, d'une capacité de stockage important ;*
- *réviser l'organisation du port et améliorer dans tous les services la capacité de communication et la maîtrise des langues du commerce international ;*
- *replacer substantiellement et solidement le corridor djiboutien sur les trafics de transit de l'Éthiopie et du nord de la Somalie ;*
- *consolider et améliorer la position du port sur le marché de transbordement de desserte régionale ;*
- *mettre en place une logique performance et compétitivité de transports terminaux de conteneurs, impliquant le rail, la route et un port sec ;*
- *programmer et créer une zone commerciale et portuaire sur le site de Doraleh*[598].

---

596. WANG (J.J.-) et OLIVIER (J.-), « La gouvernance des ports et la relation ville-port en Chine », *Les Cahiers scientifiques du transport*, n°44, 2003, p.25-54.

597. ABDILLAHI AHMED (A.-), *« Conteneurisation, stratégies des acteurs et développement portuaire : le cas de Djibouti »*, Thèse de doctorat science de gestion soutenue en 2012, Université de Perpignan, p. 321.

598. ABDILLAHI AHMED (A.-), *op.cit.*, p. 322.

En effet, l'existence du contrat de gestion accordé par le gouvernement djiboutien à son partenaire privé Dubaï Ports World (DPW) comportait des pièges juridiques ainsi que des vices cachés. En analysant le fait, on peut déduire que la procédure du marché public lancée par notre autorité portuaire était entachée de vices, puisque certaines clauses de ce contrat donnaient des privilèges à une partie par rapport à l'autre. Ensuite, les experts de la FMI ont apporté leurs assistances juridiques et techniques concernant le montage de ce contrat. Mais il s'est avéré que l'autorité compétente n'a pas tenu compte de cela. C'est la raison pour laquelle certaines clauses du contrat étaient ignorées par l'autorité publique signataire. En effet, en matière d'appel à la concurrence, le droit français considère que l'administration dispose d'un pouvoir discrétionnaire pour choisir son partenaire pour l'exploitation d'un terminal portuaire (Grosdidier de Matons, 1999). Les organisations internationales qui financent les grands ouvrages souhaitent que la procédure du marché public soit soumise à la concurrence. Cependant, il est important de souligner que les termes du contrat de gestion signé entre le gouvernement djiboutien et l'autorité du DPW restent jusqu'à présent classés confidentiels. Ce caractère discrétionnaire du contrat des deux parties nous amène à mesurer l'importance des réformes, après l'analyse des rapports annuels de présentation de l'activité du PAID et des rapports spéciaux et généraux du commissaire aux comptes, ainsi que les différentes interviews et rencontres de responsables du Port de Djibouti. En effet, il ressort certainement plusieurs éléments :

- *« Un contrat de gestion est en fait un contrat de manutention et de magasinage consenti à une société qui opérera à l'abri d'un monopole confortable. Il est important que les clauses protègent l'intérêt commun des usagers. À Djibouti, en dépit du redressement du PAID depuis sa mise en gestion privée, le contrat de gestion entre le gouvernement et DP World a été rompu en 2011 afin de protéger les usagers. Lors de la construction du nouveau terminal à conteneurs en 2009, le DCT, toutes les activités de manutention des conteneurs ont été transférées vers Doraleh. Alors que les conteneurs de toutes les lignes maritimes sont traités à Doraleh, ESL (Ethiopian Shipping Lines), à titre exceptionnel a souhaité rester à l'ancien terminal car les navires d'ESL sont des « Multipurpose ».*
- *Le contrat de gestion du PAID paraît excessif et une plus courte durée permettrait que son renouvellement soit soumis à un appel d'offres pour maintenir la contestabilité. »*

En vertu des dispositions du contrat de gestion signé entre PAID et DPW, s'agissant des dispositions financières qui portent sur le loyer et la redevance pour l'utilisation des ouvrages et des outillages portuaires, le contrat prévoit que le gestionnaire perçoit un intéressement calculé sur le résultat d'exploitation brut (Gross Operating Profit, GOP, déterminé selon les normes IAS, International Accounting Standards). L'arrivée de DPW dans la gestion du port bouleverse l'administration qui, au préalable était fondée sur un système romano-germanique, système portant la marque de l'influence du système de la gestion à la française. Et ce dernier se voit contraint de travailler avec le nouveau partenaire au standard anglo-saxon. Par ailleurs, ce basculement notable a nécessité un investissement financier important auprès de l'opérateur privé dans la mise en place des formations aux administrateurs du port. La formation la plus urgente fut la maîtrise de l'usage de l'anglais et d'autres outils de performance de l'opérateur. Enfin dans l'engagement du contrat de gestion, il est prévu que le gestionnaire gardera dans les comptes de l'entreprise au moins 50 % de l'intéressement. De plus, le PAID doit conserver au moins 50 % du résultat avant l'impôt de l'année. Le contrat de gestion prévoit que le montant de l'intéressement soit diminué d'une quote-part des frais financiers (exprimée en %) déterminée par l'application du ratio suivant :

Intéressement Dubaï Port World avant impact des frais financiers
/ Gross Operating Profit *100

Conformément à la disposition du contrat de gestion, 50 % de ce montant sera conservé dans les comptes du PAID dont les réserves qui constituent les 50 % de l'intéressement de DP World ont permis de financer les investissements du projet de Doraleh[599]. Au départ DP World n'a pas financé des grands travaux, il a juste réalisé plusieurs grands travaux d'aménagement au cours des premières années selon le rapport (EDIC 2004) en utilisant le compte des fonds propres du PAID. Mais néanmoins l'opérateur DPW met en place des procédures permettant au port de viser l'excellence en matière de satisfaction des lignes maritimes qui transitent dans le golfe d'Aden et l'océan Indien, dont le passage et l'accostage au port de Djibouti sont obligatoires. De ce fait, le port autonome de Djibouti devra alors développer des services inégalés pour devoir atteindre son objectif de devenir un « hub régional », c'est-à-dire un port d'éclatement dans la sous-région de l'Afrique de l'Est. Dans la recherche de l'excellence d'un port moderne, il a été accepté de confier la gestion commerciale et technique ainsi que l'attribution d'un rôle consultatif en matière tarifaire[600] du port à des sociétés compétentes. Cette gestion a été confiée à ces dernières pour une durée déterminée dans le but d'accroître le rendement des activités portuaires. Il s'agissait d'une volonté politique qui avait pour fin de valoriser l'image du port de Djibouti sur la scène internationale et de profiter du savoir-faire de ses sociétés.

599. ABDILLAHI AHMED (A.-), *op.cit.*, Thèse de doctorat en science de gestion soutenu en 2012, Université de Perpignan, p. 324

600. S'agissant des tarifs portuaires, ils sont proposés par Dubaï Ports World et soumis à approbation du PAID.

2. Les avantages visés par Djibouti en concluant un contrat de concession

« Il n'existe pas de texte de nature réglementaire définissant les conditions d'organisation et de fonctionnement des concessions.[601] » En France, comme dans le monde entier, le contrat de concession portuaire fut un mode d'exploitation des terminaux ou en général de port tout entier, qui est librement rédigé par les parties. Il est une forme de contrat qui implique une délégation de service public[602], dans la mesure où le concessionnaire devra remplir pleinement le rôle du concédant dans l'exécution du contrat. Par ailleurs, ledit contrat est matérialisé par un « cahier des charges » comme dispose l'article R.115-9 du Code des Ports Maritimes qui prévoit que *« toute concession d'outillage public donne lieu à une convention avec un cahier des charges passée entre le port autonome et les pétitionnaires »*. Il est prévu que les termes et les conditions sont stables dans le cahier des charges qui par ailleurs mentionne toutes les clauses ainsi que les modalités d'exécution du contrat de concession. Dans le but de promouvoir, le port de Djibouti change la donne du « monopole public » portuaire et opte pour une stratégie de concession de ses terminaux pour que des entreprises puissent exploiter les biens publics de l'État. En effet, la définition du contrat de concession est ambiguë : *« Le contrat de concession est généralement admis comme un mode de gestion du service public consistant en ce qu'une collectivité publique, nationale ou locale, charge une personne privée du soin de faire fonctionner, sous son contrôle, le service public à ses frais et risques et en se rémunérant au moyen de redevances perçues sur les usagers.*[603] » Cependant, la définition classique doit être nuancée dès lors qu'un établissement public peut aussi avoir la qualité de concessionnaire[604]. Dans le cadre du droit administratif, l'expression de concession selon M. Waline, *« il y a concession de service public lorsqu'une collectivité administrative estimant que l'initiative privée ne pourvoit pas convenablement à une tâche de nécessité ou d'utilité publique, décide de pourvoir cette tâche au moyen d'une entreprise gérée sous son contrôle, les risques étant partagés entre elle et l'exploitant financièrement associé.*[605] » Pour mieux illustrer ledit contrat de concession, divers points méritent d'être abordés :

- L'objet de la concession : le contrat de concession peut porter sur l'outillage public portuaire, et même sur l'exploitation des terminaux. L'objet étant primordial à déterminer, il devra s'accorder avec le but du domaine public portuaire. Par ailleurs, l'objet de la concession devra être clair et précis au départ

---

601. RÉZENTHEL (R.-), *DMF* 569. – GUERLET (G.-), *« La gestion des ports par une entité publique : aspects européens et environnementaux »*, Thèse de Doctorat en Droit, université du Littoral Côte d'Opale (ULCO), 8 novembre 2013, p. 294. https://tel.archives-ouvertes.fr/tel-00983306/document

602. http://fr.wikipedia.org/wiki/Concession_de_service_public_en_France

603. COUDEVYLLE (A.-), *« Les concessions de service public des collectivités locales »*, Bibliothèque des collectivités locales, Sirey, édition 1er trimestre 1983, p. 5.

604. In, COUDEVYLLE (A.-), Voir *infra*, n°112.

605. In, COUDEVYLLE (A.-), *Manuel élémentaire du Droit administratif*, 9e éd., p. 693.

par les deux parties afin de déterminer leur responsabilité en cas de non-respect de leurs obligations réciproques et qui pourra conduire à une rupture du contrat avant terme.

- La nature des biens concédés : on peut observer dans le cahier des charges, l'existence de deux types de biens concédés, dont chacun d'entre eux dispose en égard de prérogatives et de clauses différentes. Il s'agit en substance dans un premier temps des biens de reprise qui sont définis comme étant des biens destinés au service public portuaire concédé, propriété du concessionnaire. S'agissant du terme de l'échéance du contrat de concession, le concédant peut acquérir s'il le demande.

S'agissant de la durée de la concession : il n'y a aucun texte qui fixe des durées impératives pour définir la durée d'exercice du concessionnaire même si la durée de la concession est l'élément fondamental du contrat de concession. Toutefois, un principe général impose que la durée soit adéquate avec la grandeur des travaux ou de l'importance des ouvrages à réaliser au sein du port[606]. Par ailleurs dans le cas des ports autonomes, la durée de concession maximum ne peut excéder soixante-dix ans. Enfin dans le cas où l'échéance arrive à terme dans le cas de contrat de concession, il ne pourra être renouvelable que si la condition initiale du contrat le prévoyait et dans le cas contraire le concédant peut résilier le contrat unilatéralement avant échéance du contrat moyennant le paiement d'une indemnité calculée en fonction du nombre d'années restant.

Le premier contrat de concession fut celui conclu avec la société SDTV (Société Djiboutienne de gestion du Terminal Vraquier). Le nouveau terminal vraquier de Djibouti a été réceptionné en décembre 2006 et mis en service en janvier 2007. En effet sa réalisation aurait coûté 50 millions de dollars US dans le cadre d'une concession de 30 ans accordée à la SDTV, filiale du groupe saoudien MIDROC. Il est par ailleurs, constitué de 2 silos plats, le 1er d'une capacité de 30 000 tonnes de céréales situé en arrière du quai 15 et le 2e d'une capacité de 40 000 tonnes d'engrais situé en arrière du quai 14.

En revanche, s'agissant de l'établissement de ce contrat, il avait la particularité suivante : il s'agissait d'une parcelle de terrain non-bâti pour laquelle l'État djiboutien avait donné une autorisation d'occupation provisoire sur une partie du domaine portuaire. Cette exploitation du domaine public étant régie par un contrat d'occupation temporaire a fait l'objet d'un aménagement spécialement adapté à l'activité prévue. L'exploitant, utilisant à des fins privatives une portion du domaine public maritime, doit disposer d'un titre domanial d'occupation temporaire. Le choix du régime domanial est soumis aux critères et conditions

606. RÉZENTHEL (R.-), réflexion.

définis par un cadre réglementaire. Ce choix dépend d'abord de la nature de l'activité qui sera exercée sur le site en question. Si l'activité porte sur la gestion d'un service public ou s'exerce dans le cadre d'obligation de service public, c'est un régime de la concession, de l'affermage ou le cas échéant de l'autorisation d'outillage privé avec obligation de service public qu'il y a lieu de retenir. La concession et l'affermage de l'exploitation publique de l'outillage portuaire donne lieu à la fois à une autorisation d'occuper le domaine public portuaire, et au droit d'exploiter un service public. L'occupation domaniale dispose des contraintes élaborées par le juge administratif. La précarité des occupations du domaine public constitue l'une des principales caractéristiques du régime de la domanialité publique. Il a été rappelé par le juge administratif, dans un arrêt dit SA Atlantique bâtiments constructions de 1993[607], le caractère précaire de l'autorisation d'occupation du domaine public. Ce principe est désormais rappelé à l'article L. 2122-3 du CGPPP qui précise : « *Les autorisations d'occupation du domaine public sont délivrées à titre précaire et révocable et ne sont pas créatrices de droit au profit des bénéficiaires ; que leur titulaire n'a droit ni à leur maintien, ni à leur renouvellement ; qu'il appartient à l'autorité chargée de la police du domaine de les retirer dans l'intérêt général.* » Dans le contexte contractuel du port de Djibouti, nous pouvons déduire que ces caractéristiques ont été explicitement mises en exergue dans l'optique de préserver l'intérêt général. Dans le fond, il est judicieux de s'interroger sur la cause du conflit contractuel entre les deux signataires.

S'ensuivent aussi les contrats de concession du terminal pétrolier (Horizon) et celui du terminal à conteneurs de Doraleh (DCT) dont nous allons développer les tenants et les aboutissements.

Le gouvernement djiboutien et Dubaï Ports World ont opéré un choix partenarial concernant le cas du Port de Doraleh Terminal (DCT) en optant pour une société d'économie mixte. Il a été voulu que le capital social soit détenu majoritairement par le Port Autonome International de Djibouti (PAID), personne publique, à la hauteur de 66,66 % et que Dubaï Port International FZE (DPI), personne privée, à raison de 33,34 %[608]. Il a été par ailleurs signé un accord de concession entre la République de Djibouti et la société d'économie mixte « Doraleh Container Terminal SA », qui consiste d'une part à la construction en matière d'infrastructure moderne et d'autre part, a pour objectifs le développement, la concession, le financement, la gestion, l'exploitation et enfin la maintenance du terminal. Cependant, la concession du Port Doraleh Conteneur (DCT) est d'une durée de 30 ans et elle a été signée en 2008. Ledit contrat de concession semble complètement différent du type de concession

607. CE 24 nov. 1993, req. N° 124933 et 124934, SA Atlantique bâtiments construction, inédit au Lebon.
608. Loi n°152/AN/06/5ème L portant création de la société d'économie mixte « Doraleh Container Terminal ».

préalablement établi dans le cas du PAID (Port Autonome International de Djibouti) dans la mesure où il s'agit premièrement d'un terminal à part entière. Nous avons décelé une deuxième différence qui réside dans les deux contrats de concession concernant le volet « *mode de rémunération* ». Dans le cas du contrat de concession, toute occupation du domaine public entraîne systématiquement le paiement d'une redevance domaniale (DCT et Horizon Terminal Pétrolier). Il appartient à l'autorité chargée de la gestion du domaine public de fixer la redevance en tenant compte de l'intérêt général ainsi que du profit du concessionnaire. Cependant la redevance doit être en adéquation avec les travaux effectués par le concessionnaire ; si le concessionnaire entreprend des travaux d'aménagement, la redevance qu'il devra verser va être moins importante afin qu'il puisse réaliser un retour sur investissement fiable. Par ailleurs, toute modification du taux de redevance peut intervenir, ce qui est légitime, mais doit se faire selon la même instruction que la redevance initiale[609]. En revanche, l'entité concédante peut unilatéralement modifier le montant de la redevance, mais cette modification doit être logique et faite avec une certaine rigueur. Le concédant ne peut abuser de ce pouvoir discrétionnaire en imposant une somme astronomique au concessionnaire afin que ce dernier résilie le contrat. Dans le cas de non-paiement de la redevance pour exploitation du domaine public, l'autorité compétente doit exiger du concessionnaire de s'acquitter de son obligation. En cas de refus ou de non-respect de cette obligation, il advient au concédant de saisir le tribunal administratif pour obliger ce dernier à payer au comptant ou en nature sa créance. Le juge administratif a la possibilité d'exiger du concessionnaire le paiement et d'émettre l'obligation de quitter le domaine public. Cette révocation met fin au contrat de concession et oblige également l'occupant à rendre le lieu en l'état initial, ce qui peut enclencher des frais supplémentaires pour le concessionnaire.

La particularité du contrat du terminal de Doraleh est le fait que l'ensemble des personnels est recruté au nom de Dubaï Ports World, et qu'ils concluent leur contrat de travail avec cet opérateur, bien sûr sous le contrôle et l'avis du gouvernement djiboutien.

Le développement du port de Djibouti a démontré plusieurs dysfonctionnements dont l'administration publique souffre depuis des décennies. Cette précipitation vers la modernisation a mis l'autorité publique face aux défis que notre pays n'était pas en mesure d'affronter. La multiplication des contrats concernant l'exploitation et l'occupation des différents ports a rendu complexe la bonne lecture du montage juridique, dans la mesure où l'interdépendance des institutions n'a pas été respectée, ni élaborée dans l'ordre. Nous pouvons

609. RÉZENTHEL (R.-), *DMF* 569. – GUERLET (G.-), « *La gestion des ports par une entité publique : aspects européens et environnementaux* », Thèse de Doctorat en Droit, université du Littoral Côte d'Opale (ULCO), 8 novembre 2013. https://tel.archives-ouvertes.fr/tel-00983306/document

déduire que cette situation a directement placé notre pays dans une position de faiblesse au moment du conflit avec les signataires. Le gouvernement s'est obligé de repenser sa politique en matière de la gestion portuaire. Le rapprochement entre Djibouti et Dubaï a buté sur des limites à la fois relevant de la politique économique, sociale et de gouvernance. Il s'agit de deux pays qui évoluent à deux vitesses. D'où la raison de l'échec d'un tel rapprochement qui demeure tout de même bénéfique pour l'activité portuaire de Djibouti.

B. La libéralisation économique et juridique des ports djiboutiens

Peut-on estimer que la relation contractuelle entre DPW et PAID était équilibrée ? Depuis son accession à l'indépendance, la République de Djibouti n'avait pas connu un tel rapprochement sur le plan économique. Le port autonome n'avait connu aucun aménagement, ni exploitation par une tierce personne, mis à part l'État. L'autre facteur majeur qui avait rendu stagnante l'activité portuaire était la situation économique du pays. Le pays était soumis au plan d'ajustement structurel suite à l'instabilité sociale intervenue début 1990. L'investiture d'un nouveau président M. Ismaïl Omar Guelleh en 1999 a permis au pays de s'ouvrir sur le plan régional avant de se lancer sur la scène internationale. La position géostratégique de notre pays met en valeur les activités portuaires, mais pour cela il fallait assurer une certaine sécurité et stabilité à l'appareil étatique. L'arrivée du nouveau président a changé la donne, dans la mesure où il a montré sa volonté d'instaurer la paix dans son pays. Cette tentative a attiré des investisseurs extérieurs dans plusieurs domaines. Mais l'un des premiers domaines qui suscite un intérêt n'est nul autre que le Port de Djibouti. Considéré comme le poumon fondamental de l'économie djiboutienne, le port, de par sa retombée très importante, occupe une place prépondérante pour assurer la croissance du pays. Situé dans une position géostratégique, le port autonome de Djibouti devra donc développer des services inégalés avec l'arrivée de DPW comme opérateur exploitant du port et au-delà pour devoir atteindre son objectif de devenir « Hub », c'est-à-dire un port d'éclatement dans la sous-région.

De ce fait, le gouvernement a confié la gestion commerciale et technique du port à des sociétés étrangères, dans le but de développer ses ports pour des durées déterminées pour non seulement accroître la performance portuaire et valoriser l'image du port de Djibouti, mais aussi profiter du savoir-faire de ces sociétés afin de surmonter le retard du développement portuaire djiboutien. À cet effet, nombreux sont les paramètres qui peuvent nous démontrer le retard du pays par rapport à ces pays qui sont porteurs de projets d'envergure. Sur le plan organisationnel, nous constatons que les défis de la mondialisation dépassent la capacité de notre appareil administratif. À cela s'ajoutent plusieurs autres facteurs : une lourdeur bureaucratique pour l'enregistrement des actes de propriétés, le poids de la fiscalité et des retards dans la modernisation de son système bancaire.

Pour faire face aux défis du XXIe siècle, il faut disposer d'une administration performante, efficace et efficiente. D'autre part, les personnels du port n'étaient pas formés pour introduire ce projet innovant dans leur paysage professionnel. Et cela parce que DPW est arrivé avec des procédés différents de ceux utilisés auparavant par le personnel.

Ce contrat de gestion a bousculé la méthode de travail des employés qui devaient s'aligner sur les dispositifs soumis par leur nouvel employeur qui est exigeant et rigoureux. Pour l'introduction des nouvelles directives de travail il a fallu mettre en place des formations pour l'ensemble des employés. En outre, le port de Djibouti souffrait d'un autre handicap qui est celui de sa configuration spatiale. En effet, à l'instar des « vieux » ports maritimes, le port est situé au cœur de la ville, ce qui limite tout projet d'agrandissement. Ainsi, la pression spatiale urbaine reste un problème de taille face à l'exigence de la logistique moderne comme le souligne Robert Rézenthel (2010), *« les grands investisseurs, surtout dans le domaine portuaire, ne sont pas attachés à un marché national, leurs interventions sont planétaires »*[610].

En d'autres termes, l'exploitation du PAID par un investisseur étranger a enclenché toute une réflexion autour du cadre juridique de cette entreprise. En effet, il fallait adapter l'appareil portuaire aux exigences de ce nouveau partenaire privé, c'est-à-dire d'assurer le passage d'une gestion publique à une gestion privée régie par des lois et décrets datant des années 80 et 90, ce qui explique que le cadre réglementaire passe sous silence dans certains domaines notamment juridiques.

610. MOHAMED-CHÉRIF (Fatima-Zohra) et DUCRUET (César), *« Du global au local : les nouveaux gérants des terminaux portuaires algériens »*, L'espace politique, numéro 16-2012, https://espacepolitique.revues.org/2294

Section 2 : Les différents modes de gestion et d'exploitation des ports de Djibouti

Paragraphe 1 : Le choix d'un contrat de concession axé sur la gestion et l'exploitation

A. Nature juridique des concessions portuaires au regard du droit public djiboutien

Les politiques de développement considèrent, aujourd'hui encore, les ports maritimes essentiellement comme des infrastructures de transport, qui conditionnent l'émergence économique des pays africains[611] et en particulier les ports de Djibouti. La République de Djibouti est un petit pays de la Corne de l'Afrique qui compte moins d'un million d'habitants. Elle fut autrefois une colonie française, connue comme le territoire français des Afars et des Issas, avant d'accéder à son indépendance en 1977. Sa position stratégique dans la région est devenue évidente depuis le début des hostilités entre l'Éthiopie et l'Érythrée en 1998. La République, et en particulier ses installations portuaires, est le seul accès à la mer pour l'Éthiopie, qui affiche une grande ambition économique au niveau régional.

Avant que l'autorité portuaire n'adopte une nouvelle politique, les anciennes installations portuaires de la ville de Djibouti étaient désuètes et délabrées. Le port n'était pas en mesure d'accueillir tous les types de navires à cause de l'eau peu profonde pour les porte-conteneurs modernes, et il n'y avait pas de place pour l'expansion. Pour financer les constructions nécessaires pour développer les infrastructures portuaires, l'État ne disposait pas de moyens financiers suffisants pour réaliser ces travaux. Le pouvoir public a pris conscience d'adopter une nouvelle politique portuaire prônant une nouvelle stratégie économique, afin de tirer profit de sa position géostratégique sur la voie maritime la plus navigable. Pour ce faire, l'autorité publique devait choisir un mode de gestion et d'exploitation de son port dans le but de ne pas supporter les charges financières que nécessite la modernisation des infrastructures portuaires.

De ce fait, la modernisation des infrastructures portuaires djiboutiennes passe par le biais des investissements privés, et nécessite la prise en compte d'un climat juridique attractif et favorable au développement des ports. Il a été rappelé, dans un article de Clément Seka Aba, l'importance de la mise en place d'outils juridiques au service du développement des ports africains, même s'il en soulève également la carence : « *relevant essentiellement des régimes de la concession et de l'autorisation, les outils juridiques qui organisent les partenariats public-privé du secteur portuaire africain sont parfois inadaptés. Ils doivent donc évoluer pour mieux*

---

611. DAUDET (B.-), « Les villes portuaires subsahariennes : enjeu(x) de croissance(s) », *Questions internationales* - Les grands ports mondiaux, n°70, 2014, pp.85 à 89.

prendre en compte les attentes des opérateurs privés en termes de stabilité et de sécurité. En particulier, une meilleure application des règles de concurrence et un assouplissement du droit de la domanialité publique favoriseraient certainement les investissements[612] ».

Nous apporterons notamment des précisions sur la relation contractuelle que l'autorité concédante a conclue avec le concessionnaire dans l'optique de transférer à ce dernier les charges financières pour réaliser les travaux d'aménagement et l'exploitation d'ouvrages et d'équipements portuaires[613]. En effet, l'autorité du PAID avait obtenu un appui technique des bailleurs de fonds[614] pour faire son choix entre la privatisation et la concession de la gestion des installations. Ainsi, cette autorité compétente a estimé judicieux de s'orienter vers un mode de gestion dans le souci de protéger l'intérêt des usagers du service public portuaire. Cette position était mise en avant par le pouvoir public en minimisant le niveau de tarif et en améliorant la qualité du service ou de l'ouvrage.

On peut souligner que, selon la doctrine, il serait inconcevable d'abandonner la gestion des activités de service public, voire même industrielles et commerciales, à l'initiative privée. Le risque encouru dans ce cas est le non-respect des règles régissant l'intérêt général au détriment de l'intérêt personnel de la personne privée. L'autorité publique a souhaité, par le biais d'un contrat de gestion de gré à gré, que cet opérateur privé (DPI) puisse gérer les opérations portuaires, dans l'optique de confier l'accomplissement d'un service public conformément aux exigences de l'intérêt général.

D'ailleurs, l'un des objectifs du choix de Djibouti au contrat de gestion était fondé sur la coopération avec le secteur privé (DPI) qui était de plus en plus valorisée[615] afin d'obtenir des ressources financières complémentaires pour moderniser les ports et profiter des expériences des entreprises privées, essentiellement étrangères, en matière de gestion et de productivité.

Ainsi, nous devons insister sur le fait qu'une « *nouvelle gouvernance entrepreneuriale qui se met en place dans les ports maritimes africains et les stratégies de développement des autorités portuaires qui s'appuient désormais sur des équipements performants, sur la réactivité commerciale, la culture du résultat et sur une gestion transparente*[616] ». Ceci a non seulement permis de faire croître les activités des ports maritimes africains qui ont voulu prendre en compte les exigences des opérateurs du

---

612. SÉKA ABA (C.-), « *Des outils juridiques au service du développement des ports africains* », La revue de Proparco, « Le secteur portuaire en Afrique : plein cap sur le développement », Secteur privé et développement n°26, mars-avril 2017, p14.

613. RÉZENTHEL (R.-), OUSMANE (T.-), « L'avenir des concessions portuaires en Afrique de l'Ouest et du Centre », *Neptunus*, e-revue, Université de Nantes, vol. 22, 2016/3, www.cdmo.univ-nantes.fr

614. FOCH (A.-), « *Djibouti, une nouvelle porte de l'Afrique ? L'essor du secteur portuaire djiboutien* », Afrique contemporaine 2010/2 (n° 234), p. 73-92. DOI 10.3917/afco.234.0073

615. Le Programme NOPADA met l'accent sur l'importance de l'investissement privé dans les infrastructures et le développement du continent (voir www.NEP AD.org).

616. SÉKA ABA (C.-), *op.cit.*

transport multimodal mais les a invités aussi à participer à des partenariats techniques, économiques et financiers. Désormais nous savons que la concession portuaire est censée être un procédé gagnant-gagnant pour les deux parties[617].

D'ailleurs, il serait d'autant plus important de donner une définition à cette notion qu'est la « *concession portuaire* » dans le contexte juridique du droit djiboutien. D'abord, nous pouvons relever dans le *corpus* juridique français que cette notion est marquée par le doute, la complexité voire l'imprécision. La concession portuaire est l'accord par lequel l'autorité portuaire, le concédant, confie à une personne physique ou morale, le concessionnaire, le soin d'exploiter à titre exclusif un espace du domaine public portuaire, en offrant des prestations de service au profit du public dans le cadre d'un contrat à durée déterminée régi par un cahier des charges[618]. Dans le langage juridique, la doctrine souligne que la notion de concession n'est pas propre au droit public puisque l'on trouve son utilisation en droit privé. Ainsi, dans la thèse de Clément Seka Aba, nous pouvons relever que les auteurs du traité des contrats administratifs estiment que *« les concessions constituent une sorte de monde ou, si l'on préfère, de pavillon qui couvre une quantité considérable de marchandises [619] »*. Dans l'affaire du Gaz de Bordeaux, le Commissaire du gouvernement Chardenet avait donné de la concession une définition suivante : « *C'est un contrat qui charge un particulier ou une société d'exécuter un ouvrage ou d'assurer un service public, à ses frais, avec ou sans subvention, avec ou sans garantie d'intérêt, et que l'on rémunère en lui confiant l'exploitation de l'ouvrage public ou l'exécution du service public avec le droit de percevoir des redevances sur les usagers de l'ouvrage ou sur ceux qui bénéficient du service public[620]* ». Contrairement à la législation française, le législateur djiboutien n'a pas souhaité donner une définition juridique à cette notion dans le *corpus* de ses dispositions (mais il faut attendre la rupture de concession avec DPW pour donner une définition par la loi n° 186/AN/17/7ème L relative aux partenariats public-privé dans son article 2 précédemment cité). Jusqu'à une certaine période, les entreprises publiques à caractère industriel et commercial étaient gérées par la personne publique ; cette gestion publique posait une difficulté à la fois financière et humaine. Ceci s'explique par la carence de « *la sécurité juridique des affaires qui n'est pas toujours garantie, alors qu'elle est un préalable indispensable au développement économique des ports. De plus, les outils juridiques sur lesquels reposent les*

617. GAUDEMET (Y.-), *Droit administratif (manuel)*, 18e éd. Paris, LGDJ, 2005, 453 p. p. 536.

618. KLEIN (M.-), *« Infrastructure Concession. To auction or to negotiate? »*, Private Sector, Banque mondiale, Washington, D.C., mars 1999, p.25-28 ; ég. BULOW (J.-) et KLEMPERER (P.-), *« Auctions vs Negotiation »*, Working Paper n°4608, National Bureau of Economic Research, Cambridge, mars 1994.

619. LAUBADERE (A.-), MODERNE (F), DELVOLVE (P), *Traité des contrats administratifs*, Paris, LGDJ, T.1, 2e éd. 1983, 797 p., p.283.

620. SÉKA ABA (C.-), *Contribution à l'étude juridique des concessions portuaires*, Thèse soutenue le 12 avril 2013, sous la direction de Madame Gaëlle Gueguen Hallouët, à l'université de Brest, p.10.

PPP doivent être adaptés aux nouveaux enjeux (juridiques, économiques et politiques) et à la modernisation en cours du secteur[621] » qui n'est pas limitée seulement à la République de Djibouti mais se retrouve dans tout le continent africain.

Dès 1998, la totalité des importations et des exportations de l'Éthiopie transitait par le port de Djibouti, qui est devenu du jour au lendemain saturé et incapable de répondre aux énormes besoins de son partenaire ainsi qu'à ceux du marché domestique. Le port de Djibouti manquait également d'espace nécessaire pour assurer son expansion car la ville de Djibouti était construite sur le port. Pour résoudre les problèmes de congestion du port de Djibouti, l'autorité publique a fait le choix de confier, en 2000, la gestion de son port à la société *DP World*, connue à l'époque sous le nom de *Dubaï Port International* (DPI). Dans l'étude de notre sujet, il est important de se poser la question pour comprendre quel type de concession l'autorité portuaire avait-elle conclu avec l'opérateur privé. Cette analyse nous permettra de distinguer le type de concession qui a été adopté pour assurer la gestion portuaire. La concession portuaire était un mode de gestion récent dans le contexte juridique djiboutien puisqu'il n'existait aucun texte de référence en matière des concessions portuaires. Il a fallu pour cela adapter les dispositions législatives pour réaliser la mise en pratique d'un modèle juridique simplifié de la concession portuaire. Ainsi nous pouvons expliquer d'abord les règles fondamentales du droit de concession et enfin le droit applicable à la concession[622] :

- La concession est essentiellement un contrat, mais elle peut avoir, sur certains points, un caractère réglementaire.
- La concession est par conséquent, au moins dans certains systèmes juridiques, un acte mixte. Le point de savoir si le titre juridique que constitue le contrat de concession n'est qu'un *contrat*[623], ou s'il est à la fois un contrat et un acte unilatéral, a fait l'objet de débats abondants.
- En outre, la concession n'est pas une institution, un organe : elle n'a pas la personnalité juridique.
- Par ailleurs, la concession est choisie par le concédant, dans des conditions fixées par ladite loi dans le cas de Djibouti après rupture de DPW[624], dans

621. CLÉMENT (S.A.-), *Ibid*, p.14.

622. BETHENOD (J.-), *Le droit portuaire, instrument de régulation de la compétitivité et de la protection de l'ordre public*, soutenue le 2 décembre 2005 à l'université de Nice-Sophia Antipolis, sous la direction du Professeur Alain PIQUEMAL, p.116.

623. Actualité juridique, FRIER (P.L.-) et PETIT (J.-), *Droit administratif*, éditions Lextenso (L.G.D.G), 2017-2018 ; HEERS (M.-), « La sécurité juridique en droit administratif français : vers une consécration du principe de confiance légitime ? », in *Revue française de droit administratif*, vol.11, n°5, sept. oct. 1995, p.963-969 ; ég. VINCENT (P.-), « *Le faible impact du principe de confiance légitime en droit administratif français* », même publication, vol.16, n°6, mars-avril 2000, p. 254-265 ; ég. PUISSOCHET (M.-), « *Le principe de confiance légitime* », Dalloz-Sirey, 1996, Paris ; actualisé en décembre 2001 par PUISSOCHET (J.P.-) et LEGAL (H.-), *Cahiers du Conseil constitutionnel* n° 11 (Dossier : Le principe de sécurité juridique).

624. Loi n°2017-186 du 29 mai 2017. https://www.droit-afrique.com/uploads/Djibouti-Loi-2017-186-ppp.pdf

une certaine mesure *intuitu personae*.

- De la même façon, un contrat de concession est incessible ou ne pourra pas être donné comme un gage sans l'accord du concédant.
- Ensuite la concession porte généralement sur des services et sur l'utilisation d'ouvrages ou d'équipements qu'ils retourneront en l'état au concédant en fin de la durée de concession.
- Enfin la concession n'est jamais automatique.

Étant donné qu'il y a existence de règles fondamentales, nous pouvons néanmoins rappeler les droits applicables à la concession :

- La concession est soumise au droit du pays où elle fonctionne, à la loi organique qui règle la matière et au droit de contrat par lequel elle a été créée.
- La concession est soumise au droit du service d'intérêt public et donc aux règles d'égalité, de continuité, d'adaptabilité, d'accessibilité, de publicité.
- Il est interdit au concessionnaire de choisir ses clients ou usagers.
- Enfin toutes ces règles sont reflétées dans les clauses des cahiers de charges.

Cependant, cette étude a permis de constater que ces instruments juridiques sont les supports traditionnels des partenariats public-privé qui contribuent non seulement à la valorisation des espaces portuaires de Djibouti et la modernisation des services publics mais aussi participent à l'évolution et au développement des ports du continent africain. La nouvelle nécessité de la gouvernance portuaire se structure autour de deux notions ou impératifs qui gravitent entre rentabilité et performance. Ainsi ces nouveaux instruments juridiques doivent impérativement s'adapter aux nouveaux enjeux qui s'imposent à la collaboration entre secteur public et privé[625].

B. La complexification du régime juridique de la concession portuaire dans le droit public djiboutien

Cette étude nous dévoile en quoi le droit portuaire est, en réalité, en phase embryonnaire dans le sens où la concession portuaire a vu ses contours se définir au fil des années. Cette notion a subi des aménagements en termes de définition de son régime juridique. Les carences des dispositions législatives sont la source de toute la complexité qui découle de la mise en pratique de la concession portuaire.

Le droit public est une branche du droit qui a connu très peu d'évolutions depuis que Djibouti a accédé à l'indépendance, contrairement au droit privé ayant fait l'objet de plusieurs révisions et actualisations. La mise en place des institutions judiciaires, après la décolonisation, n'est pas achevée et ce n'est pas une réussite dans la mesure où l'État a conservé la plupart des textes existants et anciens. Nous pouvons ainsi constater que les textes relevant du droit

625. SÉKA ABA (C.-), *Ibidem*.

public sont souvent inexistants ou bien obsolètes. Cette situation est constatée dans l'ensemble des colonies de l'Afrique francophone qui ont préféré en général conserver les textes juridiques élaborés par les juristes français. Nombreux sont les États qui ont revu l'ensemble de leurs textes régissant le secteur public (à savoir le service public administratif et celui à caractère industriel et commercial). Le droit portuaire devait faire l'objet d'une consolidation dans la mesure où ce secteur faisait face à de nouveaux défis pour l'autorité publique. Il est apparu nécessaire de repenser la gestion portuaire, en premier lieu, suite aux défis auxquels fait face cet organisme pour mieux gérer ses activités dans un milieu exigeant une rigueur et la rapidité des prestations. Le chef d'État ordonne à son gouvernement d'être en mesure de répondre aux besoins de son partenaire économique et de s'aligner sur les échanges internationaux pour rester compétitif au niveau régional.

Par ailleurs, dans le cas de l'Afrique de l'Ouest[626] (Douala, Abidjan, Cotonou, Tema, Sénégal), l'évolution du contexte juridique est palpable dans le sens où la prise de conscience des autorités publiques s'est faite en amont de la conclusion du partenariat avec les opérateurs privés. Nous pouvons citer à ce titre comme exemple le cas du port autonome de Dakar qui a connu un parcours difficile pour combiner à la fois la bonne transition du droit portuaire et la réalisation de l'intérêt économique. Sur le plan interne, un État se trouvant dans cette situation adopte de nouvelles dispositions législatives qui régissent les activités portuaires en respectant le cadre juridique du droit public. L'État sénégalais accorde une attention particulière aux questions relatives à la domanialité publique[627] ainsi qu'au mode de gestion et d'exploitation de ses entreprises publiques à caractère industriel et commercial[628].

À la lumière de l'ouvrage de Khalifa Kane, il en ressort l'importance du port pour les pays disposant une façade maritime. Le port est, selon cet auteur, un atout majeur pour le développement de leur commerce et de leur économie. En faisant cette analyse, l'auteur apporte une clarification sur le droit portuaire sénégalais. Dans son analyse, nous trouvons une certaine similitude entre l'évolution de la gestion portuaire de Djibouti et celle du port de Dakar. L'auteur fait référence au colloque international sur les ports maritimes, organisé à Dunkerque les 16 et 17 mai 1995. Lors de ce colloque, Monsieur Ndiaye, représentant le port autonome de Dakar, soulignait la place du port en ces termes :

626. La *Ghana Ports and Harbours Authority* (G.P.H.A.) a lancé, en septembre 2001, la première phase de son programme de privatisation qui implique le transfert d'une partie des services de manutention à des compagnies privées, sur la base de la concession. La seconde phase s'étalera de juillet à décembre 2002 et la G.P.H.A. a le statut de port propriétaire et d'autorité de régulation en assurant aussi la collecte des paiements versés par les concessionnaires.

627. Loi n°76-66 portant Code du domaine de l'État.

628. Loi n°87-19 du 3 août 1987 relative à l'organisation et au contrôle des entreprises du secteur parapublic et au contrôle des personnes morales de droit privé bénéficiant du concours financier de la puissance publique, J.O.S., 10 août 1987.

« Les ports sont des maillons de la chaîne de transport, parce qu'ils relient la voie maritime permettant le transport de marchandises en grandes quantités sur de longues distances et la voie terrestre. Ils constituent ainsi les points de passage privilégiés du commerce extérieur des pays qui en disposent. Les avantages immédiats se mesurent en termes de réduction des prix de revient des biens importés, et une meilleure compétitivité des produits exportés [629] ».

Dans le contexte de l'évolution institutionnelle de Djibouti, le droit portuaire est présenté, à défaut de recherche scientifique, comme ayant des lacunes et une complexité. Les textes juridiques portent essentiellement sur le régime juridique applicable, sur l'utilisation du domaine public, sur l'organisation et le fonctionnement d'une entreprise publique. La plupart des outils juridiques sont matérialisés par des textes réglementaires. Il se trouve que ces outils juridiques régissant le secteur portuaire djiboutien sont considérés parfois comme inadaptés voire incomplets. Ils doivent donc évoluer pour mieux prendre en compte les attentes des opérateurs privés en termes de stabilité et de sécurité. En particulier, une meilleure application des règles de concurrence et un assouplissement du droit de la domanialité publique favoriseraient certainement les investissements privés.

La croissance des échanges internationaux et celle des activités maritimes ont conduit l'État djiboutien à adopter une nouvelle gouvernance entrepreneuriale. Cette action publique a été fortifiée par la mise en place des stratégies de développement des entreprises publiques et des autorités portuaires. L'objectif majeur du gouvernement fut, au début, de transférer aux autorités portuaires des équipements performants pour contrôler des activités commerciales du port, d'insuffler la culture du résultat et de proposer une gestion transparente.

Ces initiatives sont tout à fait logiques car le port de Djibouti devait subir la transformation du droit national. Pour consolider son arsenal juridique, l'autorité publique a mis en œuvre des politiques de coopération dans le but de ratifier de nombreux textes communautaires dont l'objectif est de « *coordonner et harmoniser les politiques générales des États, dans les domaines de l'économie, des transports et de la communication*[630] ». De nombreux pays d'Afrique ont donné un intérêt particulier aux accords internationaux et institutions de coopération pour améliorer la gestion portuaire. Le continent africain s'est morcelé en organisation régionale, et en Afrique de l'Est on comptabilise donc dix organisations régionales, sous régionales ou sectorielles : l'EAC, la SADC, la COMESA, l'IGAD et la CEN-SAD sont considérées comme des communautés économiques régionales par l'Union africaine. Dans ces organisations, sont

629. NDIAYE (P.-), « *Le port de Dakar dans l'économie sénégalaise* », communication lors du colloque international sur « L'importance économique et stratégique des ports maritimes » organisé, du 16 au 17 mai 1995 à Dunkerque, par le Port Autonome de Dunkerque (PAD), Actes publiés par le PAD, juin 1995.

630. Article 2 alinéa b de la charte de l'OUA signée à Addis-Abeba le 25 mai 1963. Il faut préciser que cette orientation est reprise par l'actuelle Union Africaine.

rassemblés des pays anglophones, francophones, arabophones et autres. Pour améliorer leurs sites portuaires, les États membres ont privilégié les volets relatifs à l'exploitation et à la gestion des ports en passant par la formation maritime pour la promotion de l'outil portuaire.

Dans le domaine de l'exploitation des structures portuaires, Djibouti a renforcé ses relations diplomatiques et commerciales avec les pays de la région, qu'il s'agisse du continent africain ou des pays du golfe arabique. La finalité recherchée était de parvenir à se doter des textes juridiques adaptés et des personnels suffisamment qualifiés et compétents. Cette coopération se veut également de fixer une tarification adaptée qui permet de mettre en place des prix en fonction des services rendus aux navires et aux marchandises.

Pour mettre en exergue cette politique de simplification du droit portuaire, le gouvernement s'est orienté vers une nouvelle forme de gestion portuaire. Le choix de l'autorité portuaire s'est fixé sur la privatisation de gestion portuaire.

Paragraphe 2 : Vers la privatisation de la gestion du Port de Djibouti s.a. (PDSA)

A. La privatisation : un enjeu majeur pour l'autorité portuaire internationale de Djibouti (PAID)

De 1991 à 1994, la République de Djibouti connaît une guerre civile qui ruine financièrement le jeune État. Après la résolution de la situation politique, militaire et sécuritaire, il faut résoudre la situation financière et économique. C'est ainsi que le gouvernement entame des négociations avec les institutions financières de Bretton Woods afin de bénéficier d'un prêt pour rééquilibrer les comptes et redresser la situation budgétaire, financière et économique. Seulement, l'octroi de ces prêts est conditionné par la souscription de l'État demandeur à un ensemble de programmes dit « d'ajustement structurel » (PAS) qui consiste à mettre en place un système d'économie de marché par le désengagement de l'État du secteur productif et une réduction de son poids dans la richesse nationale. L'accord de droit des tirages spéciaux fut signé avec le Fonds Monétaire International en avril 1996 et le ministère en charge de l'Économie Réorganisée, pour mettre en œuvre la nouvelle politique de privatisation. Une commission nationale de privatisation est instituée. La loi n°130 du 15 février 1997 pose les conditions et les modalités de cession des actions de l'État et des entreprises publiques. En 1998, la loi n°12 du 11 mars arrête la liste des entreprises à privatiser et fixe leur régime juridique. Quant au décret n° 0191 du 23 septembre 2001, il définit la stratégie nationale de privatisation qui est conçue en trois parties. Dans une première partie, les facteurs-clés affectant la performance des entreprises à privatiser ont été identifiés. Sur la base de ces contraintes, des objectifs ont été établis pour la participation du secteur privé dans la gestion et le capital des entreprises visant à améliorer leur compétitivité. Enfin, les caractéristiques de la stratégie recommandée pour assurer la mise en œuvre du programme de privatisation ont été définies. Suite à des études, le gouvernement va mettre en exergue la mise en place, en premier lieu, d'une privatisation classique concernant le marché des entreprises publiques. Par conséquent, il va adopter une privatisation de la gestion qui lui semble plus appropriée et simple sur le plan juridique.

C'est la loi n°12 de mars 1998 qui dispose en son article 1er que « *les établissements publics à caractère industriel et commercial, les offices, les sociétés d'État, les sociétés d'économie mixte deviennent des entreprises publiques et que les entreprises sont des sociétés anonymes, soumises aux dispositions de la loi n°191 du 3 février 1986 sur les sociétés commerciales ainsi qu'aux règles comptables et fiscales qui leur sont applicables, sous réserve des dispositions dérogatoires. Les sociétés anonymes sont de structures juridiques dans lesquelles l'État ou d'autres personnes morales de droits publics détiennent plus de cinquante pour cent du capital social (50 %)* ».

Le législateur a procédé ainsi à l'unification du régime juridique des structures publiques économiques, en prescrivant la société anonyme de droit commun comme la seule forme de constitution des entreprises publiques. Dans le cas de son établissement portuaire, il a été question de procéder à la privatisation de gestion plutôt que d'opter pour une privatisation de propriété. Afin de respecter la volonté du législateur, l'autorité portuaire a souligné la nécessité de privatiser la gestion des activités portuaires.

L'une des premières questions qui se pose est celle de savoir quelle autorité est compétente pour décider de la cession des biens publics à des personnes de droit privé. Et il est remarquable que le constituant de 1992 reste muet sur la question. L'article 57 de la constitution, qui délimite les compétences du législateur, confie à ce dernier le soin de définir l'organisation des pouvoirs publics, la répartition des compétences entre l'État et les collectivités territoriales ainsi que la création d'offices, d'établissements publics, de sociétés ou d'entreprises nationales. Il s'agit là de la création de ces structures et nullement de leur transfert. En application du principe de parallélisme des formes, on pouvait déduire que cette compétence, celle de la suppression des entreprises publiques, est difficile à faire valoir en matière de transfert de propriété. Le législateur s'arroge cette compétence par la loi de 1997 d'abord, en fixant le cadre juridique du transfert de propriété et en fixant, par une loi de 1998, la liste des entreprises à privatiser. Seulement ce qu'un législateur a fait, un autre peut le défaire et reconnaître expressément ou implicitement qu'il s'agit là d'une compétence réglementaire.

La loi n°130 du 15 février 1997 fixe le régime juridique de la privatisation des biens et des entreprises appartenant à l'État. L'article 2 définit d'abord l'opération de privatisation en ces termes : « *constitue une privatisation : a) la cession d'actifs corporels ou incorporels appartenant au domaine public de l'État ou d'un Éta-*

blissement public, à une personne physique ou morale de droit privé, b) la cession de tout ou partie des participations de l'État au capital social de sociétés d'économie mixte à des personnes physiques ou morale de droit privé, c) le transfert de l'exploitation d'une société dont le capital est détenu majoritairement par l'État à des personnes physiques ou morales de droit privé, d) la concession et l'affermage des activités exercées par un service ou un Établissement public à des personnes physiques ou morales de droit privé ».

L'article 5 ensuite, distingue la privatisation des entreprises au statut d'établissement public de celle des sociétés d'État et des sociétés d'économie mixte. Selon cet article 5, « *un Établissement public ne peut être en tant que tel privatisé. II doit être préalablement liquidé et son patrimoine transféré à une société d'État existante ou à créer et qui pourra faire l'objet d'une privatisation* ». En principe, l'entreprise publique bénéficie d'une garantie implicite de l'État contre la faillite. La décision de liquider des établissements publics se comprend sur deux niveaux. D'abord, sur le plan financier, l'État étant déficitaire, il ne peut secourir financièrement ces entreprises publiques en faillite. Sur le plan juridique, aucun principe ou disposition ne s'oppose à la liquidation des établissements publics en l'état du droit au moment de l'adoption de cette loi. La garantie d'État qui implique la forme statutaire de ces entreprises publiques cède donc devant l'incapacité financière de l'État à l'exercer. Le législateur va donc jongler entre les exigences du statut d'établissements publics de ces entreprises et l'objectif de privatisation. Il en résulte une procédure particulière adaptée aux spécificités de ces organismes publics. Ces spécificités sont doubles : elles sont statutaires et insuffisamment matérielles.

Les établissements publics de nature économique sont des personnes morales de droit public dont le fonctionnement et la gestion relèvent d'un statut mixte fait de dispositions de droit public et de moyens d'action et de gestion de droit privé. Cette qualité d'établissement public entraîne des conséquences juridiques qui s'opposent à une opération de privatisation classique. Il en est ainsi d'abord de la tutelle hiérarchique qui lie l'entreprise publique à l'administration centrale de l'État.

Les entreprises publiques au statut d'établissement public sont soumises à une tutelle hiérarchique qui leur est particulière. Le régime de tutelle des établissements est défini par l'article 1er de la loi n°147 portant organisation financière des établissements publics en ces termes : « *Les Établissements publics sont placés sous la tutelle du président de la République. Celle-ci s'exerce sur les actes et les personnes. Toutes les délibérations du conseil d'administration sont immédiatement transmises pour approbation à l'autorité de tutelle, qui peut les rejeter ou en demander la modification* ». Le législateur ne fait d'ailleurs aucune distinction quant à l'activité de l'établissement qui peut être économique ou simplement administrative. La loi n°12 de 1998 va substituer le régime de tutelle centralisée sous la présidence par un régime de rattachement au ministère techniquement compétent. Il existe certaines entreprises publiques qui relèvent encore du régime de tutelle. Il en est ainsi du Fonds de développement économique de Djibouti créé par voie de décret sous forme d'entreprise publique dotée de la personnalité morale ainsi que de l'autonomie de gestion, placé sous la tutelle du ministère de l'Économie, des Finances et de la Planification, chargé de la privatisation. Dès lors, *« les budgets prévisionnels (du Fonds), les comptes et les États financiers, ainsi que les rapports annuels d'activité sont transmis à l'autorité de tutelle*[631] ».

Les biens de l'établissement public relèvent du domaine privé ou public de l'État. Il est affectataire et non propriétaire, alors que les sociétés sont généralement propriétaires de leurs biens. En outre, et comme c'est le cas du Fonds de développement de Djibouti[632], tous les établissements publics ne gèrent pas un service public.

La cession[633] est conditionnée par le paiement du prix proposé à l'acquisition des participations publiques. Un comité national chargé de la privatisation, créé sous la tutelle du ministère de l'Économie, est chargé de l'évaluation de la valeur des actifs et passifs des sociétés à privatiser. Sur la base du rapport d'évaluation du comité national, et sur proposition du ministère de l'Économie, le projet de privatisation est arrêté par décret. Ce décret précise le prix de cession global pour les cessions d'entreprise et le prix des actions, mais surtout, le seuil de désengagement autorisé au vu de l'intérêt stratégique ou non de la société en question pour l'État. Il est important de préciser le mode de règlement ou les garanties de paiement pour les paiements fractionnés. L'État peut également décider par ce décret de recourir à l'épargne publique. De même, il peut décider, afin d'encourager la reprise de l'activité par des investisseurs privés, de céder gratuitement une part des actions sociales dans la limite d'une fourchette fixée par le comité national de la privatisation. Cette faculté qui est laissée au pouvoir exécutif de baisser le prix à l'achat des actions des entreprises publiques, ne souffre d'ailleurs d'aucune limite constitutionnelle et bénéficie de l'autorisation du législateur de 1997[634].

La loi n°130 du 11 février 1997 prévoit deux autres manières de privatiser les entreprises et services publics. Il s'agit d'abord du transfert au secteur privé de l'exploitation d'une société dont le capital est majoritairement détenu par l'État, donnant lieu au paiement par l'exploitant d'une redevance dite d'exploitation (art.2c). La structure reste de droit public, mais c'est la responsabilité de son exploitation qui est cédée aux investisseurs privés moyennant le paiement d'une redevance. C'est ainsi que l'autorité des zones franches créée par

631. Art.20 du décret n°0133 de 2002 portant création du Fonds de Développement Économique de Djibouti ; http://www.presidence.dj/PresidenceOld/LES%20TEXTES/decr0133pr02.htm

632. http://www.fdeddjibouti.com/

633. HOEPFFNER (H.), *« Droit des contrats administratifs »*, éditions Dalloz (2016), p.401.

634. La Loi n°130/AN/97/3ème L du 15 février 1997 portant modalités de privatisation, de participation d'entreprises, de biens ou d'activités relevant du secteur public, site officiel : www.ministere-finances.dj.

le décret du 2 juin 2002 a été confiée pour sa gestion à une société dubaïote dénommée *Djebel Ali Free Zone*. Le législateur a prévu également la concession et l'affermage des activités exercées par un service ou un établissement public à des personnes physiques ou morales de droit privé (art. 2d). Concernant les modalités du transfert d'exploitation, la loi n°130 de 1997 précise en son article 14 les différentes modalités de transfert et laisse la liberté au gouvernement de choisir, pour chaque opération, la procédure adaptée entre l'appel d'offres public, ouvert ou restreint, national et international, pour la cession d'entreprise, d'actif ou le transfert d'exploitation ; de la cession de gré à gré dans les cas exceptionnels, et la vente aux enchères publiques avec adjudication au plus offrant. C'est ainsi que la mise en concession des grandes entreprises publiques, telle que le port autonome international de Djibouti et l'aéroport international de Djibouti, a été faite de gré à gré avec un partenaire unique, *Dubaï Port World*, le troisième opérateur portuaire dans le monde. Ces opérations de transfert d'exploitation, de mise en concession ou d'affermage ne relèvent pas du code des marchés publics et sont réglées par les dispositions de la seule loi n°130 de 1997 qui fixe la procédure. Il revient toutefois au comité national chargé de la privatisation d'établir un rapport détaillé déterminant les conditions des obligations du concessionnaire ou fermier retenues par le comité ou le gouvernement, vu que celui-ci peut choisir librement un partenaire et engager par lui-même les négociations. C'est le comité qui établit également le cahier des charges ou le soumet au Conseil des ministres qui le ratifie par arrêté.

Afin de mieux illustrer les différentes étapes dont la République de Djibouti s'est référée dans le cadre de partenariat avec le privé pour le développement de son secteur portuaire et après plusieurs années de pratique, on peut procéder aujourd'hui à une sorte d'évaluation pour mettre en lumière à la fois les résultats positifs et les limites.

1. Le résultat positif produit par le recours au partenariat public-privé

La concession portuaire est une convention qui a pour objet l'externalisation d'une mission globale, impliquant l'occupation et l'exploitation d'un espace du domaine public portuaire (DPP). Cette concession est établie au profit d'un partenaire privé et concerne le plus souvent l'exploitation d'un terminal portuaire ou d'un outillage public portuaire[635]. Les parties signataires de conventions d'exploitation d'un terminal portuaire (CET) se réfèrent souvent à un modèle de convention dit « *Build, Operate, Transfer* » (ou BOT), qui permet l'externalisation de tout un service public portuaire, de la conception d'un projet à son exploitation, en passant par son financement et sa construction. En général, ce type de convention est souvent loué pour la satisfaction qu'il donne aux autorités portuaires qui

635. https://blog.secteur-prive-developpement.fr/2017/04/24/des-outils-juridiques-au-service-du-developpement-des-ports-africains/

se voient déchargées de certaines missions, mais aussi pour le bénéfice qu'il procure pour les investisseurs privés en termes de rentabilité. Pour la République de Djibouti, l'opération avait une dimension marketing qui consistait à attirer les investisseurs. L'État djiboutien voyait dans ce contrat une aubaine permettant de mieux mettre en valeur les potentialités du port.

Outre le désir d'envoyer une image positive sur son climat des affaires, la République de Djibouti a gagné dans ce contrat de concession un transfert de compétences acquises grâce à cette coopération avec des sociétés commerciales venant des pays disposant d'une culture de gestion portuaire très perfectionnée. Ce partenariat a permis aussi à la main-d'œuvre djiboutienne de profiter de formations hautement qualifiantes. Ce contrat de gestion a bousculé la méthode de travail des employés qui devaient s'aligner sur les dispositifs soumis par leur nouvel employeur qui est exigeant et rigoureux. Pour l'introduction des nouvelles directives de travail, il a fallu mettre en place des formations pour l'ensemble des employés.

Au chapitre des résultats, le choix de la concession a été une véritable réussite puisque le partenariat avec Dubaï a amélioré sensiblement l'activité portuaire. L'évolution du chiffre d'affaires du port autonome de Djibouti témoigne de cette réussite, il est passé de 38 millions de dollars en 2000 à 139 millions en 2008[636]. Cette réussite est palpable au niveau des investissements sur les infrastructures et l'augmentation des emplois fournis à la population.

Dans la gestion portuaire de notre temps, les autorités publiques ont recours à des pratiques d'exploitation qui se distinguent de la gestion à caractère régalien. Le PAID, port de service, est alors devenu un port d'outil : l'autorité publique possède la superstructure et l'équipement, et le secteur privé exploite les installations qui sont définies préalablement dans ledit contrat de gestion. L'intérêt de réaliser une telle réforme consistait à attirer les investisseurs étrangers afin d'innover les infrastructures portuaires, et à investir dans le port de Djibouti. La passation d'un contrat d'une telle ampleur avait pour objet principal de mettre en valeur les potentialités de notre port. Agissant ainsi, l'action du gouvernement avait pour finalité de promouvoir les activités du secteur privé dépendant du dynamisme portuaire. Cet opérateur de renommée internationale réunissait toutes les compétences requises pour bien exploiter notre domaine maritime dans l'optique de relancer notre économie. Dans le processus de décentralisation du principal port de la République de Djibouti, l'État soulignait dès le début du XXIe siècle, qu'il s'agissait de *« changer davantage le rôle du gouvernement en renforçant l'administration, d'une part, et d'autre part en créant un entrepreneuriat contemporain pour une exploitation indépendante des ports orientée*

636. Source de la Banque centrale de Djibouti.

davantage vers l'économie de marché[637] ». La promotion d'une gestion des activités portuaires calquée sur les méthodes du secteur privé est au cœur des nombreuses réformes qui ont été menées ces dernières années. Par ailleurs, les objectifs des autorités djiboutiennes étaient d'assainir la gestion et d'améliorer la préservation des services offerts afin de répondre aux attentes et aux besoins des clients éthiopiens, ainsi que de développer une zone franche[638]. Et enfin permettre la création d'une stratégie partenariale privée en matière de développement infrastructurelle portuaire du PAID qui vise, entre autres, les éléments suivants :

« *- améliorer et accroître l'efficacité et la compétitivité du port et de ses infrastructures,*
- doter le port d'une part, des infrastructures et des moyens matériels et humains nécessaires au traitement rapide des navires porte-conteneurs, et d'autre part, d'une capacité de stockage important ;
- réviser l'organisation du port et améliorer dans tous les services la capacité de communication et la maîtrise des langues du commerce international ;
- replacer substantiellement et solidement le corridor djiboutien sur les trafics de transit de l'Éthiopie et du nord de la Somalie ;
- consolider et améliorer la position du port sur le marché de transbordement de desserte régionale ;
- mettre en place une logique performance et compétitivité de transports par des terminaux de conteneurs, impliquant le rail, la route et un port sec ;
- programmer et créer une zone commerciale et portuaire sur le site de Doraleh[639]. »

2. Les faiblesses du partenariat dans le cadre de la concession du port de Djibouti

Nous regrettons la confidentialité absolue qui continue d'entourer le contrat de concession signé entre DPW et l'État djiboutien. L'étude des clauses nous aurait permis de déceler les forces et faiblesses de la structure contractuelle. Néanmoins l'existence de certaines clauses est évoquée après l'éclatement du conflit entre DPW et Djibouti. Le recours à ce contrat de concession était une première du genre ; le cadre juridique était d'autant plus sommaire que le pays ne disposait pas encore d'une solide expérience en matière de PPP. Tous ces éléments ont influé sur l'efficacité de la relation contractuelle qui sera très vite dénoncée par la partie djiboutienne pour son déséquilibre au détriment de l'intérêt général du pays. Les défauts imputés à ce contrat découlent principalement du contexte d'impréparation (a) dans lequel il a été élaboré, mais aussi

637. WANG (J. J.-) et OLIVIER (D.-), « La gouvernance des ports et la relation ville-port en Chine », *Les Cahiers scientifiques du transport*, n°44, 2003, p.25-54.
638. ABDILLAHI AHMED (A.-), « *Conteneurisation, stratégies des acteurs et développement portuaire : le cas de Djibouti* », Thèse de doctorat science de gestion soutenue en 2012, Université de Perpignan, p. 321.
639. ABDILLAHI AHMED (A.-), *op.cit.*, p. 322.

au fait qu'il introduit un nouveau système managérial étranger à la culture djiboutienne (b).

a) Les conséquences néfastes liées à l'impréparation du contrat

En effet, l'existence du contrat de gestion, accordé par le gouvernement djiboutien à son partenaire privé *Dubaï Port World* (DPW), comportait des pièges juridiques ainsi que des vices cachés. En analysant le fait, on peut déduire que la procédure du marché public lancée par notre autorité portuaire était entachée de vices, puisque certaines clauses de ce contrat donnaient des privilèges à une partie par rapport à l'autre. Ensuite, les experts du FMI ont apporté leurs assistances juridiques et techniques concernant le montage de ce contrat. Mais il s'est avéré que l'autorité compétente n'a pas tenu compte de cela. C'est la raison pour laquelle certaines clauses du contrat étaient ignorées de l'autorité publique signataire. En effet, en matière d'appel à la concurrence, le droit français considère que l'administration dispose d'un pouvoir discrétionnaire pour choisir son partenaire pour l'exploitation d'un terminal portuaire[640]. Les organisations internationales qui financent les grands ouvrages souhaitent que la procédure du marché public soit soumise à la concurrence. Cependant, il est important de souligner que les termes du contrat de gestion signé entre le gouvernement djiboutien et l'autorité du DPW restent jusqu'à présent classés confidentiels. Ce caractère discrétionnaire du contrat des deux parties nous amène à mesurer l'importance des réformes, après l'analyse des rapports annuels de présentation de l'activité du PAID et des rapports spéciaux et généraux du commissaire aux comptes, ainsi que les différentes interviews et rencontres de responsables du port de Djibouti. En effet, il ressort certainement plusieurs éléments :

« - *Un contrat de gestion est en fait un contrat de manutention et de magasinage consenti à une société qui opérera à l'abri d'un monopole confortable. Il est important que les clauses protègent l'intérêt commun des usagers. À Djibouti en dépit du redressement du PAID depuis sa mise en gestion privée, le contrat de gestion entre le gouvernement et DP World a été rompu en 2011 afin de protéger les usagers. Lors de la construction du nouveau terminal à conteneurs en 2009, le DCT, toutes les activités de manutention des conteneurs ont été transférées vers Doraleh. Alors que les conteneurs de toutes les lignes maritimes sont traités à Doraleh, ESL (Ethiopian Shipping Lines), à titre exceptionnel a souhaité rester à l'ancien terminal car les navires d'ESL sont des "Multipurpose".*

- Le contrat de gestion du PAID paraît excessif et une plus courte durée permettrait que son renouvellement soit soumis à un appel d'offres pour maintenir la contestabilité. »

640. GROSDIDIER DE MATONS (J.-), *op.cit.*, Recueil Dalloz Sirey, Paris, 1978, Chronique, p.222.

b) Les difficultés liées à l'introduction d'un nouveau système managérial à l'anglo-saxonne

En vertu des dispositions du contrat de gestion signé entre PAID et DPW, s'agissant des dispositions financières qui portent sur le loyer et la redevance pour l'utilisation des ouvrages et des outillages portuaires, le contrat prévoit que le gestionnaire perçoive un intéressement calculé sur le résultat d'exploitation brut (*Gross Operating profit* - GOP - déterminé selon les normes IAS - *International Accounting Standards*). L'arrivée de DPW dans la gestion du port bouleverse l'administration qui, au préalable, était fondée sur un système romano-germanique, système portant la marque de l'influence du système de la gestion à la française. Et ce dernier se voit contraint de travailler avec le nouveau partenaire au standard anglo-saxon. Par ailleurs, ce basculement notable a nécessité un investissement financier important auprès de l'opérateur privé dans la mise en place des formations aux administrateurs du port. La formation la plus urgente fut la maîtrise de l'usage de l'anglais et d'autres outils de performance de l'opérateur. Enfin dans l'engagement du contrat de gestion, il est prévu que le gestionnaire gardera dans les comptes de l'entreprise au moins 50 % de l'intéressement. De plus, le PAID doit conserver au moins 50 % du résultat avant l'impôt de l'année. Le contrat de gestion prévoit que le montant de l'intéressement soit diminué d'une quote-part des frais financiers (exprimée en %) déterminée par l'application du ratio suivant :

Intéressement *Dubaï Port World* avant impact des frais financiers / *Gross Operating Profit* *100

Conformément à la disposition du contrat de gestion, 50 % de ce montant sera conservé dans les comptes du PAID dont les réserves, qui constituent les 50 % de l'intéressement de *DP World*, ont permis de financer les investissements du projet de Doraleh[641]. Au départ, *DP World* n'a pas financé de grands travaux, il a juste réalisé plusieurs travaux d'aménagement au cours de premières années selon le rapport (EDIC 2004) en utilisant le compte des fonds propres du PAID. Néanmoins l'opérateur DPW met en place des procédures permettant au port de viser l'excellence en matière de satisfaction des lignes maritimes qui transitent dans le golfe d'Aden et l'océan Indien, dont le passage et l'accostage au port de Djibouti sont obligatoires. De ce fait, le port autonome international de Djibouti (PAID) devra alors développer des services inégalés pour devoir atteindre son objectif de devenir un « hub régional », c'est-à-dire un port d'éclatement dans la sous-région de l'Afrique de l'Est. Dans la recherche de l'excellence d'un port moderne, il a été accepté de confier la gestion commerciale et technique ainsi que l'attribution d'un rôle consultatif en matière

641. ABDILLAHI AHMED (A.-), *op.cit.*, Thèse de doctorat en science de gestion soutenue en 2012, Université de Perpignan, p. 324.

tarifaire[642] du port à des sociétés compétentes. Cette gestion a été confiée à ces dernières pour une durée déterminée dans le but d'accroître le rendement des activités portuaires. Il s'agissait d'une volonté politique qui avait pour fin de valoriser l'image du port de Djibouti sur la scène internationale et de profiter du savoir-faire de ses sociétés.

B. Les effets pervers de la privatisation de la gestion

Néanmoins, dès le début des années 2000, le gouvernement a entrepris d'importantes réformes structurelles en ce qui concerne les activités portuaires. Pour cela, il a fallu renforcer la capacité du pouvoir législatif et repenser le cadre institutionnel du port. Dans le cadre de cette réforme, nous pouvons noter que nombreux points ont fait l'objet d'une discussion telle que les tarifs portuaires et la réglementation de l'exercice des professions des opérateurs privés[643]. Mais le thème complexe ayant retenu l'attention portait sur la politique managériale dans le but d'améliorer le corpus juridique régissant les agents maritimes, les transitaires, les manutentionnaires etc. L'actualisation de ces règles de droit avait pour but d'attirer des investisseurs étrangers et de restructurer le régime juridique du port. Avant de signer un contrat de gestion avec son partenaire, le gouvernement a pris une mesure phare qui portait sur le déclassement des salariés. Cela veut dire qu'auparavant, les employés manutentionnaires du port de Djibouti étaient soit des agents publics, soit des fonctionnaires. Parmi les exigences des investisseurs privés, il était préférable d'avoir des employés relevant des règles du droit privé. La première décision portait sur le licenciement de ses agents puis de procéder à leur recrutement. Cette mesure concernait la majorité des employés sauf ceux relevant de la direction administrative, financière et juridique du PAID.

Par ailleurs, la loi de 1980 prévoyait un cadre juridique fiable pour les agents du port qui pour la majorité relevait de la fonction publique. L'organisation du PAID était assez complexe dans la mesure où le législateur n'avait pas clarifié nettement le mode de recrutement adapté aux besoins de ce dernier. L'article 9 de la loi portant création et statut du PAID de 1980 distinguait deux types de personnel :

- des fonctionnaires appartenant aux divers corps de la République placés au port en position de détachement,
- des agents publics relevant des conventions collectives.

---

642. S'agissant des tarifs portuaires, ils sont proposés par *Dubaï Port World* et soumis à approbation du PAID.

643. Rapport final de l'assistance technique de la Banque Mondiale, Étude sur la régulation des opérateurs privés au port de Djibouti, juin 2012, pp.8-111. http://documents.worldbank.org/curated/en/655261468258552560/pdf/AAA800EWS0P1260outi-0June020120FINAL. pdf

Les fonctionnaires détachés demeurent soumis aux dispositions des statuts ou de régimes qui les régissent. Toutefois, des dispositions prises par le conseil d'administration du port, après avis du ministre du Travail ou du ministre de la Fonction publique, peuvent fixer le régime particulier applicable aux agents ou à certains agents du port en matière notamment de solde, d'horaires de travail, de congés, de discipline, de gratifications ou d'indemnités, sans toutefois que ces dispositions puissent être moins favorables que celles des statuts ou régimes d'emploi susvisés.

L'esprit du législateur laisse apparaître que le port ne disposait pas d'un mode de gestion du personnel relevant de ses compétences. Les agents publics étaient mis à disposition de ce dernier par le ministre du Travail. Cela démontre que le service administratif et le service financier relèvent largement de la fonction publique, car ils ont un pouvoir de contrôle, de direction et de surveillance. La partie manutention relève du droit commun, car la prestation est assurée par des opérateurs privés. Au cours des années 80 et 90, le fonctionnement du port était régi par cette loi, car le port disposait du statut d'EPIC[644] (établissement public à caractère industriel et commercial : ce sont des personnes de droit public spécialisées, dotées d'un patrimoine propre et ne bénéficiant d'aucun apport privé à leur fonds de dotation).

Ainsi, il est à noter que l'EPIC était le résultat d'une gestion monopolistique, par l'État, et qui était basée sur la notion de service public. Cette approche classait les établissements publics en trois catégories :

- les établissements publics administratifs (EPA),
- les établissements publics à caractère industriel et commercial (EPIC),
- et les établissements publics professionnels (EPP).

Cependant, nous devons insister sur le fait que ce régime a impliqué des lourdeurs administratives et financières[645], qui ont conduit à un nouveau changement de statut (de l'EPIC, remplacé par un régime instituant une société par actions).

Partant de ce fait, l'objet de cette modification de statut s'inscrit dans une politique générale de modernisation et de simplification du cadre légal des établissements publics et des industries djiboutiennes. Le régime qu'elle prévoit confère une plus grande autonomie administrative et financière au port, en ce sens que la tutelle administrative qui pesait sur le port a été supprimée et le contrôle financier ne pouvait se faire qu'*a posteriori*[646].

644. Un EPIC ou établissement public à caractère industriel et commercial est un établissement public, personne morale, ayant pour but la gestion d'une activité de service public de nature industrielle et commerciale.

645. KANE (K.A.-), *op.cit.*, p.63-64.

646. NDIAYE (F.-), KANE (K.A.-) et BONNIN (M.-), *« L'intégration de l'environnement marin dans le droit applicable aux ports »*, sous la direction BONNIN (M.-), LY (I.-), QUEFFELEC (B.-), et NGAIDO (M.-), (eds), 2016, *Droit de l'environnement marin et côtier au Sénégal*, IRD, PRCM, Dakar, Sénégal, p.283.

1. L'impact négatif causé par le modèle de PPP aux salariés du PAID/DCT

À l'aube du troisième millénaire, le gouvernement de Djibouti a décidé d'introduire dans son agenda politique l'accroissement des activités portuaires. En signant le contrat de concession avec DPW, le gouvernement a voulu reconfigurer la ressource humaine du terminal à conteneurs, afin de satisfaire son obligation contractuelle. Cette position prise par le pouvoir public a déclenché une série de manifestations organisées par les partenaires sociaux. L'autorité publique a pris une décision pour déclencher un dialogue social avec les syndicats du port, comme le prévoyait la loi en vigueur. Ce dialogue social n'a abouti à aucune entente entre l'autorité portuaire et le représentant des syndicats. *De facto*, le chef de l'État a ordonné à son ministre de l'Intérieur de ne pas délivrer d'autorisation à manifester sur la voie publique. Il s'agit d'une situation occasionnée par le processus d'ouverture du port sur le marché international (concession DPW). La persistance des employés a conduit à une procédure de licenciements en masse, accompagnée pour certains par une incarcération arbitraire. Cette violation du droit à la grève fut critiquée par l'Organisation internationale du Travail (OIT) qui n'a pas approuvé le motif de licenciement, ni la voie décisionnelle du gouvernement. Mais il était crucial pour le gouvernement de trouver une solution pour satisfaire l'investisseur avec lequel a été signé le contrat de concession pour une durée de 20 ans. Il s'agissait d'un contrat prometteur à l'avenir pour le port de Djibouti.

Les effets néfastes de ce contrat sont divers et variés selon la catégorie des employés. Les agents qui relèvent de la fonction publique sont les moins impactés contrairement aux agents du droit commun. La privatisation du terminal à conteneurs (TC) a suscité un débat sur la gestion du personnel. Il a été admis d'embaucher des personnes au regard du Code du travail, sauf la direction générale. À cet égard, DPW bénéficiait d'un pouvoir décisionnel sur le recrutement et a posé ses conditions d'embauche. Les avantages de la concession sont peu nombreux, mais suffisamment importants pour être mis en lumière dans cette étude. Dans un premier temps, le concessionnaire a demandé à revoir la rémunération des employés du TC afin de l'ajuster à leur prestation. Il s'agit d'un des points qui avait déclenché la manifestation au début de la négociation, car les syndicats demandaient une hausse importante du salaire. L'investisseur a pris en compte cette suggestion en augmentant le salaire de base pour l'ensemble des employés du TC. Le second point est le mode de recrutement, qui fut privilégié par le DPW en faveur des candidats. Les offres étaient publiées par la voie d'affichage auprès du ministère du Travail, ainsi que dans la rubrique d'annonces de la presse écrite (journal *La Nation*). Les candidats ayant postulé étaient contactés pour subir les épreuves écrites et orales organisées par la direction du port. Pour la première fois, les ressources humaines du TC étaient obligées de procéder à un recrutement par voie de concours et par la publication des offres au grand public. Cette refonte de la gestion imposée par l'investisseur a produit des effets positifs pour les candidats potentiels. Après la mise en épreuve des candidats, l'autorité compétente délibère sa décision en dressant une liste des personnes qui disposent de l'aptitude d'exercer un métier défini dans l'offre d'emploi. Les personnes admises sur la liste bénéficiaient d'une formation en interne par un agent habilité. Ainsi nous pouvons en déduire que la concession avec le DPW a permis d'introduire de nouveaux termes dans la politique de gestion des ressources humaines, tels que la performance, l'efficacité et l'efficience. De ce fait, le personnel du TC est soumis au rendement pour assurer la compétitivité du service portuaire à l'échelle internationale. Cette nouvelle gestion a fait preuve d'une réussite en assurant un bon fonctionnement du port et l'accroissement des activités portuaires.

Le changement de statut du port a poussé l'autorité portuaire à repenser sa politique de gestion et à renforcer sa protection juridique (1). Dans cette seconde partie, nous allons analyser la portée juridique influée par le changement de statut du PDSA (2), et étudier les raisons principales de conflit opposant le PAID et le DPW devant l'instance d'arbitrage de Londres.

2. La portée juridique du changement de statut dans le cadre d'une société d'économie mixte : le cas du port de Doraleh

Dans le cadre de la mise en place de la privatisation de la gestion et d'exploitation des entreprises publiques, il en résulte un constat d'échec. Cela nous impose d'évoquer ainsi les limites de la privatisation.

Les limites sont de deux ordres : protection de l'activité de l'entreprise lorsque celle-ci relève de l'intérêt stratégique pour un pays et d'autre part le protectionnisme contre l'entreprise étrangère.

Selon l'article 3 de la loi de 1997, *« il peut être institué dans le capital des sociétés d'État devant faire l'objet d'une privatisation, une action dite "action spécifique". L'objet de cette action qui reste détenue par l'État après privatisation est de permettre l'exercice d'un contrôle de l'État sur les activités de la société privatisée afin de garantir le respect par celle-ci des intérêts nationaux. Cette action spécifique en droit limite même la privatisation intégrale de l'entreprise :*

a) la présence d'un représentant au Conseil d'administration de la société privatisée. Ce représentant, nommé en Conseil des ministres sur proposition du ministre des Finances et de l'Économie nationale, n'a pas voix délibérative. Il n'est pas décompté dans la composition du Conseil d'Administration, mais il est obligatoirement convoqué à toute réunion du Conseil d'Administration et rend compte au ministre des Finances et de l'Économie nationale des décisions qui y ont été prises ;

b) le ministre de Finances et de l'Économie nationale peut exercer dans le délai maximum d'un mois et pour le compte de l'État un droit de veto sur toute décision du Conseil d'Administration relative à un transfert d'actifs ou d'actions ou à une décision de liquidation qui ne seraient pas conformes aux intérêts nationaux. L'exercice du droit de veto doit être signifié par écrit et motivé. Il doit intervenir au plus tard dans les vingt jours suivant la décision contestée. »

L'exercice de cette action spécifique est limité à 5 ans non négociables à compter du jour de la privatisation. L'État dispose toujours de la possibilité de la transformer en action ordinaire pendant cette période de 5 ans. Cependant, le texte reste muet sur les modalités de transformation de l'action spécifique en action ordinaire, notamment s'il s'agit de l'achat d'actions lui permettant de disposer d'un représentant au conseil d'administration. Toutefois, au-delà de cette période de 5 ans, l'action spécifique devient caduque et aucune transformation ne peut intervenir, l'État ne pouvant déroger à la garantie constitutionnelle de la propriété en obligeant sa présence dans le capital social d'une entreprise privatisée.

Il faut toutefois mentionner que les conditions dans lesquelles se sont déroulées les privatisations dans le reste des États africains ont conduit le législateur à soumettre à des autorisations gouvernementales les prises de participations étrangères : les conditions d'acquisition de l'autorisation, le seuil ouvert à la prise de participations étrangères ainsi que les garanties qui peuvent être exigées doivent être précisés au préalable dans le décret portant projet de privatisation. Toutefois, la réalité rend caduque la lettre de ce texte. La preuve en est qu'un seul opérateur étranger (*Dubaï Ports World*) a reçu en concession et de gré à gré les trois plus importantes entreprises publiques (port, aéroport, etc.). Dans le cadre de la privatisation de la gestion portuaire à Djibouti, nous avons assisté dernièrement à la limite de ce mode de gestion. Le contrat de concession conclu en 2006 avec l'opérateur privé de Dubaï a été interrompu sur l'ordre du chef de l'État.

Par voie de conséquence, la gestion de port de Djibouti a connu une forte évolution depuis les années 1980. Comme tout port autonome, le PAID était sous la tutelle de l'État qui peinait à prouver sa capacité financière pour investir dans des infrastructures portuaires pour se rendre compétitif au niveau régional voire international. Ainsi, l'ouverture du capital des entreprises publiques au profit du secteur privé a démontré tous les avantages pour promouvoir les activités commerciales des entreprises publiques ayant un caractère industriel et commercial. Pour ce faire, l'autorité portuaire s'est mise à l'épreuve de plusieurs modes de gestion. Le premier contrat de concession était signé avec DPI en juin 2002 pour une durée de 20 ans. Ce contrat avait pour finalité la gestion portuaire, la concession d'outillage public portuaire, la convention d'occupation privative du domaine public et la concession du service public. Ces notions ont été imprécises encore une fois dans les textes législatifs ou réglementaires qui ont acté ce contrat. L'autorité publique a estimé inopportun de poursuivre le contrat avec l'opérateur portuaire émirati et la séparation a été finalisée vers 2011. Cette résiliation a été motivée par le non-respect des clauses contractuelles qui prévoyait la construction de nouvelles infrastructures portuaires et de concurrencer les ports régionaux. Pour le gouvernement djiboutien, il a fallu trouver de nouveaux investisseurs pour financer ses projets de grands ports modernes et compétitifs.

Par rapport à la gestion du terminal à conteneurs de Doraleh, *DP World* et l'Autorité des ports et zones franches de Djibouti ont créé une co-entreprise (*joint-venture*) dénommée *Doraleh Container Terminal* (DCT) en 2006, qui a notamment pris en charge les coûts de construction du terminal et en détient la propriété. Il a été soutenu par le partenaire portuaire qu'il s'agissait d'un contrat de concession de l'exploitation du terminal à conteneurs. La nature juridique de ce partenariat révèle sa complexité dans la mesure où l'autorité portuaire s'est fondée sur la pratique du régime juridique d'une concession d'exploitation d'un terminal à conteneurs, alors que la construction du DCT a été actée sous la forme d'une *joint-venture* pour faciliter l'extension du terminal à conteneurs. Cette forme juridique s'inspire d'un système anglo-saxon mais, sur le fond, il a été question d'instaurer un cadre juridique autour d'un mode de concession. Le DCT était jusque-là sous la gestion de l'opérateur portuaire étranger. Ainsi, par décision du 22 février 2018, il a été annoncé par les autorités publiques la résiliation du contrat de concession de *DP World* avec le terminal à conteneurs de Doraleh. Dans une interview publiée dans le magazine *Jeune Afrique*, le président de l'autorité portuaire souligne que le contrat de concession signé en 2007 avec *DP World* n'était pas un BOT (*Build, Operate and Transfer*) mais une *joint-venture*, réunissant le port de Djibouti, qui détient 66,6 % du capital, et DPW, à hauteur de 33,4 %. Malgré cette position majoritaire, le contrat a été conclu en faveur du partenaire étranger qui possédait 66,6 % du droit de vote au sein du conseil d'administration avec la quasi-obligation de voter comme son partenaire. L'ancien président de l'Autorité des ports et zones franches avait signé avec l'actionnaire un pacte interdisant de construire d'autres ports dans le pays sans l'accord de Dubaï. Pendant la durée de cette concession, les opérations de déchargement des conteneurs ne pouvaient pas non plus être effectuées ailleurs que sur le DCT. L'autorité publique a décidé de procéder à la résiliation de ce contrat qui est contradictoire à l'esprit même de la loi du 8 novembre 2017. Le mode de gestion portuaire axé sur la concession permet à l'État de résilier unilatéralement un contrat au motif de l'intérêt général, voire au nom de la souveraineté nationale dans le cas de Djibouti. Cette action n'aurait pas été possible auparavant, mais le gouvernement dispose aujourd'hui de l'outil juridique qui l'autorise à revoir, de manière unilatérale, les contrats publics liés à la réalisation des grandes infrastructures.

Pour la mise en œuvre de son programme d'agrandissement des zones portuaires, le port de Djibouti peut dorénavant s'appuyer sur d'autres partenaires privés, à commencer par la *China Merchants Holding International*, qui participe à la réalisation des grandes infrastructures à Djibouti depuis 2012. Depuis la dégradation des relations avec le partenaire dubaïote, les Chinois ont démontré leur intérêt d'investir à Djibouti en devenant actionnaire de l'Autorité portuaire à la hauteur de 23,5 % depuis 2013. La relation avec le groupe chinois s'est renforcée au fil des années, voire à devenir exclusive depuis la décision, prise unilatéralement en février par l'autorité portuaire, de résilier le contrat de concession accordé à *DP World*. Même si l'endettement du pays a sérieusement augmenté ces dernières années, pour atteindre 80 % du PIB en 2017, les bailleurs restent confiants. Certaines spécialistes estiment que cette situation ne doit en aucun cas stopper l'essor économique qui se nourrit du développement des infrastructures portuaires. La représentante locale du PNUD estime que *« Djibouti dispose des infrastructures dont le pays a besoin pour desservir son hinterland »*.

Cette évolution de la gestion portuaire s'explique par la volonté exprimée par les autorités publiques depuis deux décennies. Suite à la dégradation des relations avec le concessionnaire émirati, le gouvernement s'est orienté vers un autre type de gestion qui doit simplifier l'assise juridique. Cette orientation a amené les autorités publiques à s'interroger sur la transformation du statut juridique du port en le transformant en société anonyme (SA).

3. La nécessaire révision des outils juridiques sur la base de l'expérience acquise

En raison de son inexpérience, la République de Djibouti n'a pas négocié correctement son contrat de concession avec *DP World*. Il est donc indispensable de rentabiliser les leçons du passé pour réparer ce qui devait l'être. Il faut commencer par développer une mutation des outils juridiques répondant à l'impératif de séduction des investisseurs étrangers sans pour autant sacrifier l'intérêt de l'État. Les rapports sur les économies africaines (entre autres MLTC/CATRAM, 2013) conditionnent l'émergence économique des pays africains au développement des ports maritimes. Une meilleure régulation des rapports entre les pouvoirs publics et les investisseurs privés s'avère indispensable compte tenu de l'essor de la participation du privé dans la gestion du public[647]. En effet, *« l'occupation du domaine public n'intervient pas dans le seul intérêt des occupants. La collectivité gestionnaire profite également de la valorisation que ceux-ci apportent par leurs investissements et par les activités qu'ils y exercent. Les intérêts sont réciproques. »*[648]

647. NDENDE (M.-), « Les pays africains doivent se doter de législations portuaires adaptées », *Jeune Afrique*, 8 août 2013.

648. RÉZENTHEL (R.-), *Vers une meilleure protection contre la précarité de l'occupation du domaine public.* AJDA, 2001, p. 1025.

Pour que ce dosage subtil entre intérêt privé et intérêt général soit réussi, l'établissement d'un cadre juridique lisible et intelligible pour l'ensemble des parties prenantes est obligatoire. Cette clarté du cadre juridique est source de quiétude et de confiance pour les partenaires privés. Le cadre djiboutien pour le P.P.P. est récent, la première loi ayant été adoptée en 2017[649]. Même si l'efficacité sur le plan théorique de la loi est incontestable, il faut mettre en évidence que ce n'est pas le seul critère pour la confiance des investisseurs qui prêtent une attention particulière à la gestion des conflits commerciaux. Le moins qu'on puisse dire est que le litige avec la société *DP World* n'a pas du tout contribué à la valorisation de l'image de Djibouti pour les investisseurs étrangers. Surtout, la méthode utilisée n'est de nature à rassurer les futurs prétendants de contrats avec l'État djiboutien : en effet, une loi du 8 novembre 2017 donne au gouvernement le droit de « *renégocier ou, en tant que de besoin, résilier, totalement ou partiellement, tous les contrats portant sur la conception, la réalisation, la gestion ou l'exploitation des infrastructures stratégiques lorsqu'il estime que les stipulations de ces contrats se révèlent être contraires aux intérêts fondamentaux de la République de Djibouti* ».[650] Cette disposition, combinée avec l'article de la même loi qui instaure une rétroactivité de la loi pour les contrats conclus antérieurement à l'entrée en vigueur de la loi, risque d'accentuer la crainte des investisseurs sur la sécurité des transactions qu'ils concluent avec l'État. Il faut dire que la non-rétroactivité des nouvelles lois est un principe primordial de la sécurité juridique, concept fondamental pour un étranger investissant dans un pays qui n'est pas le sien.

La démarche suivie par la République de Djibouti pour choisir son partenaire dans le cadre du contrat de gestion avec DP Word était totalement aléatoire. Les règles de la concurrence n'ont pas été correctement appliquées et la République de Djibouti s'est contentée du premier offrant sans chercher à diversifier les prétendants. L'absence de concurrent pour DP World a assuré à ce dernier une position assez confortable dans les négociations, imposant des clauses qui se sont avérées très contraignantes pour le pays. Ces clauses très difficilement supportables pour l'État djiboutien auraient justifié la rupture du contrat de gestion avec DP World[651]. Il faut dire que lors des négociations, la partie djiboutienne n'a pas mobilisé une expertise juridique et technique pouvant déceler les clauses contractuelles potentiellement contre-productives.

Par ailleurs, pour parer à toute éventuelle imprévision, le contrat P.P.P. doit prévoir un système de renégociation en raison de sa construction qui est très complexe mais surtout du fait de sa vulnérabilité à toute évolution de la situa-

649. https://www.droit-afrique.com/uploads/Djibouti-Loi-2017-186-ppp.pdf

650. Art 1 de la loi du 8 nov. 2017 sur les contrats stratégiques avec l'État voir : http://www.presidence.dj/texte.php?ID=202&ID2=2017-11-08&ID3=Loi&ID4=21&ID5=2017-11-15&ID6=n

651. La plus inique de ces clauses est celle refusant à la République de Djibouti de construire tout port nouveau. http://afrique.lepoint.fr/economie/djibouti

tion, d'autant que leur délai de conclusion est assez long. Ainsi nous pouvons confirmer que la République de Djibouti, avec « *le terminal de Doraleh réalisé en PPP par DP World (groupe portuaire de Dubaï), ne se positionne plus seulement comme plateforme régionale mais comme port attitré de la dynamique économique de l'Éthiopie. Plus au Sud, DP World est également impliqué dans le port de Berbera (après rupture du contrat en 2006 en PAID), au Somaliland. La conteneurisation accélérée des trafics portuaires en Afrique australe et de l'Est est largement due aux exportations chinoises – ce qui ne va pas sans poser quelques problèmes. Au Kenya par exemple, le port de Mombasa se consacre quasi exclusivement à l'importation. Son trafic global, entre 2000 et 2012, a augmenté de 118 %, créant un véritable goulet d'étranglement et asphyxiant les économies des pays enclavés*[652] ».

Finalement le développement des activités portuaires est censé avoir un impact citoyen dans le sens où le pays ne dispose d'autres ressources économiques. La réussite du projet du complexe Multipurpose de Doraleh (partenariat chinois) a éveillé la conscience sociale, car le secteur portuaire nécessite une forte implication de la société djiboutienne. Plusieurs ports sont en cours d'achèvements de construction (port de Tadjourah, celui de Ghoubet et le port à bétail de Damerjog) qui nécessite davantage la participation au dynamisme économique local, régional et national. Ces projets permettent également à l'État de désengorger l'effectif de la fonction publique au profit du secteur privé, qui exprime un besoin réel dans la ressource humaine. Cette croissance économique doit contribuer sur le long terme au bien-être des citoyens, qui sont largement touchés par la pauvreté. Cette volonté politique se mesure au besoin de la population dans le milieu professionnel et commercial. Cette égalité sociale est une chose difficile à mettre en place, car une bonne répartition des richesses exige une bonne gouvernance. En revanche, on peut inciter le développement d'entrepreneuriat aux environs du port. Ces dernières décennies nous avons assisté à la démultiplication des commerces dérivés du développement des activités portuaires qui nécessite néanmoins de mettre en place une politique de sécurité et sûreté de dernière génération afin de se distinguer par rapport aux autres ports de l'Afrique de l'Est. Ceci est l'objet du prochain chapitre qui démontre comment la République de Djibouti a mis en place au cœur de son dispositif de développement portuaire la sécurité et la sûreté comme instruments efficaces et efficients qui garantissent le devenir des ports.

652. TOURRET (P.-) et VALERO (C.-), *Le développement de la containerisation, symbole de la mondialisation des ports africains*, éditions ISEMAR, 22 mai 2017.

Titre II : Le port de Djibouti : un futur pôle de transport maritime hautement sécurisé

Le climat international est aujourd'hui marqué par la montée des extrémismes et des menaces terroristes. Depuis les attaques du 11 septembre 2001, perpétrées contre les États-Unis, les politiques de sécurité et de défense se sont considérablement modifiées pour s'adapter aux risques terroristes qui sont désormais globaux et transnationaux. Désormais, la préoccupation majeure des États-Unis est de sécuriser et de défendre son espace territorial tout en s'attaquant à « l'axe du mal ».

L'Union Européenne et l'Union Africaine ne manqueront pas de s'adjoindre ce combat qui les touche autant que les Américains. Ainsi, elles mettront en place, également, une nouvelle politique de sécurité et de défense commune qui leur accorde l'usage des moyens militaires et civils destinés à la prévention des conflits et à la gestion des crises internationales.

En Afrique, la situation était beaucoup plus complexe car nombre de ses États sont marqués par des instabilités politiques et des guerres fratricides. Fragilisés, ils deviennent des cibles faciles pour les terroristes islamistes, la piraterie maritime, ou tout acte de malveillance. Sans une politique commune efficiente avec l'appui des puissances occidentales, le chaos est à l'horizon, surtout dans les États de la Corne où les menaces se sont massivement installées.

Djibouti, comme tous les pays, avait sa politique de protection contre tous les actes malveillants et, pour cela, elle a permis d'accueillir sur son territoire des bases logistiques et militaires de différents États (américaine, japonais, italienne, chinoise etc.) pour lutter efficacement contre la menace du siècle (terrorisme, piraterie maritime, trafic d'armes, trafic d'êtres humains etc.).

Dans ce titre II de la thèse, nous exposons dans une approche analytique les politiques de sécurité et de défense du port de Djibouti à travers ses institutions représentatives. Ensuite, nous montrerons les nouvelles menaces sécuritaires qui peuvent ébranler la sécurité nationale. Et enfin, nous estimerons les impacts positifs découlant de la mise en place d'une stratégie de sécurité et de sûreté qui a dynamisé le port de Djibouti et permis du même coup de moderniser ses infrastructures portuaires.

Et pour cela, on va étudier dans une première partie le port de Djibouti vu comme un *hub* régional et international de sécurité et sûreté maritime (chapitre 1) et, en deuxième partie, le port de Djibouti et sa position géostratégique favorable au développement (chapitre 2).

Chapitre 1 : Port de Djibouti : un *hub* régional et international de sécurité et sûreté maritimes

G. Marchand affirme « *qu'assurer la sauvegarde de la vie humaine en mer, du navire et de la cargaison ainsi qu'une navigation aussi sûre que possible en mer et à l'approche des côtes et des ports, sont les raisons majeures ayant justifié un renforcement constant des règles relatives à la sécurité maritime au cours du XX*^e^ *siècle.* »[653]

Les événements du 11 septembre 2001, à New York et Washington, ont mis en lumière la vulnérabilité des systèmes de transports modernes utilisés ou pris pour cibles par les terroristes dans des attaques de destruction massive[654]. C'est dans un tel contexte que la sécurité maritime[655] mondiale connaît à son tour de profonds changements de par la forte intensification des flux maritimes, l'interconnexion économique croissante des régions, l'expansion de la puissance maritime des pays émergents et l'apparition d'un certain nombre d'acteurs maritimes non étatiques aux pratiques parfois violentes. Par ailleurs, notre travail de recherche nous impose à davantage de clarté tant dans la terminologie utilisée que dans l'interprétation des concepts soulevés. Il convient dès lors de rappeler la distinction existante entre « sécurité » (*safety* en anglais) et « sûreté » (*security* en anglais) maritimes. Par opposition à la sécurité, qui désigne aussi bien l'état matériel qui résulte de l'absence réelle de danger que l'organisation des moyens propres à créer, ou à perpétuer, une telle situation, la sûreté, au sens de l'ordre public, pourrait se définir comme « *la combinaison des mesures ainsi que des moyens humains et matériels visant à partager le transport maritime contre les menaces d'actions illicites intentionnelles*[656] ». Ceci nous amène à dresser un parallèle entre cette distinction et celle qui oppose une catastrophe à une tragédie : en effet, « *une catastrophe est un événement désastreux, inopiné, involontaire et imprévisible. Au contraire, la tragédie découle des actes volontaires ou non, accomplis par un ou plusieurs individus.*[657] » À cet égard, dans le même registre, Philippe Boisson considère que la sécurité et la sûreté maritimes poursuivent les mêmes objectifs : « *assurer la protection de la vie humaine en mer, des navires et des marchandises*

653. MARCHAND (G.-), *Le Contenu des Règles*, septembre-octobre 2000, in Transports, N°403, p.331.
654. Organisation de Coopération et de Développement Économiques (OCDE), Conférence européenne de Ministres de transports, « *La Sûreté du Transport intermodal de conteneurs* », p.18. https://www.itf-oecd.org/sites/default/files/docs/05containersecf.pdf
655. La sécurité maritime (sécurité des personnes et prévention de la pollution) comporte plusieurs aspects indissociables : la sécurité des navires (comprenant les navires, leur équipage et le cas échéant leurs passagers), la sécurité de la navigation et la facilitation du trafic maritime. La sûreté maritime désigne la prévention et la lutte contre tous actes illicites (terrorisme, malveillance) à l'encontre du navire, de son équipage et de ses passagers ou à l'encontre des installations portuaires.
656. Définition de la Commission européenne.
657. BERTIN-MOUROT (E.-), LELIEUR (F.-) & TERROIR (E.-), *Terrorisme et piraterie : des menaces contemporaines à la sûreté des transports maritimes de marchandises*, éditions L'Harmattan, 2005, p.11.

qui y circulent et de l'environnement marin en général ».[658] On a pourtant pour tradition de les distinguer : « *la sécurité concerne la prévention des risques d'origine naturelle (tempêtes, typhons, cyclones) ou provoqués par la navigation maritime (abordages, échouements, incendies, explosions). La sûreté vise à protéger le navire contre les pratiques criminelles dont la mer peut être le théâtre, de la piraterie, de la traite des esclaves, du trafic de stupéfiants et du terrorisme*[659] ».

De surcroît, le climat d'insécurité et d'instabilité de la région Est-Africaine dû à la piraterie et au terrorisme maritime, à la contrebande, à la traite des êtres humains et aux trafics de drogue et d'armes (Somalie, Yémen, Érythrée), a accentué le niveau de dangerosité et d'insécurité, fragilisant d'autant le commerce mondial. C'est pourquoi la montée des infractions commises en milieu maritime, y compris la piraterie et les vols à main armée, au large de la Corne de l'Afrique et dans le golfe d'Aden, constitue une menace évidente pour les économies des pays riverains qui dépendent des activités portuaires pour leurs exportations ou leurs approvisionnements extérieurs. Cette nouvelle conjoncture, marquée par l'insécurité croissante dans le commerce maritime mondial, a amené l'Organisation maritime internationale (OMI) à faire preuve de réactivité. C'est dans ces conditions qu'est adopté le 12 décembre 2002 à Londres, par la conférence des gouvernements de l'Organisation maritime internationale, contractant à la convention de 1974 pour la sauvegarde de la vie humaine en mer, le Code international ISPS[660] (*International Ship and Port Facility Security*) relatif à la sûreté des navires et des installations portu-

658. BOISSON (P.-), *La sûreté des navires et la prévention des actes de terrorisme dans les domaines maritimes*, DMF 2003, p.640.

659. GIDEL (G.-), *Le droit international public de la mer*, Tome III, Paris, Sirey, 1934, p.455

660. Le Code ISPS (pour *International Ship and Port facility Security*) a pour premier objectif d'établir un cadre international faisant appel à la coopération des gouvernements contractants, des organismes publics et privés – acteurs des secteurs maritimes et portuaires – pour prévenir et détecter les menaces et prendre les mesures adaptées contre les incidents de sûreté. On assimile trop rapidement les mesures requises par le code à un ensemble de moyens destinés à lutter exclusivement contre le terrorisme, alors qu'il s'agit en fait de lutter, de savoir détecter et de prévenir tout acte illicite ou de malveillance.

aires, qui révise la convention SOLAS[661] (*safety for life at sea*) et lui ajoute un nouveau chapitre 11[662] ; ce code facultatif est entré en vigueur à Djibouti en 2007. En outre, le port de Djibouti, dans sa quête de port sûr en matière de sécurité, a adopté le 8 novembre 2011 à l'unanimité le « système de management de la sûreté[663] » qui lui a permis d'être placé au premier rang en termes de sûreté sur la rive Est-Africaine.

« *Les ports et l'industrie maritime doivent relever le défi des ajustements aux nouvelles réglementations de sûreté, le Congrès des États-Unis d'Amérique adopte en 2008 une nouvelle initiative de sûreté nettement plus contraignante. La proposition s'avère radicale puisqu'elle vise à imposer un scanning à 100 % des marchandises conteneurisées à destination du marché continental américain. Elle est aussi draconienne car elle s'applique directement sur les ports étrangers*[664] ».

C'est dans cette perspective que la République de Djibouti est plus ou moins directement impactée par ces questions de sécurité maritime. Le port de Djibouti est un enjeu économique majeur pour l'État, et donc l'enjeu de sa sécurisation se pose avec d'autant d'acuité et d'urgence. En effet, les autorités djiboutiennes font de la protection des installations portuaires la priorité des missions des forces de sécurité. La République de Djibouti cherche donc à lutter activement contre les actes de malveillance visant ses infrastructures portuaires qui constituent sans nul doute le poumon économique des États cloisonnés de l'Afrique de l'Est. Au-delà de ce phénomène, les autres formes de trafics illicites ou infractions diverses, notamment l'immigration irrégulière vers les pays arabes du Golfe, fragilisent la position djiboutienne. La problématique de la sécurité et de la sûreté portuaire fait ainsi partie des préoccupations actuelles du gouvernement de Djibouti.

---

661. SOLAS est un acronyme qui signifie *Safety Of Life At Sea*. Sous ses formes successives, la Convention SOLAS est généralement considérée comme le plus important de tous les instruments internationaux ayant trait à la sécurité des navires de commerce. La première version a été adoptée en 1914, en réponse au naufrage du *Titanic*, la deuxième en 1929, la troisième en 1948 et la quatrième en 1960. Une cinquième version datait de 1974. Cette convention de 1974 a donc été mise à jour et modifiée à plusieurs reprises. La convention en vigueur aujourd'hui est parfois dénommée la Convention SOLAS de 1974, telle que modifiée. Elle a pour principal objectif de spécifier des normes minimales pour la construction, l'équipement et l'exploitation des navires, compatibles avec leur sécurité. Une nouvelle évolution de la convention apparaît par exemple au 1er juillet 2016 : un ajout relatif à la communication du chargeur à l'armateur, sur le document d'expédition, de la masse brute vérifiée d'un conteneur emporté en France et destiné à être chargé sur un navire faisant escale dans un port maritime. Les chargeurs ont désormais l'obligation de communiquer au représentant du transporteur maritime cette information au plus tard au moment de l'entrée dans le terminal portuaire du ou des conteneurs afin d'établir le plan d'arrimage du navire.
https://www.glossaire-international.com/pages/tous-les-termes/solas-convention.html#wqh3SwVhAVgp0PfZ.99

662. CHAUMETTE (P.-), *Droits maritimes*, Construction du droit maritime de l'Union européenne, 3e Édition Dalloz, 2015-2016, p.203.

663. http://portdedjibouti.com/PDF/sms%20policy-.pdf

664. BRIAN (S.-), Préface, *op.cit.*, sous la direction de Frédéric CARLUER, avec la collaboration de Yann ALIX et Olivier JOLY, Étude commanditée par l'Organisation Mondiale des Douanes (OMD) à l'Université du Havre, p.15.

Nous distinguerons donc la région comme espace de sécurité, et mobiliserons pour ce faire le concept de « complexe portuaire de sécurité régional » afin de comprendre comment le port de Djibouti est devenu un laboratoire en matière de sécurité et de sûreté internationales et régionales dans la première section. Ensuite dans une seconde section, nous mettrons en lumière les entités étatiques de l'action de la mer et leurs instruments juridiques en matière de sécurité et sûreté maritimes en coordination avec le port de Djibouti.

Section 1 : Le port de Djibouti laboratoire de la sécurité et de la sûreté régionales et internationales

Les attentats du 11 septembre 2001 à New York ont persuadé la communauté internationale de la menace des actes de malveillance (terrorisme, piraterie, brigandage, etc.), et que tous les moyens aériens, terrestres et maritimes peuvent être utilisés à des fins destructrices. Ces événements tragiques ont servi d'accélérateur visant à renforcer la sécurité et la sûreté dans la République de Djibouti. Partant de ce fait, les infrastructures portuaires de Djibouti ont joué un rôle-clé : un point d'accostage incontournable pour les ravitaillements puisqu'elles fournissent des services à plus de 300 navires militaires chaque année. Avec l'expansion de la seule base permanente des militaires américains sur le continent africain, la reconfiguration de la présence militaire de la France et l'établissement d'installations militaires italiennes, japonaises, chinoises et autres, Djibouti est devenu un *hub* international maritime et naval où de nouvelles méthodes de coopération et de relations sont en cours de développement[665]. Il conviendra donc d'aborder, dans un premier temps, comment le port de Djibouti se retrouve confronté à la menace globale pesant sur la sûreté et la sécurité maritimes (§1) et, dans un second temps, la mise en place de nouvelles mesures et procédures de sûreté qui s'appliquent à toutes les installations portuaires djiboutiennes (§2).

665. MIGANEH HADI (A.-), HUSSEIN MOWLID (A.-), « À partir de l'enclave française aux stratégiques *crossways* : l'importance de Djibouti dans la Corne de l'Afrique », *Challenge économique et maîtrise de nouveaux risques maritimes : quelle croissance bleue ?*, Actes de colloque du Centre de droit maritime et océanique de Nantes, sous la direction de Patrick CHAUMETTE, édition Gomylex, septembre 2017, p.62. http://humansea.hypotheses.org/705

Paragraphe 1 : Le port de Djibouti à l'épreuve des menaces globales pesant sur la sûreté et la sécurité maritimes

Le port de Djibouti et ses activités sont menacés par plusieurs dangers, tels que les actes de terrorisme maritime qui s'expliquent par l'instabilité politique et sécuritaire des pays voisins et d'autre part les réseaux organisés des pirates (Somalie, Yémen) mais aussi les trafics de drogue et d'armes. Ces activités posent des difficultés au port de Djibouti en raison de son rôle de plateforme régionale d'échanges et d'envois vers l'Europe et l'Asie. Ainsi dans ce paragraphe, nous commencerons nos travaux par l'analyse du port de Djibouti, confronté aux menaces globales pesant sur la sûreté et la sécurité maritimes (A). Puis, dans un deuxième point, nous développerons les arguments allant dans le sens de l'adoption d'une stratégie portuaire intégrée de lutte contre la criminalité (B).

A. Le port de Djibouti dans un contexte de développement des menaces régionales

Le port de Djibouti ne peut être déconnecté de son contexte régional tant les impacts à la sécurité et la sûreté maritime sont grands. Sans que ces menaces ne soient nouvelles, elles prennent une dimension plus impérative compte tenu de l'ambition des autorités du pays de disposer d'infrastructures leur permettant de figurer parmi les premiers ports d'Afrique, et ce malgré l'instabilité des pays de la région. Le monde est devenu familier avec les actes de terrorisme tant ils occupent les « unes » des médias et tant les groupes foisonnent, en particulier au Moyen-Orient et en Afrique. Bien qu'une définition universelle ne puisse être arrêtée sur le terrorisme, nous reprendrons à notre compte celle formulée dans la Convention Internationale pour la répression du financement du terrorisme[666]. Toutefois, la communauté internationale a adopté un ensemble de traités internationaux (aux nombres de dix-huit) qui composent le cadre universel de lutte contre le terrorisme, ainsi que 48 résolutions du Conseil de

666. https://treaties.un.org:doc/db/Terrorism/french-18-11.pdf

sécurité des Nations Unies[667]. À ce propos, la définition, proposée par l'article 2 de la Convention internationale sur la répression du financement du terrorisme, fournit une définition partielle mais particulièrement utile dans la détermination de ce qui peut constituer un acte de terrorisme en se concentrant davantage sur les moyens que sur les acteurs[668] :

« *Tout autre acte destiné à tuer ou blesser grièvement un civil, ou toute autre personne qui ne participe pas directement aux hostilités dans une situation de conflit armé, lorsque, par sa nature ou son contexte, cet acte vise à intimider une population ou à contraindre un gouvernement ou une organisation internationale à accomplir un acte quelconque (ou s'en abstenir).*[669] »

La République de Djibouti partage des frontières terrestres et maritimes avec des pays frappés ou hébergeant des groupes terroristes qui ambitionnent

667. Les dix-huit traités internationaux encadrant la lutte contre le terrorisme sont référés en tant que cadre universel contre le terrorisme et se compose comme suit :
• Organisation de l'aviation civile internationale, *Convention relative aux infractions et à certains autres actes survenant à bord des aéronefs*, Tokyo, 14 septembre 1963, entrée en vigueur le 4 décembre 1969. • Organisation de l'aviation civile internationale, *Convention pour la répression de la capture illicite d'aéronefs*, La Haye, 16 décembre 1970, entrée en vigueur le 14 octobre 1971. • Organisation de l'aviation civile internationale, *Convention pour la répression d'actes illicites dirigés contre la sécurité de l'aviation civile*, Montréal, 23 septembre 1971, entrée en vigueur le 15 octobre 1980. • Nations Unies, *Convention sur la prévention et la répression des infractions contre les personnes jouissant d'une protection internationale, y compris les agents diplomatiques*, New York, 14 décembre 1973, entrée en vigueur le 20 février 1977. • Nations Unies, *Convention contre la prise d'otages*, New York, 17 décembre 1979, entrée en vigueur le 3 juin 1983. • Agence internationale de l'énergie atomique, *Convention sur la protection physique des matières nucléaires*, Vienne, 3 mars 1980 et entrée en vigueur le 8 février 1987. • Organisation de l'aviation civile internationale, *Protocole pour la répression des actes illicites de violence dans les aéroports servant à l'aviation civile internationale*, Montréal, 24 février 1988, entrée en vigueur le 6 août 1989. • Organisation Maritime Internationale, *Convention pour la répression d'actes illicites contre la sécurité de la navigation maritime*, Rome le 10 mars 1988, entrée en vigueur le 1er mars 1992. • Organisation Maritime Internationale, *Protocole pour la répression d'actes illicites contre la sécurité des plateformes fixes situées sur le plateau continental*, Rome le 10 mars 1988, entrée en vigueur le 1er mars 1992. • Organisation de l'aviation civile internationale, *Convention sur le marquage des explosifs plastiques et en feuilles aux fins de détection*, Montréal, le 1er mars 1991 entrée en vigueur le 21 juin 1998. • Nations Unies, *Convention internationale pour la répression des attentats terroristes à l'explosif*, New York, le 15 décembre 1997, entrée en vigueur le 23 mai 2001. • Nations Unies, *Convention internationale pour la répression du financement du terrorisme*, New York le 9 décembre 1999, entrée en vigueur le 10 avril 2002. • Nations Unies, *Convention internationale pour la répression des actes de terrorisme nucléaire*, New York, 13 avril 2005, entrée en vigueur le 7 juillet 2007. • Nations Unies, *Amendement à la Convention sur la protection physique des matières nucléaires*, New York, adopté le 8 juillet 2005. • Organisation Maritime Internationale, *Protocole relatif à la Convention pour la répression d'actes illicites contre la sécurité de la navigation maritime*, Londres, 14 octobre 2005, entrée en vigueur le 28 juillet 2010. • Organisation Maritime Internationale, *Protocole relatif au Protocole pour la répression d'actes illicites contre la sécurité des plates-formes fixes situées sur le plateau continental*, Londres, 14 octobre 2005, entrée en vigueur le 28 juillet 2010. • Organisation de l'aviation civile internationale, *Convention sur la répression des actes illicites dirigés contre l'aviation civile internationale*, Pékin, 10 décembre 2010. • Organisation de l'aviation civile internationale, *Protocole complémentaire à la Convention pour la répression de la capture illicite d'aéronefs*, Pékin, 10 décembre 2010.

668. DAHER DJAMA (A.-), *Le XXIe siècle à l'assaut du droit de la piraterie : le cas de la Somalie*. Droit. Université Nice Sophia Antipolis, 2015, p. 9.

669. Nations Unies, Convention internationale pour la répression du financement du terrorisme, New York, 9 décembre 1999, entrée en vigueur le 10 avril 2002, article 2.

pour la plupart de perpétrer des actes dans ces pays. Le groupe *Al-Shabaab*[670], classé comme entité terroriste, dispose d'une puissance de nuisance en Somalie et dans la région comme le décrit Alain Charret[671], pour qui « *les groupes Al-Shabaab étaient limités au confit somalien, les militants d'Al-Shabaab franchissent les frontières pour agir au Kenya qui abrite le siège du gouvernement de transition. En septembre 2009, Al-Shabaab prête allégeance à Al-Qaida. Un an plus tard, le mouvement commet sa première action d'envergure hors de la Somalie. Il revendique un premier double attentat au cœur de Kampala en représailles à l'action des militaires ougandais au sein de la force de l'Union africaine déployée en Somalie. Les attentats ne cesseront jamais* ». Et des attaques similaires ont été perpétrées par ce même groupe à Djibouti le 24 mai 2014, dans le restaurant *La Chaumière*, un établissement fréquenté par des Occidentaux. Il y a eu trois morts (un employé et les deux kamikazes), on peut déplorer aussi plusieurs blessés, parmi eux des Espagnols et des Français. Par ailleurs, l'Érythrée, autre voisin de Djibouti, est accusée par un bon nombre de résolutions des Nations Unies comme finançant le terrorisme régional. Enfin, le récent effondrement sécuritaire au Yémen a particulièrement déstabilisé la région avec la présence de plusieurs groupes terroristes.

Comme nous avons déjà examiné la question de la piraterie maritime et de ses enjeux pour la sécurité de la navigation des mers, nous parlerons ici plus longuement du trafic d'êtres humains. La pauvreté et l'oppression des gouvernements érythréen et éthiopien ont conduit un nombre conséquent de personnes à tenter de transiter par Djibouti ; ces migrants souvent sans-papiers souhaitent se rendre en Arabie Saoudite à la recherche d'une vie meilleure, le couloir souvent emprunté étant le Yémen pour ensuite aller en Arabie Saoudite. Entre 2007 et 2012, on a assisté à une augmentation exponentielle du nombre total des nouveaux arrivants au Yémen avec 107 500 personnes recensées à la dernière date (voir tableau 5)[672]. Selon le HCR, ceux-ci représentent désormais trois migrants sur quatre effectuant la traversée de la mer Rouge. Jusqu'en 2008, les migrants somaliens formaient les trois quarts de toutes les arrivées enregistrées au Yémen. Cette inversion des pourcentages de Somaliens et d'Éthiopiens entre 2008 et 2009 semble coïncider avec la fin de l'engagement des Éthiopiens en Somalie.

Les migrants, qui tentaient auparavant de gagner l'Arabie Saoudite, ont cessé cette traversée avec la crise de 2015 au Yémen, qui a créé un afflux inverse

---

670. *Al-Shabaab* (nom original : Harakat ash-Shabab al-Mujahidin, "la jeunesse" en arabe) est une milice islamiste active en Somalie et opérant occasionnellement dans les pays de la région (Kenya, Ouganda). Son but est l'imposition d'un État islamique sunnite et de la charia en Somalie par la voie du djihad.

671. CHARRET (A.-), *Al-Shabaab au cœur du terrorisme somalien*, Collection Grandes Ondes, éditions de l'Absence, Paris 2016, p 7.

672. SAÏD CHIRÉ (A-.), TAMRU (B.-), « *Les migrantes de retour dans la Corne de l'Afrique, vers une transformation sociale des espaces émetteurs : le cas éthiopien* », EchoGéo 37 - juillet/septembre 2016. https://echogeo.revues.org/14742

des personnes fuyant le Yémen vers Djibouti. Par ailleurs, le gouvernement djiboutien a permis à plus de 30000 personnes de diverses nationalités d'entrer librement et de se réfugier dans un centre pour migrants, la plupart d'entre eux ayant subi divers traumatismes.

Année	2006	2007	2008	2009	2010	2011	2012
Nombre	11000	2600	50000	7700	5300	1030	107500

Tableau 5 : Nombre de migrants ayant atteint les côtes yéménites (2006-2012)[673]

Il en est de même pour les trafics de drogue, hélas un crime largement répandu dans la plupart des ports de ce monde à des degrés divers. Le port de Djibouti est, comme la plupart de ses homologues, confronté à des réseaux de trafiquants utilisant pour leurs besoins les infrastructures pour s'adonner à leurs trafics. Ainsi, le 3 janvier 2017, les douanes de Djibouti ont intercepté plus de 500 kg de cocaïne au port de Djibouti. Inédite était l'interception de cette grande quantité de drogue dite « dure » sur le territoire national. Les sachets de cocaïne étaient dissimulés dans une trentaine de conteneurs pleins de sacs de sucre en provenance du Brésil. La cargaison illicite a fait l'objet d'un transbordement maritime en Espagne avant son acheminement vers Djibouti. Ce mode opératoire soulève une hypothèse, celle que Djibouti serait une destination de transit du trafic transfrontalier de stupéfiants au niveau régional (les États cloisonnés) et international[674].

Les perspectives de développement et la criminalité

Des réformes institutionnelles ont permis le développement de différents projets à Djibouti. Il s'agit de la personnalisation de l'autorité des ports et des zones franches, une garantie d'indépendance et de souplesse de gestion. En effet, jusqu'avant l'année 2000, qui correspond à la mise en concession privée de l'établissement public industriel et commercial du port de Djibouti, il n'y a physiquement qu'un seul établissement portuaire de nature commerciale et de renommée internationale. Tout au plus, il existait deux ports auxiliaires et un port de pêche qui relevait de la compétence du ministère de l'Agriculture et de l'Élevage, chargé des ressources hydrauliques. Il en résultait que l'essentiel de l'activité portuaire se concentrait au niveau d'un simple établissement public qui assurait, par ses services, la gestion et la réglementation du port lui-même, mais également des deux autres ports auxiliaires par voie de décret n° 0168 du 16 septembre1999. En 2001, la République de Djibouti confie la gestion du port autonome à une société dubaïote pour une concession d'exploitation et

673. Source : UNCHR
674. Le journal *La Nation* du jeudi 12 janvier 2017, édition n°9. www.lanation.dj

de gestion de 20 ans. De cet accord de concession naît un complexe portuaire dont le gouvernement de Djibouti détenait 66 % des actions. C'est en ce sens qu'en 2002 est instituée une Autorité des zones franches, autorité administrative indépendante dotée de la personnalité morale pour assurer en toute indépendance l'application de la législation sur les zones franches puisqu'elle est désormais, la seule autorité habilitée à *« délivrer tout permis d'opérer aux Entreprises de Zone franche et tout permis d'opérer, licence, certificat, ou toute autre autorisation ou tout autre document dont ils auront besoin ou qu'ils communiqueront à toute agence ou administration du secteur public en République de Djibouti »*. En outre et *« Conformément à la délégation qui lui est accordée par la présente loi, le Président de l'Autorité est habilité à délivrer un permis d'opérer, une licence, un certificat, ou toute autre autorisation ou tout autre document nécessaire au fonctionnement des sociétés de Zone Franche, en conformité avec les termes de la délégation, les instructions, les directives ou les conditions imposées par le Gouvernement. Le Président de l'Autorité a tout pouvoir pour faire tous les actes qui sont incidentés ou nécessaires à la réalisation de ses objectifs. »* Un décret n°0207 du 09-10-2003 modifie l'appellation de l'Autorité en ce sens : *« Autorité de la Zone Franche de Djibouti devient Autorité des Ports et des Zones Franches de Djibouti »* sans modification aucune de ses compétences. L'ajout des « ports » ne s'entend pas comme une habilitation quelconque donnée à l'Autorité pour influer sur la gestion de l'activité portuaire des différents établissements. Il faudra attendre pour cela le décret n°137 du 12 mai 2012 pour qu'il soit attribué à l'Autorité des ports et des zones franches la mission de promoteur des zones franches. Ce qui met le doigt sur la finalité foncière attendue, à savoir un instrument flexible de gestion. Pour que la personnalisation de l'autorité des ports et zones franches réponde à un souci de gestion et de flexibilité, il faut l'évolution de son statut en trois temps. D'abord, entre 2001 et 2003, il s'agit de mettre en place une institution chargée de promouvoir la nouvelle politique économique basée sur les zones franches, afin d'accroître l'attrait des investissements directs étrangers. Elle est d'ailleurs l'autorité désignée, comme le stipule le code des zones franches dans son article 12 : *« L'Autorité des Ports et des Zones Franches est dotée du pouvoir de réglementation dans les zones franches, existantes ou futures, en République de Djibouti. Elle est mandatée pour édicter toutes règles et règlements de zones franches ; elle a la responsabilité de fixer la grille tarifaire des redevances en zones franches ainsi que des amendes et pénalités applicables pour toute violation du règlement de zone franche et autres conditions rattachées à la licence. Elle est également mandatée pour la facturation desdites redevances, amendes et pénalités et prendra, pour ce faire, les dispositions de collecte qui s'imposent. Elle est seule habilitée à régir les questions environnementales et/ou relatives à la santé, la sûreté, la sécurité, les règles de spécifications de construction au regard des normes internationales dûment transposées dans les règlements de zones franches.*[675] »

675. http://www.ccd.dj/w2017/wp-content/uploads/2016/01/code-des-zones-franches.pdf

Ces instruments institutionnels et organisationnels ont permis, pour la première fois, l'inauguration, le 17 janvier 2017, par le Président de la République de Djibouti de ce qui sera la plus grande zone franche d'Afrique, projet financé conjointement avec le premier opérateur portuaire *Chine Dalian Port Corporation* qui a donné, le 16 janvier 2017, le coup d'envoi des travaux de construction d'une zone de libre-échange à Djibouti. L'accord relatif à cette plus grande zone franche sur le continent africain (48 000 hectares) est d'un coût qui est estimé à 3,5 milliards de dollars. Il a été signé en mars 2016 dans le cadre de la politique chinoise visant à développer le commerce avec le reste du monde en créant des infrastructures dans une soixantaine de pays. Tentant de bénéficier autant que possible de la position stratégique du pays, les autorités portuaires sont en constante évolution pour atteindre l'objectif conséquent de faire de « *Djibouti la porte d'entrée non seulement vers l'Éthiopie mais aussi le Soudan du Sud, la Somalie et la région des Grands Lacs* [676] ». D'autre part, force est de constater que les projets de développement et de renforcement des infrastructures portuaires sont nombreux, après la création d'un nouveau terminal pétrolier, d'une zone franche portuaire et du terminal à conteneurs de Doraleh. Cinq projets majeurs sont en cours *(figure 13)* :

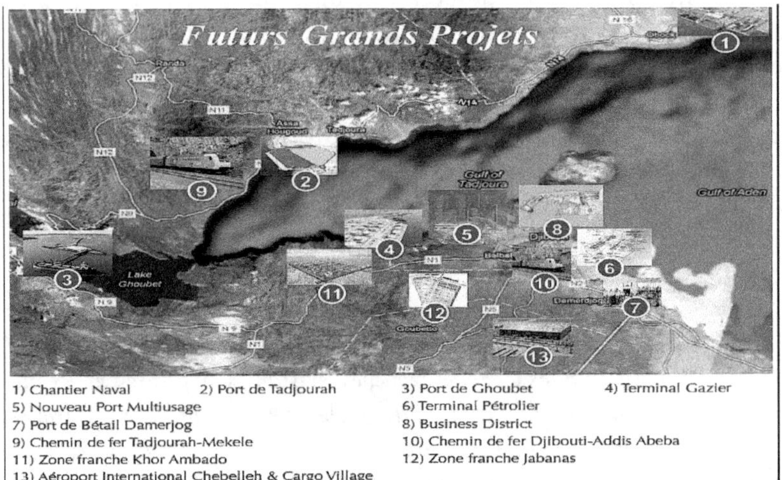

Figure 13 : Futurs grands projets[677]

676. http://www.ecodafrik.com/djibouti-le-chinois-dalian-port-corp-entame-la-construction-de-la-plus-grande-zone-franche-dafrique/

677. Image de la vision politique de l'Autorité Portuaire de Djibouti.

• l'extension du terminal à containers permettant de disposer d'un quai de conteneurs aux normes internationales en vigueur ;

• l'extension du terminal pétrolier de Doraleh, engagée pour permettre d'augmenter de 35 % les capacités de stockage du terminal actuel (de 370 000 à près de 500 000 m^3) compte tenu de la demande ;

• la construction du terminal de Tajourah, destiné à exporter près de 4 millions de tonnes par an de potasse en provenance de l'Afar éthiopien (une 2e phase est prévue pour doubler la capacité d'exploitation) ;

• la construction du port de Goubet, pour assurer l'exportation de 4,5 millions de tonnes de sel par an, extraites du lac Assal, en direction de la Chine et du Japon ;

• la construction du quai de Damerjog, prévu pour exporter chaque année plus de 5 millions de têtes de bétail de l'Éthiopie et de la Somalie vers les pays du Golfe et du Maghreb[678].

En parallèle à tout cela, se développent aussi à un rythme soutenu les infrastructures ferroviaires et routières. Ainsi, le 10 janvier 2017, les gouvernements de Djibouti et d'Éthiopie ont inauguré le nouveau train à grande vitesse qui reliera Addis-Abeba à Djibouti en 6 heures au lieu de 24 heures préalablement, l'objectif étant de désengorger le trafic routier et de dynamiser le commerce frontalier entre les deux pays. Un autre objectif à long terme, cette fois impulsé par la Chine, est de relier toutes les capitales africaines de manière à favoriser le commerce continental et oriental. Ces projets représentent de nouveaux défis pour le port de Djibouti, ceux de la sécurité et de la sûreté des marchandises qui seront amenées à transiter par le port. Dans ce contexte, l'objectif central de la stratégie de développement du secteur pour les cinq années à venir consiste à renforcer sa fonction de centre régional de transport multimodal dans la Corne de l'Afrique. Il s'agit en particulier d'ancrer la position de Djibouti comme port principal et privilégié de l'Éthiopie, en s'efforçant de maintenir et même de renforcer la compétitivité de la chaîne logistique. Tous ces projets de développement représentent en effet des enjeux majeurs pour la gestion sécuritaire du port de Djibouti. Dans un contexte de développement des infrastructures, d'accroissement des moyens de transport et d'élargissement des domaines d'action, les questions de sécurité et de sûreté se font d'autant plus pressantes.

En effet, si le train est assurément un moyen conséquent pour le développement du port, l'accroissement parallèle des moyens de lutte contre les crimes cités préalablement devient également indispensable. Peut-on envisager qu'il n'y ait plus de trafic d'êtres humains ou de drogue avec le nouveau train qui est amené à s'étendre jusqu'en Afrique de l'Ouest ?

---

678. République de Djibouti, « *Stratégie de croissance accélérée et de promotion de l'emploi* », 2015-2019, p.61.

B. Une stratégie portuaire intégrée de lutte contre la criminalité

La sécurité et la sûreté de la navigation et du port de Djibouti représentent non seulement une obligation régalienne de l'État, mais celle-ci revêt une importance capitale lorsque l'on sait la part du port de Djibouti dans l'économie nationale. Le gouvernement de Djibouti, en tant qu'acteur du droit international, est l'autorité désignée pour ratifier des conventions internationales qui offriront un cadre de prévention et de protection des infrastructures du port.

À ce titre, quatre chantiers majeurs nécessitant une intervention directe de l'État peuvent être mentionnés :

- Une refonte de la législation maritime : il existe un impératif de réformer complètement le Code des Affaires Maritimes en y incluant les dispositions des conventions. Il s'agit de la convention SAR, convention Tonnage 89, de la convention STCW 78/95 (*Standards of Training, Certification and Watchkeeping* : normes de formation des gens de mer, de délivrance des brevets et de veille) et du Mémorandum d'Entente de l'océan Indien. D'un point de vue opérationnel, il y a une nécessité de mettre en place un centre de coordination opérationnelle qui permettra de simplifier et rationaliser l'action des entités publiques concernées y compris le port de Djibouti.

- Un renforcement de la Police maritime et de la sécurité en mer : des efforts doivent être déployés afin de consolider les stratégies de lutte contre les trafics illégaux (drogue, êtres humains etc.), les mécanismes de recherche et de sauvetage en mer et enfin la surveillance des côtes, en particulier contre les différents crimes cités précédemment et des crimes spécifiques comme la pêche illicite, non déclarée et non réglementée (INN).

- L'édification d'une véritable structure institutionnelle régulée par l'Autorité du Port et des Zones franches de Djibouti (APZFD), représentant l'État, et encadrant l'activité des opérateurs privés opérant au sein du port de Djibouti, qui serait également en charge de l'harmonisation et de l'établissement d'indicateurs de performances. Il s'agit également d'une prospection commerciale afin d'y déceler les opportunités de développement commercial sur des délais à court et long terme. La formation des autorités publiques concernées constitue un volet essentiel. Ces formations visent une meilleure compréhension des exigences et attentes réglementaires à destination des officiers de la Marine marchande, d'officiers des Affaires Maritimes, de juristes et d'inspecteurs maritimes et une formation sur la protection de l'environnement maritime.

- Une coopération accrue avec les organisations internationales permet, à travers notamment leur programme d'assistance technique, de mener des ajustements structurels de manière à se conformer aux standards internationaux.

Le port de Djibouti est ainsi assujetti aux normes et règlements internationaux en vigueur et a, de ce fait, entrepris un certain nombre de mesures, comme imposer à tous les services commerciaux du port de se conformer au

Code ISPS et aux règlements et lois nationaux, notamment le volet ayant trait à la coopération et au partage d'informations entre les différentes entités privées et publiques opérant dans l'enceinte du port (douanes, garde-côtes, Affaires maritimes, Marine nationale et justice). À ce propos, le Code ISPS définit bien cette coopération : *« le présent code a pour objet d'établir un cadre international dans lequel les Gouvernements contractants, les organismes publics, les administrations locales et les secteurs maritimes et portuaires puissent coopérer pour détecter et évaluer les menaces pour la sûreté et pour prendre des mesures de sauvegarde contre des incidents de sûreté ».*

Par ailleurs, le code considère que la coopération entre les gouvernements contractants est primordiale puisque la sûreté est une activité de gestion qui entre dans la prérogative des missions de l'État. Cette coopération internationale entre les États contractants devrait également permettre d'établir une liste noire des pays et des armateurs qui ne font aucun effort pour promouvoir l'ISPS, et ainsi les écarter progressivement du commerce maritime mondial. Dans la même foulée, la sécurité du port de Djibouti est assurée par un ensemble d'acteurs chacun compétents dans son périmètre :

· *Port Secure Djibouti* (PSD), société privée en charge des accès et de la surveillance générale du port ;

· la brigade de police judiciaire, responsable de la police sur la partie terrestre, qui dresse les procès-verbaux à partir des relevés d'infractions établis par *Port Secure Djibouti* ;

· la Marine nationale djiboutienne, chargée de la surveillance du plan d'eau et de la protection des bâtiments militaires en escale au quai 9 ;

· la brigade des affaires maritimes des garde-côtes, chargée de la surveillance du plan d'eau, en alternance avec la Marine nationale djiboutienne.

La multiplication des intervenants nécessite une bonne coordination autour du Commandant du port. Ainsi, la coopération entre différents acteurs intervenant au sein du port, à savoir les douanes djiboutiennes, la police nationale, la direction générale de la Sécurité nationale et le cabinet du Parquet de Djibouti, ont permis le démantèlement d'un réseau de trafiquants de cocaïne dans le port de Djibouti. En conséquence et pour limiter les risques, le port sécurisé de Djibouti, choisi par les lignes régulières internationales pour faire le transbordement régional et le Transport Maritime à Courte Distance (TMCD), permet de connecter au reste du monde les pays en situation d'instabilité (guerre civile) et en insécurité totale (piraterie, terrorisme), situés de part et d'autre du détroit de Bab-el-Mandeb, peuplés de plus de 30 millions d'habitants[679]. La finalité est de limiter les risques pour les navires-mères et leurs cargaisons qui représen-

679. Une population estimée en ajoutant la population répertoriée de Djibouti et du Yémen, les deux seuls pays côtiers du détroit de Bab-El-Mandeb, en 2016.

tent des enjeux financiers considérables pour les armateurs desservant les ports régionaux les plus sécurisés qui sont en l'occurrence les ports de Djibouti.

Maillon portuaire de Djibouti	Année	Dispositifs	Objectifs
État : Administrations et pouvoirs publics	2008	Alliance Militaire Européenne : Opération Atalante, point d'appui à Djibouti.	Sécurisation maritime régionale, lutte contre la piraterie au large de la Somalie.
	2009	Code de conduite de Djibouti : Représentant 21 pays (dont 11 régionaux)	Renforcement juridique de lutte contre les actes criminels dans le golfe d'Aden.
	2012	Mission civile de l'Union Européenne : EUCAP Nestor, quartier général à Djibouti.	Assistance à l'amélioration continue de la sécurité maritime régionale.
	2013	Centre de formation et la lutte contre la piraterie maritime : Centre Régional de Formation Maritime (CRFM), établi à Djibouti	Prévention contre la piraterie maritime régionale (Somalie).
Ports et entreprises associées : Ports, Zones Franches, Prestataires privés logistiques, etc.	2006	Privatisation de la sûreté des zones portuaires de Djibouti : Société *Port Secure Djibouti*.	Sécurisation optimale des zones portuaires.
	2009	Certification pour la sécurisation des installations portuaires de Djibouti : Code ISPS (*International Ship and Port facility Security*)	Garantir la sûreté portuaire.
	2009	Certification pour la sécurisation des marchandises en transit à Djibouti : *Supply Chain Security Management* (ISO 28000 : 2007)	Management de la sûreté de la chaîne d'approvisionnement

Tableau 6 : Dispositifs sécuritaires régionaux du maillon portuaire de Djibouti

Paragraphe 2 : L'apparition du Code ISPS et l'application du droit international de la sûreté maritime sur l'infrastructure portuaire

Pour qu'un port soit attractif et qu'il soit qualifié de « port sûr », il doit impérativement disposer d'un minimum de dispositifs de sécurité. Les navires, les installations portuaires et d'une manière générale, le commerce international sont de plus en plus en danger. Pour Martine Guénolé-Le Bihan, le port est défini comme « *une superficie de terrain d'eau comprenant des aménagements et des installations permettant principalement la réception des navires de mer, leur chargement et leur déchargement, le stockage des marchandises par des moyens de transport terrestre et pou-*

vant comporter également des activités d'entreprises liées aux transports maritimes[680] ». À cet égard, la communauté internationale devrait prendre des mesures pour sécuriser les routes maritimes, et c'est dans cette optique que sont apparues diverses mesures de sécurité, qui se traduisent par des conventions internationales. Cependant, l'Organisation Maritime Internationale a mis en place une Convention internationale dès 1974 pour la sauvegarde de la vie humaine en mer (SOLAS), qui est adoptée en novembre 1974 et entrée en vigueur le 25 mai 1980. Cette convention internationale traite des éléments fondamentalement importants pour la sécurité des navires et des installations portuaires. Pour la sécurisation des interfaces mer-terre, la communauté internationale a opté pour la prolongation de la convention de SOLAS de 1974. Cependant, le Code ISPS a été adopté le 12 décembre 2002 par la 2e Résolution lors de la conférence des pays contractants de SOLAS. En ce sens, il est indispensable de savoir la nécessité du présent code, ses objectifs, son fonctionnement et en quoi ce code peut participer au développement d'une structure portuaire, ainsi qu'au développement du commerce mondial.

A. La nécessité du Code ISPS et les prémices d'une architecture juridique de quelques nouvelles législations nationales relatives à la sûreté maritime en Afrique de l'Est

1. La nécessité du Code ISPS

La 22e session de l'Organisation Maritime Internationale (OMI) a été placée sous le signe de la révision des mesures existantes de façon à parer toutes éventualités d'attaques. Ces travaux ont abouti à l'adoption d'un cadre international visant à renforcer la sûreté maritime lors de la conférence de l'OMI qui s'est tenue à Londres en 2002 : le chapitre XI-2 de la Convention *Safety of Life at Sea* (SOLAS) et le Code international pour la sûreté des navires et des installations portuaires (ISPS) qui sont entrés en vigueur le 1er juillet 2004. Par ailleurs, s'agissant de sa portée, cette convention se voit élargie aux installations portuaires pour préserver la sûreté des navires, des ports terminaux ou de toute installation au large.

La problématique s'articule autour de plusieurs questions afin de comprendre l'intérêt et la portée du Code ISPS.

- Quelles sont les mesures de sûreté contenues dans le Code ISPS ?
- À qui revient la prérogative d'appliquer le Code ISPS ? Autrement dit, quels sont les responsables qui vont appliquer ces mesures de sûreté ?
- Enfin, comment le port de Djibouti a-t-il mis en place une politique pionnière en matière de sécurité et de sûreté portuaire ?

---

680. GUÉNOLÉ-LE BIHAN (M.-), « Sûreté Maritime et Terrorisme », *Revue de Droit Commercial, Maritime, Aérien et des Transports*, 2003, p.92.

1.1 Objectif du Code ISPS

L'objectif premier du code est d'établir un cadre normatif international pour la prévention des actes de terrorisme. Il engage une forte collaboration de toutes les parties prenantes au transport maritime à savoir les gouvernements des pays contractants, les compagnies ainsi que les ports. Cette coopération a pour but de mettre en place des procédures pour prévenir et détecter les menaces à la sûreté des navires et des installations portuaires. *In fine*, le Code ISPS définit bien cette coopération : *« le présent code a pour objet d'établir un cadre international dans lequel les Gouvernements contractants, les organismes publics, les administrations locales et les secteurs maritimes et portuaires puissent coopérer pour détecter et évaluer les menaces pour la sûreté et pour prendre des mesures de sauvegarde contre des incidents de sûreté »*.

Cela dénote l'importance qu'il donne à la coopération car les États signataires de ce Code ISPS sont dans l'obligation d'échanger toutes les informations afin de veiller à la sûreté ; par ailleurs, ce qu'il faut entendre par là, c'est le fait que la sûreté est une activité découlant de la prérogative régalienne des missions de l'État. C'est ainsi que la coopération des États contractants au Code ISPS devrait également permettre d'établir une liste noire des pays et des armateurs qui ne font aucun effort pour promouvoir l'intérêt porté à ce Code ISPS qui lui, en l'occurrence, dans un objectif à long terme, éliminera progressivement du commerce maritime mondial ceux qui ne respecteront pas les obligations afférentes au code.

Il établit les rôles et les responsabilités de chacun des intéressés aux activités maritimes. Cela se concrétise par la mise en place des mesures adaptées pour prévenir certaines menaces terroristes. Le code met en place des « prescriptions fonctionnelles[681] » qui concernent l'accès aux droits dits « protégés » comme les navires et les installations portuaires.

1.2 Le caractère obligatoire du Code ISPS

L'amendement du chapitre XI de la Convention SOLAS, devenu chapitre XI-2 « sur les mesures spéciales pour renforcer la sûreté maritime », consacre l'adoption du Code ISPS le 12 décembre 2012 par la Conférence des Gouvernements Contractants à la convention SOLAS. Il s'agit d'un instrument juridique international de prévention des actes illicites à l'encontre des navires et des installations portuaires. Il a pour objectif d'établir un cadre international faisant appel à la coopération entre les gouvernements contractants, les administrations, les secteurs maritimes et portuaires pour détecter les menaces contre la sûreté et prendre des mesures de sauvegarde contre les incidents qui menacent les navires et installations portuaires utilisés dans le commerce international. Il

681. http://www.afcan.org/dossiers_reglementation/isps_5.html

établit les rôles et responsabilités des États parties tant au niveau national qu'international. Par ailleurs, il comprend deux parties, une obligatoire, la section A, et une facultative, la section B.

La partie A dispose des prescriptions obligatoires à respecter. Les trois intervenants en matière de transport maritime doivent être capables de remplir les mesures décrites par la partie A du présent code. Elle édicte les responsabilités de l'État contractant (art. 4) et les obligations de sûreté des compagnies maritimes et des navires. Le code met en place tout un plan de sûreté qui nécessite des formations extrêmement poussées, tant de la part de la compagnie d'assurances et/ou du navire que de la part du port.

1.3 Le champ d'application du Code ISPS

L'application de ce code présente un caractère obligatoire pour les navires à passagers effectuant des voyages internationaux, pour les navires de charge effectuant des voyages internationaux et d'une jauge brute égale ou supérieure à 500 tonnes, pour les unités mobiles de forage au large effectuant des voyages internationaux, les installations portuaires fournissant des services à de tels navires (les terminaux). Par ailleurs, ces installations portuaires forment des interfaces mer-terre ; elles comprennent les zones de mouillage, les postes d'attente et leurs abords. Cependant, le code impose la présence de personnels spécialisés, l'établissement de plans et de documents, l'installation de matériels spécifiques et enfin la mise en œuvre de procédures d'application.

2. Tâches et responsabilités des gouvernements contractants du Code ISPS

2.1 Identification de la menace

Dans le cadre de la promotion de la sûreté du milieu marin, la convention SOLAS oblige les États contractants à identifier leurs propres menaces internes et à établir les niveaux de sûreté, afin de donner les recommandations sur les mesures à prendre contre les incidents de sûreté. Ceci conduit les États contractants d'une part à identifier la menace, et d'autre part à tenir compte des facteurs qui résident dans :

- la crédibilité de l'information sur une menace de la sûreté ;
- le fait que cette information soit corroborée, voire spécifiée ;
- la spécificité et son imminence et les conséquences potentielles de l'événement[682].

682. Règle XI-2/3 de la convention SOLAS et règle 4.1 de la Partie A du Code.

Cette responsabilité d'identification des menaces (collectes d'informations) appartient à chaque État qui, à travers les différents services de renseignements, s'appuie sur différents moyens qui lui incombent en matière de sûreté portuaire et maritime. Par ailleurs c'est un droit de nature régalienne et par conséquent classé « secret-défense[683] ».

S'agissant des États contractants, ils ont l'obligation de fournir des indications sur les mesures appropriées dans le but de réduire les risques que courent les navires battant leur pavillon. Il est aussi dans leur obligation de communiquer ces mesures, une fois que ces informations sont collectées (services de renseignements), de les transmettre au niveau de leurs administrations concernées ainsi qu'aux navires qui s'approchent de la côte territoriale pour qu'à leur tour les navires puissent prendre en considération la menace et mettre en place leurs niveaux de sûreté internes et adéquats.

Une des mesures que les États peuvent mettre en place en cas d'une menace imminente pourrait être matérialisée sous la forme d'une assistance, d'une escorte, d'une patrouille, d'un aéronef ou d'embarquement de personnel spécialisé en plus de l'équipage pour entrer dans un espace précis. Par ailleurs, le Code prévoit également une zone tampon permettant temporairement de stationner et surveiller 24h/24 les navires. Enfin les États contractants, ayant une fois déterminé le niveau de sûreté approprié, informent les usagers à savoir les navires, les installations, les zones portuaires, de se mettre au même niveau. La détermination du niveau de risque par les gouvernants contractants au Code devient la pierre angulaire visant à renforcer la question de la sûreté maritime

2.2. Établissement du niveau de sûreté définie par le Code ISPS

Une notion importante est introduite par ces nouvelles réglementations qui sont l'expression de « niveau », c'est-à-dire que pour chaque degré de menace, un niveau est approprié. Il existe 3 niveaux de sûreté qui ont pour objectif de limiter la vulnérabilité dans le secteur du transport maritime (chapitre XI-2 - règle 1 - paragraphe 1.14) :

- *« le niveau de sûreté 1 désigne le niveau auquel des mesures de sûreté minimales appropriées doivent être maintenues en permanence (ISPS « A » - section II - paragraphe 9) ;*
- *le niveau de sûreté 2 désigne le niveau auquel des mesures de sûreté additionnelles appropriées doivent être maintenues pendant une période déterminée en raison d'un risque accru d'incident de sûreté (ISPS « A » - section II - paragraphe 10) ;*
- *le niveau de sûreté 3 désigne le niveau auquel de nouvelles mesures de sûreté spéciales doivent être maintenues pendant une période limitée lorsqu'un incident de sûreté est probable ou imminent, bien qu'il puisse ne pas être possible d'identifier la cible précise (ISPS « A » - section II - paragraphe 10).[684] »*

683. Règle XI de la convention SOLAS et règle 4.1 de la Partie 4 A du Code.
684. MARIONNET (P.-), *op.cit.*, 1re édition INFOMER, Rennes, 2006, p.38.

C'est dans ce cadre de nivellement de la qualification du degré de risque que *« les gouvernements contractants ont la responsabilité d'établir le niveau de sûreté applicable à un moment donné et ce, aussi bien pour les navires que pour les installations portuaires (ISPS « B » - section I - paragraphe 1.8)*[685] *»*.

Cependant, ces niveaux de sûreté s'expliquent parfaitement, puisque certains endroits présentent un danger plus accru que d'autres régions du monde, en l'occurrence ici le golfe d'Aden où sont présents des risques non négligeables en la matière (piraterie, vols à main armée, pêche illégale, trafic d'humains, trafic de drogue etc.). Ce danger est généralement dû au fait de la proximité d'une zone instable politiquement (la Somalie) ou proche d'une région du globe subissant la loi d'individus déterminés à en finir avec la domination du mode de vie occidental[686].

Ensuite, ce que les gouvernements contractants du Code sont dans l'obligation de communiquer, ce sont les renseignements (partie « A » - section IV - paragraphe 4.1) concernant le niveau de sûreté approprié et notamment la mesure dans laquelle l'information sur la menace doit être communiquée (la crédibilité de l'information sur une menace de la sûreté, le fait que cette information soit corroborée, la spécificité et son imminence, et les conséquences potentielles de l'événement[687]) aux navires battant leur pavillon et à tous les navires qui se dirigent ou qui séjournent dans les installations portuaires situées sur leur territoire[688] (chapitre XI-2 - règle 3 - paragraphes 1 et 2). Enfin, dans la mesure où Djibouti fait partie des États contractants du Code ISPS, il se voit dans l'obligation auprès de l'OMI de contribuer à la sûreté du transport maritime international. Cette contribution passe notamment par la coopération de leurs gouvernements dans le processus de sûreté portuaire, d'évaluation et de matérialisation du risque de leurs installations portuaires, la désignation des organismes de sûreté, le contrôle de leurs ports et des navires battant leurs pavillons.

3. Les différentes fonctions établies par le Code ISPS

La mise en place du Code ISPS s'accompagne d'une série de fonctions dont les intervenants (partenaires publics et privés) doivent répondre impérativement au niveau de leur dispositif. Il s'agit des fonctions cruciales en matière de sécurité et de sûreté dans la structure portuaire djiboutienne.

---

685. *Ibid*, p. 39.

686. ODIER (F.-), *« La sécurité maritime ou les lacunes du droit international »*, Mélanges L. Lucchini et J.P. Queneudec. *La mer et son droit*, Pédone, 2003, p.456.

687. *Ibidem*, p.21.

688. *Ibidem*, p.39.

3.1 Agent de Sûreté du Navire (Ship Security Officer / SSO)

Un agent de sûreté du navire (SSO) est une entité importante en vertu du Code ISPS (*International Ship and Port Security*). Le SSO est une personne nommée par la compagnie et le capitaine du navire pour assurer la sécurité du navire. Un agent de sûreté du navire[689] est la personne à bord du navire, responsable devant le capitaine, désignée par la compagnie comme responsable de la sûreté du navire, y compris de l'exécution et du maintien du plan de sûreté du navire et de la liaison avec l'agent de la sûreté de la compagnie et les agents de sûreté de l'installation portuaire *(ISPS « A » - section I - paragraphe 6)*.

La sécurité des navires est l'une des plus grandes préoccupations de toutes les compagnies maritimes du fait que les navires naviguent dans des eaux internationales.

Les principales tâches de l'agent de sécurité du navire (SSO) comprennent la mise en œuvre et l'entretien d'un plan de sûreté du navire, avec un travail en étroite collaboration avec l'agent de sécurité de l'entreprise (CSO) et l'agent de sûreté de l'installation portuaire (PFSO).

Selon les dispositions du Code ISPS, chaque navire doit avoir un agent de sûreté du navire, qui a la pleine responsabilité de la sécurité du navire.

3.2 Agent de Sûreté de la Compagnie (Company Security Officer / CSO)

Il s'agit d'une personne désignée par la compagnie pour garantir l'évaluation de la sûreté du navire, la mise en place d'un plan de sûreté du navire dont la compagnie est tenue pour approbation, qui est ensuite appliqué et tenu à jour, et pour assurer la liaison avec l'agent de sûreté de l'installation portuaire PFSO (*Port Facility Security Officer*), *(ISPS « A » - section I paragraphe 7)*.

L'entreprise de transport maritime est obligatoirement tenue de désigner le CSO, pour ainsi maintenir à jour les plans de sûreté de la compagnie.

3.3 Agent de Sûreté de l'Installation Portuaire (Port Facility Security Officer / PFSO)

Les autorités portuaires sont tenues de désigner un agent de sûreté de l'installation portuaire (PFSO). Par ailleurs, il est tenu d'effectuer les plans de sûreté des installations portuaires, d'évaluer les plans de sûreté et d'effectuer des entraînements réguliers pour maintenir ainsi à jour les plans de sûreté des installations portuaires.

689. Ship Security Officer en anglais (SSO).

B. L'application du Code ISPS vis-à-vis de la politique de sûreté des navires et des installations portuaires : le cas du port de Djibouti

Dans l'obligation d'impératifs du droit international de la sûreté maritime, la République de Djibouti, étant État contractant à ce droit, est dans l'obligation de remplir à ce titre ses obligations internationales, voire d'accomplir son devoir général de loyauté, qui résulte du principe général de la bonne foi, applicable dans le domaine du droit international[690]. Ceci lui permet, en tant qu'État contractant, d'incorporer les normes internationales de sûreté maritime dans son ordre juridictionnel interne, d'où la nécessité pour les États contractants de s'acquitter tout simplement des « obligations consubstantielles » à leur qualité d'États parties à la Convention SOLAS de 2002 et au Code ISPS[691]. Dans une optique d'une meilleure compréhension de l'intérêt que porte la question en termes de responsabilités, la sécurité et la sûreté maritimes portuaires en République de Djibouti, nous évoquerons les propos du directeur de la sécurité et de la sûreté portuaires qui considère que : « *La sûreté maritime et portuaire est avant tout de la responsabilité des États du fait de leur mission régalienne de maintien de l'ordre public. La mise en œuvre de la sûreté permet plus généralement de lutter contre la criminalité et nécessite la collaboration de différents services étatiques tels que les inspections de l'État du port ou la police judiciaire. La sûreté est également un intérêt public du fait du rôle vital qu'a généralement le commerce maritime dans l'économie d'un pays. 78 % du PIB de Djibouti est, par exemple, issu des activités portuaires*[692] ». Par ailleurs, lors d'un entretien réalisé à la date du 12 mars 2017 dans les locaux de la Capitainerie du port, nous avons pu poser certaines questions au Commandant du Port, Mohamed Moussa Abar, lesquelles nous ont permis de récolter plusieurs informations.

---

690. Pour comprendre l'importance du devoir général de la loyauté en droit international, on citera un extrait de l'article du Professeur Eleftheria Neframi concernant le devoir de loyauté en droit communautaire européen : « *La solidarité des États membres à l'égard du droit communautaire est un principe fondamental, celui de la fidélité aux engagements contractés. Ce principe est exprimé dans l'article 10 (ex-article 5) du traité communautaire, qui impose aux États membres « toutes mesures générales ou particulières propres à assurer l'exécution des obligations découlant du présent traité ou résultant des actes des institutions de la Communauté. Ils facilitent à celle-ci l'accomplissement de sa mission. Ils s'abstiennent de toutes mesures susceptibles de mettre en péril la réalisation des buts précis » (...) En effet, la réalisation des objectifs de l'Union est inconcevable sans le concours des États. Les obligations du droit primaire et du droit dérivé ne peuvent être exécutées que par les États membres et l'exercice futur de la compétence de l'Union est conditionné par le comportement des États membres* ». Voir Eleftheria Neframi, professeur de droit public, Université Paris XIII, In « *Le principe de solidarité des États membres vis-à-vis du droit communautaire : le devoir de loyauté* », Communication à colloque à diffusion restreinte, Académie d'été, Université de Grenoble, 2006. Article en ligne : www.uclouvain.be ou www.cejm.upmf-grenoble.fr
691. NGO MBOGBA-MIKANO (P.-), *Le droit international de la sûreté maritime de 2002 en Afrique subsaharienne*, L'Harmattan, collection « Affaires maritimes et Transports », Septembre 2015, p. 150
692. Compte rendu « *Sûreté maritime et portuaire : intérêt public ou affaire privée* », selon M. Hussein Mowlid ADEN, directeur de la sécurité et sûreté du port de Djibouti, compte rendu du colloque Human Sea – Marisk, 3-4 octobre 2016, Nantes. http://humansea.hypotheses.org/705

* **Un aperçu historique de la problématique de la sécurité et de la sûreté du port de Djibouti :** Le port de Djibouti s'est développé au cœur de la problématique de sécurité et de la sûreté. Pour un bref rappel historique, le port de Djibouti était historiquement un port de relâche pour les navires allant vers l'Indochine et Madagascar, et un port de transit à destination de l'Éthiopie. Par ailleurs, il y a toujours eu cet aspect sécuritaire dans un port, puisque les marchandises qui venaient des différents horizons étaient déchargées au port de Djibouti. Ces marchandises appartiennent à différents clients, d'où la nécessité de les surveiller. Par ailleurs, dans les années 1975, chaque magasin au sein du port était surveillé par un policier. C'est à partir des années 2000, que deux événements majeurs et dramatiques vont changer le cours du destin du port de Djibouti : les attaques du *USS Cole*[693] en 2000 et du navire pétrolier *Limburg*[694] en 2001.

Ainsi, tous les navires qui se dirigent vers le port d'Aden viennent accoster au port de Djibouti pour le déchargement de leurs marchandises. Cependant la République de Djibouti, après ces attaques au large de ses côtes, a mis en place une directive sécuritaire portuaire en 2001 (Autorité Portuaire, Service National de sécurité, Gendarmerie Maritime, Marine nationale, Police, Affaires Maritimes, Douane etc.) avec l'appui et l'assistance technique des Français et des Américains. Cette directive sécuritaire portuaire mettait en place des moyens de sécurisation du port de Djibouti face aux nouvelles menaces entre l'interface port/navire et navire/port.

Ceci a conduit les différentes entités étatiques (Police, Gendarmerie maritime, les Affaires Maritimes, la Douane, le service de renseignements etc.), à coordonner leurs efforts dans la lutte contre les actes de malveillance (terrorisme, brigandage, piraterie, pêche illégale etc.) qui pourraient atteindre et endommager le devenir du port de Djibouti. Il a été créé un commissariat de sécurité de port, qui relève hiérarchiquement de la direction générale de la Sûreté nationale. Il est dirigé par un commissaire, choisi parmi les fonctionnaires de

693. L'attentat contre le destroyer lance-missiles *USS Cole* de la marine des États-Unis a lieu le 12 octobre 2000 alors qu'il est en cours de ravitaillement dans le port d'Aden au Yémen. Une embarcation piégée perfora la coque dans un attentat-suicide. Dix-sept marins américains sont tués et trente-neuf sont blessés dans l'attaque. Cet événement est alors l'attaque la plus meurtrière contre un navire de la marine américaine depuis 1987.

694. Le *Limburg* est un pétrolier français lancé en 2000 en Corée du Sud, qui a fait l'objet d'un attentat le 6 octobre 2002 au large du Yémen. S'apprêtant à rentrer dans le port d'Ash-Shihr dans le golfe d'Aden et transportant 400 000 barils de pétrole brut saoudien, le navire a été heurté par un bateau-suicide lorsqu'il était à environ 25 kilomètres des côtes. L'explosion ouvrit une brèche d'environ huit mètres au niveau de la ligne de flottaison et entraîna un important incendie. Un marin de l'équipage, Atanas Atanasov, un Bulgare de 38 ans, meurt dans l'attaque et douze autres ont été blessés. 90 000 barils de pétrole se sont échappés du navire. L'attentat a été revendiqué par l'Armée islamique d'Aden-Abyane présumée liée à Al-Qaïda. L'organisation a déclaré qu'elle ne visait pas le pétrolier, mais une frégate américaine qui était à proximité. Le navire a ensuite été remorqué à Dubaï puis réparé. Il est vendu à Tanker Pacific en 2003 et renommé *Maritime Jewel*.

la Sûreté nationale. Le commissariat de port est l'organe de commandement unique dans l'enceinte du port. Il assure en permanence la sécurité et ce, dans le respect des prérogatives dévolues aux autres organes et institutions de l'État habilités à cet effet. À ce titre, il préside et anime les travaux du comité de sûreté du port, élabore le plan de sécurité du port en liaison avec les autres organes et autorités responsables dans le site et veille à son exécution. Il procède également à l'évaluation de la menace et à l'estimation des moyens à mettre en œuvre, comme il se prononce sur tous les plans tendant à modifier, aménager ou à réaliser sur le port. Il fixe les procédures de mise en œuvre du dispositif de sécurité du site placé sous sa responsabilité, prend ou fait prendre toutes les mesures nécessaires visant la sécurité des personnes et la préservation des biens et il doit s'assurer, notamment par des inspections, de la fiabilité du dispositif mis en place et des mesures de sécurité. Il prononce enfin les redressements nécessaires en cas de défaillance relevée. Dans le cadre des missions qui lui sont dévolues, le commissariat est habilité à procéder à toutes les actions préventives qu'il estime nécessaires à la sécurité du port. Lorsque le danger avéré sur le site portuaire est tel qu'il nécessite des actions immédiates, le commissariat est habilité à mobiliser et à mettre en mouvement l'ensemble des moyens humains et matériels affectés à l'entité portuaire. Il est habilité, en outre, à mettre en œuvre d'autres moyens extérieurs à l'entité portuaire.

1. Perception de l'application du Code ISPS au sein de la structure portuaire djiboutienne

Selon les dirigeants du port de Djibouti, le port était très tôt proactif dans la mise en place de moyen des surveillances en élaborant une directive appelée, « directive sécuritaire nationale du port ». Ainsi cette directive décrivait les rôles de chacune des entités (Autorité portuaire, Ministère de tutelle, Police, Gendarmerie maritime actuellement remplacée par les garde-côtes, les Affaires Maritimes, la Douane, le service de renseignements etc.) à la sécurisation des infrastructures portuaires et des navires qui souhaitent accoster au port de Djibouti et éviter ainsi les nouvelles menaces. Avant même de parler de Code ISPS, un plan de sûreté portuaire a été mis en place en cas d'accident, d'intrusion ou de menace terroriste. Par ailleurs, nous pouvons dire que l'arrivée du nouvel opérateur, à savoir DPW (*Dubaï Ports World*), qui devient le gestionnaire du port de Djibouti en 2000, a bouleversé la vision étatique, c'est-à-dire le rôle régalien de l'État de la question de sécurité et sûreté d'un port, en l'occurrence le port de Djibouti. La stratégie du nouveau gestionnaire du port (DPW) voit d'un mauvais œil trop de sécurité étatique au sein du port, avec la présence de la Police, de la Gendarmerie maritime, de la Marine nationale etc. Le représentant de DPW demande lors du conseil d'administration à l'Autorité Portuaire, qui est le mandataire du gouvernement djiboutien, de pouvoir déléguer cette fonction de la sécurité et de la sûreté à un opérateur privé, en contrepartie d'un pourcentage donné et prélevé du bénéfice du port. Pour DPW, la vision d'un port d'État est révolue, et il considère que le port est une plate-forme commerciale, qui doit avoir une flexibilité dans sa gestion portuaire. Et, à cet égard, la présence au sein du port d'unités de policiers, de gendarmes, de militaires, n'était ni opportune, ni adéquate avec l'image moderne que DPW comptait attribuer au port de Djibouti.

En effet, la signature et la mise en place du Code ISPS ont été facilitées par les gestionnaires du port, à savoir DPW, qui mettra en place l'ensemble des procédures dans le port de Djibouti, ainsi que l'ensemble des moyens des coordinations relevant de l'État contractant du Code ISPS, à savoir le ministre de l'Équipement et du Transport. Ainsi il est demandé par l'OMI (Organisation Maritime Internationale) qu'une autorité soit désignée en vue de veiller à l'application du code et de transcrire ses dispositions en matière de droit interne. Pour le cas du port de Djibouti, cette gestion de la sécurité et de la sûreté sera dévolue à une entité privée à la hauteur de 30 % (FZCO) et à l'actionnaire majoritaire (à hauteur de 70 %), lequel actionnaire n'est autre que l'autorité portuaire et des zones franches.

C'est ainsi que cette privatisation partielle de la gestion de la sécurité a permis à la République de Djibouti d'adhérer aux dispositions concernant le Code ISPS le 21 juin 2004, qui n'est que l'amendement de SOLAS.

2. Le Code ISPS va-t-il engendrer des modifications dans la structure organisationnelle du port ?

Effectivement, le Code ISPS a amélioré les conditions sur le plan national de sûreté maritime et portuaire. Dans le cadre de la mise en œuvre du plan national de sûreté maritime portuaire, les autorités portuaires de Djibouti auront pour mission, notamment, de veiller à l'établissement des niveaux de sûreté (1, 2 et 3) en consultation directe avec le Commandant du Port, à procéder à la définition des prescriptions applicables à la déclaration de sûreté, à l'approbation des évaluations de la sûreté des navires et des installations portuaires et de tout amendement ultérieur aux évaluations approuvées, à l'approbation des plans de sûreté approuvés, à l'élaboration de toute réglementation relative aux modalités d'application du Code ISPS, à l'évaluation et au contrôle périodique du respect des dispositions du code ISPS, à la délivrance du certificat international de sûreté, de la fiche synoptique continue pour les navires et du document de conformité de l'installation portuaire.

Au point de vue des obligations et de la responsabilité, il incombe au ministère de l'Équipement et des Transports d'être le point de contact national unique pour les rapports avec l'OMI en matière de sûreté des navires et des installations portuaires. En cette qualité, voici les attributions suivantes qui lui reviennent :

· Coordonner des échanges d'informations entre l'OMI et les institutions nationales qui participent à la mise en œuvre des dispositions du Code ISPS, assurer la liaison avec l'OMI et les autres organisations internationales concernées par la mise en œuvre, et permettre d'accéder au système intégré global d'information sur le transport maritime (GISIS) de l'OMI et de procéder aux déclarations et modifications de toutes informations relatives au Code ISPS.

· Le ministère de l'Équipement et des transports est désigné autorité compétente pour la réception des communications ayant trait à la sûreté provenant des autres gouvernements parties à la convention internationale SOLAS, amende et modifie. À ce titre, il est chargé de recevoir les informations relatives aux contrôles des navires battants nationaux par l'État du port étranger et de prendre des mesures appropriées pour leur mise en conformité aux dispositions du Code ISPS.

· Il est désigné autorité nationale responsable de la sûreté des navires. Cela lui donne la prérogative à l'élaboration des textes réglementaires relatifs à la sûreté des navires et des textes d'application, à l'intégration de tout autre amendement par l'OMI au dispositif réglementaire national, à l'habilitation des organismes de sûreté pour agir en son nom, à la délivrance des fiches synoptiques, à la délivrance des certificats internationaux provisoires de sûreté aux navires prévus par le code ISPS, à la délivrance des certificats aux officiers de sûreté des compagnies et aux officiers de sûreté des navires et enfin à l'organisation des formations requises par le Code ISPS.

En deuxième lieu, il existe des obligations des entreprises de transports maritimes qui sont tenues de désigner l'Agent de sûreté de la compagnie CSO (*Company Security Officier*) capable de garantir une évaluation de la sûreté du navire et d'établir un plan de sûreté du navire qui sera soumis à l'approbation et ensuite appliqué et tenu à jour, désigner aussi un agent de sûreté du navire SSO (*Ship Security Officer*) ; celui-ci permet l'évaluation de sûreté du navire, prépare le plan de sûreté du navire et enfin il met en place les équipements requis par le précédent code et ainsi assure la formation des agents de sûreté à bord et à terre.

En dernier ressort, en termes d'obligations, les entreprises portuaires sont tenues par ailleurs de choisir un agent de sûreté des installations portuaires (PFSO), qui effectuera l'évaluation de la sûreté de l'installation portuaire, préparera le plan de sûreté des installations portuaires, assurera la formation des agents de sûreté et effectuera des exercices de sûreté au niveau de leurs installations portuaires.

3. Impact en termes des coûts de la question de la sécurité et de la sûreté portuaires

Vu le coût supplémentaire engendré par la sécurité et la sûreté, le consommateur final payera en fonction du tonnage un certain pourcentage de l'ordre de 0,25 % environ. D'où la création d'une tarification adaptée en fonction de la sécurité. Ainsi, nous pouvons cependant dire que l'application du Code ISPS procure pour un port de multiples avantages :

- la sécurisation de l'enceinte portuaire ;
- la sécurisation des marchandises et des personnes ;
- la rapidité des opérations ;
- la fluidité du trafic ;
- un seuil de sûreté optimal pour conforter la confiance des autorités maritimes internationales, des armateurs, des chargeurs, des destinataires ;
- l'objectif d'un processus de certification.

À travers cet entretien, nous avons constaté que l'application du Code ISPS, vis-à-vis de la politique de sûreté des navires et des installations portuaires, a bien été pensée au sein du Port de Djibouti S.A. (PDSA) et du *Doraleh Conteneur Terminal* (DCT), qui ont édicté pour la première fois à la date du 8 novembre 2011 de nouvelles procédures appelées « Système de Management de Sûreté », qui fondent une base légale et dont le but est de : *« développer un environnement et un lieu de travail sécurisé et ce, en vue d'assurer un bon déroulement des activités du port et de garantir sa croissance future*[695] *»*. Cette véritable politique de sûreté portuaire du SMS, est le fruit d'une volonté politique éclairée du gouvernement de Djibouti de devenir pionnier dans la gestion des ports, en mettant en place une véritable politique durable de sûreté portuaire comparée aux ports de la région de l'Afrique de l'Est. Cette politique de SMS est par ailleurs fondée par le décret n° 2007-015/PRE portant « règlement général du Port Autonome de Djibouti ». À la lecture du document du 8 novembre 2008, « Politique de Sûreté : Objectifs et Buts », nous pouvons estimer que le SMS constitue une politique qui *« définit les mesures visant à améliorer la sûreté du PAID, conformément aux parties A et B (du Code ISPS), en donnant une ligne directrice au personnel, aux usagers et en particulier aux prestataires des services de Sûreté, Port Secure Djibouti »*.

À travers cette politique, le PAID entend offrir à son personnel, à ses partenaires et à ses clients un environnement et un cadre de travail et de transaction commerciale sécurisés, afin d'assurer ainsi aux personnes, biens et services une protection adéquate et optimale[696].

---

695. Lire Système de Management de la sûreté (SMS), mais aussi Politique de sûreté : objectifs et buts. Documents officiels du Port Autonome International de Djibouti du 8 novembre 2011. www.portdedjibouti.com

696. Les objectifs tels que définis par le PAID de sa politique de sûreté portuaire : http://portdedjibouti.com/PDF/sms%20policy-.pdf

Les objectifs nombreux et très précis de ce Système de Management de la Sûreté sont[697] :

- la conformité aux normes de sûreté internationales ;
- l'amélioration constante des « *performances de la sûreté à travers les audits réguliers* » ;
- l'identification et l'évaluation des problèmes de sûreté ainsi que la définition des mesures de contrôle afin de prévenir tout risque ou menace ;
- l'apport d'un appui à la formation et à la sensibilisation des collaborateurs, ainsi que d'une expertise en matière de sûreté portuaire ;
- l'adoption des mesures de sûreté additionnelles si elles sont considérées comme une nécessité opérationnelle ou commerciale ;
- la sensibilisation de l'ensemble du personnel portuaire aux procédures de sûreté à travers les outils de communication interne, pour lui permettre de contribuer à la protection des intérêts commerciaux du PAID ;
- « *L'amélioration continue des performances de la sûreté à travers des audits réguliers et une réévaluation du Système de Management de Sûreté (SMS)* » ;
- « *Les attitudes et comportements portant atteinte à la sûreté sont considérés comme inacceptables* » ;
- la mise à disposition auprès des partenaires privés et publics (notamment les organismes tiers, les opérateurs portuaires, ainsi que les visiteurs) de toutes les informations importantes à savoir le dispositif de sûreté portuaire en vigueur au PAID, ce qui leur permet de mieux observer toutes les contraintes auxquels ils sont soumis conformément aux règles de sûreté portuaire au PAID.

Par ailleurs, nous pouvons considérer que le cadre de l'organisation de la gestion continue du Système de Management de la Sûreté portuaire et de l'évaluation de la sûreté de ces infrastructures portuaires, est confirmé dans la partie A du Code ISPS selon lequel « *l'évaluation de la sûreté de l'installation portuaire doit être effectuée par le Gouvernement contractant sur le territoire duquel l'installation portuaire est située. Un Gouvernement contractant peut autoriser un organisme de sûreté reconnu à effectuer l'évaluation de la sûreté de l'installation portuaire particulière située sur son territoire* [698] ». Toutefois ceci a été facilité par l'appartenance au réseau DPW (*Dubaï Port World*) selon Dyer et Singh (1998), qui ont démontré que la coopération et les alliances, telles que celle entre le Port Autonome International de Djibouti, Doraleh Terminal Conteneur (DCT) et le groupe DPW, peuvent, à travers la mise en place de la politique de la sûreté portuaire, à savoir le

697. NGO MBOGBA-MIKANO (P.-), *op.cit.*, éditions L'Harmattan, collection « Affaires maritimes et Transports », septembre 2015, p. 183.
698. Règle 15.2 de la partie A du Code ISPS.

SMS (Système de Management de la Sûreté), accroître leurs performances respectives en mettant en place des méthodes de suivi des principaux points [699] :

- Une amélioration constante de la sûreté et des procédures à travers des audits et des révisions régulières du SMS dans le but d'améliorer la performance opérationnelle du PAID.
- Être en permanence en conformité, à travers des contrôles et des révisions des Codes ISPS et ISO[700] 28000 : 2007 sur les spécifications relatives aux systèmes de management de la sûreté de la chaîne d'approvisionnement.
- Assurer continuellement les contrôles d'accès au port ainsi que la diffusion des informations quant aux normes de sûreté portuaire en vigueur.
- Veiller à l'actualisation de la politique Hygiène-Sécurité et Environnement (HSE) du PAID, et à son application scrupuleuse.
- Appliquer correctement les lois et règlements nationaux et internationaux en vigueur.

Ainsi, le partenaire DPW (Dubaï Ports World) est présenté comme étant le seul groupe portuaire international qui possède simultanément les certifications ISO 28000 et C-TPAT. Par ailleurs nous pouvons considérer que le groupe étant un « champion », un pionnier et un leader en matière de sûreté et sécurité portuaire connu et reconnu pour son savoir-faire dans ce domaine[701]. Afin d'identifier leur expertise, à savoir le groupe DPW en matière de sécurité et de sûreté portuaires, nous allons illustrer cela par un *tableau 7* qui dresse un récapitulatif des principales certifications internationales obtenues en comparant les dates entre DPW (Jabel Ali Port) et le PAID (Port Autonome International de Djibouti) :

699. NGO MBOGBA-MIKANO (P.-), *Ibid.*, p. 184

700. ISO signifie International Organisation for Standardisation. C'est une fédération d'associations nationales de normalisation créée en 1946 qui développe des normes internationales dans divers domaines et est basée à Genève. L'ISO 28000 : 2007 prescrit des exigences applicables à un système de management de la sûreté, y compris les aspects cruciaux pour l'assurance sûreté de la chaîne d'approvisionnement. Elle est applicable à toutes sortes d'entreprises.

701. BARKADLEH (H.G.-), *op.cit.*, mai 2016, p.72

Types de certifications sécuritaires	Certification Jabel Ali Port (DPW)	Certification PAID	Certification Doraleh Container Terminal (DCT)
ISO 9001 (Management de la qualité)	1996	2014	2011
ISPS (International Ship and Port Security)	2004	2012	2009
C-TPAT (Customs - Trade Partnership Against Terrorism)	2007	Non certifié	Non certifié
ISO 28000 (Security Management System for the SC)	2007	2012	2009
ISO 27001 (Information Security Management System)	2009	Non certifié	Non Certifié
UNDSS (United Nations Department of Safety and Security)	2013	Non certifié	Non Certifié

Tableau 7 : Certifications sécuritaires de DPW et du PAID[702]

Ainsi, ce tableau nous démontre, à travers ce bref récapitulatif, que le port de Jabel Ali (DPW), a été à chaque fois certifié des années avant le port de Djibouti. Ceci s'inscrit dans la continuité du 3e opérateur, à savoir DPW, qui est pionnier en matière de sûreté portuaire, et dont, depuis son arrivée à Djibouti en 2000, le port de Djibouti a profité du savoir-faire en matière de sûreté portuaire. Grâce à ce savoir-faire du partenaire DPW, les ports djiboutiens ont significativement relevé leur niveau de sécurité et de sûreté portuaires, cela leur permettant d'être à leur tour pionniers et leaders au niveau de la sous-région[703] et du continent africain. C'est dans le même ordre d'idée que Paulette Ngo Mbogba-Mikano écrit : « *Pour faciliter l'appropriation de la politique de la sûreté portuaire, des programmes spécifiques ont été mis en place et sont disponibles au Comité de Direction du PAID*[704]. »

Enfin, à travers les résultats obtenus en termes de volumes au PDSA et DCT, nous pouvons démontrer que, depuis 2007 jusqu'à nos jours, en matière d'importation/transit, d'exportation/transit, et de transbordement des marchandises, une augmentation croissante chaque année a été constatée. Ainsi nous pouvons dire que la politique mise en place au PDSA et DCT avec l'application du Code ISPS vis-à-vis de la sûreté des navires et des installations portuaires,

702. Source : DPW (2014).

703. BARKADLEH GILBERT (H.G.-), *Ibid.*, p.185
https://www.edilivre.com/la-performance-de-la-chaine-logistique-globale-la-surete-et-la-situation-geographique-d-un-maillon-portuaire-hassan-barkadleh.html#.WXBGfv_yib8

704. Changement de statut (ouverture du capital à une société chinoise) qui entraîne un changement de dénomination de PAID (Port Autonome International de Djibouti) à PDSA (Port de Djibouti Société Anonyme).

c'est-à-dire l'interface port/navire et navire/port, démontre incontestablement qu'elle a été réussie dans la mesure où les ports captent chaque année de plus en plus de volumes de marchandises, en matière de transbordement, exportation ou enfin en transit vers l'Éthiopie. Néanmoins, nous pouvons identifier que l'instabilité régionale de ses voisins proches, à savoir la Somalie, l'Éthiopie, l'Érythrée et le Yémen, constitue une réelle menace face au développement du port djiboutien, qui en l'occurrence devient également le pionnier en matière de lutte contre les actes de malveillance au sein des ports et de la mer Rouge. C'est dans le même ordre d'idée que Paulette Ngo Mbogba-Mikano affirme que : « *le Système de Management de la Sûreté du PDSA et DCT innove radicalement au regard des autres pays africains en ce qu'il constitue à notre sens un instrument unique en son genre, voire le seul instrument africain de politique de sûreté portuaire à ce jour pouvant être exporté et transposé dans d'autres pays africains, et exclusivement dédié à la sûreté portuaire*[705] ». Cette politique, basée sur la sécurité et la sûreté que la République de Djibouti a su vendre à travers les services portuaires, a néanmoins attiré de plus en plus de navires qui accostent au port de Djibouti (une stratégie fondée sur un concept sécuritaire).

Chapitre 2 : Le port de Djibouti : une position géostratégique favorable au développement

« *L'ouverture des petits pays d'Afrique subsaharienne sur la mer est un atout considérable pour la viabilité de leur économie. Mais leurs forces ne sont pas suffisamment exploitées pour engranger une dynamique de développement et un renforcement stratégique de leur positionnement dans la structuration de la chaîne régionale ou internationale d'activités économiques. Détenteurs de ports, les petits pays côtiers se doivent de repenser l'architecture de leurs espaces économiques à partir des projets « Corridors » au regard des potentiels de développement des pays de l'hinterland. Ils doivent se positionner comme des nœuds précieux de flux d'où se déploient des activités économiques structurantes*[706] ».

Le secteur des transports, notamment des services portuaires, routiers et ferroviaires, constitue le levier de l'économie djiboutienne. Ainsi, le rôle fondamental du port de Djibouti dans l'économie est justifié, d'une part, par la situation géostratégique[707] exceptionnelle du pays et, d'autre part, par la présence d'infrastructures portuaires modernes et d'infrastructures routières régionales réhabilitées et en très bon état. Afin de rendre ce secteur plus compétitif et de

705. *Ibidem.*
706. CHITOU (I.-), *La logistique organisationnelle, vecteur structurant des modèles économiques pour le développement des petits pays côtiers d'Afrique : le cas du Togo*, Colloque international du 15 au 16 décembre 2013, Université de Djibouti, Stratégique logistique et de transport au service du développement en Afrique, éditions L'Harmattan, janvier 2015, pp.18-19.
http://www.editions-harmattan.fr/catalogue/couv/aplat/9782343051741.pdf
707. Au carrefour des routes d'Europe, d'Extrême-Orient, du golfe arabo-persique et de l'Afrique de l'Est.

faire de Djibouti une plate-forme incontournable au niveau régional, le gouvernement a entrepris des réformes importantes allant de l'adoption d'un cadre institutionnel permettant le recentrage de son rôle et de ses responsabilités à la privatisation des activités et services de transports[708].

Ainsi, profitant de cette position géographique remarquable, le plaçant à la fois au croisement des plus grandes routes maritimes et le désignant *de facto* comme la porte d'entrée naturelle de l'Éthiopie, le port de Djibouti s'est imposé au fil des années comme une plate-forme de correspondance maritime et logistique régionale de l'Afrique de l'Est[709]. D'un autre côté, André Vigarié considère que la situation autour de ce corridor maritime est un nouveau modèle dominant du commerce maritime : « *une longue et dure partie diplomatique s'est jouée autour d'un couloir de communications qui va de Port-Saïd au cap Gardafui : là se trouve le chokepoint le plus important de la géostratégie générale des océans ; s'y mêlent les rivalités d'influences politiques de deux grands, les intérêts économiques et diplomatiques des puissances moyennes, le désir de participation à la vie internationale des petits pays riverains, et les exigences grandioses de l'économie maritime mondiale.* [...] *Là, passe l'artère principale où bat la vie économique du globe* [710] ». Ainsi, les ports de Djibouti sont, par ailleurs, tournés vers l'extérieur de par la nature de leurs activités, alors que le port PDSA est tributaire du contexte politique et économique international mais aussi régional. En effet, dans le cas de PDSA, son activité est par exemple très liée à la conjoncture économique de l'Éthiopie du fait de son enclavement. Le port de Djibouti a su par ailleurs créer un complexe portuaire remarquable en agrandissant sa capacité avec l'ouverture de nouveaux ports spécialisés à Djibouti-ville (port polyvalent de Doraleh) mais aussi dans les régions de l'intérieur (port de Tadjourah, port de Goubet). De plus, nous pouvons nous appuyer sur l'hypothèse, développée par François Guiziou dans sa thèse, selon laquelle l'importance pour le développement portuaire, au regard des grandes stratégies mondiales, n'est pas tant l'existence d'une capacité de gestion frontalière ou nationale, mais l'application des normes internationales et des orientations des grandes organisations[711]. Dans le même ordre d'idée, Antoine Frémont résume cela comme une meilleure intégration commerciale régionale, basée pour une bonne partie sur les ports maritimes et leur capacité à participer aux ré-

708. MOHAMED OSMAN (R.-), *Djibouti, monde arabe/monde musulman*, collection dirigée par Mathieu Guidère, éditions de Boeck, 2014, p.71.
http://www.deboecksuperieur.com/ouvrage/9782804189266-djibouti

709. MOHAMED OSMAN (R.-), *La politique de sécurité et défense dans la Corne de l'Afrique : le cas de Djibouti*, Thèse soutenue sous la direction de Mathieu Guidère le 12 décembre 2016, Université de Toulouse, p.103.

710. VIGARIÉ (A.-), *La mer et la géostratégie des Nations*, éditions Paris Economica (1995), p.244.

711. GUIZIOU (F.-), *« Le monde somali : les apparences du chaos aux périphéries de la mondialisation »*, Thèse soutenue le 17 mai 2018 à l'université de Nantes sous la direction du Professeur émérite de l'université de Nantes Jacques Guillaume, p. 146.

seaux conteneurisés[712]. Il n'en demeure pas moins que par la mer Rouge et le golfe d'Aden circulent des navires qui alimentent le commerce maritime à une échelle mondiale, d'autant plus que les « boîtes [713] » sont devenues le moteur d'une organisation efficace et décomposée des routes maritimes. Néanmoins il faudrait rappeler que *« sans conteneurisation, pas de mondialisation !* [...] *La conteneurisation n'est certes pas à l'origine de la mondialisation, mais à coup sûr, elle en est un des facteurs essentiels. Elle en constitue l'épine dorsale »*. Cependant, ce constat d'Antoine Frémont renforce l'idée qu'au large des côtes de la Corne de l'Afrique transitent surtout des navires qui forment le flux vital de l'économie marchande mondiale[714].

Dans ce dernier chapitre de la thèse, nous allons montrer au regard de leur positionnement géographique[715], voire géostratégique[716], dans quelle mesure les ports djiboutiens peuvent tirer un avantage de cet atout, et surtout résister par ailleurs à la concurrence des ports de la sous-région. Sur ce point, il faut porter une attention particulière au terme « géostratégique », qui dans le cadre présent nous semble plus précis que la simple notion de « stratégique ».

712. FRÉMONT (A.-), *Les ports, leviers de développement ? Opportunités sur la rive sud de la Méditerranée*, éditions Afrique Contemporaine (2010), p.234 (2). p.70.

713. FRÉMONT (A.-), *Le monde en boîtes : conteneurisation et mondialisation*, éditions Arcueil INRETS, p.137.

714. FRÉMONT (A.-), *op.cit.*, éditions Arcueil : INRETS, p.137.

715. La position géographique du port est un facteur d'attractivité pour les entreprises qui sont à la recherche d'un port idéalement situé pour faire transiter leurs marchandises. Ainsi, l'existence du port de Djibouti sur la Corne de l'Afrique, à l'intersection de la péninsule arabique (riche en ressources pétrolières et capitaux financiers), de l'Afrique (riche en matières premières et en consommateurs potentiels), sans oublier sa proximité avec le canal de Suez et l'Asie (atelier de production du monde), offre aux entreprises un lieu d'implantation idéal. Une seconde hypothèse de la situation géographique est que la géographie du port est vue comme un critère de localisation de multinationales, qui sont à la recherche d'un port idéalement situé et qui faciliterait l'approvisionnement auprès de leurs fournisseurs et prestataires de services, mais aussi aiderait l'exportation et la commercialisation de leurs produits. On entend par ailleurs par l'expression « facteur de localisation » tout phénomène susceptible d'influencer d'une manière ou d'une autre le choix d'implantation d'une entreprise, par exemple dans le cas de la position géographique du port de Djibouti.

716. La notion géostratégique est devenue un argument marketing utilisé par de nombreux pays. Par ailleurs, elle découle d'un glissement de la notion de position géographique qui dans son évolution démontre le positionnement du port comment étant un levier qui représente de plus en plus une place importante dans l'économie d'un pays, voire de la région.

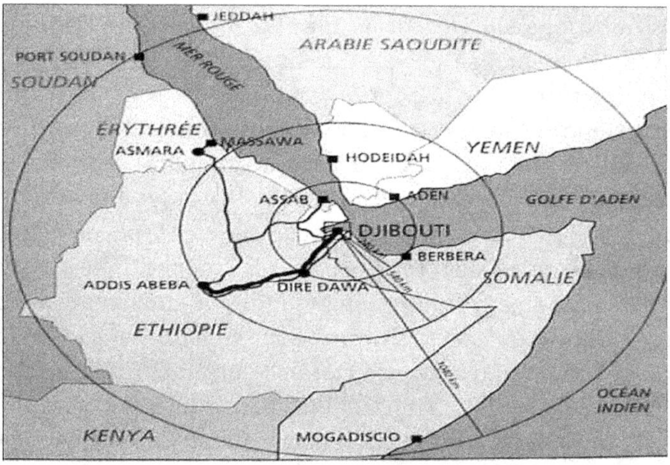

Figure 14 : Positionnement géostratégique des ports de Djibouti[717]

La figure 14 nous montre bien sa position remarquable, et le fait que Djibouti est, dans sa globalité, un axe de pénétration vers le cœur même de l'Afrique, donc une voie de sortie vers la mer pour tous les États enclavés de la région. Avec plus de 100 millions de consommateurs, l'Éthiopie, de surcroît État enclavé, utilise le port de Djibouti comme son principal débouché maritime. À cet égard, Bezunesh Tamru montre bien l'intérêt que *« les autorités éthiopiennes justifient leur projet de désengager partiellement leurs trafics de Djibouti par leur souhait de développer une coexistence paisible et un partage de retombées économiques avec tous leurs voisins. La continuité de leur politique de décentralisation interne leur impose aussi le choix de ports de proximité désengorgeant l'axe Addis-Abeba-Djibouti*[718] *»*. Ceci s'explique aussi à travers les statistiques : avant 1998, environ 85 % du trafic à destination et en provenance de l'Éthiopie transitait par le port d'Assab tandis que le port de Djibouti ne traitait que 10 % du transit éthiopien[719]. Cependant, la donne change complètement avec le basculement de l'intégralité du transit éthiopien en 1998 suite à la fermeture des ports érythréens. Toutefois, à la même époque, deux nouveaux terminaux régionaux (Aden, Salaalah) sont entrés en fonction et constituent de sérieux concurrents du port de Djibouti pour le trafic de transbordement. L'importance du port n'est pas uniquement due à une série de choix économiques mais elle s'explique également par sa position géographique dans la région et par l'intérêt que les grandes puissances mondialisées ont voulu (ou veulent) donner dans leur stratégie de surveillance et de contrôle des voies maritimes.

717. Source : Port de Djibouti (s.a.).

718. TAMRU (B.-), *« Le rôle du port de Djibouti dans la construction urbaine et contemporaine du territoire éthiopien : vers un arc économique et maritime dans la Corne de l'Afrique »*, Article publié dans l'ouvrage *Djibouti Contemporain* sous la direction de Amina Saïd Chiré, éditions Karthala, 2013, p.170.

719. Source : Banque centrale de Djibouti : http://www.banque-centrale.dj/rubriques/27

Plusieurs questions s'imposent au fur et à mesure que l'on traite de cette problématique, notamment : en quoi la situation géographique des ports de Djibouti peut-elle constituer une force à valoriser dans un contexte en mouvement de concurrence sous-régionale ? De quelle stratégie de positionnement le PDSA peut-il se prévaloir avec les nouveaux actionnaires (chinois) ? Comment le nouveau terminal de Doraleh (DCT) peut-il être le fer de lance de cette stratégie de positionnement sur un plan concurrentiel ? Quelles peuvent être les solutions à adopter pour améliorer davantage la compétitivité des ports djiboutiens ? Des questionnements plus stratégiques nous amènent également à nous interroger sur l'impact que pourrait provoquer le départ précipité du géant *Dubaï Port World,* actionnaire du port de Doraleh Terminal Conteneur (DCT) vers le port de Berbera ? En fin de compte, le départ d'un géant émirati (DPW) et l'arrivée de ce nouveau partenaire chinois modifient-ils le paysage portuaire de la République de Djibouti ?

Section I : Positionnement stratégique des futurs Ports

De par leur position géographique et leur situation sécuritaire, les ports de Djibouti sont bien placés, aussi bien pour le transit à destination des États enclavés de la région (Éthiopie, Sud Soudan) que pour le trafic de transbordement. Ceci est d'autant plus vrai qu'à la lecture du document de grande qualité, modèle de géographie portuaire produit par Souimanga Farah Lodon (sous la direction d'André Vigarié) en 1969, est illustré déjà à cette époque le rôle de corridor de l'axe Djibouti-Addis-Abeba dès les premières pages du mémoire de troisième cycle : « *Le rôle économique du port de Djibouti ne pouvait se concevoir* [...] *sans une étude* [...] *des possibilités économiques de son arrière-pays éthiopien et accessoirement somalien*[720] ». Force de constat, les conflits plus ou moins directs avec les riverains, en l'occurrence l'Érythrée, ont contraint l'Éthiopie à orienter son commerce extérieur. Ainsi, les tensions récurrentes entre l'Éthiopie et l'Érythrée[721] depuis la fin de la guerre civile (6 mai 1998) et aboutissant au conflit armé, ferment définitivement les ports de Assab et de Massawa à tout commerce éthiopien. Toutefois, depuis 1998, la majeure partie du trafic portuaire est à destination de l'Éthiopie, via la République de Djibouti ; ceci s'explique par une situation favorisée par le contexte géopolitique régional[722].

720. FARAH LODON (S.-), « *Le rôle économique du port de Djibouti* », mémoire de troisième cycle de 1969 sous la direction d'André Vigarié, Université de Nantes, p.7.

721. BACH (J-N.-), « *La guerre Éthiopie-Érythrée de 1998-2000 : un conflit entre deux formations étatiques* », études de l'IRSEM sous la direction de GNANGUÊNON (A.-), *Les défis stratégiques africains : exploration des racines de la conflictualité en Afrique de l'Est* (dir.) , 2013-N°24, p.18.

722. ABDILLAHI GUIRREH (I.-), « *Développement et dépendance des systèmes portuaires d'état fragile ancrés dans la mondialisation : l'exemple de Djibouti* », Thèse soutenue le 14 décembre 2017, thèse de Géographie soutenue à l'université du Havre, sous la direction de Pierre THOREZ, p.17.

Nous allons analyser, dans cette section, d'abord la primauté des ports de Djibouti par rapport à leurs concurrents. Il s'agira ensuite d'expliquer les raisons de l'arrivée des nouveaux partenaires à l'initiative de la modernisation des infrastructures portuaires de Djibouti.

Paragraphe I : La primauté des ports de Djibouti par rapport à ses concurrents : la garantie sécuritaire

Les ports de Djibouti, malgré leurs performances sécuritaires et leur positionnement géostratégique, se voient confrontés à une rude concurrence des ports voisins (Port-Soudan, port d'Aden, port de Salalah et port de Djeddah) d'une part (A), et d'autre part, pour se démarquer par rapport à leurs concurrents directs, ils vont adopter différentes stratégies afin de développer ces nouvelles infrastructures portuaires (B).

A. Port de Djibouti (S.A.) par rapport à ses concurrents directs

Ainsi, cette concurrence directe affaiblit le PDSA et remet en question ses performances et son dynamisme au sein de la région. Par ailleurs, plusieurs ports le concurrencent directement, et en premier nous pouvons analyser la performance du port local qui est le port de Doraleh, et dans un second temps les ports à portée régionale que sont Port-Soudan (Soudan), le port d'Aden (Yémen), le port de Salalah (Oman) et enfin celui de Djeddah.

Néanmoins, le PDSA semble résister, du moins pour le moment, à cette rude concurrence. Il serait donc important d'étudier les stratégies et les perspectives de son développement et ce que le PDSA pourrait entreprendre afin de dépasser ses concurrents. Bien que l'essentiel du trafic conteneurisé soit traité au DCT, nous allons employer le terme de PDSA en raison du changement statutaire intervenu avec l'arrivée de Chinois dans la gestion portuaire. En devenant actionnaires de PDSA à hauteur de 23,5 %, ils deviennent ainsi, par ricochet, actionnaires du DCT dont PDSA dispose de 66,7 %.

1. Les ports voisins concurrents du PDSA

1.1 Analyse comparative en termes d'infrastructures portuaires et de performance des terminaux à conteneurs du PDSA, du port de DCT, et de Port-Soudan

- Les caractéristiques du terminal à conteneurs de Doraleh :

Le nouveau terminal à conteneurs de Doraleh, dont la construction s'élève à environ 400 millions de dollars (312 millions d'euros), opérationnel depuis février 2009, dispose d'une capacité d'accueil de 1,2 million de conteneurs par an.

Il s'agit d'un complexe portuaire en eaux profondes avec les caractéristiques suivantes :

- 1200 mètres linéaires de quai,
- Un tirant d'eau de 18 à 20 mètres,
- Une capacité d'accueil de 1.2 voire 3 millions d'EVP (extension prévue en 2018),
- Une zone de stockage des conteneurs de 700 000 m^2.

Ce nouveau terminal poursuit un double objectif qui est de fidéliser la clientèle éthiopienne (activité de transit) et d'augmenter l'activité de transbordement. Ainsi, ce nouveau complexe portuaire constitue un outil du développement économique et d'intégration régionale, ce qui permettra à Djibouti d'être une des portes d'entrées du Marché Commun de l'Afrique de l'Est et Australe (COMESA), soit plus de 400 millions d'habitants.

- Performance du port de Doraleh

L'analyse du rendement du terminal de Doraleh pour l'année 2016 montre sa capacité à être au niveau de rendement des meilleurs terminaux du monde. Bien que les responsables du terminal aient imposé une fourchette minimale de 40 mouvements par heure, Doraleh réalise des performances pouvant aller en moyenne à 59 mouvements par heure. Cela se manifeste par une augmentation continue du trafic du terminal. Il a ainsi réalisé un trafic de 519 500 EVP pour l'année 2009 (l'année de son entrée en activité) contre 352 081 EVP pour l'année 2008. En 2015, le trafic du terminal de Doraleh est de 910 165 EVP et les responsables tablent sur un trafic d'un million d'EVP pour l'année 2018.

Nous allons utiliser la méthode d'analyse SWOT[723] *(tableau 8)* pour comparer les ports de Djibouti et ceux de la région.

723. L'analyse SWOT ou matrice SWOT, de l'anglais *Strengths, Weaknesses, Opportunities, Threats* est un outil de stratégie d'entreprise permettant de déterminer les options stratégiques envisageables au niveau d'un domaine d'activité stratégique. Les expressions équivalentes en langue française sont « Menaces, Opportunités, Forces, Faiblesses » ou « Atouts, Faiblesses, Opportunités, Menaces » ; on utilise d'ailleurs parfois le terme « analyse MOFF » ou « analyse AFOM ». Ce modèle a été développé dans les années 1960 par Learned, Christensen, Andrews et Guth, quatre professeurs de la *Harvard Business School*, ce qui fait qu'on l'appelle également parfois « modèle de Harvard » ou « modèle LCAG ». C'est la confrontation entre les résultats du diagnostic externe et ceux du diagnostic interne qui permet de formuler des options stratégiques. Cette formulation d'options stratégiques constitue l'intérêt de l'analyse SWOT. La matrice SWOT n'apporte cependant une aide pertinente que dans la mesure où les questions initiales sont convenablement posées, que l'on puisse y répondre, et que l'on a bien analysé chaque domaine en termes de performance mais aussi d'importance. La justesse des résultats dépend de la justesse de l'analyse sur le court, moyen et long terme, et de la conscience que l'environnement interne ou externe peut rapidement changer, ce qui nécessite de régulièrement mettre à jour l'analyse. https://www.glossaire-international.com/pages/tous-les-termes/swot-methode.html

- *Analyse SWOT du port de Doraleh*

Opportunités	**Menaces**
> Position stratégique > Gestion assurée par le 3e opérateur mondial *DP World* > Hub maritime pour les pays enclavés du COMESA > Stabilité politique	> Crise économique de *DP World* > Concurrence du port de Salalah > Politique tarifaire supérieure aux ports de la région
Forces	**Faiblesses**
> Équipements sophistiqués > Meilleure productivité de la région > Certification ISO 28000 > Flexibilité du travail	> Système de travail archaïque (certaines tâches se font manuellement) > Personnel moins compétent

Tableau 8 : Analyse SWOT du Port de Doraleh

Comparaison entre PDSA et le TC de Doraleh (résultat 2015)

	PDSA	**TC Doraleh**
Tirant d'eau (profondeur)	9,5 à 12 mètres	18 mètres
Portiques de quai	4	8
Longueur de quai	400 mètres	1 050 mètres
Productivité/ portique/ heure	27 TEU	40 + TEU

Tableau 9 : Tableau comparatif entre PDSA et DCT Doraleh

Le tableau de comparaison *(tableau 9)* montre une supériorité à la fois des capacités infrastructurelles et matérielles du DCT par rapport à l'ancien port (actuel PDSA) mais également une meilleure productivité de Doraleh en termes de traitement de trafic conteneurisé. Cela montre bien que Djibouti a rehaussé les capacités du terminal pour accueillir les gros-porteurs. Mais est-elle suffisante pour faire face à la concurrence des ports de la région ?

> Le Terminal Conteneurs du DCT et le Terminal Conteneurs du Port Soudan :

Port-Soudan est créé à partir de 1905 par les Anglais en remplacement de Suakin, le port historique. Il est aujourd'hui le principal port du commerce du pays où transite l'essentiel des importations soudanaises, qu'il s'agisse de biens d'équipements, de véhicules, de fioul, de matériaux de construction, ou d'exportations telles que le coton, les légumes arabiques, les oléagineux ou le séné. Le port a traité un trafic de 5,3 millions de tonnes en 2009. Il dispose de 15 quais dont 5 servent aux cargaisons spécialisées telles que les conteneurs.

Le trafic du fret maritime a légèrement augmenté, de 4,5 millions de tonnes en 2000 à 5,3 millions en 2009. À l'heure actuelle, le port du Soudan possède 15 postes à quai dont 11 servent à la manutention des marchandises diverses et quatre aux cargaisons spécialisées aux conteneurs.

Comparaison entre PDSA et Port-Soudan (2015)

	DCT	Port-Soudan
Trafic annuel (TEU)	910 165	481 185
Tirant d'eau (profondeur)	18 à 20 mètres	12,7 mètres
Portiques de quai	8	5
Longueur de quai	1 050 m	426,6 m
Productivité par portique et par heure	40 TEU	32 TEU

Tableau 10 : Tableau comparatif entre PDSA et Port-Soudan

Port-Soudan *(tableau 10)* possède 5 portiques à quai avec une longueur de 426 m qui lui permettent d'accueillir un plus grand nombre de navires. Grâce à ses ressources pétrolières, le Soudan a fait des investissements pour améliorer ses équipements portuaires et concurrencer les autres ports de la région. Toutefois, en dépit de l'amélioration engagée par les autorités soudanaises, le port n'est pas encore capable de concurrencer le terminal de Doraleh comme nous le montre le tableau comparatif. À titre d'exemple, la productivité est nettement supérieure au DCT avec en moyenne 40 mouvements par heure alors qu'elle n'est que de 32 au Port-Soudan. Le conflit avec le Sud-Soudan semble créer une certaine méfiance des compagnies maritimes d'où un effritement de l'activité portuaire avec pour conséquence un basculement d'une partie de trafic vers d'autres ports de la région.

1.2 Analyse comparative des terminaux à conteneurs : le DCT Doraleh, le TC du port de Salalah (Oman) et le TC du port d'Aden (Yémen)

Depuis sa création en 1999, Salalah est l'un des terminaux qui a connu la croissance la plus rapide grâce à la présence de *Maersk*, principal actionnaire du terminal. Il est ainsi le principal *hub* de transbordement de l'armateur danois pour l'ensemble des ports de l'océan Indien et de l'Afrique orientale et australe. D'ailleurs, le transbordement représente la quasi-totalité de son activité[724]. Salalah constitue, avec Aden[725], le principal concurrent des ports de Djibouti pour le trafic de transbordement, en dépit de leur manque d'un arrière-pays bien fourni par rapport à Djibouti, qui dispose du marché éthiopien de 100 millions d'habitants. Quant à Aden, plus proche de l'axe de la route maritime (8 milles marins) que Djibouti, il ne connaît pas une croissance aussi rapide que Salalah. Toutefois, bien qu'il soit affaibli par le conflit, le port d'Aden demeure le principal concurrent des ports de Djibouti en période de paix. Le va-et-vient de l'armateur singapourien PIL entre Djibouti et Aden montre très bien que la situation sécuritaire joue beaucoup dans le choix des compagnies maritimes. Nous allons nous intéresser aux caractéristiques de trois terminaux (*tableau 11)* et utiliser la méthode SWOT pour analyser leurs forces et leurs faiblesses respectives.

Comparaison entre DCT, Aden et Salalah (2015)

	DCT	Aden	Port de Salalah
Trafic annuel (TEU)	910165	178098	2569000
Tirant d'eau (profondeur)	18 à 20 mètres	16 mètres	16 mètres
Nombre de Portiques	8	5	11
Longueur de quai	1050 m	800 m	1200 m
Productivité/portique/heure	40 TEU	25 TEU	40 + TEU

Tableau 11 : Comparaison entre DCT, Port d'Aden, Port de Salalah

Le port de Salalah dispose de 11 portiques à quai avec un tirant d'eau de profondeur de 16 mètres et une longueur de quai de 1200 mètres. En effet la productivité par portique et par heure est en moyenne de 40 TEU et peut atteindre parfois jusqu'à 45 mouvements par heure.

Quant au port d'Aden, il dispose de 5 portiques à quai avec un tirant d'eau de 16 mètres et une longueur de quai de 800 mètres. La productivité par portique est égale en moyenne à 25 TEU par heure pour un trafic annuel de 2569000 EVP en 2015.

Le port de Salalah est plus compétitif que le PDSA en matière de traitement de conteneurs ; cela s'explique par le fait que le port de Salalah dispose de beaucoup plus d'équipements sophistiqués. Nous pouvons ainsi considérer que l'abondance des équipements entraîne une augmentation de la cadence en

724. ABDILLAHI GUIRREH (I.-), *op.cit.*, Thèse soutenue le 14 décembre 2017, à l'université du Havre, p.131.

725. AHMED (G.A-), « *Ports de Djibouti : un Hub régional de transport maritime et porte d'entrée de l'Afrique de l'Est* », Mémoire de Master 2 soutenu en 2009, Université de Paul Cézanne, Aix Marseille III. http://www.memoireonline.com/02/12/5319/Ports-de-Djibouti--un-hub-regional-de-transport-maritime-et-porte-d-entree-de-l-Afrique-de-l-est.html

temps de chargement/déchargement des navires et permet au port de devenir un port plus compétitif dans la région. Quant au port d'Aden, on constate la même productivité mais le traitement de trafic conteneurisé est deux fois supérieur que le PDSA avant la guerre. Cela s'explique par la différence tarifaire et le temps d'immobilisation du navire dans le port.

Une analyse rapide montre que Salalah a une meilleure productivité par rapport à Aden et au DCT, même si parfois le terminal djiboutien fait jeu égal avec Salalah en termes de productivité. L'analyse d'Aden *(tableau 12)* est complètement faussée par sa situation sécuritaire depuis ces dernières années. C'est la raison pour laquelle nous nous interrogeons si la méthode SWOT peut confirmer notre analyse précédente.

- Analyse SWOT du port d'Aden

Opportunités	**Menaces**
> Position stratégique > Pays exportateur du pétrole	> Crise politique et insécurité > Concurrence du port de Salalah et de Doraleh > Coût d'assurances élevé du fait de l'insécurité > Méfiance de la part des armateurs et des navires
Forces	**Faiblesses**
> Équipements sophistiqués > Tarification favorable par rapport aux ports concurrents	> Faible productivité

Tableau 12 : Analyse SWOT du port d'Aden

Dans un deuxième tableau, nous analyserons le SWOT du port de Salalah :

- Analyse SWOT du port de Salalah

Opportunités	**Menaces**
> Position stratégique > Pays exportateur du pétrole > Cogéré par *Maersk*, leader mondial pour le transport de conteneurs	> Les armateurs concurrents de *Maersk* refusent que leurs navires soient traités au port de Salalah > Concurrence de Doraleh
Forces	**Faiblesses**
> Équipements sophistiqués > Équipe dynamique > Bonne productivité	> Faiblesse de l'arrière-pays

Tableau 13 : Analyse SWOT du Port de Salalah (Oman)

L'analyse SWOT montre que chacun des terminaux a ses forces et ses faiblesses, ce qui incite chaque port à miser sur ses points forts. Par exemple, le DCT axe sa stratégie sur son arrière-pays (Éthiopie, Sud-Soudan), plus fourni que ceux des deux autres ports (terminaux), pour son développement et surtout sa situation sécuritaire pour devancer Aden. Quant à Salalah, en raison de la faiblesse de son arrière-pays, il donne la priorité au trafic de transbordement et semble profiter de la massification du trafic pour proposer des tarifs plus compétitifs que Djibouti, même si les prix affichés ne sont pas souvent ce que payent réellement les compagnies maritimes. En effet, ces données sont souvent confidentielles et varient en fonction du volume que chaque compagnie est en mesure de faire traiter dans un terminal. Par exemple, pour un conteneur de 20 pieds plein, les tarifs affichés par les trois terminaux sont les suivants : DCT, 141 $; Aden, 40 $; Salalah, 140 $[726].

Pour l'analyse comparative des ports de Djeddah et de Djibouti, nous n'allons pas utiliser la méthode SWOT, parce que les deux ports n'ont ni les mêmes capacités de traitement ni la même politique commerciale, puisque l'un travaille en priorité pour son marché intérieur alors que l'autre est tourné vers son arrière-pays éthiopien. Le port de Djeddah, bien qu'il soit situé sur l'axe principal de la route maritime, à l'instar de Djibouti et d'autres ports de la mer Rouge, dispose d'un grand marché intérieur. En effet, *Jeddah Islamic Port* est la porte d'entrée et de sortie des échanges saoudiens en dehors des hydrocarbures.

Ainsi, contrairement au port omanais, Salalah, le transbordement ne représente pas sa principale activité puisque les importations et les exportations nationales constituent la majeure partie du trafic du port[727]. Néanmoins, Djeddah présente certaines similitudes avec le port de Djibouti, bien que les volumes en question ne soient en aucun cas comparables. D'abord, comme Djeddah, le transbordement n'est qu'une deuxième activité puisque le transit éthiopien représente plus de 85,5 % de l'activité du port[728]. Les deux ports ont également fait appel au partenariat privé, en l'occurrence l'opérateur de gestion des terminaux émiratis, *DP World*. Cependant, l'opérateur émirati a presque connu les mêmes mésaventures avec les deux ports puisque son départ a été précipité par le gouvernement djiboutien en février 2018, alors qu'il est en difficulté avec les Saoudiens pour la gestion du terminal sud de Djeddah, depuis l'ouverture du terminal nord par ces derniers et du développement des nouveaux terminaux

726. ABDILLAHI GUIRREH (I.-), *Ibid.*, p.133.
727. ABDILLAHI GUIRREH (I.-), *Ibidem.*, 134.
728. Rapport annuel de la Banque centrale de Djibouti 2016, 88 pages.

(Damiette et Aqaba) à sa proximité. Le port saoudien de Khor Fakkan[729] est le principal *hub* de transbordement de CMA-CGM dans la mer Rouge[730]. Depuis l'éviction de *DP World* de Djibouti en février 2018, l'armateur français est sur le rang pour faire de Djibouti un de ses *hubs* sur la mer Rouge. Il semblerait que la situation soit plus propice qu'en 2009 où CMA-CGM avait quitté précipitamment Doraleh pour Djeddah pour le transbordement[731].

Les principales compagnies maritimes (*Maersk*, MSC, CMA-CGM, PIL, *Cosco* etc.) desservent Djibouti. L'armateur singapourien PIL est l'un des tout premiers à utiliser le terminal à conteneurs du port de Djibouti depuis les années 1990. Il est aussi le principal armateur qui utilise Djibouti comme *hub* de transbordement. Selon le président des ports et des zones franches, il faut s'attendre ce que plusieurs compagnies utilisent Djibouti comme *hub* de transbordement avec l'implantation des usines chinoises en Éthiopie, notamment l'armateur *Cosco*.

Enfin, notre analyse n'a pas tenu compte des ports de l'Afrique orientale (Mombasa, Dar-el-Salam) du fait de leur excentricité par rapport à la route maritime. Ils ne peuvent pas être des concurrents directs s'agissant du trafic de transbordement puisque eux-mêmes sont alimentés souvent à partir de Salalah.

B. Préconisations et recommandations des stratégies à entreprendre au profit du développement portuaire de Djibouti (DCT)/(PDSA)

Nous allons présenter dans cette partie les différentes stratégies que les ports djiboutiens (PDSA et DCT) pourront entreprendre pour consolider leur politique de développement. En effet, il existe différents modèles de stratégie *(tableau 14)* pour rendre un port plus compétitif, d'abord à l'échelle régionale, ensuite à l'échelle internationale.

729. Khor Fakkan sert de port d'éclatement par *feeders* vers les ports du golfe arabo-persique et ceux d'Iran, et également vers le sultanat d'Oman, le Pakistan, l'Inde, l'Afrique orientale et l'océan Indien. Relié à Dubaï par une autoroute récente (2011), il n'est qu'à une demi-heure du principal pôle de développement de cette zone d'interface et de l'isthme du Moyen-Orient (selon Jean-Marie Miossec).

730. MIOSSEC (J.M.-), *Le conteneur et la nouvelle géographie des océans et des rivages de la mer,* éditions L'Harmattan, décembre 2016, p. 373.

731. *La lettre de l'océan Indien* n°1469 du 2 mars 2018, *« Guerre mondiale pour le port de Doraleh »*.

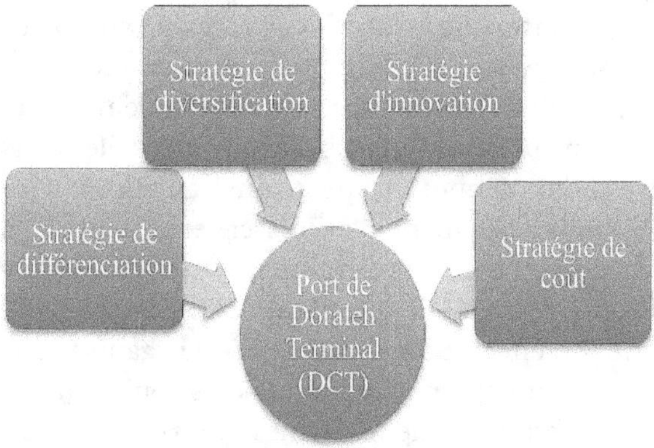

Tableau 14 : Schéma des stratégies possibles pour les développements des ports PDSA/DCT

(1) Une stratégie dite de « différenciation[732] » : Le DCT doit donc revoir sa stratégie en matière de tarification car le coût est élevé par rapport à ses concurrents. Il doit ainsi revoir sa politique tarifaire pour attirer davantage de navires et avoir un avantage concurrentiel.

(2) Une stratégie dite de « diversification[733] » : Le DCT doit créer d'autres secteurs d'activité qui peuvent être complémentaires à ses activités de transit à destination de l'arrière-pays continental et de transbordement. Ces activités peuvent être, par exemple, le soutage en combustible ou en eau aux armateurs, comme le DCT fait déjà pour les bâtiments militaires des forces étrangères présentes au pays pour la surveillance de la route maritime (piraterie, terrorisme).

(3) Une stratégie dite « d'innovation[734] » : Le DCT peut également entreprendre cette stratégie dite d'innovation en communiquant davantage sur sa politique commerciale afin de mettre en avant ses atouts et ses qualités de services. Cette stratégie peut consister, par exemple, à octroyer des primes aux armateurs de lignes régulières afin de stimuler le trafic conteneurisé. Mais le DCT doit aussi promouvoir la participation du secteur privé au financement des nouvelles installations et des nouveaux équipements, tout en améliorant la formation de son personnel pour une meilleure gestion.

732. Dans ce type de stratégie, le port entend proposer à ses clients une ou des prestations différentes de ses concurrents limitrophes. Cette stratégie suppose de disposer d'un avantage concurrentiel à la fois décisif et durable. Cette différenciation peut reposer notamment sur une politique tarifaire avantageuse pour les opérateurs.

733. Dans ce type de stratégie, le port décide de réorienter sa stratégie de développement vers d'autres secteurs d'activité, offrir de nouvelles prestations aux armateurs, aux opérateurs logistiques, aux chargeurs ou aux importateurs.

734. Une stratégie d'innovation a pour vocation d'entreprendre de la part du port une activité totalement nouvelle, pour offrir des prestations qu'il n'offrait pas auparavant.

(4) Une stratégie dite « de coût [735] » : Grâce à la stratégie de coût, le DCT pourra augmenter ses revenus. Cela lui permettra de procéder à des nouveaux investissements et d'équiper davantage ses moyens de manutention.

Ces stratégies peuvent être couplées avec d'autres éléments pour renforcer la place portuaire djiboutienne. On peut ainsi améliorer le système de gestion douanière[736], mais également d'autres critères comme la mise en place d'un département de recherche et développement pour suivre l'évolution du contexte géopolitique régional et international ou la tendance du marché de transport maritime. En effet, aucune structure ou organisation ne peut ignorer, aujourd'hui, les aléas d'un monde globalisé où les conjonctures (conflit, piraterie, actes malveillants etc.), même lointaines, peuvent avoir des conséquences néfastes localement.

En outre, les autorités portuaires doivent avoir aussi une politique de suivi, de gestion et de négociation en phase avec les demandes des armateurs qui sont, aujourd'hui, les vrais détenteurs de décisions de choix d'escales. Le DCT doit capitaliser sur ses qualités pour attirer davantage les compagnies maritimes sur ce marché du trafic conteneurisé très volatil en s'associant, par exemple, avec un des grands armateurs comme font, aujourd'hui, la plupart des ports de transbordement (Salalah avec *Maersk*, Le Havre avec MSC ou encore CMA-CGM etc.[737]). Elles doivent également avoir une meilleure politique de coordination avec l'ensemble des acteurs du secteur des transports (publics et privés) pour améliorer la qualité des services portuaires[738]. À partir de 2010, une série de tensions entre les autorités djiboutiennes et les autorités des Émirats Arabes Unis ont conduit à l'appropriation (ou à la nationalisation) du port de Doraleh (DCT) et mis fin au contrat avec l'émirati *Dubaï Port World*. En d'autres termes, cette rupture radicale de la République de Djibouti s'inscrit bien dans une tendance généralisée amorcée déjà par de nombreux autres États africains qui sont « *soucieux de recouvrer leur pleine souveraineté sur certains actifs ou de reprendre le contrôle sur les secteurs considérés comme névralgiques (exemples d'États : Gabon avec Veolia, la Tanzanie et la République démocratique du Congo avec la révision de leurs codes miniers respectifs en décembre 2017 pour la RDC et pour la*

735. La stratégie de coût consiste pour le port à minimiser au maximum ses coûts afin d'accroître sa compétitivité, augmenter ses marges et dégager les revenus nécessaires au financement d'investissements qui renforcent sa position.

736. ABBAS (H.-), *Les Infrastructures maritimes en mer Rouge : complémentarité ou concurrence ?* Colloque international *Stratégie logistique et de transport au service du développement en Afrique*, éditions L'Harmattan, janvier 2015, p.70 - http://www.editions-harmattan.fr/catalogue/couv/aplat/9782343051741.pdf

737. MIOSSEC (J.M.-), *op.cit.*, p. 27.

738. ABBAS (H.-), *Ibid.*

Tanzanie) qui sont jugés trop favorables aux intérêts étrangers[739] ». Cette question de nationalisation[740] renforce l'idée de réaffirmation de la souveraineté propre à chaque État souverain, qui réaffirme ainsi légitimement ses prérogatives de droits de gestion et d'exploitation sur des ressources ou infrastructures qu'ils considèrent comme stratégiques ; tel est le cas de la République de Djibouti s'agissant du port de Doraleh (DCT).

Rappelons ainsi que Djibouti dépend énormément de ses seules infrastructures portuaires qui représentent plus de 80 % du PIB[741]. En d'autres termes, cette considération d'importance stratégique a conduit le gouvernement de Djibouti à revoir certaines des clauses visant à limiter au maximum les prérogatives de la souveraineté de l'État (développé dans le chapitre 2), dont la plus flagrante est la monopolisation du développement des infrastructures portuaires à Djibouti imposée par l'opérateur DPW : *« Djibouti n'a pas le droit de construire d'autres nouveaux ports »*. Les contraintes liées au contrat de concession du terminal à conteneurs de Doraleh (DCT) et de DPW constituent un crime économique contre la nation djiboutienne, selon l'inspecteur général d'État Hassan Issa Sultan qui donne son analyse au journal *La Nation* par rapport au pourquoi d'une telle concession qui est contraire aux intérêts fondamentaux de la nation djiboutienne : *« Première aberration de cette concession : la République de Djibouti n'a pas le droit de construire un nouveau port sur son territoire depuis 2004. Seule DP World a le droit de développer un nouveau port. Ainsi, à cause de cette concession, la République de Djibouti n'avait pas le droit de construire le port polyvalent de Doraleh (DMP), le port de Tadjourah, le port du Goubet, les futurs ports de la zone de Damerjog (le port pour l'exportation du bétail et le port gazier). DP World a engagé des poursuites contre Djibouti pour la construction de ces ports. Toujours selon la concession, la République de Djibouti n'a pas le droit de décharger des conteneurs ailleurs que dans le DCT. Djibouti devait démanteler le terminal à conteneurs de l'ancien port dès le démarrage de DCT en 2009. Mais le DCT n'a pas l'infrastructure nécessaire pour le déchargement des conteneurs transportés pour le compte de l'Ethiopian Shipping Line par les bateaux de type mixed-cargo. Ces conteneurs sont déchargés dans le port de Djibouti depuis 2009 et dans le nouveau Port Multipurpose de Doraleh (DMP). DP World a engagé des plaintes à Londres contre Djibouti. Car elle exige que le port de Djibouti reverse la totalité des revenus qu'il a perçus du déchargement de ces conteneurs et les revenus futurs du DMP pendant les 43 années restantes de la durée*

739. *Le Point Afrique* du 27 mars 2018, Djibouti : ce que révèle la rupture entre gouvernement et l'opérateur portuaire DPW.
http://afrique.lepoint.fr/economie/djibouti-ce-que-revele-la-rupture-entre-le-gouvernement-et-l-operateur-portuaire-dp-world-27-03-2018-2205876_2258.php

740. La nationalisation est l'opération de transfert à la collectivité nationale des moyens de production privés : entreprises, terres, etc. La nationalisation d'une entreprise consiste pour un État à entrer dans le capital de celle-ci à plus de 50 % afin d'en prendre le contrôle direct.

741. Rapport annuel (2016) de la Banque centrale de Djibouti : https://s3.amazonienne/banque-centrale.dj/uploads/ document/attachment/183/Rapport_Annuel_2016.pdf?AWSAccessKeyId=AKIAJIZPY62P3HTP7XVQ&Signature=JhatYpi5xJzcSkGIfj4i2vV8khE%3D&Expires=1528797928

de la concession. Toujours selon cette concession, le port de Djibouti devait, soit refouler ces marchandises destinées à l'Éthiopie, soit les décharger gratuitement. Comment le port de Djibouti peut supporter ses coûts s'il doit reverser ses revenus à DCT ?

Tertio, DP World a aussi essayé de s'opposer à un autre projet très important de notre pays. Elle a déposé une plainte contre la République de Djibouti à Londres sous le prétexte que le nouveau train traversait le terrain de la concession de DCT. Alors que le terrain de DCT appartient à l'État et DCT l'utilise gratuitement.

Quatrièmement, DP World est libre de fixer les tarifs portuaires et abuse de ce pouvoir pour défavoriser la population locale. Les frais de déchargement des conteneurs destinés aux consommateurs djiboutiens sont largement surfacturés par rapport aux marchandises destinées à l'Éthiopie. Aussi, le DCT bénéficie d'une exonération totale d'impôts et de taxes pour une période de 50 années. En échange, l'État perçoit une redevance (royalties) de seulement 5 % du chiffre d'affaires. À titre de comparaison le port de Djibouti et tous les autres établissements publics versent à l'État un impôt sur les bénéfices de 25 %.

Dans tous les autres pays où DP World gère des ports, elle verse aux États des royalties comprises entre 20 % et 40 % du chiffre d'affaires.[742] »

Dans le même ordre d'idée, je voudrais remonter le fil de cette affaire judiciaire opposant l'État djiboutien à DP World[743]. Tout commence lorsqu'à la suite de la décision du jeudi 22 février 2018 nationalisant le port de Doraleh, en application de la loi du 8 novembre 2017 portant sur les contrats d'infrastructures stratégiques, le gouvernement de la République de Djibouti a résilié unilatéralement avec effet immédiat le contrat de concession attribué à la société Doraleh Container Terminal (DCT) administrée par son actionnaire minoritaire, DP World. La société émiratie a alors contesté cette procédure devant la Haute Cour arbitrale de Londres, qui lui a donné raison dans un jugement du 31 juillet 2018. Les magistrats ont jugé le contrat signé avec DP World toujours valide, ajoutant que Djibouti ne pouvait pas interférer dans la gestion du terminal à conteneurs et donc établir un contrat de concession avec le DCT.

Djibouti dit ne pas reconnaître cette sentence du juge unique de cette Haute Cour arbitrale. Les arguments mis en avant par l'État djiboutien dans cette affaire sont la primauté de la souveraineté de l'État en matière d'intérêt général. En outre un État a le droit de nationaliser une activité, une entreprise au cas où il constaterait que les prestataires, les concessionnaires seraient jugés défaillants, menaçant l'intérêt public, et préjudiciables même à l'intérêt suprême de la nation et à son devenir économique. L'action de défense de l'État djiboutien

742. Journal *La Nation*, « Résiliation de la concession du DCT : L'inspecteur général d'État apporte des éclaircissements », 25 février 2018.
http://www.lanationdj.com/resiliation-de-la-concession-du-dct-linspecteur-general-detat-apporte-des-eclaircissements/

743. Terminal à conteneurs de Doraleh (DCT) : seule une issue indemnitaire équitable et conforme au droit international est envisageable | *La Nation*.

s'inscrit dans la droite ligne d'un concept crée par le droit français : un droit de priorité d'intérêt général.

Si l'État rompt un contrat de concession, ou exproprie au nom de l'intérêt général, l'obligation d'indemniser les autres parties s'impose à lui. Et dans cette affaire, Djibouti est disposé à indemniser la partie DP World en lui versant des compensations au titre des dommages et intérêts dans les deux mois selon les termes de l'ordonnance.

Il est à noter que dans cette affaire, DP World est un actionnaire minoritaire dans le capital du Doraleh Terminal Container (DCT) alors que l'État djiboutien via PDSA est l'actionnaire majoritaire. La question qui se pose est : « comment un actionnaire minoritaire imposera *de facto* aux autres majoritaires ses décisions et ses volontés ? ». En outre, DCT est une personne morale de droit djiboutien, soumise au Code de commerce à laquelle s'applique la loi sur l'abus de la minorité. Cette loi porte sur la participation décisionnelle, et protège les actionnaires majoritaires contre l'actionnaire minoritaire et vice versa. Également, Le contrat de concession a été conclu entre l'État de Djibouti et DCT, et non DP World. Or ce n'est pas DCT qui porte plainte, mais DP World. DCT ne peut agir en justice que par la volonté de son conseil d'administration qui est l'organe décisionnaire. C'est en se fondant et en s'appuyant sur tous ces aspects que la partie djiboutienne a rejeté le verdict du juge de la Haute Cour arbitrale de Londres.

C'est dans ce contexte que la République de Djibouti met un terme au contrat de concession et de gestion du DCT et le considère comme étant une atteinte à la souveraineté de la nation : *« en application de la loi du 8 novembre 2017 portant sur les contrats d'infrastructures stratégiques, le gouvernement de la République de Djibouti a décidé de procéder le jeudi 22 février 2018 à la résiliation unilatérale avec effet immédiat du contrat de concession attribué au Doraleh Container Port (DCT) géré par la multinationale DP World. En conséquence, l'ensemble du patrimoine social de la société, les contrats et les personnels nécessaires à l'exploitation du terminal à conteneurs de Doraleh, à l'exception du contrat de gestion de ce terminal conclu le 6 décembre 2007 entre la Société Doraleh Container Terminal SA et DP World Djibouti FZCO, sont transférés de plein droit à cette nouvelle société de l'État à compter de la prise d'effet du présent décret*[744] ». Partant de ce fait, le gouvernement a créé, le jeudi 22 février 2018, une nouvelle entreprise publique dont le capital est détenu à 100 % par « la Société de Gestion du Terminal à Conteneur de Doraleh (SGTD) ». Dans un certain ordre d'idée, développé dans la thèse de François Guiziou, il s'agit de la résiliation entre *« autorités djiboutiennes, autorités du PAID et autorités des EAU (dont une procédure de résiliation du bail), permet à la Chine, également soutenu par la commu-*

744. Journal *La Nation*, *op.cit.*, 25 février 2018.

nication djiboutienne et les autorités éthiopiennes, de s'implanter puissamment dans le jeu portuaire régional[745] ». En d'autres termes, la réappropriation des infrastructures stratégiques suite à la résiliation n'a pas été négative, du fait de l'importance de sa position géostratégique qui a permis, après l'annonce de l'éviction de *DP World*, d'attirer deux entreprises de classe mondiale qui se sont ainsi manifestées pour prendre part au développement des infrastructures portuaires de Djibouti. Il s'agit notamment de l'armateur français CMA-CGM, qui a pris 15 % du capital de *Doraleh Container Terminal* (DICT) à travers la société qui gère le port autonome de Doraleh, détenue par *China Merchants Holding International* (CMHI) et l'État de Djibouti. Il en va de même pour l'armateur singapourien *Pacific International Line* (PIL) qui vient, quant à lui, de signer un contrat de transbordement de 300000 conteneurs avec la SGTD. C'est pourquoi l'ancien partenaire *DP World* a voulu investir en négociant un bail de trente ans (400 millions de dollars, plus l'investissement de la société *Emirates National Oil Company*, avec un budget d'investissement de plusieurs dizaines de millions de dollars pour l'ancien dépôt-terminal pétrolier) pour le port de Berbera qui n'est que « *poumon du Somaliland, hypothétique futur corridor éthiopien et éternels espoirs de développement*[746] ». Prétendument port oublié, Berbera est certainement celui qui l'est le moins et qui pourrait à moyen terme renforcer son rôle de port du Somaliland[747], et même devenir une plate-forme qui pourra concurrencer sérieusement à long terme les ports de Djibouti. Ceci s'explique par la proximité géographique avec l'Éthiopie via la ville de Jigjiga jusqu'à Dire-Dawa. Par ailleurs, une des conséquences qui ont rendu improbables de tels investissements étant, d'une part le manque d'infrastructures routières de qualité, et la médiocrité de ses équipements[748] d'autre part, se posait la question de la sécurisation de ce corridor « Berbera-Jigjiga-Dire-Dawa ». Au fond, le plus difficile à surmonter étant la non-reconnaissance de son État (*Somaliland*) qui compromet le développement[749], même si des accords de transit ont été signés avec l'Éthiopie, le simple fait qu'un navire étranger fasse escale à Berbera, il doit payer des primes d'assurance plus élevées, et la Somaliland n'est pas en mesure d'offrir des services financiers ou d'émettre des lettres de crédit.

Ainsi, pour la République de Djibouti, une nouvelle ère s'ouvre pour créer un nouveau modèle de partenariat réel basé sur l'idée « gagnant-gagnant ».

745. GUIZIOU (F.-), *op.cit.*, Thèse soutenue le 17 mai 2018 à l'université de Nantes sous la direction du Professeur émérite de l'université de Nantes Jacques GUILLAUME, p.158.

746. GUIZIOU (F.-), *Ibid.*, p.418.

747. *Ibidem*, p.418.

748. MIOSSEC (J.M.-), *Ibid.*, p.469.

749. WIREN (R.-), *Somaliland, pays en quarantaine*, éditions Karthala, juillet 2014, p.71.

Paragraphe II : Les nouveaux partenaires-sources des nouvelles constructions portuaires

L'objectif des autorités djiboutiennes est avant tout la modernisation des infrastructures portuaires et routières (interconnexion mer-terre) dont l'objectif est à terme est de « *doter le pays des moyens de ses ambitions pour devenir un hub régional et une plaque tournante des échanges commerciaux dans la région*[750] ». Ceci nécessitera, d'une part, de développer le secteur du transport, pilier de l'économie djiboutienne (A) et, d'autre part, de développer avec le nouveau partenaire chinois la mise en place d'une stratégie d'intégration régionale (B).

A. Les nouveaux ports comme vecteur du développement

Pour promouvoir le développement du secteur des transports qui constitue le pilier de l'économie nationale, de nouveaux projets sont réalisés ou en cours de finalisation. En raison de la faiblesse des deux premiers secteurs (primaire et secondaire), Djibouti mise sur son secteur tertiaire et en particulier celui des transports.

Aujourd'hui Djibouti bénéficie d'une conjoncture régionale favorable pour être la voie exutoire des échanges éthiopiens. Par ailleurs, l'évolution du contexte géopolitique et le souhait de diversification des voies d'approvisionnement des autorités éthiopiennes doivent inciter Djibouti à s'insérer davantage avec les États de la région, notamment avec ceux du COMESA par le biais d'une politique d'intégration. La faible performance de l'Afrique dans l'économie mondiale serait due, entre autres, à la faiblesse infrastructurelle de son système de transports[751]. D'où l'incitatif des chefs d'États africains qui ont lancé le Nouveau Partenariat pour le Développement de l'Afrique (NEPAD) en 2001. Si, pendant les premières années de l'arrivée des investissements privés, Djibouti avait donné la priorité aux infrastructures portuaires, l'entrée en fonction du nouveau chemin de fer en direction de l'Éthiopie et la construction prochaine d'une voie routière toujours pour l'arrière-pays éthiopien témoignent de la prise de conscience du fossé à combler. De ce fait, pour Djibouti, devenir l'une des portes d'entrée du marché du COMESA passe par le développement des liaisons terrestres voire aériennes. Les nouveaux ports crées au nord du pays participent à cette politique de diversification de service portuaire de la République de Djibouti.

---

750. Journal *La Nation de Djibouti* du 17 août 2014 : http://www.lanationdj.com/ceremonie-signature-du-contrat-construction-du-port-multipurpose-doraleh-du-port-betail-damerjog-pas-geant-vers-developpement/

751. PEDERSEN (P.O.-), *Freight transport under globalisation and its impact on Africa*, édition Journal of Transport Geography 9 (2), p.85-99.

1. Port de Tadjourah

Les autorités djiboutiennes ont engagé d'autres projets portuaires au nord du pays, d'abord pour désenclaver les régions et ainsi les faire participer en ouvrant ces régions littorales aux investissements étrangers. Financé à hauteur de 180 millions de dollars (américains) par différents de fonds de développement arabes (fonds koweïtien, fonds de développement saoudien etc.), il dispose d'un quai linéaire de 435 mètres pour la gestion des marchandises diverses (non conteneurisées) avec un tirant d'eau de 12 mètres et un espace de stockage de 30 hectares.

La création du port de Tadjourah répond également à cette politique djiboutienne de multiplication d'offres de services portuaires notamment les régions nord de l'Éthiopie (Tigré, Afar, Amhara). D'où la construction de la route de Tadjourah-Balho, qui est en phase de finalisation, en direction de l'Éthiopie Ce port servira essentiellement à l'exportation de potasse trouvée dans la région Afar de l'Éthiopie. Selon le président de l'autorité portuaire et des zones franches, Aboubaker Hadi, 5 millions de tonnes de potasse devront être exportés par an. Le port de Tadjourah *(figure 15)*, est plus proche des régions nord de l'Éthiopie. Djibouti-ville est censé lui permettre d'anticiper l'évolution du contexte géopolitique, notamment l'ouverture des ports érythréens, tout en répondant au développement socio-économique de la région de Tadjourah.

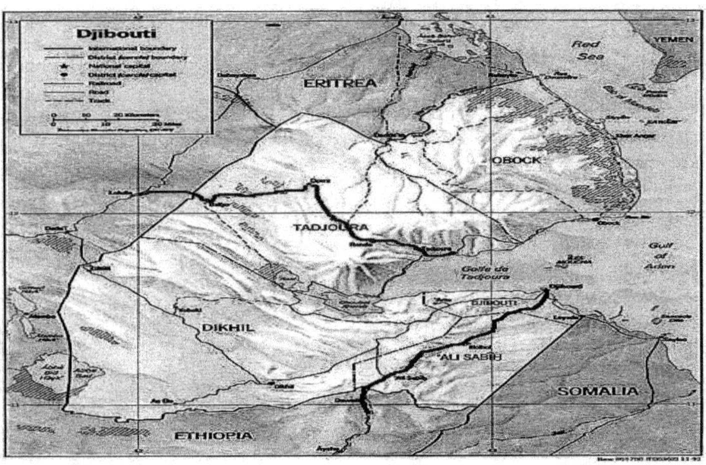

Figure 15 : Carte de la route du corridor nord Tadjourah-Balho[752]

En outre, ce projet de construction du port de Tadjourah s'accompagne de la construction des infrastructures routières et ferroviaires pour ainsi faciliter le post-acheminement vers l'arrière-pays. Il est prévu de construire une ligne

752. Source : Port de Djibouti S.A.

ferroviaire reliant le port de Tadjourah jusqu'à la ville de Mekele[753] et une voie routière reliant le port de Tadjourah à la ville de Balho[754].

2. Le port de Goubet

Situé au nord-ouest de la ville de Djibouti et sur une altitude de 153 mètres sous le niveau de la mer, le lac Assal est un lac salé. Il concentre d'importantes quantités de sel qui sont dues à sa teneur en sodium. Les eaux du Lac Assal sont fortement minéralisées et concentrent énormément de sel. Avec un quai d'une longueur de 400 mètres, il est capable d'accueillir des navires de 100000 TPL (Tonnes de Port en Lourds) et devra traiter une capacité de 5 millions de tonnes de sel par an. Financé par les Chinois à hauteur de 64 millions de dollars, le port est officiellement ouvert, à l'instar du port de Tadjourah, depuis juillet 2017. Goubet est donc un port essentiel dédié à l'exportation du sel et d'autres produits dérivés du sel.

3. Le Port Polyvalent de Doraleh (DMP)

Le port de Djibouti a déplacé l'ensemble des activités sur le nouveau port polyvalent de Doraleh (DMP). Opérationnel depuis juillet 2017, financé et construit par les Chinois, il dispose des caractéristiques suivantes :

- 5,5 quais d'un total de 1200 m linéaires,
- un tirant d'eau de 15,3 m en marée basse permettant l'accostage de navires de 100000 tonnes de port en lourds,
- des équipements (grues de quais, engins de manutentions) neufs et modernes,
- des systèmes d'information pour gérer les différents flux de marchandises,
- une main-d'œuvre diversifiée, formée et jeune, contrairement à l'ancien port où les dockers étaient très âgés.

Le DMP *(figure 13)* a nécessité un financement de 590 millions de dollars. Il remplace le vieux port pour plusieurs raisons. Se trouvant au cœur de la ville, l'ancien port manque d'espace nécessaire aux extensions consécutives à l'accroissement de l'activité portuaire. Le transfert a été aussi rendu nécessaire par des questions sécuritaires et de pollution. En effet, les allers-retours de camions éthiopiens causaient énormément de dégâts aux chaussées des axes routiers de la capitale non prévues pour des flux aussi élevés. Il s'agissait également de diminuer la pollution provenant des camionneurs routiers éthiopiens. L'ancien port de Djibouti est confronté aux mêmes difficultés que l'ensemble des vieux ports du monde, généralement situés au cœur des villes et qui sont obligés de sortir de ces dernières pour s'adapter aux demandes des compagnies maritimes (par exemple : Marseille et Fos-sur-Mer).

753. Capitale de la région du Tigré, situé au nord de l'Éthiopie.
754. Région située au nord-ouest de Tadjourah.

B. La vision stratégique du nouveau partenaire chinois : dans l'optique de l'intégration régionale des États enclaves.

Il est indéniable que les projets chinois découlent de la volonté commune des deux États, en l'occurrence la Chine et Djibouti. Si les Chinois sont très actifs dans le domaine économique en investissant massivement dans les infrastructures de transports, ils rejoignent les puissances occidentales dans le domaine militaire (lutte contre la piraterie maritime) avec l'ouverture d'une de leurs premières bases à l'étranger. Néanmoins, nous ne pouvons pas tout simplement résumer que la menace des pirates pour les Chinois est minime comparée aux menaces futures dues à l'émergence de nouveaux acteurs et de jeux d'alliances nécessairement plus complexes et moins prévisibles. Mais ce qui pourrait inquiéter dans le long terme est notamment que : « *la présence militaire américaine en Égypte, à Djibouti, en Arabie Saoudite, à Bahreïn, au Koweït, à Oman et dans les Émirats Arabes Unis, et la présence française à Djibouti et Abu Dhabi, sont perçues par la Chine comme une menace potentielle pour son accès à la mer Rouge et au Canal de Suez. En outre, la volonté affichée par les États-Unis, en 2010, d'apporter de l'aide au Yémen pour lutter contre Al-Qaïda pouvait laisser croire à une tentative d'extension de la présence militaire américaine des deux côtés du détroit de Bab-El-Mandeb. La présence de la marine chinoise au large des côtes de Somalie permet à la Chine de manifester sa présence auprès des autres grandes puissances, de reconnaître le terrain, et de tenter de nouer des contacts avec les pays riverains pour stationner ses troupes*[755] » en l'occurrence à Djibouti.

C'est pour cette raison qu'une base jouxte le DMP dont les Chinois sont partie prenante ; à l'instar des puissances occidentales, l'intérêt géostratégique de Djibouti n'a pas échappé à la Chine, qui a besoin plus que jamais d'une implantation solide au carrefour d'intenses échanges intercontinentaux et inter-régionaux *(figure 16)*[756].

755. ROSSIGNOL (R.-), « *La diplomatie chinoise au miroir des opérations anti-piraterie dans le golfe d'Aden* », études de l'IRSEM sous la direction de GNANGUÊNON (A.-), *Les défis stratégiques africains : exploration des racines de la conflictualité en Afrique de l'Est* (dir.) , 2013-N°24, p.46.

756. MENG (J.-), « *La Chine à Djibouti et en Afrique de l'est : la voie chinoise au croisement des routes, une idée qui fait son chemin* », Article publié PSEI, mis en ligne le 23 avril 2016, p.3. http://revel.unice.fr/psei/index.html ? id=1524

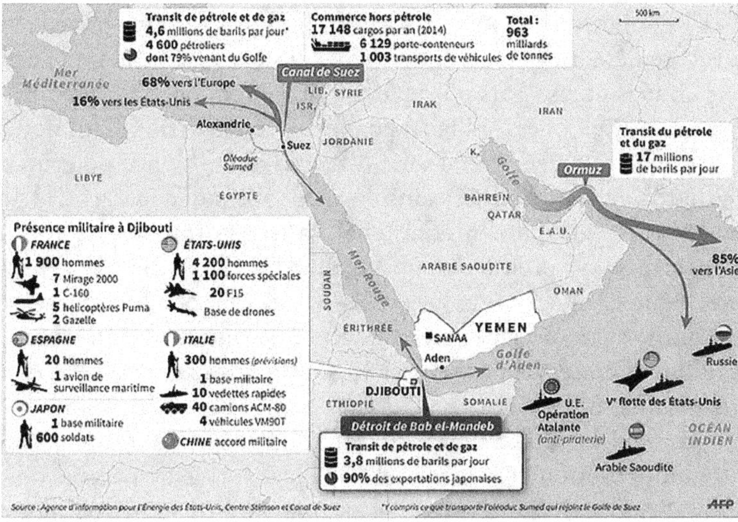

Figure 16 : Carte de la position géostratégique de Djibouti[757]

Au-delà de cette volonté commune des États, l'intérêt premier de l'implantation de la base militaire chinoise construite aux abords du DMP (Port Polyvalent de Doraleh) démontre une volonté historique de la Chine de *« reprendre l'idée de la Route de la Soie, constituée par des anciennes routes commerciales entre l'Europe et l'Asie, la stratégie chinoise étend la « nouvelle route de la Soie », passant par le Golfe arabo-persique, à des pays africains*[758] ».

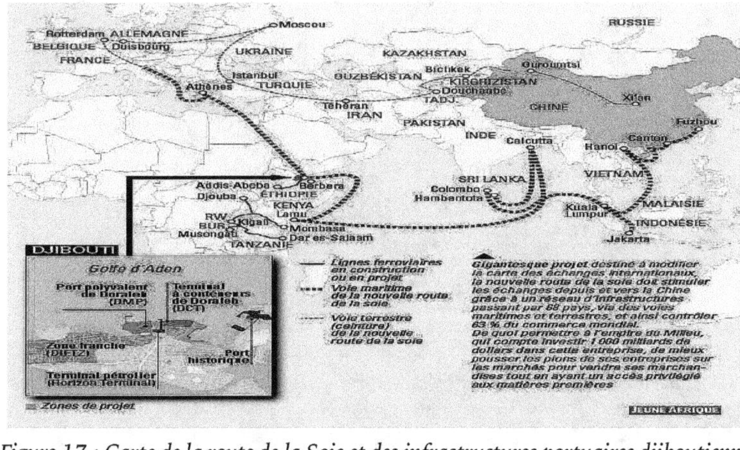

Figure 17 : Carte de la route de la Soie et des infrastructures portuaires djiboutiennes

---

757. Source *Jeune Afrique* : http://www.lesclesdumoyenorient.com/Geopolitique-du-detroit-de-Bab-el.html.

758. http://www.jeuneafrique.com/mag/446579/economie/djibouti-a-conquete-de-nouvelle-route-de-soie/

Ainsi, la République de Djibouti *(figure 17)*, qui se trouve dans l'axe de ces routes de reconquête du géant chinois, bénéficie d'investissements de plusieurs projets tels que les ports (port polyvalent de Doraleh, port de Tadjourt, port de Goubet), le train (Djibouti, Addis-Abeba) et la construction d'un nouvel aéroport international. D'ailleurs, une série d'accords a été signée pour un montant de 14,4 milliards de dollars américains dans ce sens, qui comprend la poursuite de la modernisation du port international, la transformation de son terminal pétrolier en transit de premier rang, un oléoduc, la rénovation et l'électrification de la ligne de chemin de fer Addis-Abeba-Djibouti hors service depuis 2002 (487 millions de dollars américains), ainsi que des routes vers l'Éthiopie ; sans oublier l'établissement des cadres juridiques facilitant l'opération des banques chinoises, d'un système de douane unifié visant à améliorer la logistique et à réduire les coûts, d'un centre spécialisé dans les opérations de règlement et de compensation en yuans et d'une plate-forme de partage de données en ligne (*Big Data*)[759]. On note, par ailleurs, une prise de participations de *China Merchants Holdings Company Limited* de 23,5 % au capital de la *holding* portuaire de Djibouti, pour un montant nominal de 185 millions de dollars[760], de l'ancien port de Djibouti (PDSA) qui est tributaire également de la construction du nouveau port polyvalent de Doraleh (DMP) et qui constitue une étape non négligeable dans la modernisation des infrastructures portuaires et terrestres de la République de Djibouti, pour ainsi conforter sa place centrale du transport maritime et de plate-forme logistico-régionale.

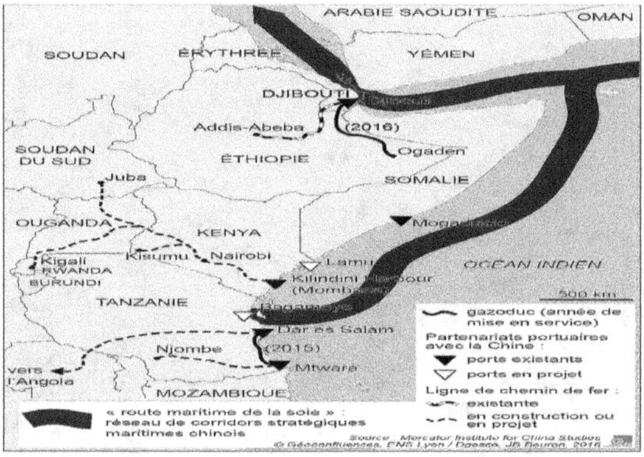

Figure 18 : L'Afrique orientale : projets d'infrastructures dans le contexte de la route maritime de la Soie

Dans une deuxième réflexion, la Chine, qui a « *généré l'essentiel de la croissance mondiale depuis 2009* », a investi l'Afrique orientale (*figure 18*) dans l'intérêt

759. http://www.jeuneafrique.com/297162/economie/djibouti-contours-de-nouvelle-zone-franche-chinoise-se-precisent/
760. Rapport Banque Mondiale, 2013.

d'implanter une forte industrie de transformation, en particulier en Éthiopie[761] dont les coûts salariaux sont plus bas que la Chine, pour ensuite exporter les matières premières en Europe et aux États-Unis via une modernisation de l'infrastructure terrestre (route/rail) et maritime (portuaire) faite à Djibouti. Ainsi, nous pouvons dire aussi que dans un contexte de mondialisation, l'accroissement des interdépendances exige une interconnectivité plus importante entre les pays et les continents, comme le souligne le paradigme énoncé par Jan Hoffmann : « *les réseaux entre les lignes de transport et la connectivité des ports sont vecteurs d'efficacité et de croissance*[762] ». Cette interconnectivité est conditionnée par la construction et l'amélioration des infrastructures[763]. Cela permettra de soutenir les conditions visant à conforter les activités économiques par voie maritime et terrestre. Enfin, la Chine a joué entre Djibouti et l'Éthiopie le rôle qui a permis de renforcer la coopération et l'intégration régionale à travers l'Autorité Intergouvernementale pour le Développement (IGAD)[764], comme l'a déclaré le ministère des Affaires Étrangères djiboutien pour qui la Chine a été « *le seul partenaire qui nous a accompagnés sur cette voie* ».

Section II : Port de Djibouti : *hub* maritime et logistique régional

Avec la multiplication des investissements des puissances émergentes (d'abord de Dubaï, ensuite de la Chine) dans les infrastructures de transports notamment portuaires, Djibouti semble résolument tourné vers son objectif de *hub* logistique régional. Cet objectif, qui semble répondre à ce vieux rêve de Djibouti de devenir un « Singapour » sur la mer Rouge, est en phase avec sa politique de développement qui ne se limite plus uniquement aux rentes stratégiques offertes par les bases militaires[765]. Cela doit se concrétiser par la construction et la modernisation des installations portuaires ainsi que des liaisons terrestres en faisant de Djibouti un « *Hub maritime et logistique régional* » afin

761. Le programme pour le développement des infrastructures en Afrique (PIDA) initié par la Banque africaine de Développement en partenariat avec l'Union Africaine et le NEPAD, prévoit la construction de la *Trans-African Highway* dont les corridors n°4, 5, 6 et 7 reliant l'Afrique de l'Ouest (qui compte 308 millions d'habitants et un PIB cumulé de 624 milliards de dollars américains, à l'Est (locomotive économique avec un taux de croissance du PIB de 6,7%), et du fait de la Tripartie (regroupement des trois Communautés Économiques Régionales, SADEC, COMESA, et CAE). L'Union Africaine (UA) et la Chine ont signé le 27 janvier 2015 à Addis-Abeba un protocole d'accord pour un vaste projet d'infrastructures destiné à relier les capitales africaines au moyen d'autoroutes, de trains à grande vitesse et de liaisons aériennes.

762. http://www.agefi.fr/corporate/actualites/hebdo/20151210/nouvelle-carte-maritime-commerce-mondial-150025

763. MENG (J.-), *op.cit.*, Article publier PSEI, mis en ligne le 23 avril 2016, p.7.

764. IGAD regroupe Djibouti, l'Éthiopie, le Kenya, l'Ouganda, la Somalie, le Soudan et le Sud-Soudan.

765. LE GOURIELLEC (S.-), « *Djibouti dans le jeu international* », Éditions Esprit, Cain.Info 2016/Octobre, p14. https://www.cairn.info/revue-esprit-2016-10-p-13.htm

de traiter une grande partie des flux de l'Afrique de l'Est (*Hubs and Spokes*), dont les marchandises sont destinées aux pays est-africains[766].

Dans cette section, nous analyserons, dans un premier temps, comment ce port tente de devenir un *hub* logistico-portuaire régional (§1). Et dans un second temps, nous étudierons la pertinence des ports secs pour le commerce international de pays enclavés via les ports de Djibouti (§2).

Paragraphe I : Un port à la quête d'une dimension de *hub* logistico-portuaire international

Dépasser l'image de forteresse militaire semble être le nouveau créneau des autorités djiboutiennes en renforçant les liens économiques avec la région. Quels sont alors les facteurs sur lesquels Djibouti peut s'appuyer et contribuer ainsi à l'affirmation de ce rôle ? C'est pourquoi nous allons analyser d'abord un certain nombre d'indicateurs (A), ensuite nous nous intéresserons aux questions liées à l'intégration, à savoir ses défis et ses opportunités (B).

A. Les indicateurs déterminants pour devenir un *hub* portuaire

Le souhait de Djibouti est de pouvoir dépasser sa fonction de ville « garnison militaire » sur la mer Rouge, et de jouer un rôle de *hub*[767] régional majeur. Cela passe par des projets d'intégration économique avec les États enclavés de la région[768] en profitant de l'apport financier des Chinois[769]. Or, dans un environnement portuaire très concurrentiel, il est très important de connaître les facteurs déterminants, dans les décisions des armateurs en termes de choix de

---

766. BARKADLEH (H.-), *« Contribution du maillon portuaire à la performance de la chaîne logistique globale : cas du port de Djibouti »*, Thèse en Science de Gestion soutenue la 17 Novembre 2014, sous la direction de Christian Cadiou, Université de Brest, p.29.

767. Un *hub* est le noyau pivot d'un système de transport. Le terme s'applique aux aéroports et il désigne la plate-forme de correspondance ou de regroupement des compagnies aériennes. Un ***hub* aérien** peut être de taille modeste : Clermont-Ferrand l'a été, par exemple, pour les lignes intérieures transversales en France. Il peut aussi avoir des dimensions considérables, internationales et domestiques, comme Atlanta en Amérique du Nord. Le terme peut qualifier également les grands ***hubs* maritimes** ou **ports pivots** qui servent de centre d'éclatement pour le transport des marchandises, en général conteneurisées. Le terminal à conteneurs est le lieu du transbordement des conteneurs entre les navires-mères engagés sur les grandes lignes transocéaniques et les navires *feeders* engagés sur des lignes régionales qui desservent des ports secondaires. Les transbordements peuvent se faire aussi entre navires-mères. L'armateur danois Maersk a joué un rôle précurseur avec son premier *hub* d'Algésiras (Espagne). Les *hubs* maritimes sont situés à l'intersection des grandes routes est-ouest et des routes nord-sud. Les hubs de transbordement n'ont pratiquement pas de trafic d'*hinterland* : Algésiras, Gioa Tauro, Marsaxlokk en Méditerranée, Salaalah, Colombo, Singapour dans l'océan Indien. En revanche, les *hubs* de la *Northern Range* sont des *hubs* de transbordement et des ports d'*hinterland* : Rotterdam, Anvers, Hambourg, Le Havre.
http://geoconfluences.ens-lyon.fr/glossaire/hub

768. http://www.lanationdj.com/cooperation-economique-integration-regionale-et-commerce-djibouti-tire-parti-de-sa-position-geographique-strategique/#

769. https://theconversation.com/djibouti-un-amour-de-chine-52579

hub portuaire[770]. Ainsi, dès 1992 le CNUCED a déterminé les trois principaux facteurs nécessaires pour la qualification de *hub* portuaire :

· **Avoir une localisation stratégique** : le port de Djibouti répond positivement à ce premier critère. Situé à l'entrée de la mer Rouge, au croisement des routes maritimes internationales et disposant d'un important arrière-pays. Pour renforcer cet emplacement remarquable, Djibouti étoffe son offre de services avec les projets portuaires réalisés au nord du pays (Tadjourah, Goubet).

· **Avoir des équipements adéquats** : les installations portuaires djiboutiennes répondent positivement à ce second critère. En effet, depuis les années 2000, consécutivement à l'arrivée des puissances émergentes (Dubaï puis la Chine) dans les infrastructures de transports, Djibouti a considérablement modernisé les équipements portuaires. La modernisation des équipements, notamment ceux consacrés à la manutention portuaire, a permis à ce que de gros-porteurs fassent de Djibouti une de leurs escales sur la route maritime[771].

D'où l'importance de disposer d'équipements de pointe et de personnel qualifié capables de relever ces défis pour qu'un port puisse être un *hub*. À cet égard, le DCT dispose donc aujourd'hui de tous les éléments nécessaires pour accueillir les porte-conteneurs de dernières générations.

· **Générer un fort volume de trafic :** Même si, à première vue, Djibouti ne semble pas remplir ce troisième critère, le port est la principale voie d'approvisionnement de l'arrière-pays éthiopien. L'Éthiopie connaît une croissance soutenue depuis la fin des années 2000 : « *cette perspective économique de l'Éthiopie, pays enclavé de surcroît, ne peut que générer par conséquent une augmentation de la demande en service portuaire non seulement pour Djibouti mais également pour la région*[772] ». Donc, l'arrière-pays éthiopien constitue un marché capable de générer du volume ; ainsi, par ricochet, le port de Djibouti répond ainsi aux critères de CNUCED.

B. L'intégration régionale de Djibouti : défis et opportunités

Face à des économies de plus en plus mondialisées, pour les États, notamment ceux des pays en développement, l'intégration semble être une opportunité pour fédérer leurs moyens. Le développement des infrastructures de transports constitue la base d'une intégration régionale bien reçue, en particulier pour les États africains (NEPAD).

770. APTIDON GOMBOR (A.-), « *Quelles stratégies pour renforcer la position concurrentielle des ports djiboutiens ?* », Actes du Colloque international du 15 au 16 décembre 2013, *Stratégie Logistique et de Transport au service du développement en Afrique*, éditions L'Harmattan, janvier 2015, p. 233.

771. Posséder des équipements à la pointe de la technologie moderne, et répondant aux spécificités techniques nouvelles des navires, induit un gain de temps pour les armateurs, de substantielles économies d'échelles et de profits. En effet, des navires immobilisés longtemps sur les quais représentent des charges, des frais et des coûts. Et les compagnies vont se tourner vers d'autres ports plus compétitifs en termes de délais de déchargement.

772. ABDILLAHI GUIRREH (I.), *Ibidem.*, p.70.

Bien qu'il existe plusieurs types d'intégration, nous allons nous intéresser à deux d'entre eux : il s'agit de « *l'intégration commerciale* » et de « *l'intégration géographique* [773] », dans le cas choisi par les autorités portuaires de Djibouti :

> « *La conception libérale de l'intégration commerciale est assimilée à la libéralisation des échanges et des facteurs de production ; elle est analysée au regard de l'intégration mondiale. La théorie statique met en relief les créations et détours de trafic et l'optimum du second rang. La théorie dynamique met quant à elle en relief la concurrence, les économies d'échelle et les changements de termes de l'échange. Intégrer, c'est réduire les distorsions des politiques nationales et déplacer les frontières nationales en se rapprochant du marché international.*

> *La conception géographique de l'intégration se caractérise par des effets d'agglomération et de polarisation. D'un côté, il y a réduction des distances et a priori, réduction du rôle de la proximité géographique en liaison avec les révolutions technologiques et le poids des échanges immatériels. Mais, de l'autre, on observe le rôle des territoires créateurs d'effets d'agglomération. Pour que des territoires aient entre eux des échanges, il faut des systèmes productifs permettant une taille de marché et des produits diversifiés (et donc une complémentarité entre des effets d'agglomération). Mais il faut qu'il existe des infrastructures d'interconnexions physiques ou transactionnelles (réseaux) et donc un capital spatial. Celles-ci conduisent généralement plutôt à des effets de diffusion ou contagion de la croissance en réduisant les coûts de transport, en favorisant les transferts de technologie ou en baissant les coûts de transaction. Cette diffusion peut se faire par le commerce extérieur (transfert international de droits de propriété des marchandises), par les investissements directs (internalisation au sein des firmes ou des réseaux (ethnique) ; les dynamiques de spécialisation territoriale l'emportent alors sur les effets d'agglomération.* »

Ainsi, nous pouvons considérer que l'intégration régionale est un phénomène pluridimensionnel, mais la théorie traditionnelle de l'intégration, développée selon Bela Balassa (1962), prend en considération l'intégration comme étant à la fois une « *situation*[774] » et « *un processus*[775] ». Inspirée de cette théorie, la mission du COMESA est « *de s'efforcer de réaliser des progrès économiques et sociaux durables dans tous les États membres à travers le renforcement de la coopération et de l'intégration dans tous les domaines de développement, en particulier le commerce, les douanes et les affaires monétaires, le transport, les communications et l'information, la technologie, l'énergie et l'industrie, l'environnement et les ressources naturelles, ainsi que les affaires du genre, l'agriculture* ». Il s'agira d'abord de mener une politique d'intégration

773. Notre choix s'est porté sur deux types d'intégration ; pour plus de détails voir : https://www.diplomatie.gouv.fr/IMG/pdf/Analyse_comparative_des_processus_d_integration_economique_regionale. pdf

774. L'intégration désigne l'absence de toutes discriminations entre les économies nationales.

775. L'intégration régionale est un ensemble de mesures destinées à supprimer les discriminations entre les unités économiques, appartenant à différents pays en vue de l'intensification des échanges. Ce processus s'effectue en différentes étapes et montre que les Accords d'Intégration Régionale (AIR) peuvent rassembler des pays selon des modalités variées. Sans prétendre couvrir la totalité des arrangements concevables, il est possible de donner une typologie simplifiée de ces accords.

commerciale au sein du COMESA et de la Communauté de l'Afrique de l'Est (CAE) en vue de tirer un meilleur profit des marchés communs et de bénéficier d'économies d'échelles. Pour arriver à un tel objectif, il serait indispensable de mettre en place des politiques de coordination des moyens de transport (maritime, terrestre) afin d'avoir une meilleure connectivité.

> **Combinaison mer-air / mer-terre**

Cette politique de coordination des différents moyens de transport a été déjà lancée à Djibouti. En effet, suite la concession du port à DPW en 2000, l'aéroport a également été géré par ce même opérateur avant qu'il ne se retire quelques années plus tard suite au refroidissement des relations entre Djibouti et Dubaï en 2011[776]. Même s'il y a eu retrait, l'aéroport a énormément bénéficié du savoir-faire des Émiratis, qui ont d'ailleurs su créer un *hub* aérien de toutes pièces au cours des dernières décennies.

L'harmonisation des règles opérationnelles du transport multimodal dans le cercle régional du COMESA est préconisée. Ainsi, le COMESA, avec ses 21 pays membres dont Djibouti, a prévu dans ses dispositifs de fonctionnement un certain nombre de règles opérationnelles pour faciliter les échanges et services entre les pays membres :

- La libéralisation du transport aérien[777] ;
- La Carte Jaune (ou assurance Comesa)[778] ;

---

776. Un refroidissement dû, entre autres, au procès intenté par l'État djiboutien à Abdourahman Boreh, l'intermédiaire entre Dubai et Djibouti lors de la concession du port.

777. Depuis juillet 2002, Djibouti a mis en place une politique du « ciel ouvert « en même temps que la gestion de l'aéroport a été remise à *Dubaï Port Authority*. Cette politique de ciel ouvert doit permettre de mettre fin à toutes les restrictions de fréquence pour les compagnies aériennes et faciliter l'ouverture de nouvelles lignes. L'objectif est de mettre en place un dispositif de plaque tournante (*hub*) pour que Djibouti devienne pour la sous-région un centre de regroupement et d'éclatement du fret aérien. Des liaisons régionales moyen-courriers serviront de lignes d'apport aux vols long-courriers d'avions cargos gros porteurs reliant les principaux aéroports européens et d'Extrême-Orient qui feront escale à Djibouti.

778. Le régime de la Carte jaune a été lancé le 1er juillet 1987 par le COMESA, alors appelé ZEP. La Carte jaune, qui est un régime d'assurance automobile régional couvrant la responsabilité civile en ce qui concerne les dommages corporels et matériels ainsi que les frais médicaux d'urgence pour le conducteur du véhicule et les passagers, a été introduite comme un moyen de résoudre les problèmes liés à la circulation inter-États, en particulier l'assurance automobile responsabilité civile. Les transporteurs routiers connaissaient avant la mise en place de ce système de grandes difficultés en raison des différences de réglementations en vigueur dans les pays traversés. En effet, les compagnies d'assurance n'étaient responsables que dans leurs juridictions, la plupart du temps nationales. Souhaitant développer le commerce et le tourisme entre ses pays membres, le Comesa a créé cette assurance appelée « Carte Jaune ». Les automobilistes ne sont donc plus tenus de prendre une assurance à chaque poste frontière. À titre d'exemple, si un automobiliste kenyan en route pour le Zimbabwe a un accident au Malawi, il n'aura qu'à le signaler au Bureau national de la Carte jaune. Celui-ci réglera le sinistre résultant de l'accident. Valable dans onze pays du COMESA, la Carte jaune permet un gain de temps et d'argent considérable. Actuellement, 160 compagnies d'assurance sont partenaires de ce programme. En 2002/2003, le montant des primes d'assurances encaissées s'est élevé à 2,2 millions de dollars et 40 000 nouvelles cartes ont été délivrées. Les progrès sont tels que le Soudan et l'Égypte ont décidé d'adhérer à ce programme déjà en application au Burundi, en République Démocratique du Congo, à Djibouti, en Érythrée, en Éthiopie, au Kenya, au Malawi, au Rwanda, en Ouganda, en Zambie et au Zimbabwe.

· La suppression des barrières douanières[779].

Aussi bien du côté djiboutien que du côté éthiopien, la priorité est donnée aux liaisons régionales. La construction du nouveau chemin de fer entre Djibouti et l'Éthiopie illustre très bien cette politique en direction de l'arrière-pays.

À cela s'ajoute d'autres projets d'interconnexions entre l'est et l'ouest africain[780], notamment un projet qui devra relier, à terme, Djibouti à Dakar. Cette politique d'interconnexions répond ainsi aux choix et aux engagements du NEPAD.

• Liaison mer-air pour le désenclavement des pays de l'Afrique de l'Est

La position stratégique de Djibouti n'est pas uniquement favorable pour le transport maritime, le pays peut également servir de *hub* aérien pour les États enclavés de l'Afrique orientale. Par exemple, ces États raccourciraient le temps de transport de leurs exportations (café) en les faisant transiter à partir de Djibouti, c'est-à-dire en combinant l'aérien au maritime.

Par ailleurs, un certain nombre d'accords et mémorandums sont engagés avec l'Éthiopie et le Sud-Soudan pour que ce dernier puisse utiliser les installations aéroportuaires djiboutiennes. Il s'agit notamment d'utiliser les infrastructures portuaires, les ports secs, et les zones franches par l'Éthiopie et le Sud-Soudan ; les terminaux gaziers et pétroliers et l'extension de la ligne

---

779. À l'exception des cas prévus ou permis par le présent Traité du marché commun, chaque État membre s'engage à supprimer immédiatement dès l'entrée en vigueur du présent Traité toutes les barrières non tarifaires existantes à l'importation de biens originaires des autres États membres, et il doit s'abstenir par la suite d'imposer d'autres restrictions ou interdictions.
Cependant, l'élimination des obstacles non tarifaires (ONT) a connu des progrès significatifs dans divers domaines, notamment les suivants :
A. la libéralisation des licences d'importation ;
B. la suppression des restrictions des devises, des barrages routiers et des quotas d'importation et d'exportation ;
C. la facilitation des formalités douanières ;
D. et la prolongation des heures d'ouverture des postes frontières.
Toutefois, il reste du chemin à faire dans la facilitation des échanges régionaux. La plupart de ces mesures (telle l'amélioration de l'infrastructure de transport et de communication) exigeront un investissement significatif, et ne seront possibles qu'à moyen et long terme. Elles demanderont en outre pendant un certain temps l'appui des bailleurs de fonds et l'investissement privé étranger.

780. DOUCET (R.-), *Un projet de chemin de fer transafricain*. In : Annales de Géographie, t. 21, n°117, 1912. pp. 271-276 ; doi : 10.3406/geo.1912.7079
http://www.persee.fr/doc/geo_0003-4010_1912_num_21_117_7079

de chemin de fer Djibouti-Éthiopie-Sud-Soudan[781] accéléreront à la fois l'expansion économique des pays et une véritable intégration économique de la sous-région. Djibouti compte affermir son statut de porte d'entrée du COMESA et profiter à côté du marché éthiopien dont 80 % des marchandises sont absorbées par le corridor Djibouti-Galafi, parmi elles des produits pétroliers et des aides alimentaires et l'exportation de café éthiopien vers l'Europe.

Paragraphe 2 : Pertinence des ports secs pour le commerce international de pays enclavés via les ports de Djibouti

L'ouverture de ports secs en Éthiopie (Samara, Modjo) participe d'une certaine manière à la compétitivité des ports de Djibouti (A). Nous nous interrogeons également sur l'impact de la multiplication des bases étrangères sur le rayonnement des ports djiboutiens (B).

A. L'utilisation des ports secs comme outil de rationalisation de la *Supply Chain* à l'export dans les pays en développement sans littoral (l'exemple de l'Éthiopie) : ébauche d'une nouvelle forme de partenariat entre acteurs publics et les opérateurs privés

Dès janvier 1996, le groupe de travail des Nations Unies relatif à la Facilitation des Procédures de Commerce International, auquel plusieurs représentants de pays et institutions internationales participaient, a retenu la définition suivante pour les Dépôts intérieurs de dédouanement (ICD) : c'est « *une installation située à l'intérieur des terres – autre qu'un port ou un aéroport – ouverte à tous les usagers, ayant le statut d'organisme public, équipée de structures fixes et offrant des services pour la manutention et le stockage temporaire de marchandises de tous types (y compris des conteneurs) transportées en régime de transit douanier par n'importe quel mode de transport intérieur de surface approprié et placées sous contrôle douanier, cette installation comprenant des services de douane et d'autres organismes compétents pour autoriser l'admission et la consommation locale desdites marchandises, leur magasinage, leur admission temporaire, leur réexportation, leur entreposage temporaire dans le cas de marchandises en*

781. Il s'agit d'une ligne de chemin de fer qui part d'Addis-Abeba (capitale éthiopienne) et qui aboutit au port polyvalent de Doraleh et terminal pétrolier à Djibouti-Ville. Au total, ce sont 756 km de voies ferrées. Ce corridor a été divisé en plusieurs tronçons par la société chinoise à qui la tâche de construction a été confiée. Les enjeux d'abord pour les deux premiers pays sont la réduction d'au moins 50 % du temps de voyage entre les capitales et de plus de 70 % pour les marchandises par camion. Pour tout commerce extérieur, un gain de temps de cette ampleur est non seulement économiquement profitable mais constitue une plus-value inestimable pour la balance commerciale. Sur le plan régional, le corridor Djibouti-Addis-Abeba fait partie du corridor, plus large Est-Ouest, plus connu sous le nom Djibouti-Dakar. Ainsi le corridor trans-africain traversera 8 pays au total, 3 y seront déjà connectés, Djibouti/Addis-Abeba/Juba. Enfin le corridor nord, long de 657 km, va de Mekele jusqu'au port de Tadjourah. Tout comme le corridor sud, celui-ci sera coupé en plusieurs tronçons. Il est indéniable que Djibouti est un précurseur de l'intégration économique de la sous-région.

transit destinées à l'exportation (cette définition s'applique aux termes synonymes comme Port sec, Terminal intérieur de dédouanement, etc.) ».

Le Terminal intérieur de fret est « *toute installation, autre qu'un port ou aéroport, ouverte à tout utilisateur et autorisée par la douane, où des marchandises entrant dans le commerce international sont reçues ou expédiées* ». En d'autres termes, un port sec est une plate-forme logistique à l'intérieur des terres (loin de la façade maritime) pour drainer ou répartir les conteneurs et les marchandises en provenance ou à destination des ports maritimes.

Les ports secs sont surtout des sites spécifiques où les importations et les exportations peuvent être consignées par la douane pour inspection et qui peuvent être définis comme lieu d'origine ou de destination pour les marchandises en transit avec la documentation de transit telle que le connaissement ou le document de transport multimodal.

Une enceinte assujettie à un cordon de sécurité est un préalable pour un port sec. Les ports intégreront l'emmagasinage provisoire. Il est essentiel qu'un port sec soit une installation d'emploi commun accessible à tous les chargeurs, soit directement soit par le truchement de leurs agents. L'introduction des ports secs est étroitement liée à la promotion du concept du « transport de bout en bout ». Ce concept implique l'adoption des procédures de transfert de marchandises, depuis leur lieu d'origine jusqu'à leur destination finale, sans contrôle intermédiaire détaillé des douanes et avec l'intervention de manutentions intermédiaires se produisant au point de transfert intermodal. Pour un État enclavé comme l'Éthiopie, le concept n'envisage pas de contrôle par la douane de marchandises ou de conteneurs à l'intérieur du port maritime.

La réalisation du concept de transport de transit permet potentiellement de faire des économies substantielles sur les coûts de transit. Lorsque l'introduction des ports secs est associée à la réalisation simultanée du concept de transport, les installations fournies au niveau des ports secs doivent avoir la capacité de manutention des conteneurs pleins ou vides ainsi que des structures pour l'empotage et le dépotage de conteneurs et le stockage de ceux-ci pour de courtes durées. Dans le cas des pays enclavés un document sera émis pour les transports des :

> exportations du port sec du pays enclavé au port maritime ou au port sec du pays importateur ou,
> importations du port maritime ou du port sec du pays exportateur au port sec du pays enclavé.

La création ou la redynamisation d'une zone portuaire (port sec ou maritime) opère, en général, par l'adjonction d'une zone franche.

1. Les intervenants des ports secs éthiopiens

L'Éthiopie, en accord avec le gouvernement de Djibouti, a mis en place une stratégie de création de ports secs en 2007 ; l'entreprise *Dry Port Service Entreprise* (DPSE) a construit deux ports secs. Le premier est situé à Samara, la nouvelle capitale de la région d'État Afar à 558 km d'Addis-Abeba et le second à 78 km de la capitale éthiopienne à Modjo dans l'Oromia. Actuellement, seul celui de Modjo est opérationnel[782]. Les Éthiopiens comptent utiliser, à terme, ces ports secs pour stocker jusqu'à 70 % de leurs importations. D'ailleurs, des études sont cours pour développer de nouveaux ports secs dans d'autres villes éthiopiennes telles que Mékelé, Hawassa, Dire-Dawa, Jimma.[783]

Une multitude de professionnels intervient dans les ports secs :

> l'administration des ports secs,
> la douane,
> le chargeur/groupement professionnel,
> le transporteur/groupement professionnel,
> le manutentionnaire,
> le transitaire ou commissionnaire de transport,
> l'agent de la compagnie maritime/consignataire.

À l'instar de toute autre installation dédiée aux opérations relatives aux marchandises, la réduction des délais de traitement des formalités douanières ou de manutentions demeure l'objectif premier d'un port sec. Les ports secs participent également à la compétitivité des ports puisque les zones de stockage sont libérées rapidement, ce qui permet aux ports d'éviter, par exemple, les goulots d'étranglement.

2. Les activités du port sec et leur pertinence pour le commerce extérieur de l'Éthiopie

Le fonctionnement des ports secs ne diffère pas de celui des installations portuaires[784] puisqu'on trouve toutes les activités et métiers du domaine portuaire excepté l'accueil de navires (d'où l'utilisation du terme « sec »).

782. Samara serait spécialisé dans l'importation des véhicules tandis que Modjo serait plus tourné vers le trafic conteneurisé.

783. http://point-point.com/ethiopian-dry-ports/

784. Les ports maritimes qui peuvent être considérés, à la fois comme des frontières et des traits d'union entre deux mondes (eau et terre) et qui ont chacun leurs lois et leurs us et coutumes spécifiques, les ports secs jouent le rôle d'interface entre transports maritimes et transports terrestres, entre réseaux ferroviaires et réseaux routiers. Les ports secs gèrent les échanges qui sont en dehors du maritime, donc se situant sur la terre ferme : ce sont des lieux aménagés pour assurer une liaison entre voies de transports maritimes ou fluviaux, et les voies terrestres ou aériennes. Lieux de convergence des grands axes du réseau routier et ferroviaire à l'échelle sous-régionale, ils sont intimement liés à la promotion du transport direct. C'est ainsi qu'ils participent, par leur implantation, aux mesures d'accompagnement du développement des collectivités territoriales, pouvant servir de centre de gravité des connexions reliant les ports maritimes à leur arrière-pays. Contrairement à ce cas, la création de ports secs nécessite le développement de services ferroviaires, de dessertes de proximité et de l'arrière-pays mais aussi la modernisation des aéroports internationaux de la région et des services de télécommunication.

S'agissant de la question de la pertinence, il a été établi un classement de la CNUCED, qui considère que la dynamique de l'activité portuaire permet de distinguer quatre générations de ports[785]. D'une manière générale, les ports secs ne peuvent que participer au développement des échanges commerciaux de l'Éthiopie. Ils permettent de renforcer d'une part, la compétitivité des ports djiboutiens face à la concurrence et d'autre part, ils réduisent le temps de séjour et de traitement des marchandises. Cela permet aux Éthiopiens d'économiser les coûts de transport des marchandises aussi bien à l'import qu'à l'export.

Au-delà de ces intérêts techniques et financiers immédiats sur le transport de transit, les ports secs auront des effets d'organisation de l'espace régional qui stimuleront les capacités mobilisatrices du système de transport éthiopien, et faciliteront l'intégration de larges zones de production, aujourd'hui marginalisées, dans les réseaux d'échanges nationaux et sous-régionaux.

Depuis la création du port de Djibouti, la fonction commerciale a toujours été associée à la fonction d'escale militaire. Si Djibouti abritait déjà une base française héritée de la colonisation, le contexte post 11 septembre 2001 a favorisé l'arrivée d'autres bases (américaine, japonaise, italienne et enfin chinoise). Quels peuvent être les enjeux socio-économiques de cette nouvelle présence militaire ?

B. Un retour à une guerre froide via les infrastructures portuaires : un atout ou une perte du rayonnement économique et portuaire de Djibouti ?

« La République de Djibouti a créé l'événement en 2017. D'abord en fêtant dignement les 40 ans de son existence, le 27 juin. Puis en assistant, le 1er août, à l'inauguration officielle de la première base militaire chinoise à l'étranger. Construite sur la baie de Doraleh, juste derrière l'immense port multifonction lui aussi dévoilé au printemps, elle abrite un contingent de 400 hommes chargés de protéger les intérêts et les ressortissants de l'Empire du Milieu dans la région[786] ».

Le port de Djibouti est devenu un quai d'attache pour diverses puissances militaires et un lieu de ravitaillement pour les armées de différents pays.

---

785. (1) - Les ports dits de première génération, qui sont des interfaces entre deux modes de transport. (2) - Les ports de la deuxième génération, qui sont des centres de transport, d'activités industrielles et de commerce. (3) - Les ports de la troisième génération qui se présentent comme des centres de transport intégré et des plates-formes logistiques pour le commerce international. (4) - Les ports de quatrième génération se présentant comme des ports-réseaux qui décrivent des ensembles de plates-formes logistiques reliées et intégrées.

786. http://www.jeuneafrique.com/mag/491279/politique/djibouti-au-centre-dune-guerre-dinflunce-entre-loccident-et-la-chine/?5&utm_source=Facebook&utm_medium=Articles&utm_campaign=PostFB_22112017

Avec les ports, Djibouti est passé du statut d'une ville-garnison (où stationnaient de forts contingents de l'armée française) au statut de « *carrefour maritime stratégique* »[787].

En effet, à côté des bases déjà existantes (bases française, américaine et japonaise), on assiste à l'implantation d'une base chinoise avec des effectifs militaires (400 hommes) et du matériel militaire transitant obligatoirement par les ports djiboutiens.

Officiellement, le socle ou dénominateur commun à toutes ces puissances étrangères est la lutte contre l'insécurité maritime liée à la piraterie somalienne et les terrorismes.

Mais, en filigrane, chaque pays s'évertue à œuvrer à la protection de ses intérêts. Pour la Chine (nouvellement arrivée sur le sol djiboutien), il s'agit de sécuriser la route de la Soie.

Dans un autre ordre d'idée, selon Emmanuel Hache et Kevin Mérigot, la stratégie de s'implanter sur le continent africain, dans le cas de déploiement des nouvelles routes maritimes de la Soie, semble poursuivre deux logiques principales :

> « *une première visant à intensifier les flux avec des ports existants, notamment Djibouti, Lamu ou encore Dar-es-Salaam,*

> *une seconde visant à investir et à développer de nouveaux complexes industrialo-portuaires le long de la façade est-africaine comme Bagamoyo, en Tanzanie, ou encore à Nacala et Beira, au Mozambique, mais également en Afrique de l'Ouest comme à Kribi, au Cameroun, Lekki, au Nigeria ou encore Cotonou, au Bénin. Les investissements chinois dans les ports sont presque toujours couplés à un volet d'investissements terrestres, s'inscrivant dans la stratégie globale de déploiement de la Chine, qui finance de nombreux projets d'infrastructures dans les transports*[788] ».

Cette volonté de sécurisation va de pair avec des visées commerciales (implanter à long terme des industries de manufacture capables de sous-traiter pour le compte de grandes entreprises et exporter tous ces produits dans la sous-région et dans le continent africain) et des visées géostratégiques (avoir plus de visibilité dans cette Corne de l'Afrique et concurrencer les prédécesseurs déjà implantés, tels que la France et les USA, disposer d'une force de frappe de proximité contre les pirates et les terroristes qui s'attaqueraient à leurs navires). Pourtant, la Chine a publié le 26 mai 2015 son neuvième « Livre blanc sur la défense », « *qui insiste sur la projection des forces armées au-delà des fron-*

---

787. LE GOURIELLEC (S.-), « *Djibouti dans le jeu international* », Éditions Esprit 2016/10 octobre, p.13. https://www.cairn.info/revue-esprit-2016-10-p-13.htm

788. HACHE (E.-), MÉRIGOT (K.-), « *Géo-économie des infrastructures portuaires de la route de la soie maritime* », éditions Armand Colin, « Revue internationale et stratégique », 2017/3 n°107, p.90. https://www.cairn.info/revue-internationale-et-strategique-2017-3-p-85.htm

tières. L'armée populaire de libération est ainsi chargée d'assurer une « défense active » dans laquelle la marine jouera un rôle prépondérant. En effet, l'accent est mis sur la protection des « mers ouvertes », et les forces maritimes chinoises doivent « passer progressivement d'une stratégie combinée de défense de ces eaux et de protection en haute mer[789] ».

Ces ambitions chinoises[790] risquent forcément d'agacer les autres pays et amènent également le port de Djibouti à se retrouver acteur et spectateur d'une guerre d'influence entre l'Occident et la Chine. Le port est donc à la croisée de ces enjeux géostratégiques et de ces relents de guerre froide.

De facto, cette conjecture sur le terrain n'est-elle pas un risque pour la stabilité de ce petit pays dont un pan énorme de l'économie repose justement sur ces infrastructures portuaires ?

En effet, l'urgence pour le gouvernement djiboutien est de faire fonctionner ses infrastructures pour rembourser les prêts obtenus pour les financer, et pour rassurer les investisseurs chinois qui ont prêté des sommes colossales pour développer les infrastructures djiboutiennes (ports, train, routes).

Il conviendra dès lors de relever un important défi double : celui de participer formellement ou de manière informelle à la coexistence sereine entre toutes ces puissances militaires étrangères ayant recours aux services du port, profitant de la situation stratégique djiboutienne, et celui de pérenniser la sécurité, la rentabilité et les performances des infrastructures portuaires.

789. HACHE (E.-), MÉRIGOT (K.-), *op.cit.*, éditions Armand Colin, « Revue internationale et stratégique », 2017/3 n°107, p.92.
https://www.cairn.info/revue-internationale-et-strategique-2017-3-p-85.htm

790. La Chine s'est offert une porte d'entrée directe sur l'océan Indien, à 400 kilomètres du détroit d'Ormuz par lequel transite près de 20% du pétrole mondial, vers le Moyen-Orient, la route de l'Europe et le continent africain.

Conclusion générale

Djibouti, Cité-État et bientôt « hub » du commerce maritime mondial[791]

Situé stratégiquement dans le golfe d'Aden et le détroit de Bab-el-Mandeb, avec une économie basée essentiellement sur le transport, Djibouti ne cesse de promouvoir cette position « *Cité-État comme hub global, à la croisée de l'Afrique de l'Est et du grand axe maritime Europe-Asie, se fait en liaison avec le monde des émergents*[792] ».

Autrefois, Djibouti était un point de ravitaillement pour les navires de guerre français et actuellement le pays se positionne comme un pôle incontournable pour les flottes de commerce et navires militaires. En effet, depuis l'indépendance en 1977, Djibouti s'est lancé dans une politique de développement du secteur portuaire qui a abouti à un succès. Sans oublier aussi que la guerre qui a opposé l'Éthiopie et l'Érythrée (actuellement en face de négociation d'une paix possible) a été un facteur déclencheur de croissance considérable du trafic portuaire vers les États enclavés.

En outre, la politique des activités portuaires à Djibouti suit son cours avec le nouveau partenaire (Dubaï Ports World, China Merchants Port Holding Group, etc.) pour financer la modernisation des infrastructures des ports (Doraleh Terminal Conteneur (DCT), Port de Djibouti S.A. (PDSA), Port Polyvalent de Doraleh (DMP), Terminal Horizon Pétrolier, etc.).

Depuis les années 2000, le port de Djibouti a connu une transformation immense à la fois sur son aspect fonctionnel et organisationnel. La crise économique connue par l'État a placé la politique gouvernementale sous le joug des bailleurs de fonds qui ont imposé à l'État la privatisation de ses entreprises publiques, c'est-à-dire que l'État garde encore, parmi ses missions, la prise en charge de service public mails il n'est plus le seul à faire. Ainsi pour différentes raisons, le législateur djiboutien a fait appel au partenariat émirati (DPW) puis chinois (China Merchants Holding) avec le privé et encourage même à une collaboration conjointe du développement des infrastructures portuaires et managériales. Néanmoins, il ressort du partenariat public-privé en Afrique et en particulier à Djibouti une pratique embryonnaire, balbutiante, marquée par un double esprit de méfiance, du privé vis-à-vis du public qu'il

791. MONGRENIER (J-S.-), chercheur à l'Institut Thomas More, décrit le formidable dynamisme du petit pays de la Corne de l'Afrique, qui affiche une volonté ferme de capter les flux commerciaux entre l'Europe, l'Asie et l'Afrique.
https://www.letemps.ch/opinions/2012/08/22/djibouti-cite-bientot-hub-commerce-maritime-mondial

792. MONGRENIER (J-S.-), *op.cit.*

soupçonne être mû par le seul gain financier. À cet égard, la mise en place du processus de privatisation a nécessité pour le cas de Djibouti de revoir l'arsenal juridique dont disposait le gouvernement afin de mieux encadrer le devenir des établissements publics. Il a fallu adopter une série de lois entre 1996 à 2000 pour légaliser le processus de privatisation. L'évolution juridique du port de Djibouti PAID vers PDSA s'inscrit dans la volonté réelle des acteurs politiques, ainsi que des autorités portuaires qui jouent un rôle important. La réussite des projets ambitieux de Djibouti attire la convoitise de plusieurs investisseurs qui expriment un intérêt particulier pour la situation stable du pays ainsi que pour la position géostratégique. Le premier client de Djibouti, à savoir l'Éthiopie, est un atout majeur pour la viabilité du projet portuaire et il aspire à une confiance sans faille. Les autorités portuaires font le nécessaire pour satisfaire ce client dont la demande représente 75 % des activités portuaires. Nous pouvons constater que l'interruption de l'assistance technique et financière décidée par les bailleurs de fonds a amené le gouvernement à prendre une décision au plus vite. Ce revirement de la situation a conduit l'autorité publique à se tourner vers le partenariat public-privé. L'État a exprimé sa volonté d'orienter sa politique de gestion portuaire vers le secteur privé. Pour cela il a fallu ouvrir le capital financier aux opérateurs privés qui afficheront un projet fiable et sérieux convergent avec la vision du gouvernement. C'est dans ce contexte que la société privée de Dubaï a négocié avec le gouvernement de Djibouti un contrat de gestion. Ce processus de privatisation de la gestion s'est accentué avec la transformation du PAID en Société Anonyme holding avec une participation chinoise à hauteur de 33 %. Cette valorisation de la privatisation est motivée essentiellement par des objectifs de rentabilité et pour profiter subsidiairement de l'expérience de l'Ocean Shield en matière de sociétés étrangères. L'expérience djiboutienne de privatisation s'est avérée positive dans le sens où la rentabilité souhaitée a été au rendez-vous : et pour cause, dès la première année sous gestion privée (juin 2000-juin 2001), le port a enregistré des résultats exceptionnels, en transit (+14 %), en transbordement (+86,7 %) et la productivité moyenne (nombre de conteneurs/heure) du terminal à conteneurs s'est améliorée en réalisant une hausse de +118 %[793].

Cependant, cet enthousiasme doit être tempéré en raison de certaines difficultés liées notamment à l'absence d'une vraie transparence[794] du cadre juridique. La clarification du cadre juridique est d'autant plus nécessaire que certaines situations sont parfois de nature à déconcerter les partenaires privés. Dans un même ordre d'idée, nous pouvons considérer que « *l'engouement en*

793. Voir rapport du secrétariat de la CNUCED, *Réforme et place du secteur privé dans les ports africains*, p.18. Disponible sur http://unctad.org/fr/docs/sdtetlb5_fr.pdf

794. RÉZENTHEL (R.-), *La tarification des prestations portuaires : une liberté surveillée*, DMF 2018 n°798, p.55.

direction du privé, dans un premier temps, est indéniable, en raison du lourd passif hérité de la gestion publique, le citoyen est vite désenchanté par l'absence de qualité du service et l'augmentation intempestive et unilatérale des prix. En somme ; le privé n'a pas une mentalité entrepreneuriale mais mercantile, du gain à tout prix, au détriment même de la sécurité des usagers. Même s'il s'agit d'un partenariat avec le privé, l'éthique du service public doit être préservée, pour que le citoyen puisse accéder n'importe où sur le territoire à un service de qualité et au coût le plus bas possible, en somme tenter de marier efficacité économique et cohésion sociale[795] ».

Dans ces conditions en 2011, le contrat avec DP World a été résilié au motif que la concession est contraire aux intérêts fondamentaux de la nation djiboutienne (développé dans le chapitre précédent) bien que son exécution de concession dût durer 20 ans. D'autre part, le flou règne sur le statut de l'Autorité du port et des Zones Franches qui ne s'est vu confier qu'une tâche administrative, alors qu'elle avait pour vocation à jouer le rôle d'une véritable Autorité de régulation. Cette lacune va de pair avec l'absence d'une stabilité de l'environnement juridique et administratif, ces éléments étant les plus déterminants dans les choix des investissements opérés par des investisseurs privés étrangers. Si la République de Djibouti veut que ses orientations pour les ports soient un véritable moteur pour son économie, elle se doit de renforcer ce cadre juridique qui est un facteur d'attraction pour les opérateurs privés.

Comme tout port autonome, le PAID était soumis à la gestion étatique sous la forme classique d'une entreprise publique présentant un caractère industriel et commercial. Ensuite, la gouvernance portuaire a conduit l'autorité publique à se défaire de la gestion totale des activités relevant du secteur portuaire. Pour cela il a fallu opter pour une gestion axée sur le partenariat public-privé. Dans le cadre du PAS, la Banque mondiale avait souscrit pour le gouvernement djiboutien de développer un modèle d'organisation des ports qu'elle a initié début 2000. Dans son article, Jean Debrie souligne que « *ce modèle acte le passage d'un modèle portuaire à tonalité publique (propriété, gestion, exploitation) à un modèle où l'autorité portuaire n'est plus que propriétaire de l'infrastructure et des terrains qui sont loués à des opérateurs qui exploitent les terminaux et qui en financent l'équipement* ». Cette phase a été complétée avec succès dans sa mise en place depuis juin 2001 avec la conclusion d'un contrat de concession avec l'opérateur DPW. Dans la même perspective, l'autorité djiboutienne a réussi à passer un cap supérieur en privatisant la gestion globale de ses ports. On peut estimer que Djibouti s'est illustré comme un bel exemple de réussite en matière d'évolution de la gouvernance des ports.

---

795. TAIB (E.-), *Le partenariat public-privé en Algérie en matière d'exécution du service public*, éditions L'Harmattan (2005), sous la direction de Ali Sedjari, *Partenariat public-privée et gouvernance future*, p.139.

Par ailleurs, dans certains domaines, le recours à des partenaires privés étrangers s'est fait au détriment des opérateurs nationaux surtout dans le secteur de la manutention. Le cadre juridique modifié depuis l'arrivée des investisseurs étrangers a contribué à la contraction du nombre des manutentionnaires. Alors qu'en réalité, avant l'entrée en vigueur d'un décret de 2015[796], l'accroissement des activités portuaires avait déclenché une multiplication de sociétés privées dans le secteur logistique et transport. Avec l'arrivée de la société dubaïote, le cadre légal, sur lequel se fondaient les professions d'auxiliaire de transports maritimes, fixait les différents montants pour les catégories existantes. L'arrêté en date du 2 février 2002, fixant la caution[797] nécessaire pour exercer une activité de transit, prévoyait un montant relativement accessible à bon nombre de sociétés. Dans son premier élément, il est précisé que l'avitailleur doit déposer une caution de 500 000 FDJ, le transitaire est soumis à 1 million de FDJ, le manutentionnaire doit juste un montant de 2 000 000 FDJ. Et en dernier, l'agent maritime devait au minimum 3 000 000 FDJ. Le second article avise que pour chaque profession la caution est constituée après l'obtention de l'agrément.

Ce texte a été révisé en 2015[798] dans le cadre d'une réforme initiée par le chef du gouvernement. La finalité affichée par ce nouveau texte était de dynamiser les différentes professions d'auxiliaires de transport maritime et d'améliorer le cadre légal général pour la promotion de l'investissement privé. Le décret relatif à la réglementation des différentes professions d'auxiliaires de transport maritime durcit les conditions d'agréments et de retraits en cas de non-respect de la nomenclature de la profession exercée. Ce même décret prévoit les conditions de transparence et de concurrence loyale des différents métiers concernés. Donc, les transitaires pour exercer leurs activités en toute légalité doivent remplir les critères suivants : *CNI / Statuts de la société, la qualification, une assurance professionnelle, une attestation bancaire (30 000 000 FDJ) prouvant la capacité financière conformément aux cahiers des charges, une patente valide, un justificatif de paiement de la caution de 15 000 000 FDJ auprès du Trésor national, un Avis d'imposition 2014, la Cotisation CNSS, les factures d'eau et d'énergie et l'enseigne.*

L'Arrêté modifiant l'Arrêté n° 2001-0464/PR/MET portant création de la *Commission nationale d'Agrément des transitaires* a pour objet d'instruire et de statuer sur les demandes d'agrément et ceci par souci du respect des règles de transparence. Il permettra aussi de créer un cadre de concertation des différents acteurs concernés par le secteur.

796. Décret n°2015-063/PRE relatif à la réglementation des différentes professions d'auxiliaires de transport maritime par l'Autorité des Ports et des Zones Franches. http://extwprlegs1.fao.org/docs/pdf/dji147150.pdf

797. Arrêté n°2002-0109/PR/MET fixant les cautions des différents professions d'auxiliaires de transport maritime.

798. *Ibid.*, Décret n°2015-063/PRE relatif à la réglementation des différentes professions d'auxiliaires de transport maritime par l'Autorité des Ports et des Zones Franches.

Le 7 mai 2015, à l'issue de la *Commission nationale des Auxiliaires de Transport Maritime,* qui a siégé pour la première fois depuis 2002 à l'APFZD, 77 transitaires seulement étaient autorisés à exercer, alors que les années précédentes, le nombre de transitaires avoisinait plus de 300 entités, en raison d'une pratique d'attribution d'agrément sans vérification des conditions les plus élémentaires. Le secteur en question était contrôlé à 80 % par des étrangers, car les agréments pour l'exercice du métier de transitaire étaient mis en location par les bénéficiaires djiboutiens pour un montant de 200 000 FDJ par mois. Alors que le métier du transitaire génère un revenu important pour le détenteur de cette autorisation. La nouvelle réglementation a pour objectif de mettre fin à cette pratique illégale et inégale pour ses citoyens. Dorénavant, le critère de la nationalité est une condition primordiale pour bénéficier d'un agrément pour l'exercice du métier de transit, d'avitailleur et de manutentionnaire. Seules les personnes physiques ou morales de nationalité djiboutienne peuvent se voir attribuer l'agrément en remplissant d'autres conditions *sine qua non.* Ainsi, depuis que le port a connu une évolution, le gouvernement a renforcé le cadre juridique régissant les professions portuaires auxiliaires du transport maritime. Cette politique de protectionnisme dans le secteur d'emploi des auxiliaires portuaires a été fortement défendue par l'État tout en assurant la formation permanente aux agents auxiliaires et manutentionnaires. En effet, nous pouvons considérer que de cette réduction du nombre de transitaires découle la redynamisation du secteur ferroviaire, mise en place entre les gouvernements djiboutiens et éthiopiens pour acheminer une partie du transit routier vers le ferroviaire[799].

Pour que le projet portuaire soit hautement bénéfique pour l'économie djiboutienne, il est fondamental de corréler des paramètres comme la sécurité et la sûreté dans un large espace allant de la haute mer à la terre ferme en passant par le complexe portuaire. Concernant le cas de la piraterie se déroulant en haute mer, les conventions internationales ont montré leurs limites pour réprimer des pirates somaliens qui se réfugient, après leurs méfaits, sans être inquiétés, dans les eaux territoriales de la Somalie : un État en déliquescence depuis une vingtaine d'années. En effet, conformément à la convention de Montego Bay, c'est à la Somalie d'appréhender les pirates. Face à cette faillite d'État de la Somalie, la communauté internationale est restée immobile avant que le Conseil de Sécurité des Nations Unies ne prenne une série de résolutions importantes dont la Résolution du 2 juin 2008[800] qui considère que l'intérêt est de mettre

799. 1 500 camions empruntent chaque jour la route entre Djibouti et l'Éthiopie. Dans cinq ans, ce chiffre s'élèvera à 8 000. Ce n'est pas possible ! explique Aboubaker Hadi, le président de l'Autorité portuaire de Djibouti qui gère le projet côté djiboutien. C'est pourquoi nous avons besoin de ce chemin de fer, Capable de faire passer des convois de 3 500 tonnes (contre 500 tonnes pour l'ancienne ligne).

800. https://www.bruxelles2.eu/textes-de-base/resolution-onu-1816-somalie-piraterie-2-juin-2008-le-texte/

en place un régime dérogatoire provisoire au principe classique du droit international de la mer. Elle autorise les États à entrer dans les eaux territoriales de la Somalie afin de poursuivre les actes de piraterie intervenus en haute mer. La Résolution étend ainsi la zone au sein de laquelle il est possible de poursuivre les auteurs d'actes de piraterie en haute mer, qui est fréquemment dénommée « droit de poursuite inversée ». Cette innovation est totalement exceptionnelle. Le Port de Djibouti s'est vu propulsé comme une arrière-base logistique pour ces opérations dans les eaux territoriales somaliennes et dans la haute mer. De surcroît, le port de Djibouti ne saurait rester sans réagir dans un contexte régional ou la sécurité est de plus en plus menacée. Pour avoir un Port sûr, les autorités du port ont créé un système de management de la sûreté le plaçant au premier rang dans le classement des pays de l'Afrique de l'est. La sécurité est un impératif pour Djibouti du fait que son port demeure le cœur névralgique de l'économie nationale.

De plus, le port djiboutien tire son principal bénéfice du marché éthiopien c'est pourquoi, pour le plus grand bien des activités portuaires, cette sécurité doit aussi être assurée dans le corridor avec le voisin éthiopien. En effet, toute forme de menace dans ce corridor affecte directement la sécurisation du Port.

Cependant, les infrastructures terrestres représentent la connexion directe (routes) entre les infrastructures portuaires et les territoires qui les composent. L'accessibilité terrestre est devenue un domaine d'intérêt stratégique et sécuritaire pour les ports maritimes. Partant de ce fait, la sécurité et la sûreté (coopérations et inter-échanges de l'information dans la lutte contre des actes de malveillance en provenance des territoires) sont un préalable non négligeable pour assurer une meilleure connectivité entre les moyens terrestres, les moyens maritimes et les moyens aériens dans cette nouvelle dimension de la mondialisation. Dans un autre ordre d'idée, *« le port n'est pas une simple enclave de la mondialisation marchande. Il est aussi le cœur qui pulse dans le flux irriguant tout le territoire que constitue l'arrière-pays*[801] *»*. En d'autres termes, l'interdépendance des infrastructures terrestres, portuaires et aériennes passe par un meilleur inter-échange d'informations des cellules des renseignements des États utilisant ces infrastructures pour prévenir les dangers à temps et limite les ruptures de celui-ci.

La dimension sécurité-sûreté est au cœur de ces enjeux interdépendants : il est désormais établi qu'en Afrique de l'Est comme dans le reste du continent, la sécurité ne peut être appréhendée comme autrefois. En raison de ses liens étroits avec le développement et la stabilité, la sécurité doit occuper une place centrale dans l'élaboration et la mise en œuvre de toute politique

801. STECK (B.-), « *Entre fermeture fantasmée et ouverture effective : les infrastructures de transport, levier majeur du développement de l'Afrique* », Revue internationale et stratégique, édition Cairn. Info 2017/3 N°107, p.151. https://www.cairn.info/revue-internationale-et-strategique-2017-3.htm

de développement et d'intégration. L'analyse du nouveau contexte sécuritaire, avec l'identification précise des nouvelles menaces doit inspirer l'élaboration de nouvelles politiques de défense et de sécurité au niveau national et sous régional pour plus d'efficacité. Il est impératif de développer la capacité des États à relever les défis liés à ces menaces. Ainsi, il appartient aux États et organes d'intégration en liaison avec l'UE et l'ONU d'y réfléchir sérieusement dans le cadre d'un partenariat stratégique renforcé.

On comprend par là qu'une gestion intégrée de la sécurité des infrastructures maritimes, terrestres et aériennes tend à s'imposer comme modèle incontournable. De surcroît, faire face à ces différentes menaces représente un enjeu majeur pour Djibouti qui doit assurer la sécurité tant personnelle qu'économique de ses habitants. Néanmoins, deux types de risques ne doivent pas être négligés au regard de la compétitivité portuaire et le risque menaçant l'« ordre publique portuaire » : d'une part ceux qui proviennent de la réalisation d'un *incident de sûreté* (terrorisme), d'autre part ceux qui proviennent de *l'accueil d'un navire en détresse dans un port refuge.*

Cependant l'un des défis majeurs du XXIe siècle reste d'être pris au sérieux dans le cadre du développement des activités portuaires et de construction des nouveaux ports. Toutefois, nous ne trouvons aucune réglementation en ce qui concerne l'écologie et la préservation de l'environnement. De nos jours, la question écologique est au cœur de tout débat politique et économique, mais le gouvernement djiboutien ne semble pas afficher comme prioritaire le cas de l'environnement. Le pays dispose actuellement de ports en eaux profondes, donc les habitats du monde marin sont bouleversés voire menacés. Quelles mesures sont prises par les autorités ? Quelles préventions doivent être mises en place pour préserver l'environnement marin ? En premier se pose la question de la consommation d'énergie qui doit être rénovée au profit d'une énergie renouvelable axée sur le développement durable. Dans le cadre de la prévention, la création d'une entité de gestion environnementale serait un renouveau dans le mode de gestion qui prend en compte l'ampleur de l'environnement marin qui est très fragile. La gestion environnementale prendra en compte la qualité de l'air, de l'eau, du bruit, des déchets, des cargaisons dangereuses ainsi que les zones naturelles. Considérant que le port de Djibouti se trouve au plus près de la zone d'habitation (centre-ville), ces éléments doivent être pris au sérieux par les autorités portuaires. Étant donné la position et l'emplacement des ports de Djibouti, il est impérativement indispensable de prévoir une entité pour gérer les risques naturels et penser à l'adaptation aux impacts du changement climatique. On soulève ces différents points parce que ce pays se trouve sur une plaque tectonique et une faille terrestre sur le plan géologique. Ces éléments peuvent déclencher une catastrophe naturelle pour causer des dégâts humains et matériels.

En dernier point, la République de Djibouti se trouve dans une zone fragile et sensible. La question de la sûreté et de la sécurité reste au cœur de tous les débats ou négociations menés avec les différents acteurs ou partenaires, qu'ils soient régionaux ou internationaux. L'océan Indien avait connu une série d'attaques de piraterie par une bande organisée d'origine somalienne. Cette situation compromettait la réussite du port de Djibouti et entachait son image sur la scène internationale. Pour combattre ces pirates maritimes, nombreux sont ceux qui ont uni leurs forces aux côtés de l'armée djiboutienne. Actuellement, la situation stable de Djibouti favorise la bonne transaction des affaires. En revanche, la dégradation de la stabilité au Yémen reste un cas inquiétant pour l'autorité djiboutienne, mais la plus grave inquiétude provient de la frustration de la société éthiopienne. Dernièrement, on a assisté à une manifestation répétée d'une couche sociale qui réclame des droits et ces derniers ont tenté de recourir même à la violence (prise des armes).

Bibliographie

ABBAS (H.), « *Les Infrastructures maritimes en mer Rouge : complémentarité ou concurrence ?* », Colloque international *Stratégie logistique et de transport au service du développement en Afrique*, éditions L'Harmattan, janvier 2015, p.70.

ABBES (S.) et GUILLAUME (J.), « *Ports de commerce et économie portuaire* », in *Mare Economicum – Enjeux et avenir de la France maritime et littorale*, P. GUILLOTREAU (dir.), PUR, Rennes, 2008, pp. 361-389 - J. GROSDIDIER DE MATONS, *Droit, économie et finances portuaires*, Presses de l'École Nationale des Ponts et Chaussées, 1999 - B. MARNOT, *Les grands ports maritimes de commerce français et la mondialisation du XIXe siècle*, coll. Histoire Maritime, PUPS, Sorbonne Université Presses, 1999 - J. GUILLAUME, « *La politique portuaire européenne, entre ouverture au marché unique et développement durable* », Annales de Géographie, 2011, n°677, pp. 50-64.

ABDILLAHI (A.), CHITOU (I.), SMEESTERS (B.), *Stratégie logistique et de transport au service du développement en Afrique*, L'Harmattan, janvier 2015, p. 203.

ABDILLAHI AHMED (A.), « *Conteneurisation, stratégies des acteurs et développement portuaire : le cas de Djibouti* », Thèse de doctorat science de gestion soutenue en 2012, Université de Perpignan, p. 321.

ABDILLAHI GUIRREH (I.), « *Développement et dépendance des systèmes portuaires d'un État fragile ancrés dans la mondialisation : l'exemple de Djibouti* », Thèse de géographie, Université du Havre, décembre 2017, HAL. https://tel.archives-ouvertes.fr/tel-03065829

ALEXANDER (J.B.-), *Piracy: The Best Business Model Available*, The JSOU Press MacDill Air Force Base, Florida 2013, pp.5-61.

APTIDON GOMBOR (A.), « *Quelles stratégies pour renforcer la position concurrentielle des ports djiboutiens ?* », Actes du Colloque international du 15 au 16 décembre 2013, *Stratégie Logistique et de Transport au service du développement en Afrique*, éditions L'Harmattan, janvier 2015, p. 233.

BACH (J.-N.), « *La guerre Éthiopie-Érythrée de 1998-2000 : un conflit entre deux formations étatiques* », études de l'IRSEM sous la direction du GNANGUÊNON (A.), *Les défis stratégiques africains : exploration des racines de la conflictualité en Afrique de l'Est* (dir.) , 2013 - n°24, p.18.

BARKADLEH (H.G.), « *Contribution du maillon portuaire à la performance de la chaîne logistique globale : cas du port de Djibouti* », Thèse en Science de Gestion soutenue le 17 novembre 2014, sous la direction de Christian Cadiou, Université de Brest, p.29.

BASDEVANT (J.), « Dictionnaire », p. 236-237, in SALMON (J.), « *Dictionnaire de droit international public* », Bruylant/AUF, Bruxelles, 2001, p. 375.

BAUCHET (P.), « *Le transport international dans l'économie mondiale* », p.185.

BAUDET (M.-B.), « *La lutte contre la piraterie en mer s'intensifie* », *Le Monde* (Bilan du monde 2009), hors-série, p. 40.

BECET (J.M.) et RÉZENTHEL (R.), « *Dictionnaire juridique des ports maritimes et de l'environnement littoral* », Presses Universitaires de Rennes, 2004. p.367.

BERTIN-MOUROT (É.), LELIEUR (F.) et TERROIR (E.), *Terrorisme et piraterie : des menaces contemporaines à la sûreté des transports maritimes de marchandises*, éditions L'Harmattan, 2005, p.11.

BETHENOD (J.), *Le droit portuaire, instrument de régulation de la compétitivité et de la protection de l'ordre public*, Thèse de doctorat en droit soutenue le 2 décembre 2005 à l'université de Nice-Sophia Antipolis, sous la direction du Professeur Alain PIQUEMAL, p.23.

BEURIER (J.-P.), *Droits Maritimes*, édition Dalloz (2015-2016), p.19.

BEURIER (J.-P.), « *Le transport maritime, le droit et le désordre économique international* » in *La mer et son droit*, Mélanges offerts à Laurent Lucchini et Jean-Pierre Quéneudec, Paris,

Pedone, 2003, p.87. De même sens, voir Carreau (D.), *« Droit de la mer et droit international du commerce »* in *La mer et son droit, ibid.*, p.119.

BILLION (D.), *Géopolitique des mondes arabes*, éditions Eyrolles, sous la direction de Pascal Boniface, pp.126-129.

BOËDOZ (P.), *« L'essentiel d'un marché : Éthiopie et Djibouti 2007-2008 »*, édition UBIFRANCE 2007, pp.263-264.

BOISSON (P.), *La sûreté des navires et la prévention des actes de terrorisme dans les domaines maritimes*, DMF 2003, p.640.

BONIFACE (P.-) et VÉDRINE (H.-), *Atlas des crises et des conflits*, Armand Colin/Fayard, 2009, p.136.

BORDEREAUX (L.), *Le service public portuaire français*, 8 novembre 2004, sur https://www.estudiovillano.com/archivos-estudio-villano-abogados/estudio-villano-le-service-public.pdf

BORÉ EVENO (V.), *« Des gardes armés à bord des navires : enjeux et cadre juridique »*, Actes du colloque « La piraterie : de la mer au cyberespace », Journées scientifiques de l'Université de Nantes des 5 et 6 juin 2014, pp.477-496.

BOUDONG (N.), *« La piraterie maritime moderne »*, mémoire Master 2 Droit maritime et des transports, soutenu en 2009 à l'Université Paul Cézanne III Faculté de Droit et de Science Politique d'Aix-Marseille, p. 57.

BOURGAIN (A.), BROT (J.) et GERARDIN (H.), *« L'Afrique et son intégration internationale, quelles perspectives ? »*, éditions Karthala 2014, p. 3.

BRICET DES VALLONS (G.-H.), *Néocorsaires contre néopirates : privatiser la sécurité maritime dans le Golfe d'Aden*, in *Dossier : Combattre la piraterie maritime*. Sécurité Globale, CHOISEUL, n° 7, printemps 2009, p. 83.

BRIGAUD (A.M.), « Interview de son Excellence Claude Morel, ambassadeur de la République des Seychelles à Paris, pour l'association IHEDN région Paris Île-de-France », Institut des hautes études de défense nationale, 21 juin 2012. www.ihedn-arparisidf.org/interviewAmbSeychelle.pdf, consulté le 17 juin 2014.

BUGNON (C.), « L'action contre les actes de piraterie maritime. À propos de l'affaire du voilier PONANT », *Annuaire de Droit Maritime Océanique*, Tome 2010, p.134.

BRUNSCHWIG (H.), *Une colonie inutile : Obock (1862-1888)*, in *Cahiers d'études africaines*, vol. 8, n°29, 1968, pp. 32-47.

BURNETT (J.S.), *Dangerous Waters, Modern Piracy and Terror on the High Seas*, Plume (Penguin Books 2003), p.302.

CAILLOSSE (J.), in *L'état du droit administratif*, Paris, PUF, p.182.

CARNIMEO (N.) et GUGLIELMO (M.), *« Qui sont les pirates somaliens ? »*, Outre-Terre 2010/2 (n° 25-26), p. 413-425. DOI 10.3917/oute.025.0413 https://www.cairn.info/revue-outre-terre1-2010-2-page-413.htm In carte source : International Maritime Bureau

CARON (J.C.), *« Mauvais genre ? Réflexion sur l'interdisciplinarité ou point de vue d'un historien »*, In, *La Fabrique interdisciplinaire. Histoire et science politique*, Presses Universitaires de Rennes, 2008, p. 243.

CHAPLEAU (P.) et PANCRACIO (J.-P.), *La piraterie maritime : droit, pratique et enjeux*, éditions Vuibert, janvier 2014, p. 36 et p.59.

CHARRET (A.), *Al-Shabaab au cœur du terrorisme somalien*, Collection Grandes Ondes, éditions de l'Absence, Paris, 2016, p 7.

CHAUMETTE (P.), *« Le Parlement européen défend ses attributions au sein de la PESC à propos des accords de transferts en matière de lutte contre la piraterie »*. Cour de Justice de l'Union Européenne (grande chambre) 14 juin 2016, aff. C-263/14, Commission c/ Conseil, soutenue par Tchéquie, Suède et Royaume-Uni. Par exemple, l'opération EU-NAVFOR Atalante (www.eunavfor.eu), EUCAP Nestor (mission civile de renforcement des capacités maritimes et judiciaires des États de la Corne de l'Afrique) par Council décision 2013/660/CFSP, 15 novembre 2013.

CHAUMETTE (P.-), *Droits maritimes*, Construction du droit maritime de l'Union européenne, 3e Édition Dalloz, 2015-2016, p.203.

CHITOU (I.-), *« La logistique organisationnelle, vecteur structurant des modèles économiques pour le développement des petits pays côtiers d'Afrique : le cas du Togo »*, Colloque international du 15 au 16 décembre 2013, Université de Djibouti, *Stratégie logistique et de transport au service du développement en Afrique*, éditions L'Harmattan, janvier 2015, pp.18-19.

COLLIN (M.-), *« Ville et port, XVIIIe-XXe siècle »*, Paris, L'Harmattan, Laboratoire d'histoire maritime, septembre 1994, article de Guillermin (B.-), *« La ville et le port, problématique de la limite à Marseille »*, p.13.

COMBACAU (J.), *Le pouvoir de sanction de l'O.N.U. Étude théorique de la coercition non militaire*, Paris, Pedone, 1974, pp. 99-100.

COMMAILLE (J.), *« Les nouveaux enjeux épistémologiques de la mise en contexte du droit »*, Revue interdisciplinaire d'études juridiques 2013/1 (Volume 70), p. 62-69. DOI 10.3917/riej.070.0062

CORTEN (O.), *« Le "droit en contexte" est-il incompatible avec le formalisme juridique ? »*, Revue interdisciplinaire d'études juridiques 2013/1 (Volume 70), p. 70-76. DOI 10.3917/riej.070.0070

COUDEVYLLE (A.), *« Les concessions de service public des collectivités locales »*, Bibliothèque des collectivités locales, Sirey, édition 1er trimestre 1983, p. 5.

COUDEVYLLE (A.), *Manuel élémentaire du Droit administratif*, 9e éd., p. 693.

DABIEL (N.), *« Chronique défense et sécurité »*, Commissaire en chef de la marine, chef du bureau « Droit de la mer et des opérations aéronavales » de l'État-major de la marine, *Annuaire du Droit de la Mer*, 2014, Tome XIX, p.639.

DAHER DJAMA (A.), *Le XXIe siècle à l'assaut du droit de la piraterie : le cas de la Somalie*. Droit. Université Nice Sophia Antipolis, 2015, p. 2.

DAUDET (B.), *« Les villes portuaires subsahariennes : enjeu(x) de croissance(s) »*. Questions internationales - Les grands ports mondiaux, n°70, 2014, pp.85 à 89.

DE LAVERGNOLLE (J.), *« L'assurance de la piraterie et son coût »*, édit. PUF, 17 novembre 2014, p.245.

DEBRIE (J.), *« L'évolution des ports français : quel avenir ? »*, Les Cahiers français : documents d'actualité, La Documentation Française, Paris, 2016, hal-01862042-

DEBRIE (J.) et RUBY (C.), *Approche des réformes portuaires européennes et nord-américaines (Canada), Éléments de réflexion pour la politique française*, Synthèse de la Mission Développement Durable, Stratégie, Recherches et Études Générales (MEEDDAT), avril 2009, p.6.

DELVOLVÉ (P.), professeur de droit public à l'université Paris II-Panthéon-Assas. Auteur notamment de *Droit public de l'économie* (Dalloz, 1998), *Le Droit administratif* (Dalloz, 2e éd., 2002), coauteur des *Grands Arrêts de la jurisprudence administrative* (Dalloz, 15e éd., 2005), *« La privatisation du service de l'État »*, Pouvoirs 2006/2 (n° 117), p. 107-120.

DOUCET (R.), *Un projet de chemin de fer transafricain*. In : *Annales de Géographie*, t. 21, n°117, 1912. pp. 271-276. doi : 10.3406/geo.1912.7079.

DRAPIER (S.), *« La lutte contre la piraterie en mer par les entreprises privées de protection des navires »*, ouvrage dirigé par le Pr Patrick CHAUMETTE, *Espaces marins : surveillance et prévention des trafics illicites en mer*, octobre 2016, p.249.

DUBOIS (C.-), *« Djibouti 1888-1967, héritage ou frustration ? »*, Paris, L'Harmattan, 1997.

DUFF (J.A.-), *« The United States and the Law of the Sea Convention: Sliding back from Accession and Ratification »*, *Annuaire de Droit Maritime et Océanique*, université de Nantes, t. XXIV, 2006, pp. 229-259.

ECKLÖF AMIRELL (Stefan), *« La piraterie maritime en Afrique contemporaine : ressorts locaux et nationaux des activités de piraterie au Nigéria et en Somalie »*, Politique africaine, n°116, 2009, p.112-118.

ERRIZANI (F.), *« Les réformes portuaires marocaine et française, entre enjeux de bonne gouvernance et incitation au partenariat public-privé »*, Thèse de Droit portuaire soutenue le 15 mai 2018 à l'université de Nantes sous la direction du Pr Patrick Chaumette, p. 241.

FARAH LODON (S.), *« Le rôle économique du port de Djibouti »*, mémoire de troisième cycle de 1969 sous la direction d'André Vigarié, Université de Nantes, p.7.

FERRAS (P.) et GNANGUÊNON (A.), *« La diplomatie chinoise au miroir des opérations anti-piraterie dans le golfe d'Aden »*, Études de l'IRSEM n°24 : *Les défis stratégiques africains : exploration des racines de la conflictualité en Afrique de l'Est* (dir.) par GNANGUÊNON (A.), p.51.

FLAGEL (A.A.-), *Le renouveau de la piraterie internationale,* Thèse soutenue le 28 février 2013 à l'Université de la Nouvelle-Calédonie sous la direction du Pr Guy AGNIEL, p. 118.

FOCH (A.), *« Djibouti, une nouvelle porte de l'Afrique ? L'essor du secteur portuaire djiboutien »*, Afrique contemporaine 2010/2 (n° 234), p. 234. doi10.3917/afco.234.0073

FORESTIER (P.), *« Pirates et commandos. Les secrets des opérations spéciales »*, Le Rocher, 2010, p.173.

FRÉCON (E.), *« La dimension terrestre des pirateries somaliennes et indonésiennes »*, Hérodote 2009/3, n° 134, p. 80-106.

FRÉCON (E.), *Pavillon noir sur l'Asie du Sud-Est*, Paris, L'Harmattan, 2003, pp. 54-55.

FRÉMONT (A.), *Les ports, leviers de développement ? Opportunités sur la rive sud de la Méditerranée,* éditions Afrique Contemporaine (2010), p.234 (2), p.70.

FRÉMONT (A.), *Le monde en boîtes : conteneurisation et mondialisation,* éditions Arcueil INRETS, p.137.

FRIER (P.L.) et PETIT (J.), *Droit administratif,* éditions Lextenso (L.G.D.G), 2017-2018 ; HEERS (M.), *« La sécurité juridique en droit administratif français : vers une consécration du principe de confiance légitime ? »*, in *Revue française de droit administratif,* vol.11, n°5, sept. oct. 1995, p.963-969 ; ég. VINCENT (P.), *« Le faible impact du principe de confiance légitime en droit administratif français »*, même publication, vol.16, n°6, mars-avril 2000, p. 254-265 ; ég. PUISSOCHET (M.), *« Le principe de confiance légitime »*, Dalloz-Sirey, 1996, Paris ; actualisé en décembre 2001 par PUISSOCHET (J.P.) et LEGAL (H.), *Cahiers du Conseil constitutionnel* n° 11 (Dossier : Le principe de sécurité juridique).

FRUMENCE PASCAL (M.), *Le conflit somalien et les Nations Unies,* Thèse de Droit, Université de Grenoble Alpes, 2018.

GASCON (A.), *« Djibouti : Singapour sur mer Rouge, un confetti d'Empire, futur dragon africain »*, Outre-Terre, *Revue française de géopolitique,* n°11-2005, « De l'Afrique au Gondwana ? », p.451-466.

GASCON (A.), *Djibouti, un port entre continent et grand large. Base militaire, port de l'Éthiopie, de l'Afrique de l'Est, de l'océan Indien,* sous la direction de Amina Saïd Chiré, Djibouti contemporain. Paris, Karthala, 2013, p.123.

GAUDEMET (Y.), *Droit administratif (manuel),* 18e éd. Paris, LGDJ, 2005, pp. 453-536.

GIDEL (G.), *Le droit international public de la mer,* Tome III, Paris, Sirey, 1934, p.455.

GIRERD (P.), *« De l'utilité du concept de piraterie ? »*. Annuaire du Droit Maritime et Océanique n° 23. 2005, p.37.

GOSS (R.O.), *« Strategies for Port Authorities »*, *op.cit.* ; ég. IRCHA (M.C.), *« The Transportation Group »*, Université du Nouveau-Brunswick, extrait d'un article publié, Dans la gestion de la politique maritime, Canadian Ports Magazine, pp.21-25.

GROS-VERHEYDE (N.), *Atalanta : l'UE à l'abordage des pirates,* Europolitique, n°3761, 28 mai 2009, p.15.

GROSDIDIER DE MATONS (J.), *Droit, économie et finances portuaires,* Presses Ponts et Chaussées, 2000, p. 5.

GUEGUEN-HALLOUET (G.), *L'application du droit communautaire aux ports maritimes,* Thèse de Droit, Brest, 1999, p. 12.

GUEGUEN-HALLOUET (G.), *Le règlement européen du 15 février 2017 sur les services portuaires et la transparence financière des ports : pragmatisme et petits pas*, DMF 2017 n°796, p.917 ; ég. LOMBARD (F.), *Les garanties d'usage dans les ports de plaisance*, DMF 2017 n°797, p.1036 ; ég. RÉZENTHEL (R.), *La tarification des prestations portuaires : une liberté surveillée*, DMF 2018 n°798, p.55 ; ég. RÉZENTHEL (R.), *L'aménagement et la gestion des ports au regard de l'intérêt général*, DMF 2018 n°800, p.252 ; ég. RÉZENTHEL (R.) et VAN CAUWENBERGHE (P.), *Le transport maritime et les activités portuaires dans le contexte du droit simple*, DMF 2017 n°791, p.450.

GUEGUEN-HALLOUET (G.), *« Libéralisation et nouvelle gouvernance : les défis des ports maritimes français, italiens et espagnols »*, in FOULQUIER (E.) et LAMBERTS (C.), *Gouverner les ports de commerce à l'heure libérale*, CNRS éditions, Paris, 2014, pp. 37-74.

GUEGUEN-HALLOUET (G.), *« Le rôle croissant du secteur privé dans l'activité et la gestion des ports »*, Revue *Questions internationales* n°70, novembre-décembre 2014, p.66.

GUENOLÉ-LE BIHAN (M.), « Sûreté Maritime et Terrorisme », *Revue de Droit Commercial, Maritime, Aérien et des Transports*, 2003, p.92.

GUERLET (G.), *« La gestion des ports par une entité publique : aspects européens et environnementaux »*, Thèse de Doctorat en Droit, université du Littoral Côte d'Opale (ULCO), 8 novembre 2013, p. 294.

GUILLAUME (J.), *« L'État, entrepreneur portuaire »*, in FOULQUIER (E.) et LAMBERTS (C.), *Gouverner les ports de commerce à l'heure libérale*, CNRS éditions, Paris, 2014, pp. 17-35.

GUISNEL (J.), MALHER (V.), *Pirates de Somalie*, Grasset, 2012.

GUIZIOU (F.) et FRITSCH (B.), *« La piraterie maritime : quelques réflexions géographiques »*, Actes du colloque des 5 et 6 juin 2014 (journées scientifiques de l'Université de Nantes), édition *Annuaire de Droit Maritime et Océanique de Nantes*, Tome XXXVI-2018, p.428.

GUIZIOU (F.), *« La piraterie comme innovation : une esquisse géographique de la piraterie somalie »* in GNANGUENON (A.), *Les défis politiques et stratégiques en Somalie*, Cahiers de l'IRSEM, n°13, 2012, p. 80.

GUIZIOU (F.), *« La piraterie somalienne : innovation, masque du désordre et mondialisation »*, Actes du colloque *« Au fil de l'histoire : un défi pour l'État »*, université de La Rochelle et la Corderie royale, Rochefort, éditions PUPS 2014, p.130.

GUIZIOU (F.), *« Le détroit de Bab-el-Mandeb : un paradigme du contact entre l'espace mondialisé et ses marges »*, Mémoire master 2, Géographie, IGARUN, université de Nantes, 2008, p.113.

GUIZIOU (F.), *« Le monde somali : les apparences du chaos aux périphéries de la mondialisation »*, Thèse soutenue le 17 mai 2018 à l'université de Nantes sous la direction du Professeur émérite de l'université de Nantes Jacques Guillaume, p. 241.

HACHE (E.), MÉRIGOT (K.), *« Géo-économie des infrastructures portuaires de la route de la soie maritime »*, éd. Armand Colin, *« Revue internationale et stratégique »*, 2017/3, n°107, p.90.

HADDOUM (K.), *L'espace portuaire algérien : problèmes et perspectives*, thèse de doctorat, spécialité Droit Portuaire, direction André-Hubert Mesnard, université de Nantes, 4 juillet 1997, p. 117.

HADDOUM (K.), *Les investissements maritime et portuaire en Algérie : la consécration du régime de la concession*, Neptunus, e.revue Centre de Droit Maritime et Océanique, Université de Nantes, vol. 20, 2014/1, p.6.

HANSEN (S.J.), *Piracy in the Greater Gulf of Aden, Myths, Misconception and Remedies*, NIBR Report. 29. Oslo: Institute for Urban and Regional Research, 2009, pp.29-51.

HARTMANN (O.), *« Comment les pays enclavés s'articulent-ils à la mondialisation ? Ports et commerce en Afrique de l'Ouest »*, Afrique contemporaine 2/2010 (n° 234), p. 41-58.

HASSAN HOCH (G.), *La gestion portuaire à Djibouti*, mémoire de Master 2 sous la direction de Christian SCAPEL, Université Aix-Marseille (2012-2013), Centre de droit maritime et de transport, p.18.

HENNEBEL (L.) et LEWKOWICZ (G.), « Le problème de la définition du terrorisme », in HENNEBEL (L.), VANDEMEERSCH (D.), *Juger le terrorisme dans l'État de droit ?*, Centre Perelman de Philosophie de droit, Bruxelles, Bruylant, 2009, p.17-59.

HOEPFFNER (H.), *Droit des contrats administratifs*, éditions Dalloz (2016), p.401.

HOPQUIN (B.), *« L'immense solitude de l'acquitté du "Carré d'As" »*, Neptunus, E-revue, Vol. 18, 2012/1, http://www.cdmo.univ-nantes.fr

HOURY (Ch.), *La piraterie maritime au regard du droit international : Incertitude et évolutions contemporaines*, éditions L'Harmattan, 2014, p.173.

HOUSE OF LORDS, *Combating Somali Piracy: the EU's Naval Operation Atalanta, report with evidences*. London: Authority of the House of Lords. (2010). 5, 18-22.

HUBERT (M.), *« La piraterie maritime dans le golfe d'Aden »*, Note d'Analyse du 20 septembre 2010, p.5.

IOSSA (E.), MARTIMORT (D.), JOUYET (J.), *« Partenariats public-privé : Quelques réflexions »*, *Revue économique*, Vol. 59, 2008/3, pp. 437-449, p. 440 ; voir également BURGER (P.), TYSON (J.), KARPOWICZ (I.), DELGADO COELHO (M.), *« The effects of financial crisis on public-private partnership »*, International Monetary Fund, IMF working paper, WP/09/144, juillet 2009, p. 3.

ISMAILA (S.), *L'accès à la mer des États sans littoral en Afrique*, Éditions universitaires européennes (11 mai 2015) : https://www.editions-ue.com

JOPLING (L.), *La piraterie : une menace croissante contre la sécurité régionale et mondiale*, Assemblée parlementaire de l'OTAN, NATO PA 023 CDS 09F, 5 avril 2009.

KANE (K.A.), *« Droit portuaire en Afrique, Aspects juridiques de la gestion et de l'exploitation portuaires au Sénégal »*, Thèse de Droit maritime, Nantes, p.174 ; L'Harmattan, Paris, 2012.

KANE (K.A.), « L'évolution du statut portuaire sénégalais - Une nécessité pour le développement du Port Autonome de Dakar », *Annuaire de Droit Maritime et Océanique*, université de Nantes, t. XXXI, 2013, pp. 383-399.

KIRK (M.-), Kirk Report: *Ending Somalia Piracy against American and Allied Shipping*, (2011).

KLEIN (M.-), *« Infrastructure Concession. To auction or to negotiate? »*, Private Sector, Banque mondiale, Washington, D.C., mars 1999, p.25-28 ; ég. BULOW (J.-) et KLEMPERER (P.-), *« Auctions vs Negotiation »*, Working Paper n°4608, National Bureau of Economic Research, Cambridge, mars1994.

LACOSTE (R.) et N. TERRASSIER (N.), *« La manutention portuaire de conteneurs en France : Vers la consolidation ? »*, Isemar, n° 28, oct. 2000, p. 4. www.isemar. asso-fr / cité par Edward Tierny, *« Le port maritime : Lieu d'un pari libéral pour un enje régalien »*, thèse de Doctorat, Université de Nantes, 2003, p. 21.

LAIPSON (E.-) et PANDYA (A.-), *The indian Ocean: Resource and governance challenges*, The Henry L.Stimson Center, 2009, p.129.

LANG (J.), *Report of the Special Adviser to the Secretary-General on Legal Issues Related to Piracy off the Coast of Somalia*, January 19, 2011, (15), pp.28-31.

LATTY (J.), *Traité d'économie maritime de 1960*, T. IV, p.3.

LAUBADERE (A.), MODERNE (F.), DELVOLVE (P.), *Traité des contrats administratifs*, Paris, LGDJ, T.1, 2e éd. 1983, 797 p., p.283.

LAUTERPACHT (H.), « Insurrection et piraterie ». *Revue Générale de Droit International Public*, 1939, p.514.

LE GOFF (R.), *« La protection des navires soumis au risque de piraterie »*, Thèse dirigée par Patrick Chaumette, soutenue à l'Université de Nantes, 14 décembre 2016, p.243.

LE GOURIELLEC (S.), *« Djibouti dans le jeu international »*, Éditions Esprit 2016/10, octobre, p.13. https://www.cairn.info/revue-esprit-2016-10-p-13.htm

LE GOURIELLEC (S.), *Djibouti : la diplomatie de géant d'un petit État*, coll. Espaces politiques, PU du Septentrion, 2020.

LEYMARIE (P.), « Flottes occidentales contre pirates somaliens », *Le Monde diplomatique*, novembre 2008, pp.24-25.

LINDLEY (A.), « *The early morning phone call: Somali refugees' remittances* », Berghahn Books 2010, New York, p.4-5.

MARCHAL (R.), « *Mutations géopolitiques et rivalités d'États : la Corne de l'Afrique prise dans la crise du Golfe* », éditions Observatoire d'Afrique de l'Est : enjeux politiques et sécuritaires, mars 2018, note analyse 4, p.10.

MARCHAND (G.), *Le Contenu des Règles*, septembre-octobre 2000, in Transports, N°403, p.331.

MARCHESSEAU (P.), « *Prise d'otages sur le Ponant* », Michel Lafon, 2008, p.162-163.

MÉNARD (C.), Rapport d'information sur la piraterie maritime, Assemblée Nationale, n°1670, 13 mai 2009, p. 55.

MENG (J.), « *La Chine à Djibouti et en Afrique de l'est : la voie chinoise au croisement des routes, une idée qui fait son chemin* », Article publié PSEI, mis en ligne le 23 avril 2016, p.3.

MÉRER (L.), *Moi, Osmane, pirate somalien*, éd. Koutoubia, 2009, p. 84.

MESNARD (P.), « Charles-Quint et les Barbaresques », *Bulletin Hispanique* (1959), 61, p.215-235.

MIDDLETON (R.), *Piracy in Somalia, Threatening gobal trade, feeding local wars*, Briefing Page, octobre 2008, Chatham House, p.4.

MIGANEH HADI (A.), HUSSEIN MOWLID (A.), « À partir de l'enclave française aux stratégiques *crossways* : l'importance de Djibouti dans la Corne de l'Afrique », *Challenge économique et maîtrise de nouveaux risques maritimes : quelle croissance bleue ?*, Actes de colloque du Centre de droit maritime et océanique de Nantes, sous la direction de Patrick CHAUMETTE, édition Gomylex, septembre 2017, p.62.

MIGANEH HADI (A.) & ADEN (M.H.), « *D'un comptoir français à un carrefour stratégique mondial* », in P. CHAUMETTE (dir.) *Economic challenge and news maritime risks management: What blue growth? – Challenge économique et maîtrise des nouveaux risques maritimes : quelle croissance bleue ?*, Gomylex, Bilbao, 2017, pp. 57-79.

MIGANEH HADI (A.), *Stratégie logistique et de transport au service du développement en Afrique*, éditions L'Harmattan 2015, p.149.

MIOSSEC (J.M.), *Le conteneur et la nouvelle géographie des océans et des rivages de la mer*, éditions L'Harmattan, décembre 2016, p. 134.

MOHAMED-CHÉRIF (F.-Z.) et DUCRUET (C.), « *Du global au local : les nouveaux gérants des terminaux portuaires algériens* », L'espace politique, numéro 16-2012. https://espacepolitique.revues.org/2294

MOHAMED OSMAN (R.), « *La politique de sécurité et de défense dans la Corne de lAfrique : le cas de Djibouti* », thèse soutenue le 12 décembre 2016, sous la direction du Professeur Mathieu Guidère, p.149.

MOHAMED OSMAN (R.), *Djibouti, monde arabe/monde musulman*, collection dirigée par Mathieu Guidère, Éditions de Boeck, 2014, p.71.

MONGRENIER (J.S.), « *Djibouti, cité-État et bientôt "hub" du commerce maritime mondial* », Le Temps, 22 août 2012.

MONTAS (A.), « *Droit pénal de la sûreté maritime* », col. Dalloz-Action, in *Droits Maritimes* 2015/2016, p. 855.

MORERA-DUTREY (M.), « *L'assurance maritime et la piraterie* », Mémoire de master droit et sécurité des activités maritimes et océaniques, juillet 2012, p.6.

MORINIERE (J.-M.), *Le cadre juridique du développement des activités logistiques et de transports maritimes aux Émirats Arabes Unis*, Stratégie logistique et transport au service du développement en Afrique, L'Harmattan, janvier 2015, p. 201.

N'GOUYA (M.), Capitaine de Vaisseau, Revue Africaine des Affaires Maritimes et des Transports, Articles et études doctrinales, juillet 2009, n°1, p.37-43.

NDENDE (M.-), *« Le code de conduite de Yaoundé et la stratégie de lutte contre la piraterie et la criminalité maritimes dans le golfe de Guinée »*, Actes du colloque *« La piraterie : de la mer au cyberespace »*, Journées scientifiques de l'Université de Nantes, 5 et 6 juin 2014, pp. 455-476.

NDENDE (M.-), « Les pays africains doivent se doter de législations portuaires adaptées », *Jeune Afrique*, 8 août 2013.

NDIAYE (P.-), *« Le port de Dakar dans l'économie sénégalaise »*, communication lors du colloque international sur *« L'importance économique et stratégique des ports maritimes »* organisé, du 16 au 17 mai 1995 à Dunkerque, par le Port Autonome de Dunkerque (PAD), Actes publiés par le PAD, juin 1995.

NDIAYE (F.), KANE (K.A.) et BONNIN (M.), *« L'intégration de l'environnement marin dans le droit applicable aux ports »*, sous la direction BONNIN (M.), LY (I.), QUEFFELEC (B.) et NGAIDO (M.), (eds), 2016, *Droit de l'environnement marin et côtier au Sénégal*, IRD, PRCM, Dakar, Sénégal, p.283.

NGO MBOGBA-MIKANO (P.), *« Le droit international de la sûreté maritime de 2002 en Afrique subsaharienne »*, L'Harmattan, Collection "Affaires maritimes et Transports", p.150 et pp. 199-200.

NICINSKI (S.), *Droit public des affaires*, éditions Lextenso LGDJ, 2016, p.315.

NORCHI (C.H.) et PROUTIÈRE-MAULION (G.) (dir.), *Piracy in comparative Perspectives: Problems, Strategies, Law*, Paris/Londres, Pédone-Hart, août 2012 - PRIGENT (Q.), *La piraterie somalienne : la comprendre et expliquer sa disparition*, Mémoire de géopolitique, université de Reims, Sciences de l'Homme et Société. 2015, (HAL-id dumas-01196076) - LE GOFF (R.), *La protection des navires soumis au risque de piraterie*, Thèse de Droit, université de Nantes, décembre 2016 - GUIZIOU (Fr.), *Le monde somali : les apparences du chaos aux périphéries de la mondialisation*, Thèse de doctorat en Géographie, université de Nantes, mai 2018 – GUIZIOU (Fr.) et FRITSCH (B.), *« La piraterie maritime, quelques réflexions géographiques »*, Annuaire de Droit Maritime et Océanique (ADMO), université de Nantes, T. XXXVI, 2018, pp. 427-440 – BORÉ-EVENO (V.), *« Des gardes armés à bord des navires : enjeux et cadre juridique »*, Annuaire de Droit Maritime et Océanique (ADMO), université de Nantes, T. XXXVI, 2018, pp. 477-496.

NOUR AYEH (M.), *« Djibouti : les marges extrêmes du désert à la recherche d'un destin oriental »*, Insaniyat nos 51-52, janvier-juin 2011, pp. 237-251.

NOUR AYEH (M.), *« La ville de Djibouti entre intégration aux enjeux mondiaux et fragmentation urbaine »*, *Territoire en mouvement*, Revue de géographie et aménagement [En ligne], 27-28 | 2015, mis en ligne le 10 décembre 2015, p.27, consulté le 17 mars 2016. http://journals.openedition.org/tem/3183

NTUDA EBODE J.-V. (dir.), *Terrorisme et piraterie : de nouveaux défis sécuritaires en Afrique centrale*, Yaoundé, Presses Universitaires d'Afrique, Friedrich Ebert Stiftung (FES), 2010, p. 46.

ODIER (F.), *« La sécurité maritime ou les lacunes du droit international »*, Mélanges L. Lucchini et J.P. Queneudec, *La mer et son droit*, Pédone, 2003, p.456.

OMAR ABDILLAHI (A.), *« Géopolitique de Djibouti : des incertitudes de la naissance à l'espérance de l'âge adulte »*, éditions Karthala « Djibouti contemporain » sous la direction de Amina Saïd Chiré, décembre 2012, p.147.

ONUHA (F.C.) et EZIRIM (G.E.), « *Sea Piracy and Maritime Security: the Problem of Foreign Naval Intervention in the Suppression of Piracy Off the Horn of Africa* ». Journal of Maritime Research. 7 (3). 2010. pp. 52-55.

OUAZANI (Chérif), *Ismaïl Omar Guelleh, Une histoire de Djibouti*, Jaguar édition-conseil, mars 2016, p.216.

OULD MOHAMED MOCTAR (S.M.), *« Stratégies de développement des grands ports maritimes français : l'apport des partenariats public-privé »*, Thèse de doctorat en science de gestion soutenue le 11 juillet 2012, à l'Université du Havre, p 105.

PANCRACIO (J.-P.), *« Le défi de la piraterie maritime et de son traitement judiciaire »*, Cahiers du CEREM, juillet 2009, p.48-49.

PANCRACIO (J.-P.), *La guerre de course*, Bulletin d'études de la marine, n°43, déc. 2008, p.75.

PANCRACIO (J.-P.), *« L'affaire de l'Achille Lauro et le droit international »*, AFDI, 1985, pp.221-236.

PANDYA (A.), HERBERT-BURNS (R.) et KOBAYASHI (J.), *Maritime Commerce and security: The indian Ocean*, The Henry L. Stimson Center, février 2011, p.18.

PATRICK (F.), *La Corne de l'Afrique, évolution politique et sécuritaire*, Tome 1, Observatoire de la Corne de l'Afrique 2015, p.46.

PEDERSEN (P.O.), *Freight transport under globalisation and its impact on Africa*, édition *Journal of Transport Geography* 9 (2), p.85-99.

PÉROUSE DE MONTCLOS (M.-A.), *« Diaspora et terrorisme »*, éditions Presses de Sciences Po, janvier 2003, p.168.

PRIGENT (Q.), *« La piraterie somalienne : la comprendre et expliquer sa disparition »*, mémoire de master 1 Géopolitique 2014-2015, Université de Reims Champagne-Ardennes, sous la direction du Pr Stéphane Rosière, en Humanities and Social Sciences, p.57.

PROUTIÈRE-MAULION (G.) et CHARLE (H.N.), *Piracy in comparative persepective: problems, strategies, law*, éditions Paris A.Pédone, 21 (2012), pp.428-430.

PROUTIÈRE-MAULION (G.), *« Mondialisation, développement durable et droits de l'homme : l'exemple de la piraterie maritime »*, Neptunus, e.revue, vol. 19, 2013 /3, p.3.

PROUTIÈRE-MAULION (G.), *Les enjeux de la sécurisation du transport maritime au service de l'action extérieure de l'UE*, référence *Tribune* n° 658, 12 juin 2015, p. 1.

PROUTIÈRE-MAULION (G.), *Les enjeux de la sécurisation du transport maritime au service de l'action extérieure de l'Union Européenne*, actes du colloque des 5 et 6 juin 2014, *« La piraterie : de la mer au cyber espace »*, édition Annuaire de Droit Maritime et Océanique, Tome XXXVI-2018, p.416.

PUIGELIER (C.), *Dictionnaire juridique*, 2e édition Bruylant, janvier 2017, p.777.

RACINE (J.C.), *« Droit économique et lois de police »*, Revue internationale de droit économique 2010/1 (t. XXIV, 1), p. 61-79. DOI 10.3917/ride.241.0061

REMOND-GOUILLOUD (M.), *Droit maritime*, 2e édition Dalloz, Paris, 1993.

REY (F.), « Afrique de l'Est - la facture salée de la piraterie », *Jeune Afrique* n°2709 du 9 au 15 décembre 2012, p. 96.

RÉZENTHEL (R.), *« Gestion domaniale des ports maritimes »*, in *Droits Maritimes*, BEURIER J.P. (dir.), éditions Dalloz, 3e éd., 2015/2016, p.1260.

RÉZENTHEL (R.), *La tarification des prestations portuaires : une liberté surveillée*, DMF 2018, n°798, p.55.

RÉZENTHEL (R.), DMF 569.

RÉZENTHEL (R.), *Ports maritimes : Notion de service public, Aménagement, régimes domaniaux*, Fasc. 408-50, LexisNexis, 2010, p. 16.

RÉZENTHEL (R.), OUSMANE (T.), *L'avenir des concessions portuaires en Afrique de l'Ouest et du Centre*, Neptunus, e.revue, Université de Nantes, vol. 22, 2016/3, www.cdmo.univ-nantes.fr

RÉZENTHEL (R.), *Vers une meilleure protection contre la précarité de l'occupation du domaine public*. AJDA, 2001, p. 1025.

RÉZENTHEL (R.), *« La réforme portuaire a dix ans »*, Droit Maritime Français – DMF, 2018, n° 804, pp. 650-658, ainsi que *« Le droit portuaire »*, Livre 6 in P. CHAUMETTE (dir.), *Droits Maritimes*, 4e éd. Dalloz Action, Paris, 2021, pp. 1301-1405.

ROPIVIA (M.-L.-), *« Criminalité et activités illicites dans le Golfe de Guinée : interprétation critique et typologie »*, p. 228, dans NTUDA EBODE J.-V. (dir.), *Piraterie et terrorisme : de nouveaux défis sécuritaires en Afrique centrale*, Yaoundé, Presses Universitaires d'Afrique, Friedrich Ebert Stiftung (FES), 2010, p.221-234.

ROSSIGNOL (R.), *« La diplomatie chinoise au miroir des opérations anti-piraterie dans le golfe d'Aden »*, études de l'IRSEM sous la direction du GNANGUÊNON (A.), *Les défis stratégiques africains : exploration des racines de la conflictualité en Afrique de l'Est* (dir.) , 2013-N°24, p.46.

ROSSINYOL (Garsenda), *La piraterie maritime*, thèse de doctorat en droit public, sous la direction d'Alain Fenet, université de Nantes, 1996.

SAÏD CHIRÉ (A.), TAMRU (B.), *« Les migrantes de retour dans la Corne de l'Afrique, vers une transformation sociale des espaces émetteurs : le cas éthiopien »*, EchoGéo 37, juillet 2016/septembre 2016. https://echogeo.revues.org/14742

SAINT-MÉZARD (I.), *« Quelles architectures de sécurité pour l'océan Indien »*, Hérodote, n°145, second semestre 2012, p.129.

SALIM CHEBLI (A.), *« Analyse des Menaces Criminelles Contemporaines »*, Mémoire pour le diplôme d'Université de 3e cycle, juin 2009, p 30.

SALLMANN (J.M.), *Le grand désenclavement du monde 1200-1600*, Histoire, Payot, Paris, 2011.

SALMON (J.), *Dictionnaire de droit international public*, Bruylant /AUF, Bruxelles, 2001, p.375.

SANTERRE (S.), *Le port maritime face à l'environnement*, Mémoire de Master 2 de Droit Maritime et Océanique, Nantes, 2006, p.3.

SEDJARI (A.), *Partenariat public privé et gouvernance future*, éditions L'Harmattan-GRET, 2005, pp.17-24.

SEKA ABA (C.), *Contribution à l'étude juridique des concessions portuaires*, Thèse soutenue le 12 avril 2013, sous la direction de Mme Gaëlle Gueguen Hallouët, à l'université de Brest, p.10.

SEKA ABA (C.), *« Des outils juridiques au service du développement des ports africains »*, La revue de Proparco, *« Le secteur portuaire en Afrique : plein cap sur le développement »*, Secteur privé et développement n°26, mars-avril 2017, p.14.

SIEGFRIED (A.), *Les canaux internationaux et les grandes routes maritimes mondiales*, Brill 1949, vol.74, pp.5-72 ; voir également, VOELKEL (M.), *« Les routes maritimes »*, in *Aspects actuels du droit international des transports*, SFDI, Colloque du Mans, Paris, Pedone, 1981, pp.147-167.

SIERĒS (J.), *L'Europe face à la piraterie maritime*, Défense n°138, mars-avril 2009, p. 58.

STECK (B.), *« Entre fermeture fantasmée et ouverture effective : les infrastructures de transport, levier majeur du développement de l'Afrique »*, *Revue internationale et stratégique*, éditions Cairn.Info 2017/3 n°107, p.151.
https://www.cairn.info/revue-internationale-et-strategique- 2017-3.htm

TAIB (E.), *Le partenariat public-privé en Algérie en matière d'exécution du service public*, éditions L'Harmattan (2005), sous la direction d'Ali Sedjari « Partenariat public-privé et gouvernance future », p.139.

TAMRU (B.), *« Le rôle du port de Djibouti dans la construction urbaine et contemporaine du territoire éthiopien : vers un arc économique et maritime dans la Corne de l›Afrique »*, Article publié dans l'ouvrage *« Djibouti Contemporain »* sous la direction de Amina Saïd Chiré, éditions Karthala, 2013, p.170.

THIOLLET (H.), *« La mobilité dans la Corne de l›Afrique : entre urgence humanitaire et contrainte sécuritaire. Migrations Société »*, CIEMI, 2009, 21 (121), pp.75-88.

THIRION (N.), *Les privatisations d'entreprises publiques dans une économie sociale de marché: aspects juridiques*. In: *Revue internationale de droit comparé*, vol. 55, n°2, avril-juin 2003, pp. 490-491.

TIERNY (Ed.), *Le port maritime : Lieu d'un pari libéral pour un enjeu régalien*, Thèse de Droit, Nantes, 2003, p.155.

TOUAIBIA (Y.), *« Arabie Saoudite »*, édition de Boeck Supérieur, mai 2018, sous la direction de Mathieu Guidère, pp.5-100.

TOURRET (P.), « *20 ans de mutations des routes maritimes* », Note de synthèse n°190, mai 2017. https://www.isemar.fr/wp-content/uploads/2017/05/ISEMAR-note-de-synthese-190-20-ans-de-mutations-des-routes-maritimes.pdf

TOURRET(P.) et VALERO (C.), *Le développement de la conteneurisation, symbole de la mondialisation des ports africains*, Revue *Secteur Privé & Développement*, 22 mai 2017. https://blog.secteur-prive-developpement.fr/2017/05/22/le-developpement-de-la-conteneurisation-symbole-de-la-modernisation-des-ports-africains/

VIGARIÉ (A.), « Les grands ports de commerce de la Seine au Rhin », p.44. Éric Foulquié et Christine Lamberts (dir.), « *Gouverner les ports de commerce à l'heure libérale – Regards sur les pays d'Europe du Sud* », CNRS éd., Paris, 2014.

VIGARIÉ (A.), *La mer et la géostratégie des Nations*, éditions Paris Economica (1995), p.244.

WANG (J.J.) et OLIVIER (D.), « La gouvernance des ports et la relation ville-port en Chine », *Les Cahiers scientifiques du transport*, n°44, 2003, p.25-54.

WIREN (R.), *Somaliland, pays en quarantaine*, éditions Karthala, juillet 2014, p.71.

WOESSNER (R.), « *Dubaï et Abou Dhabi : la naissance d'emporium* », Laboratoire Espaces, Nature et Culture (EneC), UMR CNRS Paris IV 8185, Cairn, p. 160.

YIKONA (S.), *Pirate Trails: Tracking the Illicit Financial Flows from Pirate Activities off the Horn of Africa*, novembre 2013. Voir internet : http://dx.doi.org/10.1596/978-0-8213-9963-7

TABLE DES ILLUSTRATIONS

TABLE DES MATIÈRES

Structures éditoriales du groupe L'Harmattan

L'Harmattan Italie
Via degli Artisti, 15
10124 Torino
harmattan.italia@gmail.com

L'Harmattan Hongrie
Kossuth l. u. 14-16.
1053 Budapest
harmattan@harmattan.hu

L'Harmattan Sénégal
10 VDN en face Mermoz
BP 45034 Dakar-Fann
senharmattan@gmail.com

L'Harmattan Cameroun
TSINGA/FECAFOOT
BP 11486 Yaoundé
inkoukam@gmail.com

L'Harmattan Burkina Faso
Achille Somé – tengnule@hotmail.fr

L'Harmattan Guinée
Almamya, rue KA 028 OKB Agency
BP 3470 Conakry
harmattanguinee@yahoo.fr

L'Harmattan RDC
185, avenue Nyangwe
Commune de Lingwala – Kinshasa
matangilamusadila@yahoo.fr

L'Harmattan Congo
219, avenue Nelson Mandela
BP 2874 Brazzaville
harmattan.congo@yahoo.fr

L'Harmattan Mali
ACI 2000 - Immeuble Mgr Jean Marie Cisse
Bureau 10
BP 145 Bamako-Mali
mali@harmattan.fr

L'Harmattan Togo
Djidjole – Lomé
Maison Amela
face EPP BATOME
ddamela@aol.com

L'Harmattan Côte d'Ivoire
Résidence Karl – Cité des Arts
Abidjan-Cocody
03 BP 1588 Abidjan
espace_harmattan.ci@hotmail.fr

Nos librairies en France

Librairie internationale
16, rue des Écoles
75005 Paris
librairie.internationale@harmattan.fr
01 40 46 79 11
www.librairieharmattan.com

Librairie des savoirs
21, rue des Écoles
75005 Paris
librairie.sh@harmattan.fr
01 46 34 13 71
www.librairieharmattansh.com

Librairie Le Lucernaire
53, rue Notre-Dame-des-Champs
75006 Paris
librairie@lucernaire.fr
01 42 22 67 13

www.ingramcontent.com/pod-product-compliance
Lightning Source LLC
LaVergne TN
LVHW011146061026
849535LV00003B/622

* 9 7 8 2 3 3 6 4 5 6 3 6 2 *